21世纪社会学系列教材
Textbooks of Sociology in the 21st Century

普通高等教育"十五"国家级规划教材

西方社会学理论

上卷

Western Sociological Theory

杨善华 谢立中 ⊙主编

图书在版编目(CIP)数据

西方社会学理论.上卷/杨善华,谢立中主编.—北京:北京大学出版社,2005.2
(21世纪社会学系列教材)
ISBN 978-7-301-08221-8

Ⅰ.西…　Ⅱ.①杨…　②谢…　Ⅲ.社会学-西方国家-高等学校-教材
Ⅳ.C91

中国版本图书馆 CIP 数据核字(2004)第 115881 号

书　　　名：	西方社会学理论(上卷) XIFANG SHEHUIXUE LILUN (SHANGJUAN)
著作责任者：	杨善华　谢立中　主编
责 任 编 辑：	刘金海
标 准 书 号：	ISBN 978-7-301-08221-8
出 版 发 行：	北京大学出版社
地　　　址：	北京市海淀区成府路 205 号　100871
网　　　址：	http://www.pup.cn
电 子 邮 箱：	编辑部 ss@pup.cn　　总编室 zpup@pup.cn
电　　　话：	邮购部 010-62752015　发行部 010-62750672　编辑部 010-62753121
印 　刷　 者：	北京虎彩文化传播有限公司
经 　销　 者：	新华书店
	730 毫米×980 毫米　16 开本　17 印张　320 千字 2005 年 2 月第 1 版　2024 年 6 月第 15 次印刷
定　　　价：	45.00 元

未经许可,不得以任何方式复制或抄袭本书之部分或全部内容。

版权所有,翻版必究

举报电话:010-62752024　　电子邮箱:fd@pup.cn

前　　言

　　1999年，在《当代西方社会学理论》出版的时候，我们在前言中引述《中国大陆社会学重建以来国外社会学理论研究述评》（见《社会学研究》1994年第6期）一文，提到要"有系统地评介一批经典性著作，尤其是韦伯、齐美尔、帕森斯、舒茨、吉登斯、布迪厄、福柯、卢曼、埃利亚斯等人的著作"。因此，撰写一套供社会学专业本科生和硕士研究生使用的、评介国外古典社会学理论的教材或教学参考书与已出版的《当代西方社会学理论》相配套，就成为我们1999年后的任务。经过5年的努力，我们终于完成了这本《西方社会学理论》（上卷）。从既是教材，又是学术专著的撰写方针出发，这本书与《当代西方社会学理论》一样，也从一个侧面反映了北京大学社会学系的老师和学生这些年来在西方社会学理论（经典部分，从孔德开始直至20世纪60年代初）的研究方面所达到的水平。

　　与《当代西方社会学理论》类似，本书也是以对早期西方社会学理论产生重大影响的人物及其理论的介绍来构建内容。我们在编写前的讨论中确定了入选的原则，这就是对早期西方社会学理论有过重大影响，甚至是其理论构成了某一流派的源头，从而奠定了社会学的学科地位的人物，或者是从社会学角度看，他们的思想至今仍有重大借鉴意义的人物。在这个意义上，我们选择了马克思、涂尔干、韦伯、托克维尔和齐美尔（将来有可能的话，准备再增补滕尼斯和帕累托）。

　　对这些人物，虽然有众多的介绍，但是这些年来，随着他们的著述更多地被翻译介绍到我国来，以往大多数评介因此就显得不够全面和中肯，需要补充和完善。我们在撰写的过程中，一是力求将以往没有介绍的内容补入，二是力求根据自己的研究，在评介中提出新的见解，以对读者的阅读和理解有所帮助。当然，作为教材和教学参考书，表述的明晰和条理性也是我们必须考虑的。

　　从教材的角度考虑，本书亦注意介绍这些"社会学思想的大师"的学术渊源以及他们思想赖以形成的时代背景和社会背景。正如《当代西方社会学理论》

一书前言所述：西方社会学理论是植根于西方国家的社会背景和文化传统之中的，创立这些理论的社会学家都是在自己本国的文化传统和社会环境下生活，他们的理论离不开那块土壤，也不能不受其制约。他们正是在那样的制约下确定自己的理论目标和现实关怀的。经过这些大师的努力，社会学理论应该有的现实关怀已经变成了社会学学术传统不可或缺的组成部分，读者也可以从本书对这些大师的介绍中发现我们的现实关怀。

当然，由于各种各样的原因，本书实际上与上述编写方针和原则的要求之间难免会有一定的距离。我们恳切希望读者能提出自己的宝贵批评和建议，以便在今后修订时做进一步的修改和补充。

本书的撰写分工如目录，每位作者对自己所撰写的部分自负文责，除了完成自己负责撰写的部分，作为主编，我们的任务只是组织协调整个撰写工作，审读文稿并做必要的文字上的校订。

本书能够顺利出版，是与北京大学教务部和北京大学出版社的大力支持分不开的。在此谨向他们表示衷心的感谢。

编　者
2004年5月5日

目 录

第一章 阿列克西·德·托克维尔 ……………………………… 李 康(1)
　第一节 历史的必然与心灵的惶然:作为理念型的民主社会 ……… (1)
　第二节 从个人主义到中央集权:民主、平等与专制的亲和 ……… (8)
　第三节 在民主实践中维护自由:美国的经验 …………………… (12)
　第四节 旧制度与大革命:以法兰西为鉴 ………………………… (16)
　第五节 两个世界之间:托克维尔的政治生涯与理论生涯 ……… (25)
　第六节 共和、保守与浪漫:托克维尔的时代与时代精神 ……… (36)
　第七节 革命传统与升平气象:作为同时代人的托克维尔 ……… (47)

第二章 卡尔·马克思 ………………………………………… 谢立中(68)
　第一节 早年的思想历程:从青年黑格尔主义到历史唯物主义 … (69)
　第二节 马克思的社会学理论体系:历史唯物主义 ……………… (77)
　第三节 马克思论现代性:资本主义及其后果 …………………… (91)
　第四节 走向"社会主义"或"共产主义":对"现代性"的超越 …… (99)
　第五节 马克思社会学理论的影响及其引发的争论 …………… (105)

第三章 埃米尔·涂尔干 ……………………………………… 谢立中(117)
　第一节 涂尔干的生平与基本理论关怀 ………………………… (117)
　第二节 现代性危机的根源:社会转型与失范 ………………… (122)
　第三节 消除危机的处方:职业群体与职业伦理的建设 ……… (130)
　第四节 社会学研究方法论 ……………………………………… (137)
　第五节 自杀现象的社会学研究 ………………………………… (144)
　第六节 宗教的起源与功能 ……………………………………… (152)
　第七节 涂尔干社会学理论的简要评价 ………………………… (158)

第四章　马克斯·韦伯 ……………………………… 杨善华（170）
 第一节　生平和学术背景 …………………………………（170）
 第二节　理解社会学及其方法论基础 ……………………（176）
 第三节　理性与现代性 ……………………………………（184）
 第四节　政治社会学 ………………………………………（191）
 第五节　宗教社会学 ………………………………………（199）
 第六节　结语 ………………………………………………（206）

第五章　格奥尔格·齐美尔 …………………………… 秦明瑞（215）
 第一节　齐美尔的生平及主要著作 ………………………（215）
 第二节　从哲学思辨到经验事实的观察：早期思想演变 …（220）
 第三节　货币、交换及其后果 ……………………………（227）
 第四节　现代生活的美学 …………………………………（234）
 第五节　文化理论 …………………………………………（240）
 第六节　性别关系分析 ……………………………………（245）
 第七节　评价和影响 ………………………………………（253）

第一章

阿列克西·德·托克维尔

李 康

第一节 历史的必然与心灵的惶然：
作为理念型的民主社会

> 我们是正在实现一场比我们父辈曾经预见或预想的更为彻底、更为深远的社会转型……还是只不过落得个间歇发作的无政府状态，众所周知是先人们难以治愈的周期性痼疾？我无以言之，也无从知晓这场远征何时会结束；我已厌倦一次又一次将骗人的迷雾错认作停航的港岸；更时常怀疑我们已如此长久追索的那块坚实的土地是否真的存在，在海上无尽地漂流是否正是我们的命运！[1]

> 不论一代人如何彻底地向前一代人宣战，和前一代人作战容易，要与他们截然不同很难。因此，要谈论某一时期的民族而不讲清它在半个世纪以前的情况，这是不行的。特别是涉及一个过去50年中一直处于几乎不断革命的状态中的人民时，这一点尤其必要。[2]

一、如何面对历史必然趋势

170年前，阿列克西·德·托克维尔（Alexis de Tocqueville）伏案提笔，自问时代大势，回答如下："我们在向何处走呢？也许是在走向专制，也许是在走向共和，但社会情况必定要走向民主。"作出这等判断的人，是一个生活在向民主与平等过渡的年代、追求着自由的贵族子弟。据他自述:"当我降临此世,一场漫长的革命行将终结,它已摧毁了旧有的状况,却还没创造出任何持久的东西。我出生时贵族制已告寿终正寝,而民主制尚未存现于世,因此我的本能无法不加思考地引领我趋从于任何一方……我对贵族制既不厌恨,也毫无发乎自然的嫉妒,而当它被摧毁时,我对它也没有发乎自然的眷爱,因为人只会强烈地依恋有生命力的东西……除了我的理性让我做出的对民主的那些评价,也没有任何特别的动机让我仇恨或热爱民主。……在过去与未来之间,我是如此彻底的保持着均衡……"更简洁而意味深长的回答是:"趣味决定我热爱自由,本能和理性决定我热爱平等。"[3]

  托克维尔广为人知的誓言是:他要为全新的世界寻求一种全新的政治科学。但他的论著并没有给出确立原则或揭示运动法则的系统方法,而只是传递面对时代与变迁的一种态度、一种立场,以探寻新的平等状况中自由的形式与命运。他认为当时对民主的理解十分混乱:"有些人在民主尚在成长时便急于攻击民主,视之为一种敌对的力量;而另一些人已经对这乱世中现身的新神加以膜拜。但双方对他们仇恨或膜拜的对象的认识非常片面。"[4]因此必须同时教导民主的热爱者和仇恨者:何谓真正的民主,民主的正当性和必然性何在,民主中眼前的好处和长远的隐患是什么,而表面的缺陷与深层的进步又在哪里?

  二战后被誉为托克维尔当代传人的法国社会思想家雷蒙·阿隆认为,托克维尔的问题既是历史的又是永恒的:其历史性在于它维系着现代社会民主化的事实;其永恒性则在于使我们直面平等和自由的复杂关系。他要问:以平等为最高理想的社会能否是自由的社会,社会在什么意义和程度上可以平等地对待个性各异的个人[5]?

  托克维尔以两卷《论美国的民主》(*De la démocratie en Amérique*)和《旧制度与大革命》(*L'Ancien Régime et la Révolution*)传世。阿隆认为,《论美国的民主》首卷描绘了一个特定社会即美国社会,次卷建立了某种理念型即民主社会,并从中推出未来社会某些趋势;而《旧制度与大革命》则用社会学观点解释了一个历史危机即法国大革命[6]。但这种说法只限于简单的比较,并不具备严格的方法论区别。事实上,这两本书在相当程度上体现出处在时势变动、宦途沉浮和思想深化过程中的托克维尔本人的心路历程。

  阿隆还认为,托克维尔绝非无保留地赞赏美国社会的民主化进程,而是在内心深处维护着自己所属的法国贵族阶级的价值观念,所以才更敏感地觉出现代民主社会及其典范美国的文化贫乏。面对现代民主制度,他既不像启蒙进步论者那样满怀热情,也不像怀旧贵族那样敌视鄙夷。民主制度为大多数人谋福利而成为正当的历史趋势,但"这种福利既不光彩夺目,又不那么崇高伟大",在民主演进这一必然趋势的征程上,随处蕴涵着"政治上和道义上的风险"[7]。

《论美国的民主》开宗明义:"民主革命虽然在社会的实体内发生了,但在法律、思想、民情和道德方面没有发生为使这场革命变得有益而不可缺少的相应变化。"因此当代人的使命在于正确引导民主、实践民主,"重新唤起民主的宗教信仰;洁化民主的风尚;规制民主的行动;逐步以治世的科学取代民情的经验,以对民主的真正利益的认识取代其盲目的本能……"[8]

托克维尔并不认为《论美国的民主》首卷介绍的美国政治结构"是民主国家应当建立的唯一的和最好的形式",而只是民主国家"可以采取的政府形式之一"。而且身份平等这种社会状况似乎普遍的趋势也不一定必然获得同样的政治结果。他只是希望借鉴而不是照搬美国,因为民主的革命既成事实,他要从"经历过这场革命的国家中找出一个使这场革命发展得最完满和最和平的国家,从而辨明革命自然应当产生的结果;如有可能,再探讨能使革命有益于人类的方法"[9]。

二、如何研究现代民主社会

民主社会和贵族社会是托克维尔分析中提取的两个理念型。有学者统计,《论美国的民主》全书计115处比较贵族制和民主制差异[10]。贵族制与民主制两种社会类型的比较此前亦见于18世纪90年代的柏克,19世纪20年代的卡莱尔和柯勒律治,以及德·迈斯特和德·博纳尔对大革命乃至现代性的批判。只是托克维尔更细致、微妙,去除了围绕如何评价大革命所产生的恶魔与乌托邦的简单两分。在他之后,滕尼斯、梅因、涂尔干等也体现出类似的思路[11]。但也有论者认为,托克维尔固然可谓首位描述现代平等的人类学家,很好地描述了美国这一民主典范,但贵族制只是作为后者衬托。马南指出:贵族制只是作为民主制的对立类型,并未正面论述。贵族制又如何能同时涵盖他笔下与现代民主社会相对比的希腊城邦、罗马、欧洲旧制度、现代英格兰甚至美国印第安部落[12]?

以下行文集中体现了托克维尔论述民主社会和贵族社会时宽广的对比角度与不脱文人风格的论说风格:"假如你认为把人的智力活动和道德活动用于满足物质生活的需要和创造福利是有益的;假如你觉得理性的判断比天才更对人们有利;假如你的目的不是创造英勇的美德,而是建立温良的习惯;……假如你以在一个繁荣的社会里生活为满足,而不以在一个富丽堂皇的社会里活动为得意;最后,假如在你看来政府的主要目的不在于使整个国家拥有尽量大的力量或尽量高的荣誉,而在于使国内的每一个人享有更多的福利和免遭涂炭;那么,你就得使人们的身份平等和建立民主政府。"

而贵族社会始终是作为与眼前现实相对比的范畴出现的:"你想使人的头脑达到一定的高度,让它以宽宏大量的眼光去观察这个世界上的各种事物吗?你想让人们对物质财富产生一种鄙视感吗?你要养成和保持坚强的信念吗?你要使风尚高雅、举止文明和艺术大放异彩吗?你向往诗歌、音乐和荣誉吗?你试图组织一个民族对其他一切民族采取强力行动吗?你打算创办伟大的事业,而且不管成败,使其名留青史吗?假如你认为人生在世的主要目的就是如此,你就别要民主政府,民主政府肯定不会把你带到这个目的地。"[13]

《论美国的民主》绪论中更直接描述民主社会的好处:"即使民主社会将不如贵族社会那样富丽堂皇,但苦难不会太多。在民主社会,享乐将不会过分,而福利将大为普及;科学将不会特别突出,而无知将大为减少;情感将不会过于执拗,而行为将更加稳健。"[14]

托克维尔笔下的民主概念复杂,包括具有公民自由和广泛选举权的代议制度;人民主权的政治形式;中产阶级主导的社会政治制度;下层民众政治;乃至类似于无政府状态的混乱的政治体系等[15]。但托克维尔注重的"民主"主要是现代特有的一种基于身份平等的社会经济状况,并延伸到心理状态。《论美国的民主》绪论头两段几乎将身份平等等同于民主;也因此古希腊城邦和罗马共和都不是民主制,而只是贵族共和国。有论者曰《论美国的民主》首卷考察政制,次卷探究灵魂。又有论者认为两卷《论美国的民主》分别处理政治社会和市民社会。前者包括立法、执法、科层、司法等机构及其关系,乃至监狱体系、政党与结社,不过这样的政治世界既包括外在的法律,也包括支撑这些法律的心灵习性和习俗。而后者包括公民之间的关系及组织这些关系的规范。这样的区分并不严格对应于法律与民情、公共领域与私人领域的区分[16]。无论如何,阅读托克维尔,不仅要超越单纯从宪制原则和制度设计角度来谈民主之优劣的倾向,而且要将制度方面与心态方面因素有机结合,透视其相互带动的机制,方能深刻理解托克维尔眼中现代社会的进步与隐忧。甚至可以说,民主时代的激情和欲望是理解民主的关键。而民主的最大危险正是"民情的逐渐萎靡,心灵的堕落,趣味的庸俗"[17]。

三、平等激情:民主社会的双刃剑

民主不仅是托克维尔眼前的现实,而且基于普遍的人性和自然权利(natural right)的民主似乎超越了现代社会特定的历史和习俗,获得永恒而普遍的正义,不断战胜旧制度、旧习俗而蓬勃成长,遂成势不可挡的历史必然。民主社会的立法目标比贵族社会更有利于全人类[18]。美国治国者虽不如英国贵族贤明智慧,但其政府却更能保护大多数人的福利。可以说民主制度中有一种"隐蔽的趋势"促进普遍繁荣。但这种趋势其实并非天命或黑格尔式的绝对精神,而是源自人性和人创造的制度和习俗。

民主社会更加契合人性的需要,源自人性的自然情感冲破等级、习俗、传统的阻碍而成为光明正大的普遍风尚。身份平等的趋势使民众之间关系温和、认同增加因而产生真正的同情[19]。贵族社会却没有抽象、普遍的人性观念,人体现为各种身份等级的成员而非独立平等的个体。贵族制由此成为一种约束甚至背离普遍人性、与自然对立的习俗。而民主制的平等趋势与普遍人性的观念相互塑造,个体环顾社会,尽为与自己平等和相似的人,大可以己度人。

民主的社会状况最显著的特征就是身份平等,而这绝不仅限于法权意义上的平等。民主国家中平等的最重要内涵和最强大力量就是人心中激发起的平等激情。人与人事实上始终存在的差异和不平等并不能阻止民主时代人们对身份平等的认同,不能像贵族社会中那样把人们在社会生活中隔离开来。这种平等激情的好处在于激励进取、完善自我、消解隔膜,为把公民团结起来参与公共事务、服务国家奠定精神基础。

然而平等也会使人养成一些极具危害的习性。随着等级的消除,"生活的多样性正从人类社会逐渐消失,同样的举止、同样的思想和同样的感情正在进入世界的每个角落。"不仅如此,平等激情可谓"一柄双刃剑"[20]。放纵对平等的追慕就会走向堕落。民主社会的命运正取决于人们能否以及如何节制和引导平等在人心中激发起的欲望和激情。托克维尔就此将重点转向平等时代人心中挥之不去的焦虑与嫉妒。

现代民主时代平等趋势大盛,催生了人能无限趋于完善的自我信念,并具体体现为对于物质福利的无尽追求。传统的等级、特权、荣誉、德行、才识都不再是社会显赫的标志和人们追求的目标,全民皆以工商盈利为值得追求的伟大事业。对商业的渴慕和对平等的激情结合起来构成所有民主国家(而不单是美国)的支配精神[21]。

可悲的是,民主固然激发个体自我奋斗,但并不必然使个体实现自我,个体也不会摆脱了等级束缚就必然获得能满足其日渐增长之期望的机会与资源。不仅事实上的不平等始终存在,而且机会的增长反而加剧了相对的匮乏。这种由于扩大对幸福的期望从而加剧对现状不满的焦虑,使民主社会人的灵魂陷入躁动不安,从希望到失望乃至怨恨,引发心灵病症、社会动荡乃至革命。而法国革命正是期望与怨恨奏出的革命,这种相对剥夺论的革命起因说是托克维尔最著名的社会学命题之一[22]。

民主时代由此形成一个怪圈:"民主制度唤起并怂恿对平等的激情,但却总不能完全使之满足。这种完全的平等总是在人们以为得到的瞬间便从手中溜走;他们因为成功的可能而兴奋,却因为成功的不确定而焦躁;兴奋之后便是沮丧和怨毒。以任何方式超越人们之上的任何东西似乎都是他们欲望的障碍。"[23]民主社会就此嫉妒心盛行,人们甚至宁要奴役中的平等而不要自由中的不平等。过度膨胀的平等激情由追求人的价值与尊严蜕变为被焦虑和嫉妒驱使,虚幻地追求事实上的相似从而不惜雷同。

民主时代的人们欲望无所穷尽而作茧自缚,心神似乎开放却无所安宁,思维四处出击但只限于表面。"他们看到周围的一切财富或福利,没有一件不是他们伸手可及的。因此,他们急于去取得一切东西,去干一切事情,而且干得差不多就满意了。"失去了贵族社会衣食无忧的闲暇优游,得来了民主社会改善处境的合法竞争,在这种熙来攘往皆为利的环境下,"哪里有必要的安静供人们进行深刻构思呢"?个人仿佛被变动不居的时代激流所裹挟,往往只能把握现在,注重实际和眼前目标,"不肯去做伟大的、稳妥的和长期的事业"。因为"民主国家的人民,大部分都强烈追求物质的和眼前的享乐",因此就学问的求索而言,"一切可以成为发财致富捷径的新方法,一切可以节省劳力的机器,一切可以降低生产成本的工具,一切便于享乐和增加享乐的新发明,才是人类智力的最优秀成果"。除了科学的实用化,民主制度"还使手艺人们快速地大量制造不够完美的制品,而消费者们也满足于这样的制品"[24]。

在这样激烈而不深刻、广泛而不多样、实际而不安定的追求中,理想如何转置,诗意如何寄托,心灵如何安放?

四、从不平等的不凡到平等的平庸

面向实际与不能安定是民主时代两个并不矛盾的特征。"在民主时代,人们的希望和欲望也更容易落空,精神更容易激动和不安,忧郁感更为深重。"这甚至使走向平等的民主时代的民众悖谬地选择了个人力量退隐的历史观:民主时代的史家否定英雄史观,伸张表现为"历史规律"的命定论,"有时认为人民受刚直无私的天意的摆布,有时认为人民受盲目的宿命的支配。"加之民主社会以普遍人性衡量世界,其效果从人的情感世界渗透到认知世界,没有习俗的民主社会于是自然地追慕概括性、普遍性的一般观念,忽视人类事务的复杂性。用普适单一的规律或趋势来解释历史,不但个人无能运用自己的意志,民族和国家也无力自主命运,一切都笼罩上某种非人的必然性。"古代的历史学家教导人们自主,现代的历史学家只教导人们学习服从。"托克维尔愤而呼吁抗御种种普遍性的体系,方可追求人的伟大卓绝[25]。

然则民主时代真的想要追求伟大卓绝吗?个体既然无意也无力担当对个人尊严的坚韧追求,完全可以打着平等的旗号心安理得地逃避艰难的自由之路。平等和自由就此愈益凸显出其内在张力。平等摧毁了传统社会中的等级秩序,个体失去等级、团体、宗教组织等归属感之所寄,沦为原子化的弱小个体。无所适从的个体直接置身日渐强大的社会和国家的阴影。以解放个体为旗号的民主时代就这样陷入个体性的危机[26]。

从贵族社会到民主社会,个人不再只是种姓等级中的个体成员,身份(或认同)由单一变为多重,由先赋变为后致,增加了社会的活力,也激发了人的欲望和需求。从中托克维尔不仅看到苏格兰启蒙思想家所注重的经济增长和劳动分工,更看到对于个体自我或灵魂的影响。社会分工的发展使工艺愈益专业化,但愈益沦为分工细小一环的工匠却逐渐丧失"用其精神全面指导工作的能力。随着他作为一个工人在技术上的进步,他作为一个人在本质上却日益下降"[27]。

往昔贵族社会中并不普遍伸张个体价值。但贵族在等级制的社会安排下享受着(而不是竞争得来)特权和财富,完全可能在德行和见识上卓尔不凡;享有先赋地位并且无须为稻粱谋的他们更有可能放任不羁、热爱自由。更重要的是,他们不仅可凭个人德行、才华和权势主宰社会,民众也以服从为义务。而民主社会由普遍平等、相似的个体构成,平等激情笼罩下的人们只相信(以为是)自己的理性和判断,无视甚至抹杀原本就更难生成的独特与卓越,"民主的嫉羡"之下最好是大家都扯平(所以托克维尔认为民主选举的重大难题在于如何产生或吸引卓越的领袖)。民主社会一方面是优异之士难以产生、生存和发挥影响;一方面是大量造就千人一面的驯服个体。两者相生相成,推动着民主和平等的社会逐渐远离自由精神。没有先赋身份的民主时代的人在不断追寻之中享受着选择的机会,却也承受着选择的重负,通向绝望或从众[28]。

总之,平等激情席卷之下,贵族时代心智的安宁沉静与欢快跃动变为民主时代心智的沉闷阴郁与躁动不安。这样就出现一个悖论:表面稳定、严格的贵族时代心智造就出多样化的品味、激情和立场,而表面多变、开放的民主时代心智却培养着千篇一律的平庸化商业性格。

第二节 从个人主义到中央集权：
民主、平等与专制的亲和

一、通往奴役之路

逐渐消抹自由精神追求的民主和平等依然是基于自我利益和情感来构建道德、社会和政治，造就着一种不追求卓越和独特的个体性，这就是作为民主社会基本信念的个人主义。托克维尔区分了利己主义和个人主义：源自人的盲目本能的前者代表着由来已久的对自我的关注，而基于理智的后者却是现代产物，其政治后果严重：它使公民脱离同胞，退守亲友，听任大社会自行其是；它把公民还原成个人，窒息公共德行，最终"使一切德行的种子枯死"。有论者精辟地概括为"利己主义是个人本性的缺陷，而个人主义是公民本性的缺陷"[29]。

民主时代的个人主义为何更具危害？托克维尔指出，贵族社会的个体等级秩序严明，个人身份通过与他人之间的权利和义务关系确定。这是一个团体社会，个人身份得自团体，团体之间又紧密维系，构成基于政治权利和义务的有机社会，其间无法产生单子式的个人和完全以自我为中心的个人主义。贵族时代把所有人结成长长锁链；而民主时代原子化的个人在挣脱以往种姓、阶级、行会、家庭的一切"锁链"后，似乎有机会"获得整个世界"，却反倒"一无所有"，最终完全陷入内心孤立。他们一心关注个人利益，专制制度则坐收渔利："专制制度夺走了公民身上一切共同的感情，一切相互的需求，一切和睦相处的必要，一切共同行动的机会……人们原先就彼此凛若秋霜：专制制度现在将他们冻结成冰。"专制制度利用了甚嚣尘上的发财欲望、商贸嗜好、享受追求，"使人们的思想从公共事务上转移开"[30]。

民主和平等失去自由精神的庇护，也就和专制结成隐秘联盟。《论美国的民主》开篇勾勒七百年来平等演进之势；结尾又概括欧洲诸多大事似乎都在助长集权扩张。仿佛近代欧洲史上最重大的事就是平等与专制的兴起[31]。

托克维尔纵然看到民主社会人心欲望之"喧哗与骚动"，但他担心的却主要是它的"平凡"："在人们不断忙于私人生活的琐碎小事当中……社会一天一天地走向看来十分安宁但缺乏大志的状态。"人们终日忙忙碌碌但也只是碌碌无为，渐渐在世间盛行的温存的唯物质主义中消磨一切心智张力以"安定"自己的心灵。因此托克维尔并不担心平等引诱人们耽于被禁止的邪恶享乐而不能自拔，倒更忧虑人们安心追求被允许的快乐而不能自拔。此时人们会以"安居乐业"为头等大事,公民义务反成负担。民众将公私截然对立,全心准备让出自己参与公共事务的权利,关注自身利益,却忘了如何培育自我、照看自我。而往昔担当公共事务的贵族已不复存在,政治事务出现空位,独裁者篡权之路由此敞开:"如果一个民族只要求他们的政府维持秩序,则他们在内心深处已经是奴隶,即已成为自己财富的奴隶,而将要统治他们的人不久也就可能出现了。"此时如果出现一个强大的僭主能抹平高于人们的不平等,人们就会甘心将自由交给他而安享平等;这个专制者替他们操心公共生活,让他们专注于发财致富的私人生活,怎不大受欢迎[32]?

这样的专制色厉内荏,骨子里害怕被统治者,所以认为人与人相互隔绝是"使其长存的最可靠保障"。中央集权利用被个人主义弄得一盘散沙的大众一味求安宁的心理,制造出"秩序严明"的国务治理外貌。社会被官员称为"良好秩序和社会安宁",实则处于"昏昏欲睡的循规蹈矩的状态"。"专制造成的恶也正是平等助长的恶"。专制与平等就这样"相辅相成",因此民主时代的专制尤为可怕。"他颠倒黑白,把齐心协力创造社会繁荣的人称为乱民歹徒,把只顾自己的人称为善良公民"。专制政体以暂时的繁荣蒙蔽民众,"把自己表现为受苦受难人的救济者,表现它修正过去的弊端、支持正当的权利、保护被压迫者和整顿秩序",民众醒来后固然可能感到痛苦,但已丧失团结(结社)而反抗的能力:"如果每个公民随着个人的日益软弱无力和最后不再能单枪匹马地保住自己的自由,并更加无法联合同胞去保护自由,那么,暴政必将随着平等的扩大而加强"。平等消除了人与人之间紧密团结的共同纽带而使之相互隔膜,专制则在人们之间筑成壁垒而使之隔离。自私成为自爱,冷漠成为公德[33]。

在垄断公共事务后,新型专制开始侵占乃至构建私人事务。在民众退出政治而专心营造私己幸福后,新型专制开始替他们经管个体幸福。"当代的统治者大部分不以治理整个国家为满足,他们自以为应当对治下的每个人的行动和命运负责,……教导每个人如何获得幸福。"而已经主动丢弃中间力量(贵族和结社习性)的老百姓也就习惯成自然地"时时刻刻把政府视为导师和向导"。因此这个时代似乎有两种革命同时进行:"一种革命在不断削弱政权,而另一种革命则继续巩固政权。……政权既从来没有如此软弱,又从来没有如此强大。"[34]

平等所助长的专制不仅体现为独裁者或国家专政机关。托克维尔还着力描述了他眼中会在未来愈演愈烈的"多数暴政"。民主时代一味追慕平等的个人放弃自由时也就不再作为自己的主人,而彼此相似的平等状况更使人在自以为的自主选择中无限依赖公众判断。多数始终正确,优异之士总被大众冷落,舆论几近宗教,大众则代替先知。个体软弱促成人们积极顺服舆论,而舆论的强势又使个体日渐深陷孤立、虚弱和依附社会。所以在托克维尔看来,思想的独立和自由在民主国家非但无从保障,甚而深受威胁。并不是暴力在威胁心灵的自由和高贵,而是多数的权威全面控制社会后驯服了心灵。"昔日的君主只靠物质力量进行压制;而今天的民主共和国则靠精神力量进行压制。"托克维尔感情复杂地惋惜着往昔专制君主与独立贵族之间的斗争:"在独夫统治的专制政府下,专制以粗暴打击身体的办法压制灵魂,但灵魂却能逃脱专制打向它的拳头,使自己更加高尚。在民主共和国,暴政就不采用这种办法,它让身体任其自由,而直接压制灵魂。"因此人的思想自由刚刚解除了旧日的羁绊,"又将被大多数人的普遍意志紧紧地束缚起来"[35]。

二、温和的新型专制

《论美国的民主》收卷时托克维尔由衷感慨:"几乎所有的极端现象将会日趋减少和消失;几乎所有的最高的东西将会逐渐下降,并为中等的东西所取代。我举目环顾一下这伙既无超群者又无落后者的在许多方面都一样的众生,真为这种普遍划一的情景感到悲怆和心寒,并为这里已不复有社会而遗憾。"19世纪30年代的托克维尔就这样从民主与平等中捕捉到立场中庸化、风格单一化、个体原子化的趋势,并进而预见一种更加温和然而更加全面深入的新型专制。在被许多论者称为笔调突转沉郁、美国退为远景的《论美国的民主》次卷,托克维尔勾勒了被今日学者与福柯挂钩的未来图景。现代人不太可能再受传统暴君的专制统治,但托克维尔却依然害怕"他们的监护人变成他们的首领"。更直接的比喻见于一个不起眼的注解:"人民变成军队的影子,社会变成一座营房。"[36]

民主国家人民喜欢简明彻底的一般观念,厌恶"复杂的制度",认为"一个大国由同一模式的公民组成和由一个权力当局领导最好"。而单一的中央权力与绝对的平等相结合,"自然又要产生关于统一的立法的观念"。一种崭新、庞大、具备无上权威的社会范畴逐渐兴起。"随着身份在一个国家实现平等,个人便显得日益弱小,而社会却显得日益强大"。公民面目一致,掩映在"人民本身的高大宏伟的形象"之中。社会的特权强大而高尚:"代表社会的权力比每个社会成员有知识和高明得多,它的义务和权利就是亲自引导和领导每个公民"。当代各种政治制度显著体现出"社会权力的单一性、普适性和全能性,以及法制的统一性"。而如果"中间权力的观念已经稀薄和逐渐消失",个人就只能直接面对社会(无论是面目模糊的多数,以具体身体出现的各类独裁者,抑或是作为抽象身体出现的国家)。完全平等并原子化的个体"不能指望任何人给予他们以援助,因为大家都是软弱的和冷漠的"。他们只能求助"那个在这种普遍感到无能为力的情况下唯一能够超然屹立的伟大存在"。平等消除了一切旧有纽带,建立起"感情一致的共同体,在民主国家不断将每个公民和国家元首结合在同一思想之下,并在两者之间建立起隐秘的和恒久的同情"[37]。

在民主普及、革命成功、商贸畅达,甚至也可以"文化昌明"的"小康社会"里,一种闭塞心智、败坏灵魂、侵蚀德行的新型专制悄然出现:"首先,我看到芸芸众生,彼此相似平等,不停奔波追逐琐碎庸俗的快乐,他们的灵魂沉湎于其中。每个人都离群索居,对他人的命运漠不关心。……在这样的人上面耸立着一个庞大的庇护权力,它独自负责保证他们的享乐,看管他们的命运。这权力强大绝对、无微不至、井然有序、精明远虑而温和有度。如果说它是一种父权,以教导人如何长大成人为目的,那它最像父权不过了。但它只是以把人永远看成孩子为目的。他很高兴看到公民们自得其乐,只要他们除了享乐便无所用心。它很愉快地为他们谋幸福,但希望成为这一幸福唯一的判断人和代理人。政府这样把每个公民依次置于有力的掌握之下并按他自己的想法塑造他们,然后便把全社会置于自己的掌控之下。它用一张其中织有详尽的、细微的、全面的和划一的规则的密网控制住社会生活,最有独创精神和最精力充沛的人也不能突破控制成为出类拔萃的人物。它不践踏人们的意志,但它软化、驯服和指挥人的意志。它不强迫人行动,但经常阻碍人行动;它什么也不破坏,但阻止新生事物;它不行暴政,但限制和压制人,使人精神颓废、意志消沉和麻木不仁,最后使全体人民变成不过是一群胆小而会干活的牲畜,而政府则是牧人。"[38]

这种严明而温和的奴役办法外表却相当自由,"甚至可以在人民主权的幌子下建立起来"。民主与平等已是历史必然趋势,但需要人指导与希望保持自由"这两个倾向相反的本能要求哪一个也不能放弃",所以中央集权和人民主权奇特地混合成"具有监护性质的、无所不能的、但要由公民选举的单一权力机构"。这个怪胎被民众安然接受,"每个人都能忍受捆在身上的链子,因为他们看到握着链子的余端的不是一个人,不是一个阶级,而是人民自己"。可是托克维尔看得很清楚,"使公民们如此依附于中央政权之后又让他们去选举这个政权的代表,是徒劳无益的;让公民们如此隆重地、但又如此仓促地和以如此少见的方式行使自己的自由意志,防止不了他们逐渐失去独立思考、独立感受和自主行动的能力"。因此这只是自欺欺人、"实难想象完全丧失自治习惯的人,能够开会选好将要治理他们的人;也无法认为处于奴隶状态的人民有一天会选出一个自由的、精干的和英明的政府"[39]。

往事可鉴,现实可叹,前景可忧,托克维尔在赞颂美国民主制度的同时明确指出,"我最担心于美国的,并不在于它推行极端的民主,而在于它反对暴政的措施太少"。推而广之,"当我看到任何一个权威被授以决定一切的权利和能力时,不管人们把这个权威称做人民还是国王,或者称做民主政府还是贵族政府,或者这个权威是在君主国行使还是在共和国行使,我都要说:这是给暴政播下了种子,而且我将设法离开那里,到别的法制下生活"[40]。

那个大西洋彼岸的美国,是否一度是法国人托克维尔的他乡?

第三节　在民主实践中维护自由:美国的经验

一、从正确理解的自我利益开始

在 19 世纪 30 年代托克维尔所处的七月王朝,本应秉持天下为公精神的政界中也是个人主义横行,造成政治败坏,民众和社会由此鄙视乃至拒斥政治生活,从而进一步退回私人生活,强化了民主社会内在的个人主义倾向。这又反过来加剧了民众对公共德行和政治生活的蔑视和拒斥,如此恶性循环,民族陷入无政府的混乱或专制的窒息[41]。

但托克维尔并不企望清除个人主义,他知道那是民主时代的必然趋势,而是思索如何建立一种能与公共德行形成良性互动的健康的个人主义。这就是他在美国人身上看到的"正确理解的自我利益"原则:公民出于自我利益的考虑而热心公益、参与公务。其适应现代民主社会的特征在于强调德行的有用和正当而非优美和崇高。它不妄图阻止事实上不可阻遏的个人主义,而是细心控制、善加引导,诉诸人的理性和常识来渗透人心。这样,人们就能适当地融合个人利益和公共利益、国家利益,而且认识到只有在公民互助和公共事务中才能最好地实现自我利益。长期实践这一原则,个体将逐渐成为公民:它并不激发巨大的牺牲,但鼓励人们每天做出小的牺牲;仅凭自身并不能让人富于美德,但其训诫塑造了大量本分守序、温和节制的公民。

德行可通过教育、经验和实践养成,发乎自然的牺牲和德行的时代已然逝去。必须指出,民主国家亟须的不仅是读写运算式的基本知识教育,也不单是赖以谋生的实践技能教育。这些不足以培养好公民。所谓公民教育,就是掌握政治生活的技艺,培养公民积极合理地运用政治权利参与政治生活,德行可在政治权利的日常运用中逐步养成。公民拥有权利,却不可肆意放纵,自由首先在于学习如何自我管理、合法追求和支配个人利益。公民在日常生活中训练如何运用自由,如何尊重他人的自由,如何自由地合作和服从,才能避免驯服于专制。总之,只有自律并能互敬合作的公民才能组成健全的社会,造就强大的国民[42]。

这样托克维尔就将公民的个体塑造与共和国的集体维存结合起来。维续共和国、遏制独裁和暴政的重要前提是养成政治权利的观念并能自由地运用。要让民主时代的人们不完全遁入私人生活,关心国家命运,最有效的办法就是让他们参与国家治理。公民精神与政治权利的运用密不可分。雄图大略但无专制之心的治国者必须敢于赋予民众政治权利,唤醒他们从身边之事开始关心国家命运。就算因此造成社会动荡,也是"必要的危机"。他意味深长地指出:"现代的统治者们好像只想率领人民去干伟大的事业。我希望他们考虑一下多下点工夫去造就伟大的人物……决不会找到能使由一群胆怯和萎靡不振的公民组成的国家变成精力充沛的国家的社会形式和政治组织。"[43]

二、从乡镇自治与结社到爱国主义

托克维尔明确指出,以下三方面原因促成了美国顺利维护其民主共和制度:一是"上帝为美国人安排的独特的、幸运的地理环境";二是法制;三是"生活习惯和民情"。同时他也确信,"最佳的地理位置和最好的法制,没有民情的支持也不能维护一个政体;但民情却能减缓最不利的地理环境和最坏的法制的影响"[44]。

美国人"是被上帝亲自撒在一片预定的大地上的伟大民族的种子",得到许多不取决于人的意志的有利环境条件。"美国人没有强邻,所以不用担心大战、金融危机、入侵和被人征服,不必有巨额的税收、庞大的军队和伟大的将军,几乎不会为一种比这些灾难加在一起还要对共和制度有害而可怕的祸害即军事的荣誉而受累。……美国没有可以使自己的影响直接或间接及于全国各地的巨大的首都。……在城市里,无法防止人们集会议事、聚群起哄和突然采取激烈的行动"[45]。

他通过总结美国社会成员的来历和历史形成的民族性,以把握美国人身份平等和个人自由的社会条件。美国作为移民国家,缺乏贵族赖以存在的特权和身份制度。这些欧洲移民往往是出于躲避宗教迫害而来到新大陆,因此更熟悉权利观念和真正的自由原则。

美国的公民有两个重要途径运用政治权利参与政治:乡镇地方自治和结社。公民精神、爱国主义和德行就是在这些身边之事的磨砺中培育而成[46]。

美国政治之所以充满活力却又不至于陷入革命动荡,概源于共和主义的乡镇精神。乡镇的自由精神和共和传统塑造了美国的民情。美国在建立联邦后虽然加强了中央政府,但未发展成中央集权,而是实行行政分权,鼓励民众运用自己权利参与地方事务管理。行政分权的国家较之行政集权的国家在资源配置和保障安全上可能不具优势,但其政治后果(培育乡镇自由和公共精神)却是行政集权的国家不能获得的[47]。"新英格兰的居民……关心自己的乡镇,因为他们参加乡镇的管理;他们热爱自己的乡镇,因为他们不能不珍惜自己的命运。他们在力所能及的有限范围内,试着去管理社会,使自己习惯于自由赖以实现的组织形式,而没有这种组织形式,自由只有靠革命来实现。他们体会到这种组织形式的好处,产生了遵守秩序的志趣,理解了权力和谐的优点,并对他们的义务的性质和权利范围终于形成明确的和切合实际的概念"。没有强大和独立的乡镇,"就只能产生顺民而非公民",国家固然可以"建立一个自由的政府,但它没有自由的精神"[48]。

个体在参与中深刻认识到乡镇公共事务不过是个体私人事务的延伸,实现个人利益有赖于繁荣公共福利。体现公共性的乡镇生活会自然凸现正确理解的自我利益原则,充分表明首先是日常生活和小事而不是国家大事对培养公共精神具有重要意义。而且个体通过权威不可或缺的共同行动学会了融合主动参与与理性服从。不仅如此,乡镇公共生活还能激发人们期望赢得他人信任和尊敬,使个人价值的内在渴求在公共生活的奉献和成就中得到满足,这样也能抑制民主社会恶性膨胀的个人主义和嫉妒之心。

结社也是教导人民运用政治权利、完成政治教育的重要方式,是公民个体联合起来对抗专制、捍卫自由的重要手段。在托克维尔看来,民主社会中的社团一定程度上担当了贵族社会中贵族的角色。公民政治技艺的习得和运用不应仅限于身边之事,而应扩大眼界,担当国家命运。一味偏爱自己所属的乡镇和社团可能会故步自封,局部利益遮蔽国家和民族利益。托克维尔称此为"集体个人主义"。所以国家不仅要通过地方事务培养个体成为热心公共生活的公民,还要能把地方和社团的公共精神扩展为整个民族的民情、将全体公民团结起来致力于伟大事业[49]。

当然,单纯基于个人利益的爱国主义必定立足不稳。民主国家完全可能损公肥私成风而致民德腐坏,只有持之以恒地推行促进公民参与的共和主义政治,公民才能逐渐成为发乎自然的爱国者,理智的爱国主义才会在长期政治实践中逐渐转化成民情,超出利益追求而成为一种自然的对同胞、家乡、国家的眷恋情感。"我最钦佩美国的,不是它的地方分权的行政效果,而是这种分权的政治效果。……从每个乡村到整个美国,祖国是人人关心的对象。他们以国家的光荣而自豪……相信自己对国家的成就有所贡献,感到自己随国家的兴旺而兴旺,并为从全国的繁荣中获得好处而自慰"[50]。

三、将心灵带回民主

托克维尔在谈论制度设计时,始终强调内中融贯着习惯之培养、心智之养成甚至宗教情怀之重建。通过制度设计,"让人民参加政府的管理工作很难,而让他们积累管理的经验和产生管好国家的意识更难"[51]。

比如托克维尔剖析美国民主政治之所以没有产生专制,其法律制度也很关键。首先是法律职业团体作用类似贵族阶层,具有反抗专制、重视法治的职业倾向,"法学家秘而不宣地用他们的贵族习性去对抗民主的本能,用他们对古老事物的崇敬去对抗民主对新鲜事物的热爱,用他们的谨慎观点去对抗民主的好大喜功,用他们对规范的爱好去对抗民主对制度的轻视,用他们处事沉着的习惯去对抗民主的急躁"。其次是保证人民广泛政治参与的陪审制度。陪审制使人感到对社会负有责任和参与政府活动,有助于人们克服自私自利,习惯依法办事,尊重权利观念,使民情与法制协调,养成对自己行为负责的政治道德和主政意识。陪审制既有助于人民实行统治,也有助于人民学习统治。公民在这所"常设的免费学校"里熟悉法官的思维习惯,那"正是人民为使自己自由而要养成的习惯"[52]。

光靠精心设计并维护的政治代表制和言论自由,无法彻底消解现代社会中的个人归属问题。在原子化个体组成的社会里,如何重建真正具备归属感的共同体纽带事关重大。地方自治和结社因此并不只是能否表达利益群体声音的问题[53]。

构成美国社会的原则之一是承认个体独立的正当性。但面对传统共同体纽带的失落、个人主义的肆虐与新型专制的滋生,强调民主生活中间群体的作用是很自然的。标准的自由主义(多元主义)观点认为结社是表达和支撑个人利益、防御国家集权化力量侵蚀的重要屏障。但托克维尔更具意义的是揭示了结社对于个人主义的"解毒剂"作用:抗御各自孤立的个人主义,从千人一面的市民中培育各具特色的公民,以有机结合公私生活的公民代替原子化的消费者。健康有序的公共生活与令人满足的私人生活互为条件、相辅相成。托克维尔因此强调日常的、多元的结社生活,在结社互助中才能真正维护珍贵的独立自由。过往作为庇护者和代言人的贵族已然不再,"在民主国家,应当代替被身份平等所消灭的个别能人的,正是结社"。"要使结社的艺术随着身份平等的扩大而正比地发展和完善"[54]。

从正确理解的自我利益能够发展成融为民情的理智的爱国主义,反过来,在爱国情怀激励下的振兴民族光荣的奋斗,即托克维尔眼中的伟大事业,能够磨砺个人德行和心智,成就伟大个人。个人主义膨胀下的人会在安适中麻痹灵魂、腐蚀德行。所以民主时代的民族不仅要维持活跃的日常政治生活,而且要时常以远大的目标和艰难的事业克服自我的狭隘和冷漠,振奋公民精神。[55]因此托克维尔反驳时人所谓民主时代人过于骄傲的观点,倒是认为平庸的个体应当在共同行动中(特别是战争这样的危急时刻)获得精神提升。

在他对美国的民主和民主之普遍趋势的审视角度与审慎结论背后,是此前发生、此时面对、此后成书的法兰西《旧制度与大革命》的历史与现实。

第四节 旧制度与大革命:以法兰西为鉴

一、重新思考大革命

1847年10月,托克维尔在致克戈莱(Kergorlay)的信中坦承:"尽管我在书里很少谈及法国,但我写下每一页时无不在思考着她,或者说她无时不浮现在我眼前。"反过来,"谁要是只研究和考察法国,谁就永远无法理解法国革命。"[56]只有结合研究自由在美国的稳步前进和在法国的艰难征程,才能全面看待自由。要洞察自由的奥秘就必须探究法国的革命和历史。

托克维尔笔下有两种革命:一是欧洲正经历的从贵族时代、从旧制度走向民主时代的历史巨变,可谓之民主的革命;一是这一巨变过程中的"剧变",即政治和社会全面、突然、暴力中完成的根本变化,可谓之民主革命。前者确为世界大势,浩浩荡荡,但各国是否和如何经历民主革命却各见其异,决定着各国历史进程[57]。

托克维尔主要是通过比较美、英革命和法国革命的不同说明这一问题。没有封建制也没有旧制度的生来平等的美国人没有经历民主革命的痛苦。英国则和法国一样首先经历漫长的民主的革命,但只改变政体,远未触动社会的结构、习俗和习惯。英国延续贵族传统,强化政治自由传统,以开放的阶级合作方式逐步走向民主,最终没有形成革命传统,于是即使存在贵族也没有因此激生出反动传统。只有法国最终以建立新世界为目标发动政治、宗教和社会的全面的民主革命。在民主的革命和民主革命的双重锻造下,生成深厚的革命传统和旧制度残余力量敌视革命和民主的反动传统,自由因此步履维艰。首先,革命传统和革命精神加剧了民主的一些内在弊病;其次,很多法国人疑虑民主的发展将引起革命,希望限制政治权利,从而阻碍了民主和政治自由在法国的成长。而无法通过政治解决问题的民众又会"乞灵于革命传统",再次陷入动荡;最后,对革命的恐惧使人们彻底放弃自由,"专制在民众的默许甚至欢呼中登场"。因此,法国的革命传统可概括为一种政治病症:排斥政治和政治自由导致人民发动革命解决政治和社会问题,而革命又进一步导致社会对政治和政治自由的恐惧从而为专制奠定基础[58]。

托克维尔对于法国大革命首先是热情肯定的:"自由的激情和对伟大事业的奉献精神创造了伟大的1789年:无疑它是个无经验的时代,但它却襟怀开阔,热情洋溢,充满雄劲和宏伟;……法国人对他们的事业和他们自身感到自豪,相信他们能在自由中平等地生活。在民主制度中,他们处处设立了自由制度。他们不仅粉碎了将人们分割为种姓、行会、阶级、使他们的权利比他们的地位更加不平等的那种陈腐立法,而且一举打碎了那些由王权制定的其他较新的法律,因为它们剥夺了民族自身享受的自由,并在每个法国人身旁设立政府,充当他们的导师、监护人,必要时还充当压迫者。中央集权制和专制政府一起垮台了。"[59]

长久以来人们一直被大革命的外表所迷惑,它的辉煌掩盖了缺陷,激烈掩盖了传承。此前各派哪怕立场截然对立,在评价大革命时思维逻辑却相似,即大革命是历史的断裂,价值上是善恶的颠倒(无非保守派认为变善为恶,民主派认为变恶为善)。但托克维尔在别人看到断裂的地方看到了延续。针对这些二元对立的"迷思"(myth)托克维尔指出:大革命绝非偶然事件。诚然,它使世界措手不及。"1789年,法国人以任何人民所从未尝试的最大努力,将自己的命运断为两截,把过去与将来用一道鸿沟隔开"。它全面、彻底、无所顾忌、无所设限。"大革命在摧毁了政治机构以后,又废除了民事机构,在变革法律以后,又改变风尚、习俗,直至语言;摧毁了政府结构之后,又动摇了社会基础,似乎最终要清算上帝本身"。然而它只是"通过一番痉挛式的痛苦努力……突然间便完成了需要自身一点一滴地、长时间才能成就的事业"。"革命只不过是一个暴烈迅猛的过程,借此人们使政治状况适应社会状况,使事实适应思想,使法律适应风尚"。法国人的成就其实远比想象为小,他们继承,甚至是依靠了旧制度的大量"感情、习惯、思想""领导了这场摧毁旧制度的大革命;他们利用了旧制度的瓦砾来建造新社会的大厦,尽管他们并不情愿这样做"。所以现实法国的奥秘在于"那逝去的、坟墓中的法国",后者之中蕴涵着革命的起因甚至目标[60]。

大革命是一场"社会政治革命";不是要造成并延续政治制度范围内的无政府状态,倒是要"增加公共权威的力量和权利"。其后果实际上是"摧毁若干世纪以来绝对统治欧洲大部分人民的、通常被称为封建制的那些政治制度,代之以更一致、更简单、以人人地位平等为基础的社会政治秩序"[61]。而这场集权化的进程早在旧制度时即已开始。

二、旧制度:大革命的漫长缘起

托克维尔笔下旧制度最悖谬的特征是它已属于一种革命动力机制。启蒙运动带来的进步、财富和层出不穷的创新,即他追随基佐等称为"文明"的整个运动,在这种运动中民众的情感激活、思维躁动、期待提升、需求增多,都刺激着集权国家的事业。旧制度本身就是一场民主的革命[62]。

如果说《论美国的民主》次卷主要讨论民主对民情的影响,《旧制度与大革命》则主要讨论中央集权对民情的影响:对中央集权的迷恋。《旧制度与大革命》通过分析法国具体的历史与现实来揭示中央集权如何逐步奠定其行政基础和心理基础。

旧制度是中世纪封建制度日渐衰落和中央集权不断强化这两种趋势的混合。它"不是指一种社会状况,更是指一种社会状况的危机,不是指旧有的封建社会或贵族社会,而是指已经在多种相互矛盾的准则下陷于分崩离析的这个社会的晚期阶段"。这种社会转型加剧了法国社会基本矛盾,促成大革命爆发。革命并非爆发于中世纪制度保留最多、人民最受苛政折磨之处。法国恰恰是欧洲封建权利压迫最轻的地方。农民完全摆脱领主统治,变为土地所有者,因此更难忍受残存的封建权利。作为土地所有者,农民才会对封建制度强加在地产上的多种负担更感痛苦和愤慨:封建制度范围缩小了,激起的仇恨反倒更大;"摧毁一部分中世纪制度,就使剩下的那些令人厌恶百倍"[63]。

中央集权的扩张意味着国家(state)的兴起。法国在17世纪开始由立法君主制向行政君主制过渡,逐步建立基于庞大寄生性官僚体系的国家。王权中央形成集行政、立法和司法权于一身的统一权力机构,中央政府派出的各省总督总揽地方政府全部权力;中世纪各地区、团体和个人的政治自由权利统统丧失。中央集权深入社会各层面并进入国民日常生活。一个极端的例子是,"中央政府并不仅限于赈济农民于贫困之中,它还要教给他们致富之术,帮助他们,在必要时还强制他们去致富"。中央政府的掌管范围日渐扩大,因为"社会飞跃发展,每时每刻都产生新的需求,而每一种新的需求,对中央政府来说都是一个新的权力源泉,因为只有中央政府才能满足这些需求"。旧制度下的法国,政府逐渐取代上帝,膜拜中央集权逐渐成为新宗教,成为民情的重要部分。"由于中央政权已经摧毁了所有中间权力机构……因此在个人眼中,中央政权已成为社会机器的唯一动力,成为公共生活所必需的唯一代理人"[64]。

旧制度后期法国总体上处于从团体社会向阶级社会的过渡。团体社会已丧失其政治功能,但保留了可憎的特权而逐步丧失其合法性。而初露端倪的阶级社会也未能获得合法性基础,阶级差异没有正当性,又继承了团体社会的特权引起的敌视,阶级冲突遂愈演愈烈。这种社会紧张和对立渗透到法国社会每个方面。法国贵族(nobility)的处境尤为凸现这种过渡期的张力,它已不再是具有政治担当的贵族(aristocracy)而成为封闭排外的种姓(caste)。王权逐渐剥夺贵族政治权力,作为交换,给予贵族的免税特权不断增长,导致资产者与贵族不平等和互相孤立。三级会议停开使第三等级(主要指资产阶级)与贵族在公共生活中更无联系。贵族由于不甘退出政治舞台,更注重残存的特权以自炫,其外在的堂皇和某些实质特权仍使很多国民特别是资产者趋之若鹜。同时正由于特权炙手可热又难以获得,而贵族又不担当责任,于是遭到国民普遍仇视[65]。

农村领主不再参与和领导教区和村社事务,但对农民的压榨却毫未减轻,这使他们的特权更令人憎恶。而资产者为获取免税特权设法避入城市,结果与农民分离。城乡彼此仇恨。农民成为被整个社会遗弃的团体。政府对农民横征暴敛,而大革命爆发前王室废除劳役制,不断减轻负担,反使农民更意识到世道不公。同情与关心感动了有教养的阶级投身革命,以其博爱的诉求,点燃被压迫者嫉羡、复仇和改变地位的渴欲,并化作最残忍的行动——被压在社会最下层的农民早已被命运的严峻弄得冷酷无情,给他们一条似乎能够摆脱苦难的出路,"他们立即会朝那个方面飞快地跑去,势头暴烈,要是你挡住他们的道,他们连看都不看你一眼,就从你的身上踏将过去"[66]。

就这样,中央集权制的发展加剧了法国各等级团体分离。各团体形同路人甚至相互仇视,再也无力组织起来约束政府或援助政府,政府分而治之,自己落得个孤家寡人。法国公民于是完全缺乏"在危机中共同行动、互相支持的精神准备,所以,一场大革命就能在一瞬间彻底推翻这样的社会"[67]。

三、改革举措与文人政治:大革命的爆发

大革命前三四十年间政府实施局部开明改革,力促公益、普施救济、大兴土木,整个法国全面繁荣。但这反而加速了大革命的爆发。人们想象着即将获得空前的幸福,对已有的获益"无动于衷,一心朝着新事物奔去"。诸多改革华而不实、半途而废,惟有唤起民众不满;原本流弊丛生的法国行政当局此时更暴露出其财政管理漏洞百出,最先得益的恰恰是过去最敌视改革、蔑视法律的特权

者。大革命前夕政府大举改革司法部门、省级行政机构,希图匡正沉疴,但大举打乱原有权力秩序,使公民普遍觉得天下大动,必有大变。此时偶尔的一个事端便可能使举国骚动,酿成空前动荡。托克维尔就此总结出其影响深远的命题:"对于一个坏政府来说,最危险的时刻通常就是它开始改革的时刻。"这种境况可笑而又可悲:民族的"发财欲望每日每时都在膨胀",而政府又"不断刺激这种新热情,又不断从中作梗,点燃了它又把它扑灭,就这样从两方面推促着自己的毁灭"[68]。

托克维尔日后在《回忆录》中更具体地揭示了经济繁荣、首都坐大与动荡酝酿之间的关系:"工业革命30年来已经将巴黎打造成法国首要的制造业城市,吸引了一批全新的工人群体,还不说堡垒工事方面的工作,那已经招来了一大群劳工,而今他们都失去了工作;在政府的刺激下,对于物质享乐的情欲愈益牢固地统辖了这一群人,民主时代的嫉妒病默不作声地发挥着作用;一些经济学说和政治学说开始引起关注,易于助长人们相信,人类的悲惨处境并非天意注定,而是法律所致,贫穷可以通过改变社会体制得到彻底废除。"[69]

在四分五裂的阶级现状背后,法国社会却又有一种普遍主义倾向和诉求,两相激荡,促成一场激进的大革命。现实中,由于中央集权逐渐侵蚀乃至消除了地方自由,地方不再有独立的政治生活,各地法国人趋于相似。中央集权在立法和行政上推行举国一致,实行普遍的规章制度。而在理念上,大革命更有其独特的文学政治起因。

民主派认为大革命实现了启蒙思想的正义原则,保守派认为大革命出于一帮文人的蛊惑。而托克维尔则融合两种看法,要探讨文学政治这一启蒙思想思维特征及其产生和传播的社会条件——法国缺乏政治自由。法国文人不像英国文人有机会介入日常政治,又不像德国文人完全不问政治,他们整天谈论社会的起源、公民和政府的权利乃至法律原则,甚至评点所处时代政治体制的基础和结构。但这绝不等于政治自由。托克维尔讽刺道:"政府允许极其自由地讨论有关宗教、哲学、道德乃至政治种种普遍的和抽象的理论。只要人们不恶意评论政府的芝麻小官",然而"在小事情上都没有学会使用民主的老百姓怎么能在大事情上运用民主呢"?由于缺乏政治自由和实践经验,文人对政界知之甚少,反倒"敢于更大胆创新,更热爱那些普遍的思想和体系,更蔑视古代的哲理,更相信他们个人的理性"。这些好高骛远而又不谙世事的文人不能也不愿理解旧社会的混乱复杂,迫切期待靠理性解决一切问题,素手绘宏图,打造一个"简单、协调、一致、合理"的社会[70]。

不难想象,"身受日常立法妨碍的人"会在这种文学政治中享受到多大的快感。法国普通民众饱尝旧制度诸多弊端之苦,却看不到医效全面且迅速的良方,极易形成非此即彼的思维。贵族和资产者在生活方式上趋于接近,接受共同的启蒙教育和文化,在文化趣味和社会政治思想上共识日多,又都长期不能真正主导公共政治生活,缺乏从政议政经验,因此都成为文学政治的信徒而对其危险毫无所知。而本应起到牵制作用的各级官员也只精通行政实务而不懂治国方略,无从理解和预见社会潮流的动向及后果,因此也盲目接受时髦的政治言辞。结果全体法国人都"抛弃了现实社会,沉湎于虚构社会。人们对现实状况毫无兴趣,他们想的是将来可能如何,他们终于在精神上生活在作家建造起来的那个理想国里了"[71]。

"寻求精巧新奇而不是真切实在,图慕有趣的图景而不是切实的宗旨,对优雅的表演和精致的言谈津津乐道,却不考虑戏剧的结局,最后是靠印象而非理智来判断"。此即托克维尔所谓"政治中的文人精神"。它越出了"学院中人":公众激情与哲学面目难辨,政治与文学互相借体发挥。作家充当政党领袖,国民接受其性情气质的长期熏陶。"书籍已经提供了理论,人民负责实践,使作家们的思想适应于自己的狂暴行动。"他们"攫取了政府,试图自己来完成大革命的业绩"[72]。

文人政治就此成为大革命的精神源泉。"大革命正是本着卷帙浩繁的评论治国的抽象著作的同一精神进行的:即本着对普遍理论,对完整的立法体系和精确对称的法律的同一爱好;对现存事物的同样蔑视;对理论的同样信任;对于政治机构中独特、精巧、新颖的东西的同一兴致;遵照逻辑法则,依据统一方案,一举彻底改革结构,而不在枝节上修修补补的同一愿望而进行的。这是何等骇人的景象!因为在作家身上引为美德的东西,在政治家身上有时却是罪恶……"这些要求"同时而系统地废除所有现行的法律和惯例"的人们就此欢欣鼓舞地迎来了"有史以来一场规模最大最为危险的革命",尽管他们自己也将成为其牺牲品[73]。

四、在革命的废墟上

大革命与过去之间,表面上变化翻天覆地,骨子里联系千丝百缕;而大革命与后世之间,乍看是高潮退去归于平静,细究则影响深远魂灵不散。

法国国民在专制主义教育中只学会崇拜国家、蔑视个人权利和法律、热衷暴力。这样一个社会爆发危机时只能陷入动荡和革命。而革命发生时,不习惯共同行动的革命者诉诸中央政权,最终"这个中央政权从国王政府之手落入不负责任但有主权的议会之手,从温厚变得可怕"[74]。

大革命同时攻击政治和宗教信念,想要同时改造个人和国家,试图通盘、永远地改变旧习俗,从而全面动摇了道德良心。大革命的逐渐失控导致人们开始怀疑、漠视甚至鄙视最初为之献身的信念,曾经珍视的权利、自由、道德观念均遭践踏,最终他们从道德理想主义的严苛与狂热堕入纵欲与虚无。政治作为需要献身的民族大业已魅力尽失,作为实现和保护个人利益的算计却蔚为时尚。一切崇高的政治激情都在怅然之中烟消云散。革命的既得利益者处在对试图复辟旧制度的正统派和推行恐怖的雅各宾派的双重恐惧中,只准备抛弃自由。共和国在给自己找到一个强大的主子后安然死去[75]。

在这场从政治制度到社会关系的剧烈动荡中,"不惜一切代价发财致富的欲望、对商业的嗜好、对物质利益和享受的追求,便成为最普遍的感情。……它很快便会使整个民族萎靡堕落"。加之"任何人都可以自由改变自己的地位而不受法律和习惯的限制的社会情况",人心躁动却又各自为敌。这"对专制制度大有裨益;它使人们的思想从公共事务上转移开,使他们一想到革命,就浑身战栗,只有专制制度能给它们提供秘诀和庇护,使贪婪之心横行无忌,听任人们以不义之行攫取不义之财"[76]。

托克维尔抚今追昔,在《旧制度与大革命》讨论旧制度下政治自由的毁灭后单立一章论述"旧制度下自由的种类及其对大革命的影响",分别论述贵族、教士、高等法院等方面源自特权和传统的一种骄傲的抗拒专制和王权的独立精神。这种自由尽管时断时续,范围狭小,仍激起法国人的变革热情,为大革命作了准备。"在中央集权制日益使一切性格都变得一致、柔顺、暗淡的时代,正是自由在大批个人心中,保留着他们天生的特质,鲜明的色彩,在他们心中培育自豪感,使热爱荣誉经常压倒一切爱好"[77]。

法国贵族"长期来发挥着它那无可争议的伟大品德",以其非凡的荣誉感和自信心,"成为社会躯体上最有抵抗力的部位",并且"以身作则来增强其他阶级的雄壮气质"。然而"永远值得惋惜的是,人们不是将贵族纳入法律的约束下,而是将贵族打翻在地彻底根除"。"国民机体"失去了"必需的部分",自由留下的创口"永不愈合"。不过他也清醒地认识到,一味强调个人价值和独立自主的贵族自由无法支撑自由的当代使命,即把孤立的个体引出私人空间参与公共政治从而塑造公民政治艺术。所以旧制度下单纯以独立为内涵的自由不足以在法国建立"和平与自由的法治国家"[78]。

无论如何,托克维尔在1789年的激情行动中找到其最高政治理想。人们暂时放下私利而携手振兴民族,"所有个人的困苦都化解、消失于这共同事业的无限伟大里"。宣称摧毁一切教会权威的大革命中的法国人却有着后人缺乏的热诚信仰,相信人类可以成就完美,"他们从不怀疑他们的使命是要改造社会,使人类新生。对于他们,这些情感和热情已变成一种新宗教……使人们摆脱个人利己主义,崇尚英雄主义和忠诚",胸襟开阔,不计得失[79]。

法国人曾在1789年成功结合了自由的激情和平等的激情,但由于国民政治生活和自由教育的缺失,对自由的热爱终究缺乏根基,而对平等的热爱和对不平等的仇恨在旧制度末期已成冰冻三尺。最终决定法国历史的是旧制度中长久积淀下的法国社会结构、政治风尚和民情,它们毫不敌视平等,却在新社会中与专制制度达成隐秘契合。大革命以来"对自由的酷爱时隐时现",强弱不定,可对平等的酷爱始终深居人心,"永远以执着的、往往盲目的热忱专注于同一个目标,乐于为支持和讨好它的政府提供专制制度统治所需要的习惯、思想和法律"[80]。

五、从平等与民主中拯救自由

自由、民主、平等在理念上常常三位一体出现,却并非相辅相成、互促互进。在托克维尔看来,民主与平等固然是现时代的必然趋势(绪论中呼吁平等和民主不可阻挡,事关天意),自由之光却渐趋黯淡。"人对自由的爱好和对平等的爱好,实际上是两码不同的事情。在民主国家,它们还是两码不调和的事情"[81]。

凡人皆不难体会政治自由运用过分后那种几乎无政府的状态对于个人安全、财产和生命的威胁,但极端的平等让我们在安定中逐渐陷入奴役的这种危险,它对于社会机体的活力和自由精神的培育的侵蚀,却需要漫长时间的积累。反过来,自由的好处只有经过很长时间后才会显现,也不容易辨明其来龙去脉,而平等的好处却是立竿见影。因此民主国家的人民热爱平等以至于狂热,甚至牺牲自由也在所不惜(又有谁当时就意识到了呢?),宁愿承受奴役之下的平等。民众就这样为着追求绝对的平等而"沿着一条漫长的、隐而不现的、但确实存在的道路走上被奴役的状态"[82]。自由往往成为争取民主的口号,民主又成为争取平等的手段;而平等最后只不过促使人们去发现新的奴役形式。

身份的平等使工商实业成为万众竞逐的光荣事业,人人都在"热烈地和不断地追求幸福",这正是对革命激情的绝佳抵制。平等怂恿人前行又阻碍其前进;撺掇其欲望又限制其能力。因此托克维尔对迈向民主与平等的新社会的所谓动荡不以为然,视其为暂时现象而非长远本质。他反倒担忧新社会固守原有的制度、偏见和习俗,终使"人的精神逐渐萎缩,并永远自怨自艾而创造不出新思想;……看来所有的人都像是在不断地活动,但整个人类却不再前进了"[83]。

但托克维尔依然相信,在现代民主国家里,只有结合平等才能实现自由。反之,救治平等产生的恶的唯一有效的办法也就是政治自由。在民主、平等与专制的隐秘联姻面前,自由显得如此脆弱也如此可贵。无论如何,发展与完善民主的政治制度与民情"是使我们自由的最好手段而且是唯一手段"。"自由视宗教为民情的保卫者,而民情则是法律的保障和使自由持久的保证"。自由不仅是获取福利或不受拘束地享受私人生活的外在条件;其本身就是人类生活的崇高目的,是绝对律令,不能以其有用性或有效性来评断其道德价值。"谁在自由中寻求自由本身以外的其他东西,谁就只配受奴役"。它对于单纯的生存来说从来也非必需,但对于上帝指派给人们的某种更好的生存而言却必不可少。"不要让我去分析这崇高的渴望,必须亲身去体会。它自动进入上帝准备好接受这种渴望的伟大心灵中,它填满这些心灵,使它们燃烧发光"。托克维尔的贵族天性实质是人性对自由、卓越和伟大的渴望;这是人性中的贵族而不是历史上或出身上的贵族。"问题不在于重建贵族社会,而在于从上帝让我们生活其中的民主社会的内部发掘自由"。托克维尔也清楚"不能用已不存在的社会留下的观点去判断正在产生的社会",问题是如何既消除过去不平等的缺陷,又确保新的平等所能提供的好处。"我们不要让自己仍与祖辈相同,而应当努力达到自己固有的那种伟大和幸福。"这是"上帝让我们生活其中的民主社会"理应让我们实现的[84]。

"人要是没有信仰,就必然受人奴役;而要想有自由,就必须信奉宗教"。宗教与结社这两种个人主义解毒剂中托克维尔更强调前者。他的精神焦虑使他完全不能设想,没有形上确定性带来的心理约束(也是信靠),民主秩序何以确保稳定运行。宗教信仰正是自由主义正义规范的锚锭所系。旧式信仰退位,相对主义上升,由广泛共享的道德与宗教规范支撑的政治上的自我约束就将趋于瓦解。如果没有宗教,心灵就永远"躁动无靠"。完全的自主选择导致盲目的漂移,一切手段皆可想象。"专制制度可以不要宗教信仰而进行统治,而自由的国家却不能如此。……当政治纽带松弛而道德纽带并未加强时,社会怎么能免于崩溃呢?如果一个自己做主的民族不服从上帝,它能做出什么呢"[85]?

保持自由的技巧可以收获最丰,但学习运用自由也最为艰苦。自由不是别人施舍的恩惠,而是自己争取的成果;不是安享守成的状态,而是持续努力的创造。最糟糕的是去除了旧有的约束而获得了表面的自由,却没有同时养成自由的心智。那些所谓彻底的民众革命与自上而下的政府改革之所以终归失败,关键是缺少人民自己酝酿的自由。拔苗助长则欲速不达,坚持耕耘则终有所成。自由比平等和民主需要更持恒、更精心的主动培育[86]。

第五节 两个世界之间：托克维尔的
政治生涯与理论生涯

一、通往美国的思想之路

阿列克西·德·托克维尔1805年7月生于法国巴黎,属于第一代没有大革命的亲身记忆,但仍深切感受着大革命难以控御的政治余波的人。他是家中第三子,其父赫维(Herve)是诺曼底贵族子嗣,母亲路依瑟(Louise)则是马尔泽尔布(Malesherbes)孙女,夏多布里昂的亲戚。马尔泽尔布为前朝开明重臣,狄德罗等启蒙哲人作品大多在其主掌全国书籍审批期间出版。可他在作为启蒙思想之果的大革命高潮之际,又曾自愿为路易十六在革命议会前辩护,被国民公会定为叛国罪送上断头台。也就是那一年,托克维尔父母结婚,不久与众多亲友一起入狱,行刑前几天热月政变罗伯斯庇尔倒台,这才幸免于难。戏剧性地降临人世的托克维尔曾在日后骄傲地写道:"我是马尔泽尔布的外孙:他在国王面前为人民辩护,又在人民面前为国王辩护,是我不曾忘却也永远不会忘却的双重楷模。"[87]

托克维尔自幼跟随修道院长勒絮尔学习生活,熏陶出一副宗教情怀。15岁去梅斯读中学,开始接触大量启蒙哲人作品,思想遂产生张力。16岁时一度丧失所有宗教信仰,陷入普遍怀疑。波旁复辟后父亲相继主掌第戎、梅斯、亚眠和凡尔赛等多个省会城市,尽忠职守,两个持保守政见的哥哥也都从军。母亲则在家庭的炉火边怀念着旧制度下贵族的荣光。而托克维尔怀疑亲朋好友珍视的贵族价值观念,坚信法国贵族的世界及等级制、先赋特权、荣誉、忠诚等种种规范,将被平等的社会秩序完全取代。也许他无从知晓日后一生都将挣扎在这样的张力之间,在职业前途与贵族出身之间长久彷徨,在理智与情感之间打磨他独特的社会政治视角;也许是为了表示对外曾祖父的尊敬,1825年,年方二十的托克维尔决定去巴黎学习法律,闯入那个其浮华喧嚣给他荣光也予他痛楚的中心舞台。

1826年底至次年春,托克维尔游历罗马、那不勒斯和西西里,写下《西西里游记》(*Voyage en Sicile*)。在罗马城外山丘上小憩时,他像吉本和孟德斯鸠一样梦想罗马的伟人、光荣和自由,沉思帝国的脆弱。两位前辈伟人当年同样漫游在罗马废墟上怀想帝国盛衰兴亡,并分别写下不朽史著《罗马帝国兴衰史》和《罗马盛衰原因论》。而我们这位日后被屡屡与孟德斯鸠相比的主人公却不得不回到凡尔赛法庭当他的助理法官,工作之简单乏味令其担心变成"法律机器"[88]。

两年后他在致终生好友、图尔良贵族青年博蒙的信中袒露抱负,雄心勃勃地意图创立政治伟业;而要把自己塑造为政治人,首先要补历史课,研究人类特别是先辈的历史。学术与政治孰可两分,史鉴与实践绝难割裂。"政治关乎人性和人事",而历史作为展示人性人事的多彩画卷,实乃通达政治之途[89]。

其实托克维尔闯入巴黎之时,一场"大辩论"正如火如荼。大辩论的主要内容首先是如何理解大革命引起的社会变化。极端王党认为大革命无非法国历史上插曲一段,可通过政治权力遏制甚至取消社会经济领域内已发生的变化;如果社会由资产阶级的单子个体构成,势将陷入无秩序状态,故须强化中央集权甚至恢复贵族制以维护社会的存在。针对王党攻击,自由派首先必须表明社会发展不能阻滞和倒回,第三等级或中产阶级兴起是文明前进必然结果。自由派认为大革命只是数百年来法国社会变迁的定型化,是调整法国政府的治理结构以适应这些变迁。自由派称颂的是基佐所谓"中间阶级的兴起"和斯达尔夫人所谓"平等的进步"。基佐认为应首先从社会状态入手了解政治。中产阶级兴起标志着从贵族制向民主制的转变实属必然。基佐、鲁耶－科拉尔(Royer-Collard)等空论派(doctrinaires)探索社会结构与政府形式的复杂关联,从而不同于此前的契约论,从简单的人性假定进到具体历史中的社会结构分析。苏格兰启蒙运动(亚当·斯密、弗格森等)也都注重分析社会历史的发展阶段,分析财产权、社会分层、家庭结构、妇女角色乃至宗教。而空论派还在这些社会学关注的同时融入更切合法国时代要求的关注:政府统治形式和宪制问题(苏格兰可没有如此强大的中央国家机器)。空论派所谓界定现代民主社会面临的重大政治问题,已不是17世纪政治哲学家关注的政治义务基础或合法国家行动界限,而是地方自治已不再受到贵族力量保护的民主社会能否实现中央集权与地方自治均衡[90]。

1789年后公民平等的胜利值得肯定,但中央集权化也加剧了,并进而造成个人原子化以及法国地方自治传统的衰落。基佐、鲁耶－科拉尔等皆供职于复辟政府的内务部,熟悉地方政府如何沦为地方行政机构,官员如何更对巴黎而非本区选民负责。托克维尔一度视为精神之父的鲁耶－科拉尔曾借用柏克《法国革命论》的意象提出原子化社会的说法,指出大革命高潮过后留下的只是孤零的个体,在传统共同体纽带不复存在的社会的废墟上出现的是集权,中间群体(结社)的缺乏最终将造成霍布斯笔下的利维坦。这其实揭示了自由派面临的困境:中产阶级兴起意味着大量个人涌现,但中产阶级个人的软弱又证实了中央集权的必要。所以自由派在宣称民主社会取代贵族社会的历史必然性的同时,还须证明建立并维护民主社会的现实可行性。为此自由派求助于英国历史。英国第三等级的兴起最终通过结合中央集权和地方自治的代议制,在1688年光荣革命后实现了第三等级、贵族和王室的平衡,保证了英国的繁荣和自由。当然这是因为英国贵族制度较开放,有财富和才能的第三等级成员都可能成为贵族,并且贵族有能力和渠道承担政治责任。所以自由派试图让法国的中产阶级也成为英国式贵族,通过代议制赋予其政治权利[91]。

托克维尔很快深涉论争,并就中学会贵族制与民主制、原子化与中央集权这种二元对比的思考模式。他曾长期与博蒙一起研读历史,并去索邦旁听基佐的法国文明史课程。1828年他在论英国历史的长信中写到,有许多起点不同的民族经由不同道路实现了合理的平等,那是人类唯一的自然状态。第三等级或平民显然比贵族和王权更接近这一自然状态。因此他积极评价英国平民胜利并建立共和的1640年革命,否定封建贵族回潮的1688年革命。然而当时托克维尔尚不能肯定,中产阶级兴起除了预示平等不可阻挡,是否必然为人类带来繁荣和自由而非灾难和奴役。

托克维尔尽管深受空论派影响,但最终并未选择英国作为考察对象。自孟德斯鸠以来,英国制度就被认为值得景仰,政治旅行者们满心热诚地跨越海峡取经。至少在1835年《论美国的民主》首卷出版之前,受柏克对法国革命的批判影响极大的欧洲思想界热衷于英法模式的比较,向往光荣革命的样板。托克维尔最初也分享了这种英国风,但后来通过探索1640年英国革命与1789年法国大革命的异同,逐渐意识到大革命激发起的民众对平等的激情不会半途而止。民主不会局限在某个领域。因此法国的问题不仅是建立联邦制和代议制这样的制度和技术问题,而是如何应对全面的民主。光荣革命模式不足为训,因为大革命前的英国自由主义是旧式贵族自由主义,已不足以帮助自由派面对民主时代的挑战。旧式贵族自由主义基于"不平等的自由",自由只是少数人的特权,而民主时代即现代只承认"平等的自由",自由必须是每个人在一切领域的平等权利。英国以往的革命只具有地方性、局部性的意义,法国革命的意义则是世界性、普遍性的,因此今后关键并非法国效法英国,反倒是英国迟早走上法国的路,唯一的问题只在于英国能否避免法国那种狂风暴雨的形式[92]。

二、两卷《论美国的民主》的成功与失落

1830年七月革命爆发,最后一位波旁国王查理十世被推翻,路易·菲利浦上台。所有公务员都被要求宣誓效忠,托克维尔勉强识了时务。七月革命后的

态势验证了他的最坏预感:眼前长夜漫漫,法国新旧精英和解未有定期。此时托克维尔与博蒙腹背受敌:家世拖累宦途,而宣誓效忠新王朝又不能见容于保王的亲戚。几年来出于理念探索之需萦绕在心的赴美考察一事终成箭在弦上之势。七月革命被许多自由派视为法国版的光荣革命,托克维尔却认定英国不足为样板,赴美寻求治疗法国病症的药方,此举既摆明了与复辟时代诸多论家之间的距离,也彰显出与家族立场的决断。

1830年10月,博蒙就法国狱政改革事宜打报告给内务部长。次年2月两人得到为期一年半的休假以考察美国狱政。5月船抵纽约,新大陆扑面而来的社会平等与商业精神迅速震动了这两位旧大陆的贵族子弟。起初托克维尔认为美国虽然商贸繁荣,但道德低下、政府幼稚、文化荒凉,对于市场竞争的主宰与患得患失的心态更感鄙夷,但越来越发现内中活力与自治的朝气。抗拒变成勉强接受,继而变成公开赞颂。此时狱政考察事宜已成鸡肋。有博蒙之笔为证:任何社交场合,特意安排在我们身边就座的女主人或其女儿都觉得,如果话题不以绞刑或鞭打之类开头,就不太礼貌了。而托克维尔满脑子都是联邦宪制与司法体系如何有助于维续地方自治。他很快写信回法国要求寄给他基佐的《文明史》,而此后成书的《论美国的民主》之章节安排也与大辩论的议题非常相似[93]。此后,他俩的足迹遍布新英格兰、加拿大魁北克、五大湖区、新奥尔良等,"车船上,步行中,马背上,他把270个男男女女的谈话和想法记满14个笔记本"[94]。

1832年2月,托克维尔与博蒙归国。回国后博蒙开始撰写考察报告,托克维尔只负责补充一些事实或观点。5月16日博蒙失去法院公职,次日托克维尔跟进请辞,其实这对他们也是迟早的事。1833年1月两人出版《美国监狱制度及其在法国的运用》(Du systeme penitentiaire aux Etats-Unis et de son application en France),算是对美国之行有个形式上的交代。但有关的写作和思考远未结束。

1832年8月,托克维尔访问英国,9月开始撰写《民主在美国》[95]。最初定名为《平等对于人类观念与情感的影响》,关注的平等不是实存的平等,更多的是一种心态,一种新的信念。最后改成《民主在美国》[96]。1835年1月《论美国的民主》首版发行,在欧美立获成功,年方三十的小律师成为名作家。鲁耶-科拉尔赞其为孟德斯鸠当之无愧的继承人。基佐、夏多布里昂和圣伯夫也热烈地评论了书中的政治哲学论述。穆勒等英国思想界领袖联名推举此书具备经典意义,但托克维尔本想在首卷出版后国人能承认自己,能了解他们处境,从而立即取得高官,在法国推行从美国得来的经验。他的这个希望看来落空了[97]。

同年,托克维尔作为著名文人与博蒙访问英国与爱尔兰,与穆勒等名士过往,亲睹工业化如何改变文明进程。他访问美国时无甚兴趣访问工厂,而在英国参加了许多激进集会,探访考文垂、利物浦、伯明翰、曼彻斯特等工矿城市的工厂和棚户区,认识到工人贫困处境,也认识到正在兴起的资产阶级企业主新贵族的威胁,感叹新型统治阶级的"堕落"。但他认为这些都不会像民主社会对于平等的本能依恋那样持久。回国后托克维尔违背家庭旨意,与英国中产阶级女子玛丽·莫特利(Mary Mottley)成婚。1839 年,托克维尔入选法国人文和政治科学院院士,1841 年被选入法兰西学院。

《论美国的民主》开篇即体现大辩论的思路:这是一场民主社会革命,表明要将社会结构与政治制度分开,任何有关政治制度的讨论都先要阐述社会变迁。民主首先是指一种社会类型,而革命是指社会结构方面一系列逐步变迁,绝非仅仅是戏剧性政治事件。民主的革命指的不是某个王朝的倾覆,而是一种史无前例的社会类型的兴起,基于公民平等的原则而建立。至于为何更注重市镇而非联邦政府,一是新英格兰的自由民情最为重要,一是他认为这是法国人最需要了解和学习的,法国人对中央集权政府已经太熟悉了。他在英国式的功利主义个人主义与法国式的卢梭的公意之间伸张中间利益,开辟着多元民主思路[98]。

托克维尔在《论美国的民主》未出版的笔记里还预测了中产阶级新型专制外的两种可能出现的专制。一是底层阶级专制,从无政府状态中出现以工人阶级为名统治的国家。一是军事专制,以恺撒或拿破仑为典型。在有关制造业者将成为新型贵族的名篇之前很久他就写出关于军士将成为新型贵族的观点。即使他赞成战争将为民主社会带来活力,也承认战争将使军士成为贵族与专制主导者。未来社会的象征将是军士与办事员。但在七月王朝治下他越来越清楚地看到,对于社会未来最大的威胁不在于工人阶级的非理性或军事冒险主义,而在于中产阶级的个人主义、对于集权的爱好与物质享受之间的亲和关系。《论美国的民主》中指出沉迷个人福利而放弃公共责任的国民将迎来野心勃勃、精明狡诈的篡权者的专制,10 年后波拿巴的政变验证了他的预言[99]。无论如何,对于资产者的不屑只体现在他的私人通信、笔记和《回忆录》这样原本不打算出版的著述中。因为他必须克服家族的保皇背景,保证自己政途顺利[100]。

读者并不期望《论美国的民主》之续篇。作为孟德斯鸠的传人,托克维尔应当再写一部有关英国的书。可是 1835 年下半年他已初步拟定次卷构架:民主对于观念与情感之影响。但这样无法容纳风俗与日常生活习性。年底扩充为三部分:民主对于思想、心灵和习俗之影响。此时他已开始意识到不可能找到纯粹民主类型的经验实例。美国因其诸多前提条件而只是例外，英国则混合贵族制与民主制，法国尚笼罩在革命情结中。1838年8月，他致信鲁耶-科拉尔谈及书的全貌："与其说它是在探讨平等在美国产生的特殊效应，不如说它是在探讨平等对于习俗产生的一般效应。"成书前最后又加上第四部分论民主的政治后果，更直接地转向法国。但当1840年4月《论美国的民主》次卷在巴黎和伦敦同时出版后，反响却还不如首卷[101]。

三、议会泥沼中的堂吉诃德

早在1834年9月，曾经担心自己变成法律机器的托克维尔就在致克戈莱的信中写道："我宁愿前往中国探险，入伍当兵，或在不知如何艰险的冒险事业中赌命，也好过让自己像看到的这些体面人一样过单调乏味的生活。"[102]

托克维尔目睹七月王朝公共道德与私人道德的普遍败坏而深感忧虑。个人主义侵蚀公共道德，而公共道德的腐化又败坏了私人道德。投机钻营的庸人一心博取升官发财的卑小荣耀。相形之下，往昔的贵族显得气宇轩昂、开明睿智。托克维尔眼见"社会尔虞我诈，随处斤斤计较，无私正直却是付之阙如"，不禁愤然："难道不存在这样的一个政治世界，就算不被德性统领，也被强烈的激情主宰，被超乎可怜的日常利益的其他关怀所引导"？法国人似乎被懦弱和麻木淹没，在利益追逐中耗尽激情。"当代真正的噩梦是我们不能感受到任何事情可以爱憎，只能让我们鄙视"。"怀疑和仁爱使我们一事无成，既不能为大恶，也不能行大善"。1839年他入选议员后耳闻目睹争权夺利、平庸贫乏的议会政治，更深切意识到正是这种堕落的政治激起民众漠视乃至厌恶政治：政治不过是实现个人野心的工具；为这般空洞的游戏耗费热情，寄望那些只关心自己角色而甚至对戏的成功与否都无动于衷的政治戏子，可笑、可悲乃至可耻[103]。

在这样的环境下，托克维尔在议会中谋求建立独立于左右翼的尊奉自由、德行的伟大政党未能如愿，与他人联合创办《商业报》(Le Commerce)教化民众，也只勉力维持了短短两个月。"我时常担心自己成为堂吉诃德式的疯子。我满脑子想的就是一种几乎不属于我们这个时代的英雄主义；而当我走出这些幻梦，发现自己直接面对现实，就会一败涂地"。思想家的智识才赋并不能助他成为长袖善舞、人情练达的政治家。"不同社会的民情各有不同，但主掌事务的政客们的道德却到处都一样……在他们任何一人身上，我几乎都不曾看到过抛却私心地关怀人类福祉……到头来我郁郁寡欢，拒人千里，口碑甚差……我被认为善玩手腕，故作深奥，工于心计，野心勃勃，而我从来不曾具备这些东西。另一方面，我不满自己，拘谨乏味，也被当成傲慢，而这个缺陷比什么恶习都能招来更多的敌人。我不喜多言,所以被认为阴险狡诈;我被认定性情刻板,容易记仇,为人尖刻,这都不属于我……"托克维尔没有一点在以议会辩才为主的制度下取得成功所需的才能。没有委曲婉转、灵活答辩的天资,又过分追求自主,坚持原则,不能为了结党营私或维持平衡而搞阴谋[104]。

自称民主主义者的托克维尔在生活中却不脱贵族本性。在致博蒙的信中他坦承:在参加一次集会想要离开时,又不得不留下来,因为找不到一位门侍替他开门。和政见不同的贵族分子待在一起比政见一致的民主主义者更感自在,因为知道该怎样谈吐有礼,举止有度。在 1841 年 11 月的一封信中他更系统地写道:"我的头脑被民主的制度所吸引,但我本性上却是贵族的,因为我憎恨暴民,忧惧暴民。在最深层,我衷心热爱的是自由、法治,是对权利的尊重,而不是民主。我讨厌蛊惑教唆,大众的无序行动,讨厌他们粗野暴烈、愚昧无知地干预公共事务……我既不属于革命党,也不属于保守党。不过归根结底,我更倾向于后者,因为我与保守党的区别只在于手段而不是目的,而我与革命党的区别既在于手段也在于目的。"[105]

1837 年托克维尔竞选议席时首次正式发表有关阿尔及利亚的论文,认为阿尔及利亚的殖民地将为法国带来荣耀。1839 年赢得家乡诺曼底地区席位,在众议院中负责法国殖民地废奴事务和社会改革、狱政改革等专业事务,提议立即解放法国各属地的全部奴隶。1841 年法国全面占领阿尔及利亚并开始实行系统殖民,托克维尔首次访问阿尔及利亚,开始考虑从暴力征服转向立法管理,并撰写《阿尔及利亚游记》(*Travail sur l'Algerie*)。此后在众议院中积极参与奴隶贸易、阿尔及利亚殖民化和改革事务、路易·菲利浦去世后继承人问题等的争论。1847 年再访阿尔及利亚。

但当 1840 年英国占领中国舟山群岛时,托克维尔在致友人信中毫不掩饰对于欧洲文明的优越感和他的帝国主义倾向:"想到一支欧洲军队进犯这个天朝大国,我只能感到喜悦。欧洲的跃动终于开始挑战中国的停滞!这是一场伟大的事件,尤其当我们想到这不过是延续了同一性质的一系列事件……让我们不要过于贬损我们的时代和我们自己;人是渺小的,但事件是伟大的。"[106]

托克维尔用文明与野蛮、优秀与落后、伟大与渺小的对峙来为欧洲的征服辩护。自由等于对自己欲望的控制,法国的职责和荣誉不仅在于给予殖民地人民公民权,还在于使他们步入文明,接受启蒙,养成道德。使游牧部落走向文明社会[107]。同样是他,在《论美国的民主》和美国之行的笔记、信件中多次谈到美国人西进给印第安人带来的灾难,谴责美国南部奴隶制,号召废除法国殖民地奴隶制,视之为对法国自由理念的玷污。所以法国入侵阿尔及利亚之背离道义他显然很清楚。此时却为何有这等言论？

托克维尔对法国七年战争中败于英国未能在加拿大建立伟大的法帝国耿耿于怀。他认为,危机常常孕育着伟大的事件,迫使人们意识到政治是关乎国家前途命运的严肃事业,而非资产者争权夺利的名利场。危机中急迫的公共事业常迫使心灵经历艰难甚至痛苦的挣扎和抉择,因此也常能显现美德,展示决断和意志。危机并能凝聚国民、焕发民族精神。为此在1841年3月法英濒临交战时致信穆勒陈说立场,穆勒回信表示托克维尔和法国知识界不应如此好战,而应教导法国人什么是真正的民族光荣,使法国人热爱自由、进步乃至物质繁荣。而托克维尔厌恶的恰恰是"物质繁荣"造成的民情委顿和中产阶级的政治利己主义。战争或许是最严重的危机,但能锻造高贵德行,战争胜利将实现伟大和光荣[108]。

七月王朝后中产阶级的图慕安逸、平凡中庸成为社会乃至政治的普遍精神,政府一无德性二不伟大。托克维尔一度觉得自己将不得不在这种平静萎靡、享乐至上、目光短浅的时代生活下去。但他很快洞察到表面的安宁和繁荣不过是假象,潜藏的社会政治危机和民众的革命热情不容忽略。七月王朝的危机正是维持其表面安宁的中产阶级政治造成的;扼杀国民的政治生活后非但不能使民众告别革命,反而激发民众的政治和革命激情。民众厌弃了精英的跳梁政治,就要自己去创造政治,革命呼之即出。托克维尔看到了危机,也隐然对危机抱有一定的期待。他认为政治德性的败坏必然同样腐蚀私人德性。统治者的政治德性不只是决定一国的政治风尚,而且影响民情和个体公民的个体德性。统治阶级如果冷漠、自私、败坏,则不能也不配治国。要改变政府的精神,首先必须遏制中产阶级精神,其次设法凝聚社会,创立一心为公的伟大政党,激发真正的政治激情。危机也是契机[109]。

四、在治史中反思治政

1848年1月27日托克维尔在议会演说时抨击法国政治体制基础太狭窄,以"火山口"为喻发出他对1848年革命的著名预言:表面虽然沉寂,革命即将到来。工人阶级要推翻的不仅仅是法律、内阁或政府形式,而是资本主义社会本身。2月路易·菲利浦退位,第二共和覆亡。4月托克维尔入选制宪议会,参加法兰西第二共和国宪法制定,后被选为立法会议副议长,并在总统选举中支持卡芬雅克,但10月路易·波拿巴被选为总统。1849年5月去德国现场观察革命,并以绝对优势入选新的立法议会。一个月后路易·波拿巴任命其为外交部长。10月底内阁倒台,托克维尔下野隐居。

第一章 阿列克西·德·托克维尔

1850年3月托克维尔开始受到严重肺结核的袭扰,7月在隐居地开始以回忆录的形式反思1848年1月至1849年10月这段跌宕起伏的日子,一年后完成《回忆录》(*Souvenirs*)。远离喧嚣的他此时在书中终于能够跳脱纠葛,冷眼观剧:"我们徒劳地试图借父辈的激情来保持自己的热度;但我们可以效仿他们舞台上可见的姿态和立场,却不能复制其热诚,重历其狂烈。……整个事情就像是草台班子拼凑的一出拙劣之极的悲剧。"1848年革命不过是1789年开启的革命传统的延续。大革命中衍生的相互猜忌、敌视和仇恨即使政治生活不再充满开放合作的气氛,也使托克维尔渴求的政治中的"伟大战斗"难以出现。自由与信仰为敌,政治与道德分离,传统与民主割裂。重新建立这些价值之间被革命破坏的纽带、凝聚法国民族精神就此成为托克维尔的政治理想,但首先必须分析法国背负的传统[110]。

在他看来,1848年革命后法国人在对革命和政治的恐惧中变成寻求庇护的羊群。拿破仑的幽灵重现政治舞台。托克维尔悲观地自感漂浮在风雨肆虐的无垠海上[111]。

19世纪法国的拿破仑崇拜试图将拿破仑塑造为民族英雄和天才,而托克维尔非常厌恶这种民族主义狂热和专制主义倾向。早在1842年法兰西学院就职演讲时他就抨击拿破仑不过是更善于利用法国的专制主义传统。很多人盛赞拿破仑是建立完善的行政集权体制的政治天才,而托克维尔认为法国行政集权始于数世纪前,大革命和拿破仑不过对其进行强化。拿破仑恶魔般的成就正在于洞察到大众主权与专制制度之间的契合。他在饱受革命震荡的白板般社会里打造专制政权,制定各种调控公民之间关系以及与国家的关系的法律后还能创造出执行这些法律的权力,并把它们融为一个巨大但单一的政府机器。不仅使自由制度名存实亡,而且通过民法典,将市民阶层中最糟糕的个人主义与私有主义倾向奉为神圣。公共协作所需精神被抽空。而单纯追求经济自利恰是民主社会的致命伤,让公民远离公共生活[112]。

经过1848年革命及其后一系列事件的洗礼,他在1850年底拟就新书的写作计划:"我希望说明拿破仑的宏大事业有多少归功于个人天才,又有多少受惠于当时的国家局势和时代精神。我想揭示这个桀骜不驯的民族如何并且何以在那个时刻自动走向奴役。我想表明他如何利用无与伦比的技巧,在革命最蛊惑人心的工作中发现最适宜专制的一切,并使专制水到渠成。"[113]简言之,他要探讨革命如何铺垫了新的专制,新的帝国如何发展了革命中的专制倾向,延续着尚未结束的法国大革命。

为了了解现时,捕捉未来,托克维尔意识到他必须回溯大革命的历史,而且需要探索新的叙史手法。他在1850年12月致克戈莱的信中写道:"我的疑虑不在选择主题,而在论述方式。……迄今我最擅长的,是评价史实,而不是叙述史实。我不想再去写帝国史,而是写对这段历史的全部思考与评价。我要使人们明白那些大事,要使人们看到由此产生的种种原因;帝国是怎样产生的;它何以能够在大革命创造的社会中间建立起来;它所使用的手段有哪些;缔造帝国的那位人物的真实本质是什么;看到导致他成功的因素,导致他败北的因素;他对世界命运尤其是法国的命运所起的暂时影响与长期影响"[114]。

1851年12月,路易·波拿巴发动政变攫取政权,随后托克维尔与其他50名议员一起因反对政变在囚禁过狄德罗、米拉波等的万塞讷国家监狱关了一夜,后来匿名在《泰晤士报》上撰文谴责企图恢复帝制的政变。此后托克维尔彻底告别政坛,潜心治史。时隔半个世纪,两个拿破仑,两次政变,在托克维尔看来都耐人寻味地展现出革命后的共和国如何迫不及待地走向专制。1852年夏天,托克维尔撰写了《旧制度与大革命》的最初篇章:"共和国如何准备接受一个主子"等关于督政府的两章。

1851年的路易·波拿巴在托克维尔看来不过是个没有信念、平庸鲁莽的冒险者,其胜利不过是拿破仑的幽灵的胜利、是法国人缺乏创造力的记忆的胜利。而他建立的帝国毫无伟大和光荣可言,并逐步被资产者的物质主义和享乐主义败坏,与可鄙的七月王朝愈益相像。这揭示出法国人的专制主义倾向在19世纪中期是法国人民情的一部分,甚至逐步形成其自身的发展机制。它不是肇始于大革命,而是深藏于旧制度。多年议会政治生活的受挫,特别是1848年革命及波拿巴专制,使托克维尔深感只有揭示几乎成为法国历史命运的革命传统,才能在历史的重负之下艰难寻觅实践自由、成就卓越之途。晚年致力研究法国革命特别是旧制度的历史,体现出政治史的写作同样是一种政治行动,指点国民虐政源于何处,希望又在何方[115]。

1853—1854年间托克维尔因身体原因,从阴冷的北部前往南方的图尔,有机会翻检1789年前的档案,深入理解旧制度集权的详细运作、行政和政治的精神与风尚、农民的负担和心态,以求深入澄清法国革命传统和专制主义根源。他不仅重读18世纪名著,也研究了大量公共文告、省三级会议及后来省议会会议记录、三个等级的陈情书等,这些不知名的文本却能更好地反映真实的时代精神。他还于 1854 年夏秋之间访问德国,探究英、法、德之间的历史差异及对革命具体进程的影响。他尤其关注德国趋于衰落的封建传统与新型科层管理机制的关系,内生革命传统的缺乏,以及对于法国政治发展的反应。

托克维尔革命研究的整个计划就在于揭示革命如何延续旧制度,或者说旧制度如何铸造了革命和革命后的现代法国,他表示,"我的意图是穿过这场漫长革命的起伏兴衰,追踪这些法国人,注视着他们随着种种历史事件而变化、改造,却丝毫不改变本质"。他相信自己正站在一个恰切的观察时点上,认为"我们离大革命已相当远,使我们只轻微地感受那种令革命参与者目眩的激情;同时我们离大革命仍相当近,使我们能够深入到指引大革命的精神中去加以理解"。如果说《论美国的民主》从首卷到次卷已确认民情之于法律的首要性,那么《旧制度与大革命》也不是单纯的制度史,而是一部杰出的社会史,"创造政治社会的不是其法律,而是构成社会的人的感情、信仰、观念、心灵的习性乃至精神……"。遗憾的是 1856 年完成的书稿只是最初计划的一部分。博蒙最初建议题名"法国大革命的精神"或"法国的民主与自由",最后定为《旧制度与大革命》。而英文版的书名《论 1789 年革命前法国社会状况及导致该事件之诸般原因》更明确体现出这只是一部长序[116]。

比《论美国的民主》结构精谨的《旧制度与大革命》共分三部。先从形式和实质两方面考察大革命本质或特征,界定这场事件在法国史乃至世界史上何以如此令人铭记;然后探索大革命的遥远起源——法国之于欧洲的特殊性从何而来,其中前半部(2—7 章)讨论行政集权发展趋势,后半部(8—11 章)讨论这种现象对社会状况的影响;最后探讨 18 世纪中叶以来旧制度中革命情绪的由来和大革命的骤然爆发[117]。

1857 年 6 月托克维尔去伦敦大英博物馆搜集大革命的历史材料,10 月开始撰写《旧制度与大革命》续篇第一部。1858 年 4 月去巴黎研究市镇机关档案,5 月肺结核病重,1859 年 4 月在戛纳去世。一位论家的平白列举如此概括这位民主时代贵族的一生:"对于其绝大多数同时代人来说,托克维尔既非哲学家亦非史学家,而是一位政治斗士……短暂的五十四年生涯一共经历了五部宪法和七个政体。法国不仅见证了一系列动荡不定的政治体制起起落落,而且目睹了一系列不同的托克维尔浮浮沉沉:两部《论美国的民主》的作者,两个学士院的成员,两个议会政府的代表,前后是两个反议会的政府。他去世时正如出生时一样,处在一个独裁权力如日中天的拿破仑治下。"[118]

第六节 共和、保守与浪漫：托克维尔的时代与时代精神

一、阅读暧昧的托克维尔

如果用一句话概括托克维尔对于自己所处时代的看法，那就是平等的支配地位与日俱增，自由的实践却脆弱得很。他的笔下曾经分析过法国、美国、英国、德国、阿尔及利亚、爱尔兰和印度的政情，但重点可以说是通过对美、英、法三国的对比，关注在工业社会和现代国家中民主、平等与自由之间的关系。他毕生思考方兴未艾的民主社会如何影响世事人心，力求拯救民主社会中愈益孤零平庸的个体，变其为在公共参与中守护自由的公民。自由是首要的善，是展现刚毅德行和创造伟大行动的丰沛资源[119]。

进入民主时代，怎样才能防止人性堕落、灵魂丧失？如何战胜专制的诱惑和威胁，在我们的灵魂和国家中培育永恒的自由和激情？托克维尔的时代民主命运未决，近患远忧交叠，希望晦暗不明。但梦想成为政治人的他26岁时就已准备好对生活的坚韧担当。无休止的追求生活中所谓的幸福是一种愚蠢的激情，愤世嫉俗抑或退守一己亦属自欺欺人，"生活既非享乐也非痛苦；生活是我们要负担的严肃之事，对此我们当恪尽职守，鞠躬尽瘁"[120]。

从政的托克维尔以超然的信念见异于流俗的政坛，而治学的托克维尔又以现实的关怀铸就了不朽的史著。身处两个世界之间，他对必然与偶然、大势与事件之间的关系体会更深："我既遇见过撰写历史却不曾参与公共事务的文人，也碰到过满脑子控制事局而不曾想过描述事局的政客。前者在哪里都看到普遍原因，而后者将每样事情都武断归于特定的偶然事件，认为他们每天忙着牵动的细枝末节就控制着世界的命运。或许这两种人都搞错了。我憎恶所有绝对体系，它们使得历史中一切事件都依赖于一些由命运之链维系在一起的首要原因，并就此成功地将人从人类的历史中赶了出去。它们自诩的广度是狭隘的，而它们数学般的精确也是虚假的。……但我也坚信，除非基础已经预先准备妥当，否则或然的机遇也一事无成。先前的情势，制度的实质，思维的禀性，以及民情的状况，机遇就是从这样一些材料中塑造出令我们惊讶和恐惧的那些即发事件。"命运的"即兴演出"背后是不应忽视的历史"大势"，结合两者才能对历史作出恰切的解释[121]。

托克维尔的个人处境、政治立场和治学方法犹如他眼中的时代及其未来一

般充满暧昧（ambivalence）。这也给后人留下解读和借用的广阔空间。例如尼斯比特（Nisbet）、柯克（Kirk）等称托克维尔为保守主义者，与柏克或夏多布里昂等相提并论。更多人认其为19世纪自由主义代表，但角度多样。本迪克斯（Bendix）、李普塞特、阿隆等认为他的多元论立场最好地回应了马克思，霍布斯鲍姆等认为其只是捍卫有产阶级的自由主义代言人，泽特鲍姆（Zetterbaum）认为他注重处理正确理解的自我利益这一中产阶级原则，德莱瑟（Drescher）、洛维特、梅耶（Mayer）、拉斯基、勒菲弗尔等认为尽管托克维尔严厉批评19世纪中产阶级社会，但依然认为中产阶级将是未来社会的新型领导[122]。

理解托克维尔是一项艰巨的任务，如果渴望得出简洁明确的概括，恐怕会更感惶惑。他对历史命定论的态度及其写作方式决定了他的学说没有严密精确的体系化普遍概括。他的思想来源多样，也与社会主义者、保王党人、功利主义自由主义者、七月王朝自由派、激进共和派及保守主义者等都发生过争论。加上其政见、伦理立场、历史观等散见于大量私人信件与零散笔记，许多通信集很晚才整理出版，单看其生前公开出版的两部《论美国的民主》和《旧制度与大革命》，难免会有简化之嫌。更重要的是，托克维尔写作时，当今政治思想中最重要的许多范畴尚未成型。透过当代范畴来考察他的作品会大大歪曲其思想。比如他运用了民主君主制、封建自由、民主社会中的专制主义等许多如今看来自相矛盾的词，而他所使用的科层制、社会主义、个体主义、意识形态、原子化等词语当时刚开始流行，意义和今天颇有差别[123]。

因此，通过详细解读托克维尔同时代人作品来捕捉那个时代的社会背景和精神处境，不失为更好的理解这位屡屡被树为我们同时代人的困境与出路的办法。而这里所说的同时代人，不仅包括穆勒、柏克、贡斯当、卢梭、孟德斯鸠、基佐等时代相近、问题意识相似的思想家，也包括当时在法国文学生活乃至整个精神生活中深具影响的巴尔扎克、夏多布里昂、大仲马、雨果、拉马丁、缪塞、圣伯夫、乔治·桑、欧仁·苏等作家[124]。最后，如果我们打算全面深入地理解托克维尔而不拘泥于传统学科设限，就必须记住托克维尔自己曾说，对他影响最深的三位思想家是卢梭、孟德斯鸠，还有——帕斯卡。

二、生活在七月王朝

那是七月王朝，一个从革命狂热中平息下来的中产阶级主宰的衰败社会，荣耀智慧不在，私利宵小横行。法国的那一代人从现时中得到的只是类似于日后韦伯分析的除魅（disenchantment）。大革命的激越动荡与拿破仑的军功荣耀皆成往事但又不甚遥远，工业社会的进步前景指点历史却又尚未到来。旧文化渐已衰颓,新文化尚处青涩。他们是时代夹缝中的一代人。逐渐巩固的市民社会中弥漫着无家感和倦怠感(ennui),人们漫无休止地追寻着不确定的目标[125]。

面对此情此景,保守派哀叹自我主义增长而公共责任衰减,面对有关国家、荣誉、德性、奉公的高尚情感之丧失而痛心疾首。在他们看来,现时代(落实为法国进而是眼前的巴黎大都会)追求感官愉悦,失却往日人际纽带,社会充斥陌生人或波德莱尔所谓"内部流放者"。现金交易关系主宰一切,社会交往成为满足个人目的的手段。社会商贸的繁华与社会交往的增多恰恰增长了崭新都市由陌生人组成的人群中巨大惶恐的孤寂感。

保守派和空想社会主义都在追怀往昔"温馨"的共同体生活,认为正常状态应是人与人相互协作而非竞争,相互关心而非漠然。但时代已从村社和手工业行会过渡到现代民族国家和大工厂。托克维尔怀念互助和公心,但不怀念保守派对于等级制的强调。平等的参与要比有序的等级更重要。他更忧虑公民距离的拉大,因此致力寻求通过积极参与具备公共宗旨的群体或共同体,求取自信,增长知识,培育一种独立勇毅而又善于合作的新型个人主义[126]。

当时有许多论者已经看到,社会在原子化的同时逐渐步入属于规则、管制、例行常规的时代,卡莱尔干脆说就是机器的时代。米什莱则认为新的社会只会带来新式的奴役:工人受制于机器,书记员受制于案牍,商人受制于竞争,阔人受制于财富。这种单薄、平庸的理性有碍于想象和创造,并和始终保持宗教情怀的托克维尔内心对于怀疑与信靠之追索形成对立:"要催动人类的智慧,需要有剧烈的憎恨,炽热的爱慕,伟大的希望,还有强大的信念。而眼下,人们对任何东西都没有强烈的信念,他们什么都不爱,也什么都不恨,唯一希望的就是在股票交易中挣钱。"[127]

生活在七月王朝,托克维尔既担心失控的(其实只是机械重复的)工人运动,即福楼拜所谓街垒般的生活,更担心陷入中华帝国似的停滞、官僚和专制的生活。他讥讽重农学派对于中华帝国的赞颂,认为这种亚洲式民主属于"没有幸福的安宁,没有改善的实业,没有力量的稳定,没有公共道德的公共秩序"。而眼下的法国,不也是表面的日常富裕替代受压制的僵化生活,给人们虚假而可怕的满足[128]?

如果公共世界看起来饱含威胁或令人窒息,那么私人世界就可能成为蕴涵魅力、能予庇护的小世界而被追寻。私人生活中至少还能成为自己的主宰,而在公共世界中却只能充当政治游戏的看客。社会改良家也将重点转向经济生活和私人生活。圣西门甚至说,经济生活将构成社会生活的全部,而政治将只是关于生产的科学。但托克维尔认为这类主张其实是假设仁慈的技术专制可使我们快乐,众生男女不过是私人性的消费者,而非政治世界中的公共参与者[129]。

从托克维尔早年的西西里旅行观感即可看到,他在自然面前不是狂喜迷醉,不是天人合一的整全或超脱尘世的释然,而是人生世事的惶惑。在天工造化面前,人世沧桑、人力辛劳皆成白云苍狗,但他的落脚点不是虚无,而是谦卑。《论美国的民主》中对于开垦后被荒废的小木屋的描写,对于印第安人集体命运的幽婉抚慰,莫不体现他对人类之脆弱的这种敏锐而纤细的把握[130]。但作为夏多布里昂亲戚的贵族子弟托克维尔纵然终生有着一颗敏感的心,却并非纯粹的浪漫主义者。

托克维尔的一代固然从私人世界的生活中捕捉到虚伪的一面,犹如卢梭《爱弥尔》中所言,世间男女几乎始终戴着面具,关心的并非自己是什么,而只是自己看起来像什么。但浪漫主义的一代也认为,面具之下的私人世界里至少可以保持一己情感冲动,抗御理性至上的外在世界。而经过政治斗争和政治思考洗礼的托克维尔却认为这些私人化的出路恰恰孕育了新型专制主义。单纯的激情自恋无助于政治自由和伟大,亚里士多德所谓的友谊正是可战胜心灵冷漠的政治德性。遵从共同体中适度的义务与责任反而有助于发展个人的自由。因此托克维尔丝毫没有时人对于退隐山林或漫步乡野的迷恋。孤独有违人的自然,会导致焦虑和倦怠,助长顺从。只有在公共政治互动中才能确立真正持久独立的个人主义[131]。

三、工商社会与德性

18世纪的启蒙、革命、浪漫、高歌猛进变成19世纪的卑小、机械、有序、安平守成。埋首记忆,往昔贵族气宇轩昂、开明睿智;回望现时,市民社会的例行生活与卑小德行只能导向平庸。心态复杂的托克维尔由此对战争、领袖和商贸生活产生了暧昧态度。当杜尔阁、孔多塞、孔德、圣西门、贡斯当和基佐都在期待有朝一日商业本性将取代贵族征战本性,托克维尔却常常怀念往昔法国军事伟业中展现出的个人勇毅,迷恋战争之"有益后果":使人们不再终日无所事事,抛却琐屑私事,促进公益思考,创造富于勇气和想象的领袖。1841年3月法英濒临交战时托克维尔致信穆勒,陈说威胁着像"我们这样组织的民族"的最大病患就是民德弱化、心智降低、品位平庸。不能让民主的国家逐渐习惯以堂皇换取安逸,以伟大换取琐小,否则就会淡漠自身伟大和庄严的历史使命。而一个民族放弃自己的观念与宗旨,也就意味着走向衰败,而衰败的首要特征便是广泛假定个体生活于世唯求自我享受。穆勒回信则认为国家的荣耀不是表面的喧嚣,而是实业、教育、道德与好的政府[132]。

托克维尔在1835年致克戈莱的信中写道:"假如人类的精神除了这个充斥着自利与怯懦的日常世界,再也无法打造出另一个世界,能让无私、勇毅总之是德性在其间无拘无束地呼吸,那生活将会变得多么卑小、冷漠与可悲。"然而他基本不指望在新兴工业世界能重现古典罗马时代的共和德性。现代工业社会趋向破坏参与性民主的集权;被商业阶级统治,只将国家供自己利益驱使;助长获取伦理,倡扬私利而非职责与公共义务;制造商业社会,最终意味着个人竞逐欲望、舒适与愉快。托克维尔因此需要思考从哪里产生力量改变民风,既然革命与自上而下的政府改革看来都终归失败?只是在游访英国归来时,他才说商贸民族会是自由民族。此后他却反复指出追求商业和财富只能有碍自由,诱发并巩固专制,商贸民族不会有远大宗旨。

早先狄德罗倒是说美国应警惕财富不要增长太快,分配不要过于悬殊,要记住维持一个国家的既非黄金亦非武器而是道德。但到19世纪,无论是面对新的商贸世界乐观其成的基佐和贡斯当等自由派,还是致力于驾驭新兴生产力以便让历史车轮将工人阶级带入新时代的圣西门、孔德、马克思等激进派,都不再如此批判奢侈。托克维尔处在新旧两个时代和两种心智之间。他不像曼德维尔或亚当·斯密那样宣称能从各个追求物质自利的人无指导的行动中得出共同的善,也不像麦迪逊或现代多元论者那样认为通过政府介入实现利益群体之间均衡,即可由追求私利的个人行动达成公共的善。洛克、休谟、麦迪逊、穆勒等自由主义者认为只要实现利益均衡,就可无须古典共和德性而建成共和制度。对此受法国18世纪共和派思想家影响至深的托克维尔不能接受[133]。

托克维尔常被称作孟德斯鸠的传人。索莱尔(Sorel)等皆认为他的《旧制度与大革命》可以和孟德斯鸠的《罗马盛衰原因论》相提并论;而《论美国的民主》则仿效孟氏的《论法的精神》。孟德斯鸠与托克维尔的政治科学都是基于人的实际存在而非诉诸人的自然。孟德斯鸠的总精神和托克维尔的社会状况都不像霍布斯与洛克那样基于法律或立法者的主权。孟德斯鸠借重风俗观念以软化仰赖法律规制社会之严峻,认为其对于自由之危害有如古代城邦中对于德性的全心追求。无论是对于法律的恐惧,还是对于德性的自我牺牲,对人都太过苛求。因此孟德斯鸠转而诉诸风俗之"温良"(douceur),认为商贸习性可确保这种温良。而托克维尔更关注民主之中的专制,而非与自由相对的专制,其特征不是孟德斯鸠所说的恐惧,恰恰是孟德斯鸠希望引入自由社会的那种温良[134]。

四、现代政治处境下的个体与公民

古典政治哲学从政制的整全角度审视政治,政治作为城邦之事,包含今天社会科学区分的国家、社会、经济、伦理等领域。但现代社会中国家与社会分离,政治被归为国家之事,而不是整体的政制(regime)和国民(nation)之事。政治脱离国民和社会,产生公共领域与私人领域区分。政治与私人领域的关系丧失了古典意义上的必然性,从而对个人可有可无。托克维尔的新政治科学就是为了应对社会与政治分离而导致专制的危险[135]。

现代民主使人正当地退避到个人生活中,个体权益凸现,淡化甚至掩蔽了公民的身份和必须承担的对共同体和国家的责任。共同的社会和政治生活成为人的自由选择,而非古典政治哲学意义上人性的规定和实现卓越的必经之途。所以现代民主国家的立法者和治国者首先应当考虑,在维护和发展人民的福利时如何使个体成为公民。这里托克维尔继承了卢梭的问题:敢于为一国人民进行创制的人必须有把握改变人的自然,以作为全体一部分的道德生命代替人人得之于自然的独立的生理生命[136]。

卢梭认为政治就是通过公意抑制人和个体意志的偏私,进而以美德将个体人塑造为属于整体的公民。但托克维尔的立场要谨慎得多。既然民主的正当性首先在于释放人性的自然情感特别是对个人独立和私人生活的热爱,试图取消这些自然情感必然不得人心。他比卢梭晚出,亲历了大革命及其民众政治的高潮动荡,深知如果民众乃至民族没有经历适当政治教育就被政治动员将造成可怕灾难。当然他也深知,民主社会否定习俗和贵族制时,搁置甚至拒绝贵族制中同样出自人性的对美德、伟大、政治的诉求。此即马南所谓"民主制度中人性(human nature)威胁了人的自然(human nature)"(自然权利侵害自然正当)[137]。

如果说自由主义致力于私人领域不受侵犯,共和主义则试图让公民走出私人生活进入公共领域。但古典共和主义强调城邦中政治的绝对性,现代共和主义则面对自由主义式的个人追求和自我利益正当性的挑战而妥协。美国式共和主义在政治生活中教导公民正确追求利益,让民众在政治权利的运用中学会热爱德行,有效地完成个体与公民的和谐结合,充分展示出现代处境下政治作为教育和启蒙的重要意义与实现途径[138]。托克维尔视美国人的众多社会生活为巨大的责任学校,如陪审制度、办报自由、结社自由、参与地方政治,以美国为鉴,教育缺乏政治教育和政治实践的法国人民如何逐步建立能够真正维护自由的民主。

在强调地方自治与公共德性时,托克维尔批判性地借鉴了卢梭以及贡斯当对卢梭的批评。贡斯当认为卢梭混淆了德性与选择、道德与自由,要求警惕对于城邦理想和直接参与的狂热迷恋,否则受公民权利保护的私人选择在声称代表公意或"人民"的集权化权力的"正义"诉求面前将不复存在。而托克维尔从新英格兰的市镇自治中找到了在民族国家中保留参与机会的可能性。他一方面继承了卢梭对于直接参与及其道德化效应的辩护,同时剔除其对于古代社会与现代社会、城邦与民族国家、公共德性与私人权利的混淆[139]。

托克维尔清楚美国不是罗马或斯巴达,更非雅典。他清楚日常的人性局限,目标从古典德性放回温和的公共精神。他固然赞同卢梭批判现代民主社会之躁动无靠的物质主义,但不是拒绝市民阶级的生活,而是抑制它、减缓它的危害。宗教不能彻底治愈民众对财富之热爱,只能促使他们用诚实正当之手段获取。民主教育不能使民众免除私利束缚,但能教会他们如何正确理解和追求自我利益[140]。

基佐认为随着中产阶级的壮大和文明的进步,自由和个体性也将同步发展。托克维尔则认为自由和个体性随着文明的发展而有可能败坏。文明的前进使社会的组织和功能趋于强大和完善,社会可以更有力地保障个体安全并提供更多福利,但个体的独立却被限制甚至变得没有必要[141]。

早在以重农学派为代表的旧制度时内部变革要求中,就已蕴涵以国家专制打造整齐划一的新型"公民"的宗旨:"国家不仅要号令国民,而且要以某种方式培育国民;国家应依照某种预先树立的楷模来培养公民精神;国家的义务是用某些它认为必要的思想充实公民的头脑,向公民心中灌输某些它认为必需的情感。……人民由彼此几乎相同、完全平等的个人组成;这个混杂的群体被公认为唯一合法主宰,但却被完全剥夺了亲自领导甚至监督其政府的一切权力。在它头上有个独一无二的代理人,他有权以他们的名义处理一切事务,而不必征求他们的意见"。托克维尔称这种建立在平等基础上、以人民名义统治的中央集权为"民主专制制度"。旧制度牧人式中央集权国家的一个直接后果是政治自由和政治生活的丧失。最败坏国民心灵而毁灭国民自由激情的不是国王专制的专断和暴虐,而是"无处不在的琐碎隐蔽的行政专制"[142]。

孟德斯鸠、卢梭和革命派都认定,民主共和国只有在共和德性的基础上才能密切结合。但革命的实际经验却表明,现代状况下对于德性的追求潜伏着通向恐怖与独裁的危险。而没有德性的平等又似乎导致增强中央集权、依赖治安维持秩序。托克维尔拒绝接受这样无情阴郁的预测。因此他试图在美国的民主实践中求证:依靠公民的独立努力和自由活动,也可以实现秩序。平等的社会何以成就自由的民族？德性作为对于善的自由选择,这样神圣的东西如何具体体现在世俗制度中？托克维尔去美国,"既要探求可以将生存状态上平等的人们在新的生活方式下联系在一起的稳定机制,也要找寻使这样的生活值得去生活的自由的源泉"[143]。

托克维尔的自由观念中有两点超出了伯林所谓的消极自由:一是服务于超出自我的某种集体理念,二是在同伴面前保持某种尊严。对于现代民主治下的个人,自由有了实现的可能,有了政治上的保障,但不会自动实现。在此通向柏林的积极自由:渴望集体的自我引导,不仅要摆脱权威,而且要对自己的命运实施权威;积极参与集体自治不仅是公民权利的确保,而且是人类尊严的展示[144]。托克维尔的自由(freedom)更近于自我治理(self-government),而不仅是享有自由权利(enjoy civil liberties)。

大革命后德·迈斯特、柏克等强烈抨击启蒙运动遗产"个人主义"。圣西门及其学徒抨击启蒙之子的个人主义导致原子化、无神论和无政府状态。而巴尔扎克后的许多人都强调个人主义与个性的对立。德国浪漫主义的个性概念强调自我实现和个人独立,洪堡、诺瓦利斯、施莱格尔、施莱尔马赫等的差异性个人主义(齐美尔谓之新个人主义)与启蒙运动的理性、普遍、不变的标准个人主义形成鲜明对照。浪漫主义的个人主义进而过渡到有机的、民族主义的共同体纽带观,独特、自足的个人必须植根自然和民族才能获得自我与个性。国家与社会不再被认为是个人之间理性的契约性安排,而是超个人的创造性力量,用独特的个人作为材料构筑精神整体,并不断创造出包含和体现这种精神整体意义的具体的社会政治组织和制度。"法国人所谓'个人主义'的含义是消极的,标示着个人的孤立和社会的分裂,而德国人的理解则是积极的,意味着个人的自我完成和(最早的浪漫主义者除外)个人与社会的有机统一"[145]。这样的背景应当有助于我们理解托克维尔有关个人主义的批评,以及现代民主社会中个体如何通过参与公共生活维护贵族气质的独立自由乃至民族使命的论述。

五、到自由社会之路

托克维尔在从美国返法的船上细读了《联邦党人文集》,在《论美国的民主》(尤其首卷)中创造性地借鉴了联邦党人的观念。美国宪法的设计意在产生一种政治制度,使诸多利益团体彼此竞争,无一能永远支配这套政治制度。这样的制度产生的决策将是不同利益团体之间讨价还价、不同政府机构之间协商的温和结果。法国的革命民主则非常不同。卢梭式的共和主义对特殊利益团体深怀疑虑,认为效忠这些团体可能有碍象征人民意志的整全共和国的道德一尊。而在托克维尔看来,社会要想维持自由,更多的是通过分散权力而不是均衡权力(针对孟德斯鸠),更多是借助风俗尊重个人权利,而不是确立法律保障个人权利(针对洛克和联邦党人)。他不像联邦党人那样自信代议制可解决贡斯当所谓古代自由与现代自由的差异,认为危险与其说在于党派争利,不如说在于民主社会人灵魂的普遍下降。基佐和贡斯当更多地继承孟德斯鸠而不是卢梭,认为在法国推行代议制政府是对大革命和拿破仑专制的有效替代,关键在于如何确保议会汇聚构成社会的各种特征与意见,发现"秀异之士",让他们参与政治权力。而托克维尔不认为代议制可真正牵制民众意见。相比于穆勒自信于代议制政府中才士足以引导民众,托克维尔则担心多数暴政下民众终将扼杀才士[146]。

贡斯当采纳了孟德斯鸠的社会变迁观,从自由权利入手来说明政治变迁,而基佐和托克维尔则摆脱了自由主义对于个人权利的强调,强调平等趋势的社会革命。前空论派的自由派如西耶斯和贡斯当等将焦点放在形塑变迁过程的宪政创新和制度创新上,而后空论派的自由派包括托克维尔则开始强调深层的社会经济结构。决定历史结局的并不是政治意志和法律设计,而是不可遏止的社会流动进程。平等不仅是一种理念假设,由新政体用来废除先赋特权,赋予所有人平等的权利。新型的平等不会是一种静态状况,而会是一个无比活跃的过程,全面撼动社会生活和政治生活,成为具有内在惯性的"条件的愈益平等"。与之密切相关的"民主"也不只是政治范畴,而会普遍渗透到家庭、社会、文化、习俗、思想、情感乃至心态,无休无止地挑战现代人和现代社会:直至20世纪60年代后来自后现代主义、女性主义之类"文化多元"的挑战,"民主是否会有最后的极限"这一托克维尔当年未能明确回答的问题,今天依然成为论战的焦点[147]。

要判定一个国家是否自由,洛克或麦迪逊或许会考察其法律、制度;托克维尔则会考察似乎难以捉摸的"品格"、"精神"或"民情"。前者注重运作机制之有效,后者注重整体面貌之健康;前者追求线条之工整,后者追求色彩之绚烂:或许不能给出量化准确的统计,但能展现质性丰满的风骨。"政治社会并不来自法律的创造,而来自情感、信仰、观念、心灵之习性,以及组成社会的人的精神预先的积淀"。他的社会研究不同于具有社会力学、几何学色彩的霍布斯,而是继承了博丹、蒙田及一定程度上孟德斯鸠的立场,社会成为鲜活的有机体,关键不在于机械严整地建构社会,而在于让社会健康茁壮地生长[148]。

从孟德斯鸠的"精神",托克维尔的"民情",到当代史家的"心态",其间有一以贯之的脉络。托克维尔的切入点是集体态度而非个人态度,关注的是典型人群的思想而非精英人物的思想，揭示的是未曾明言的预设而非精致发展的学说，概括的是信念的结构而非具体的内容。而且这种"文化史"始终保持着深层的反讽性。早年所听基佐的讲演使他思考文明的演进，但基佐与马克思等许多描述市民社会或民主政体之兴起的史家将历史必然性与道德强制性紧密融合，而他却注重分析自由推进过程中那些曲折、停滞、意外后果乃至误入歧途。历史变迁难以归纳出明确的终点和持恒的原则，倒是充满悖论式结局，譬如民主如何反对自由、平等如何促成奴役、革命如何通向专制。托克维尔固然以几部著作传世，但揭示与分析贵族社会与民主社会的民情只是像他这样的公共知识分子任务的开局。他还有宏大的规范性目标：重振法国政体道德，从制度上落实民主的"自由"，保护公民德性空间，在进步与隐患并存的民主世界里孕育自我治理的实践[149]。

托克维尔那一代的许多作者认为贵族注定灭绝，而中产阶级又迷恋于卑小关怀，于是在劳动阶层（包括农民和城市工人）身上找到了德性、单纯与勇气。但托克维尔认为民众的单纯只是一种理想化的想象，市民精神会侵蚀整个社会。他眼里没有一力擎天的英雄，没有注定担当历史命运、将胜利把握在自己手中的群体。保守派信任的法国贵族阶级生活在自我欺骗的迷雾中，自由派信任的中产阶级不能战胜唯利是图和卑小怯懦的本性，共和主义者信任的农民和社会主义者信任的城市工人则可能成为暴民，甚至他自己描绘的那些得天独厚的美国人，也因为帮助他们成功创建并维持了自由的那些因素并非他们自己所创，而成为不了确定胜利的英雄群体。他的历史是为那些未来的男女英雄所写。

从博絮埃、基佐、杜尔阁、孔多塞到圣西门，法国有着深厚的历史线性进步观传统。托克维尔也承认民主演进的必然趋势，但似乎重在劝诫人们在上帝奖赏给他们的命运中实现最佳后果："人们不能决定条件是否将是平等的，但平等将导致恶果还是善果、奴役还是自由却是人们自己的责任"。真正的民主自由——珍贵的社会的善能否保全？身处历史必然趋势中的众生男女是否仍能谱写高尚的自主历史？大革命（和革命般的社会转型）是如此迅猛而全面地扫荡了法律和民情，未来茫茫，人类精神摸索前行。灵魂的看护和自由的执信在这个迅速世俗化的时代从未那么需要重建宗教的情怀[150]。

在德·迈斯特之类保守派看来，大革命后的恐怖与道德沦丧犹如上帝对所多玛和蛾摩拉的惩罚。而社会主义者和激进共和派则欢欣鼓舞，认为清除旧社会邪恶后即可凭借释放出的无限力量，打造人间天堂——共和国。在此后拿破仑时代的国家行政中发挥重大作用的社会科学（包括新兴的社会学）受到保守主义者冰冷的现实主义和社会主义者历史弥赛亚主义的双重影响,而不是在自由主义者的道德审慎中保持清明。托克维尔置身这样的社会研究之科学化与去道德化的趋向之中,却依然葆有基佐、鲁耶-科拉尔式的焦虑:人类精神如何在不信神与极端狂热之间寻找合理平衡[151]?

如果社会发展已使道德纽带松弛,破坏了传统结合,那么关于社会的科学就要塑造新型道德,强调个人之间宗教性的义务,培养新型经济精英的社会责任感。因此托克维尔的新政治科学要分析社会制度与政治制度之间的复杂关联,除了制度上和思想上的,还要探究支撑政治文化的复杂心理机制。政治与社会之间真正能够体现并维护道德的恰当契合既不在于几个自然正当的政治理念,也不在于社会的约束性或指导性法则,而在于富有创造性的公民的公共活动。他和贡斯当与圣西门都认为应从宗教这方面疗救革命的理性主义和资本主义的唯利是图。不过新教立场的贡斯当注重个人私密是自由的基础,而在托克维尔看来这正是现代专制主义的温床[152]。

孔多塞在《人类精神进步史表纲要》中明确宣称:美国革命只是为法国革命作了铺垫,法国革命将沿循更真实、更完美、更深刻的原则进行。这等理念是文人政治精神的典型体现。"在经受了几个世纪僵硬社会等级制度的不平等的折磨后,法国革命最需要的是平等。当美国人的热情正受自由驱使时,法国人却渴望成为一个国家的平等公民"。他们不害怕集权,只担心停滞。他们希望革命政府能够以激进破除惰性,用革新清除传统,通过行动测试理念,借助冲突达成和谐。"他们渴望即刻的、深入的和持久的变革。他们所要求的既非政府的平衡,也非烦琐的程序,更非冗长的辩论"。在法国人看来,美国陷入紊乱、分化及党派争利,与法国所要追求的和谐、统一及一致截然相反。这两种革命理念"影响着他们对个人权利和自由的看法,丰富着他们的政治进程及其风格,决定着两种革命方案的发展进程的成败"。所以大革命中的圣鞠斯特会说"共和国不是参议院,而是美德"。而罗伯斯庇尔会说,"大革命是反暴政的自由的专制。没有美德的恐怖固然是邪恶的,但没有恐怖的美德则是软弱的"。法国人更追慕天才的豪迈而非理智的审慎,渴望将思想落实为社会实验而非将社会经验归纳为思想,他们不屑于在温和的阳光下享受长久的暖意,却只能在刹那闪电的激情过后继续忍受黑暗中的徘徊。然而"一刀两断是轻而易举的,而修修补补倒却是一门真正的艺术"[153]。

如果公共善好的观念不是基于集体的自由实践,而是诉诸直接、透明的"人民意志"或"公意",那即使是法国大革命这样表面上摧毁一切宗教权威的政治革命也会在骨子里承继宗教革命的精神。如阿隆所言,任何政治革命在自称具有普遍适用的意义并自诩为拯救全人类的道路时,都具有宗教性。在这场"弥赛亚主义"革命中,信徒等待着先知打开救赎道路,怀着巨大的热情和对先知的无限崇敬。在这场乌托邦政治或文人政治精神长久酝酿的革命中,"革命性和奴性"达成了奇特的混融。相比于英国贵族尊重传统、慎待现实的灵活策略,大革命展现出一种"理性主义的僭妄"。在思索人类与上帝的相互地位时,法国人选择了笛卡儿而非帕斯卡。以哈耶克的说法,人类藐视长期以来形成的习惯和传统的实践理性设计的这种"致命的自负",正是"通向奴役之路"[154]。

第七节 革命传统与升平气象:作为同时代人的托克维尔

一、如履薄冰的自由

民主社会存在两个似乎相反的趋势:一方面是人与人之间愈益相似,另一方面是人与人之间愈益封闭。民主社会健康发展的一个关键在于承认并维护每一个体的内在差异,不仅强调普遍的权利,而且强调个体独特的探求过程。现代民主社会平等趋势有一个危险就是相信通过制度就能解决现代社会的问题(更何况促成日常生活平等化的不是经由个人生活,而是诉诸实际与自由民主构成冲突的外在力量——国家)。但自由本身并无直接的福利,对自由的爱需要个体从根本上承担一些暧昧的东西,并且是在一个迅速世俗化、科学化、实利化的社会里。

上帝是否在民主中为解决民主的问题留下方案? 在民主的宏大趋势面前显得如此渺小的人如何成就伟大事业? 民主社会要有诗意,是否得转向人自身? 托克维尔的自由主义之所以有灵魂和深度,正在于指向灵魂的"焦灼"。如果说卢梭乐观幻想有全部的光照亮灵魂,在尘世打造透明的道德理想国,托克维尔则信靠暧昧的自由未来[155]。

托克维尔无疑是一位自由派,但也可谓出身和品味上的贵族派,政治信念上的民主派。波舍干脆说:"除非我们将托克维尔的思想视为贡斯当的'自由主义'、夏多布里昂的'保守主义'与卢梭的激进'民主'思想的某种混合,才可称托克维尔为自由派。"他像傅立叶、孔德、德·博纳尔、德·迈斯特那样担忧传统纽带的崩解,像卢梭而非洛克那样谈论个人如何通过参与乃至协作从政治共同体中获得个性,像夏多布里昂和巴尔扎克那样厌恶市民阶级与工商贸易,像马克思那样谴责新兴工业世界中分工结构的危害和工人的悲苦;他基本上按照孟德斯鸠和卢梭的立场遵从罗马的德性,鄙视唯求自利的卑小政治和安平守成的繁荣生息,图慕国家甚至军功的荣耀,为此不惜渴望危机和战争;他从波絮埃和费奈隆等法国保皇派那里汲取养料,相信重塑宗教情怀有助于自我纪律与自我控制,而上帝的意志也应体现于历史的进程;他不像自由派的麦迪逊那样相信法律,倒像保守派的柏克那样注重民情。这位自由派眼中的现实有着太多的暧昧而使过去难以尽弃、未来难以逆料。他担心自由主义的伦理本身就为一种危险的新型专制主义奠定基础,认为民主因让更大多数人享受小康而可切实推进正义却无助于卓越,认为战争虽然应受谴责可也能孕育贵族德性和牺牲精神,和平纵使该当珍视但会令国家陷入昏睡而孕育奴役,富裕可导致专制而贫穷却滋养高贵,秩序能毁灭自由而动荡却增进生机,欲望无限的人民常常甘受奴役,而珍视自由的男女却常常心怀焦虑……"但这只能使我们与托克维尔的遭遇更令人激动,因为通过他,我们具备了崭新眼光,对自己的世界有了崭新认识"[156]。

托克维尔与启蒙理性和一味追求平等的民主文化保持距离,以拯救文明的最高价值,并在一种民主政制中落实它们,这引得许多论者去探求托克维尔与列奥·施特劳斯之间立场的相似:揭示自由主义与现代性危机之间的关系,培养特定心智习性以贯彻自由教育[157]。

后革命时代随处可见的资产者,是在与别人交往时只想着自己,而另一方面在理解自己时却只想着他人的人,是只想着保护自我利益却不懂得照看和培育真正的自我的人。虚无主义恰恰宣告了资产者的胜利,所有高于或低于他们的东西皆属虚幻,而把生命建构在这些虚幻的东西之上是没有价值的。布鲁姆讨论《爱弥尔》时将这种资产者的胜利比作可能导致人类永久堕落的"某种低等人不可避免的普遍统治"。他和托克维尔都认为民主制缺乏对于理论生活的品味或才赋,这足以导致傲慢与无知。傲慢在于不关注其他可供替代的可能性,而无知则在于缺乏对自身存在的了解。为此需要"一种别样的政制与性情的体验",也即"贵族制"。当然,这不是说要回到旧制度,甚至也不包含什么怀旧情绪,卢梭、托克维尔、布鲁姆都并非企望重新确立"旧制度及其王权、祭坛和贵族",因为他们都深知,"革命将很快把它们一扫而光,开辟一个建立在平等原则新哲学基础上的新世界"。但平等是扫除一切优异产生普遍极权,还是克服庸众暴政维护独立自由,却是天命留给人类的抉择。从卢梭的高限伦理到极权主义还是到托克维尔的自由,关系重大。如果说卢梭一心打造公民,托克维尔则要在同时尊重个体。托克维尔和布鲁姆只是要求对于过往智慧保持尊重,对于现时处境保持个体反思,对于未来保持审慎向往。既了解民主制的日常必要性,又坚信超越性的正义,这样的人才能如马南所言"更审慎地爱民主"。正是这种内在隐秘的贵族体验,一种在民主制中却又不属于民主制的生活方式,才能更好地培育民主、维护民主。而布鲁姆认为能保持这种生活方式的地方正是大学。这是现代民主社会中的一块"贵族"飞地。民主社会熙来攘往,皆为实利,满足浅近,鄙视深远。但恰恰因为民主社会中缺乏这样的"闲适""玄思"之人和生活方式,才需培植这样的性情以为民主社会求得健康均衡的发展[158]。

现代社会有两种危险,即社会生活的"过度政治化"和"过度私人化",而且常常是从前者转向后者。革命后的激情衰退,高尚理念与巨大希望之被滥用,都把人们引向相反的极端。"在以为我们能把自己造成新人以后,我们现在觉得我们根本无能改造自己;我们由此倾向于认为一切奋斗与努力都是白费力气。这真是我们时代的大悲哀"!而托克维尔所感受的这种迈向快活的后革命时代的"大悲哀",又何尝仅限于那个七月王朝。半个多世纪后,韦伯在"普选与民主在德国"一文结尾再次感叹:民主化这一无可改变的历史趋势意味着国家机器必然要夷平社会等级结构。唯一可选择的是:要么是公民们在一个只有议会制外表的科层制"威权国家"中转让自由,让国家像管理牛羊般治理他们;要么是国家以使公民们成为"共同统治者"的方式把他们整合到国家之中。一个自认担当世界历史使命的"主宰民族"只可能选择后者,这样才可以竞逐于"世界政治"[159]。

有论者云:"托克维尔的胜利必须等到出现一个真正走到后革命时代的法国。"[160]然而何等境况和心情才算属于真正的后革命时代,韦伯给出的选择又潜藏着多少危机?

二、托克维尔的书与其时代

《论美国的民主》并非以柏拉图和亚里士多德式的方式探讨最佳政制,也不像卢梭《社会契约论》那样描述唯一合法的政制,而是明确指出现在和未来的政制都必将是民主,唯一的选择只在于如何控制民主制。在历史的必然与前景的暧昧之间,在理性的思考与个人的趣味之间,在远近各异的长处与缺陷之间,《论美国的民主》的格调忽而欢乐激昂,忽而肃穆庄重,忽而阴郁痛切,忽而透射希冀。它和他一起在这些极端之间焦灼彷徨[161]。

许多论者都注意到《论美国的民主》两卷之间重点的转换,甚至有"两部民主"或"两种民主"之说。首卷中美国是个堪为典范的民主社会,而在次卷终篇时美国已成极其例外的民主社会。次卷不仅更侧重民主而非美国,而且更侧重欧洲民主而非美国民主。照拉斯基的说法,这位热爱自由的贵族子弟,这位认为提高文化品位是预防平等之隐患的必要措施的政治哲学家,这位自感必须重塑宗教精神以使民族不陷入平庸的唯物质主义泥潭的信徒,面对法国政局社情的变化忧心忡忡。而个人方面健康不佳、竞选受挫、心情抑郁,也可能发生了作用。亦有论者认为,1835年后托克维尔逐渐为英国的集权迹象所震惊,认识到法国式的集权不仅是未来的一种可能,而且是民主化最有可能出现的模式。他不得不思考:美国的诸多独特的出发点是否已使其成为现代性观念的例外而非典型[162]?

《论美国的民主》的撰成是在1848年革命前,所以托克维尔会强调七月王朝下民主如何导致停滞、僵化的危险,而不太预见革命的动荡延续,故认为民主社会大规模革命愈益减少(《论美国的民主》次卷第三编第21章),在某种意义上倒转了柏克的命题,揭示现代民主意外的保守倾向。这种倾向对于人的独立与尊严有两个极大威胁:多数暴政与温和专制。首卷重在前者,五年后托克维尔发现多数暴政的提法过于简单,次卷遂重在后者。表现为大众舆论的思想暴政和表现为集权化国家的科层暴政这两种民主的自我暴政最终合为一体[163]。

然而最大的恐怖不在于政府权力的极大扩张,也不在于民意的无形支配,而在于民众的自愿甚至渴望被支配。真正的恐怖与其说是自由权利的丧失,不如说是自由意愿的丧失。霍布斯和孟德斯鸠都揭示了单一的政治行动者(利维坦或暴君)在臣民中制造恐惧,而托克维尔则相信新的民主时代中只有非人化的暴君力量。民主时代的集体力量不单是通过政治机构来行动,更是体现在民主生活的集体心理与文化假设中。托克维尔由此倒转霍布斯和孟德斯鸠的命题:臣民的恐惧制造出利维坦或暴君。而平等的趋势正是最大的恐惧源泉:对于独立和自由本身的恐惧。这更令人绝望,无处冲决。霍布斯的世界里恐惧来自违背规则或法律后的惩罚,而托克维尔这里不是恐惧违规,而是恐惧没有规则可供违背,导致寻求并顺从权威[164]。

在当时大多数人看来,《旧制度与大革命》是《罗马盛衰原因论》的翻版,殊少创新。此前已有梯耶尔、梯耶里、米什莱、米涅、拉马丁等写的法国革命史和帝国史,基本都是多卷本叙事史。而托克维尔对前人史家缺乏尊重,不考虑重大政治人物和事件。他确实是阅读了一些新的档案(种类),但关注的问题范围有限,忽视了研究战争和革命不可或缺的国际政治因素,比如法国作为身处列强虎视中的大陆国家所面临的军事压力。有论者认为他脑子里只想着攻击波拿巴的第二帝国,所以集中探讨法国集权趋势的王权、行政权方面的成因,而忽略了其他一些原因[165]。

第一章　阿列克西·德·托克维尔

今天来看,《旧制度与大革命》中体现出的"问题史学"意识和比较分析手法突破了传统史学的帝王史和事件史视野,转向行政沿革、法律变迁、经济制度乃至人们的心态。它开创了新型的大革命历史书写,不再局限于政治立场的意识形态鼓吹或批判,或是革命分子的自我意识,而是社会学角度的研究,对大革命本身理念的反思。他最关注的既非经济变迁,甚至也不是社会结构和阶级的历史流变,而是法国人的心态。他也很好地处理了连续性和断裂性的问题:即将大革命放在今日所谓长时段历史和局势史中理解,又强调大革命本身的事件史地位。他注意在欧洲历史的一般规律中抓住法国历史的特殊规律加以分析,并出色地刻画了旧制度下各阶级的客观状况和可能的历史地位,展现了社会学分析和阶级分析的早期尝试[166]。

如果说托克维尔书写美国像满怀同情的外人,透过日常生活表面让本地居民看清自己,那么他书写法国则像自我外化的"内"人,揭示埋藏在集体记忆中的家族秘密。他笔下的法兰西更像被人类舛误击倒的悲剧英雄,给读者留下理解和批判法国文化乃至反思自身历史处境的空间。这场现代悲剧中最终制伏主人公(hero)的不是天意,不是历史法则,而是本人甘受奴役,潜意识里寻求一位主子[167]。

三、永远的同时代人

人们不断诉诸托克维尔,将其作为同时代人,与现实政治问题建立当前联系。托克维尔是19世纪民主的预言家,1848年革命的预言家,今天又是极权主义和大众时代的预言家,是国家主义危险的预言家,是现代个体主义的预言家[168]。

19世纪下半叶,美国开始迅速地走向工业化、都市化和中央集权化,企业趋于巨型化,企业家形象与早期新教徒之间差距也愈益明显,传统的美国公民观出现问题。托克维尔不再是新世界的权威解释者,而在旧世界他也没有成为共和制度的精神鼻祖。法兰西第三共和国采取集权化加福利的取向,以基于普遍主义、实证主义、政教分离的政治文化来维系。新兴的人文社会科学学科门类划分还分割了托克维尔的思想,使他成为不了任何一门学科的大师。自负的法兰西始终自恃为世界历史国家:作为中世纪以来欧陆文明带头者,作为轰轰烈烈的大革命发动者,法国为何要去美洲大陆寻找救赎之道,巴黎缺少先知吗?而被欧陆文明视为野蛮的暴发户的美国则有理由始终推崇《论美国的民主》,尤其第一卷分析的自由与秩序如何维持良好的平衡,成为美国例外论(既走向平等又避免革命和专制)和进步乐观主义的最好支撑;而对于主要分析民主本身并且论调颇为阴郁的第二卷,美国人也不那么重视[169]。

从奥尔特加-加塞特(Ortega y Gasset)"大众的反叛"、托克维尔和李普曼(Lippmann)"多数人的暴政"、穆勒的"庸人统治"、哈耶克"计划社会的奴役"到塔尔蒙的"极权主义民主",如何以自由主义的努力遏制大众民主本身包含的极权专制种子,始终吸引着人们的思考。托克维尔可以说预见到了20世纪政治发展趋势:以宣称捍卫公意抗御人民"敌人"的某个政党或领袖的名义为正当性证明,科层专制的无声扩展,基于民众对于社会特权复辟之恐惧的治安国家。30年代他对于民主社会潜伏暴政的预言显出先见之明,墨索里尼、希特勒和斯大林都宣称其独裁乃基于大众主权;而50年代美国及其自由民主典范形象极盛之时,托克维尔有关多数暴政及其对于思想独立之威胁的预言也似乎扣合着麦卡锡主义的出现。因此,尽管他曾经一度被简化成《论美国的民主》中有关未来世界必将是俄美对峙的寥寥几段话的作者,但他不仅不单单属于与马克思相对抗的自由民主阵营,而且也不单单属于冷战时代。

被誉为当代托克维尔的阿隆早在50年代即用托克维尔来反驳历史决定论,寻求自由的条件,倡导清醒审慎的政治,这在当时法国知识界显得格格不入。马克思主义、存在主义、结构主义、解构主义等先后统领战后法国的思想舞台,只是意识到极权主义恐怖,对历史普遍性和一劳永逸之解决方案的幻梦破裂之后,人们才认真重审19世纪法国自由主义传统。1989年法国大革命二百周年祭前后,托克维尔归来的声势达到顶峰。在法国文化部资助下,南斯拉夫、捷克、罗马尼亚、保加利亚、俄罗斯和波兰都发行了托克维尔著作的本国语版(我国的商务印书馆则在1988年至1992年推出了《论美国的民主》两卷本和《旧制度与大革命》)。在苏联解体、东欧剧变后,共同体认同问题复杂化后,分析革命的历史遗产、研究民族文化的历史人类学、探讨建立自由民主之"新欧洲"的可能性时,托克维尔对民主政体的心理机制的研究尤显重要。革命政体如何陷入腐坏,追求平等的人们何以默从,重振公民文化的源泉何在?

在美国,20世纪60年代开始批判通俗文化的文化左派从托克维尔这里找到支持,将美国树立为多元自由主义的典范。而在整个思想界,里斯曼《孤独的大众》、拉希(Lasch)《自恋主义文化》、森内特(Sennett)《公共人的衰落》、贝拉等《心灵的习性》直至布鲁姆《走向封闭的美国精神》,各派学者似乎都能从托克维尔那里找到分析当前社会并与对手论战的武器:伸张(或反对)多元文化认同和"政治正确",强调市民自愿结社,呼吁反抗多数暴政,反省物质富裕与平等理念下的压迫……[170]

对于《论美国的民主》中描述的美国当时的情形,从来就不缺少质疑的声音。聊举数例。有论者认为处在法国议会纷争和革命动荡中的托克维尔始终没有充分理解美国政党制度的机制和意义,更要命的是如果总用法国贵族的眼光看美国,如拉斯基所言宁愿去波士顿的沙龙而不是孟菲斯的酒吧,也就容易偏听,相信卓越人物日益不愿担任公职之类的说法(当时的杰克逊总统在他眼里显然是个粗鄙的家伙)。用清教提炼新英格兰,继而以新英格兰提炼美国,是否虚设出一个文化同质体?对杰克逊时代美国政治生活的多样性、宗教教派的分化、贫富的差异是否简化处理,制造了一个美国?对于当时已经涌现出爱默森、梭罗、霍桑、梅尔维尔、朗费罗、爱伦坡、惠特曼等作家的美国文坛,他有关美国文化的论述是否过于苛刻[171]?

但这样的批评并不妨碍托克维尔作为同时代人的意义。虽然他不曾和一位美国黑人详谈,却正确判断出种族问题会对联邦内部稳定造成巨大威胁乃至引发内战;虽然他访美时蓄奴正当其时,妇女没有选举权,但他却预见到平等将成为国家的核心原则。仅仅造访一趟美国显然不能使作者充分理解这个复杂的社会,理解这场史无前例的人类自治实验,然而,从他之前不久的孔多塞、拉法夷特、夏多布里昂,一直到今天高举后现代大旗的布希亚[172],二百年来又有多少法国知识分子就这样将走马观花演义成指点江山,在跨越大西洋两岸的旅行中来回穿越着学术与政治、理想与现实,乃至人类的自信与谦卑?

在深受帕斯卡影响的托克维尔眼中,西方世界从贵族制到民主制这场历史演进,是从物质的贫弱到生活的丰裕,也是从人心的满足到欲望的焦灼。在这场演进中,曾经使人类卓尔不凡的那些骄傲的信念受到怀疑或抛弃。人类这种可悲地获得自我意识的生灵,在成为天使的信念或成为野兽的欲念之间彷徨无地,最终可悲地继续为人。无尽寻求着确定性和稳定性的人类终究永远在路上。代表民主社会的美国人身上尤为典型地展现着这种悖谬:他们越是宣称能控制一切,越是担心自己什么都不能控制。但对于历史进步或平等原则演进的信仰麻醉了他们的自我意识,让他们坚信欲望与手段之间的距离终有一天会抹平。在上帝面前,他们不像帕斯卡那样谦卑。

至于托克维尔自己,他有着另一种焦灼。我们最后以他的一段私人通信作结:"焦灼无靠的灵魂的悲伤故事可以说属于所有人,有些人比其他人更符合,而我自己可以说比我认识的任何人都要符合。"[173]

注 释

〔1〕 托克维尔:《回忆录》,第 66 页(原文系英文,请参阅参考文献)。

〔2〕 托克维尔:《1789 年前后法国社会政治状况》,《旧制度与大革命》,商务印书馆 1992 年版,第 278 页。

〔3〕 托克维尔:《论美国的民主》,商务印书馆 1991 年版,第 222 页;《书信选》(原文系英文,出处请参阅参考文献),第 115—116 页(1837 年 3 月致 Reeve)、第 100 页(1835 年 6 月致穆勒)。

〔4〕 Reinhardt:*The Art of Being Free:Taking Liberties with Tocqueville, Marx, and Arendt*. 第 29 页以下(所有英文版出处均请参阅参考文献);托克维尔:《论美国的民主》,第 280 页。

〔5〕 阿隆:《社会学主要思潮》,上海译文出版社 1988 年版,第 672—673 页。

〔6〕 同上书,第 268 页。

〔7〕 同上书,第 254 页。

〔8〕 托克维尔:《论美国的民主》,第 9、8 页;《论美国的民主》第 332 页中托克维尔就"民情"一词界定如下:"我在这里使用的民情(m!!urs)一词,其含意与其拉丁文原字 mores 一样。它不仅指通常所说的心理习惯方面的东西,而且包括人们拥有的各种见解和社会上流行的不同观点,以及人们的生活习惯所遵循的全部思想。因此,我把这个词理解为一个民族的整个道德和精神面貌。"

〔9〕 托克维尔:《论美国的民主》,第 263、16 页。

〔10〕 参见 Lambert:*Tocqueville and the Two Democracies*,260。

〔11〕 参见 Siedentop:*Tocqueville*,跋;马克思在 1843—1844 年间也大量阅读了基佐、托克维尔和博蒙,颇受影响。

〔12〕 参见 Manent:"Democratic Man, Aristocratic Man, And Man Simply:Some Remarks on an Equivocation in Tocqueville's Thought"。

〔13〕 托克维尔:《论美国的民主》,第 281、280 页。

〔14〕 同上书,第 11 页。

〔15〕 参见 Schleifer:*The Making of Tocqueville's Democracy in America*,263—274;Lamberti *Tocqueville and the Two Democracies*,15—16;Drescher:*Tocqueville and England*,30—31。

〔16〕 参见 Welch:*De Tocqueville*,第二章第五节。

〔17〕 托克维尔:《书信选》,第 150 页(1841 年 3 月致穆勒)。

〔18〕 托克维尔:《论美国的民主》,第 264 页。

〔19〕 同上书,第 700—705 页。

〔20〕 托克维尔:《论美国的民主》,第 539、773 页;崇明:《民主时代的政治与革命——论托克维尔的新政治科学和政治史》,第二章第三节。

〔21〕 崇明:《民主时代的政治与革命——论托克维尔的新政治科学和政治史》,第二章第四节,北京大学博士学位论文(2003年)。

〔22〕 参见托克维尔:《旧制度与大革命》,第二编第九章。

〔23〕 托克维尔:《论美国的民主》,第224—225页。

〔24〕 同上书,第768、560、749—750、684、563、569页,第一编第九章以下列举了科学、艺术、文学、建筑等形式的类似表现。

〔25〕 托克维尔:《论美国的民主》,第670、612页;参见崇明:《民主时代的政治与革命——论托克维尔的新政治科学和政治史》第二章第一节,以及《旧制度与大革命》中对文人政治的批评。

〔26〕 参见崇明:《民主时代的政治与革命——论托克维尔的新政治科学和政治史》,第二章第五节。

〔27〕 托克维尔:《论美国的民主》,第694页。

〔28〕 参见 Siedentop:*Tocqueville*,第四章。

〔29〕 Lamberti:*Tocqueville and the Two Democracies*,171;参见崇明:《民主时代的政治与革命——论托克维尔的新政治科学和政治史》,第二章第六节。

〔30〕 托克维尔:《论美国的民主》,第626—627,700—701页;《旧制度与大革命》,第35页。

〔31〕 参见崇明:《民主时代的政治与革命——论托克维尔的新政治科学和政治史》,第二章第七节。

〔32〕 托克维尔:《论美国的民主》,第795、664、673页。

〔33〕 同上书,第101、274、107、630、635页。

〔34〕 同上书,第856—857、864页。

〔35〕 同上书,第294、528页;柏克的一段话更能传递现代民主社会下"精神贵族"的尴尬处境:"在一个残暴的君主统治下,他们可以得到人们的慰藉和同情以减缓他们创伤的刺痛;他们可以得到人们的称赞,在他们的苦难中激励他们高洁的恒心。但是那些在群众之下遭受到伤害的人却被剥夺了一切外界的安慰。他们是被人类所抛弃,在他们整个物种的共谋之下被压垮了",见柏克:《法国革命论》,第165—166页。

〔36〕 托克维尔:《论美国的民主》,第883、869、893页。关于托克维尔与福柯的关联,参见 Reinhardt:*The Art of Being Free:Taking Liberties with Tocqueville, Marx, and Arendt*,第30—31页;LaCapra:*History and Reading:Tocqueville, Foucault, French Studies*;亦见 Welch:*De Tocqueville*,第五章。Reinhardt更多关注"自由主义的托克维尔",赞颂对于民主国家平等趋势的抵抗;而不是"共和主义的托克维尔",建议结社和参与的艺术。我们既可以透过福柯回看托克维尔对于权力中心分散化的论述,在国家的治理面前如何保护个人独立性,也可以在福柯对于自由实践、治理术、纪律等论述中寻找托克维尔的影响。

〔37〕 托克维尔:《论美国的民主》,第 840—846 页。

〔38〕 同上书,第 868—870 页,参见 Boesche: *The Strange Liberalism of Alexis de Tocqueville*,第 229—259 页对新型专制的出色概括。

〔39〕 托克维尔:《论美国的民主》,第 870、872 页。

〔40〕 同上书,第 290、289 页。

〔41〕 参见崇明:《民主时代的政治与革命——论托克维尔的新政治科学和政治史》,第三章第一节。

〔42〕 同上书,第三章第二节。

〔43〕 托克维尔:《论美国的民主》,第 880 页。

〔44〕 同上书,第 320、358 页。

〔45〕 同上书,第 37、321、322 页。

〔46〕 参见崇明:《民主时代的政治与革命——论托克维尔的新政治科学和政治史》,第三章第二、三节。

〔47〕 托克维尔并非一味反对集权,而是区分了政府集权与行政集权,参见崇明:《民主时代的政治与革命——论托克维尔的新政治科学和政治史》注 248,不过这样的提法在《论美国的民主》之后并未充分发展。

〔48〕 托克维尔:《论美国的民主》,第 76、67、74 页。

〔49〕 参见托克维尔:《旧制度与大革命》,第 134 页;崇明:《民主时代的政治与革命——论托克维尔的新政治科学和政治史》,第三章第四节;托克维尔结社观参见 Boesche: *The Strange Liberalism of Alexis de Tocqueville*, 125—129; Lawler: *The Restless Mind: Alexis de Tocqueville on the Origin and Perpetuation of Human Liberty*, 134—138; Maletz: "Tocqueville on the Society of Liberties";托克维尔还特别以欧洲革命组织内部机制作对比,强调只有以民主方式统领内部事务的结社才能真正维护自由。

〔50〕 托克维尔:《论美国的民主》,第 105 页。

〔51〕 同上书,第 366 页;Joshua Mitchell 诉诸托克维尔思想深处某些神学渊源,讨论民主时代的灵魂如何通过结社、宗教、家庭等确立制度上的支撑。

〔52〕 同上书,第 309、316 页。

〔53〕 参见贡斯当:《古代人的自由与现代人的自由——贡斯当政治论文选》,第 22、184、300 页;托克维尔:《论美国的民主》下编,第二章第四节。

〔54〕 托克维尔:《论美国的民主》,第 639、640 页;参见贝拉等:《心灵的习性:美国人生活中的个人主义和公共责任》,第 247 页。

〔55〕 参见崇明:《民主时代的政治与革命——论托克维尔的新政治科学和政治史》,第三章第五节。

〔56〕 托克维尔:《书信选》,第 191 页;《旧制度与大革命》,第 58 页。

〔57〕参见崇明:《民主时代的政治与革命——论托克维尔的新政治科学和政治史》,第四章第一节。

〔58〕参见托克维尔:《旧制度与大革命》,第233页;崇明:《民主时代的政治与革命——论托克维尔的新政治科学和政治史》,第四章第一节。

〔59〕托克维尔:《旧制度与大革命》,第239页。

〔60〕同上书,第29、42、60、311页"1789年前后法国社会政治状况"。

〔61〕托克维尔:《旧制度与大革命》,第59页。

〔62〕参见崇明:《民主时代的政治与革命——论托克维尔的新政治科学和政治史》,第四章第四节。

〔63〕托克维尔:《旧制度与大革命》,英文新版序,第22页;《旧制度与大革命》,第64、73页。

〔64〕托克维尔:《旧制度与大革命》,第81、99、109、107页。

〔65〕参见崇明:《民主时代的政治与革命——论托克维尔的新政治科学和政治史》,第四章第四节。

〔66〕托克维尔:《旧制度与大革命》,第219、169页,这最后一点对大革命高潮时运动的暴烈性大有影响。

〔67〕托克维尔:《旧制度与大革命》,第144、171、116页;参见崇明:《民主时代的政治与革命——论托克维尔的新政治科学和政治史》,第四章第四节。

〔68〕托克维尔:《旧制度与大革命》,第208、211、234、210、213页。

〔69〕托克维尔:《回忆录》,第62—63页。

〔70〕托克维尔:《旧制度与大革命》,第103页;《论美国的民主》,第107页;《旧制度与大革命》,第181页。

〔71〕托克维尔:《旧制度与大革命》,第181页。

〔72〕托克维尔:《回忆录》,第67页;《旧制度与大革命》,第238页。

〔73〕托克维尔:《旧制度与大革命》,第182页。

〔74〕同上书,第237页;参见崇明:《民主时代的政治与革命——论托克维尔的新政治科学和政治史》,第四章第四节。

〔75〕参见托克维尔:《论美国的民主》,下编,第二章第三节;崇明:《民主时代的政治与革命——论托克维尔的新政治科学和政治史》,第四章第三节。

〔76〕托克维尔:《旧制度与大革命》,第35页;《论美国的民主》,第668页。

〔77〕同上书,第二编第十一章;第155、156、307页。

〔78〕同上书,第148页;参见崇明:《民主时代的政治与革命——论托克维尔的新政治科学和政治史》,第四章第五节。

〔79〕托克维尔:《旧制度与大革命》,第67、68、191页。

〔80〕同上书,第240页;参见崇明:《民主时代的政治与革命——论托克维尔的新政治科学和政治史》,第四章第五节。

〔81〕 托克维尔:《论美国的民主》,第 621 页。

〔82〕 同上书,第 624、838 页。

〔83〕 同上书,第 801、810、811 页。

〔84〕 同上书,第 49、366、873、884、885 页;《旧制度与大革命》,第 203 页,参见崇明:《民主时代的政治与革命——论托克维尔的新政治科学和政治史》,第三章第六节。

〔85〕 托克维尔:《论美国的民主》,第 341、539 页;参 Welch、Joshua Mitchell,Kessler 和贝拉等有关托克维尔宗教观的讨论。

〔86〕 同上书,第 274、971 页。

〔87〕 转引自 Siedentop:*Tocqueville*, 4。

〔88〕 参见 Jardin:*Tocqueville: A Biography*, 71;托克维尔:《书信选》,第 34 页(1827 年 7 月致 Kergorlay)。

〔89〕 参见崇明:《民主时代的政治与革命——论托克维尔的新政治科学和政治史》,导言。

〔90〕 参见 Siedentop:*Tocqueville*,第二章。

〔91〕 参见 Boesche, 71—85, Siedentop:*Tocqueville*,第二章,并参见崇明:《民主时代的政治与革命——论托克维尔的新政治科学和政治史》,第一章。

〔92〕 参见甘阳:《反民主的自由主义还是民主的自由主义?》,《二十一世纪》1997 年 2 月号。

〔93〕 Siedentop:*Tocqueville*,第一、二章;基佐《欧洲文明史》开讲即谈论文明外在状态(社会制度层面)与内在状态(个人精神层面)双重发展,灵魂与社会之间迟早和谐汇同。而第十四、十五讲有关文人政治的论述则一直影响到《旧制度与大革命》,参见 Whitfield:"A century and a half of French views of the United States."。

〔94〕 里夫斯:《美国民主的再考察》,第 14 页;旅行和《论美国的民主》写作过程详参 Pierson、Schleifer 和 Jardin。

〔95〕 访英后才动笔,以印证贵族自由主义制度即使在英国也已不可能再持存,参见甘阳:《反民主的自由主义还是民主的自由主义?》。

〔96〕 作为一个农业选区的参选议员,他不能太像一个理论家,参 Mélonio:*Tocqueville and the French*,第二章;书名不宜译为《论美国的民主》:"在全世界范围,民主都在不可抗拒地普遍来临"。参见甘阳:《托克维尔与民主——〈民主在美国〉台湾版导读》,三联书店 2002 年版。

〔97〕 托克维尔:《论美国的民主》,第 948 页,拉斯基导言。

〔98〕 Siedentop:*Tocqueville*,第三章。

〔99〕 Lamberti 认为这是托克维尔最杰出的预言。参见 Lamberti:*Tocqueville and the Two Democracies*, 181。

〔100〕 选民主体是中产阶级,他初次选举就因自己的贵族背景而失利,参 Boesche:*The Strange Liberalism of Alexis de Tocqueville*,第 231 页以下。

〔101〕 参见 Mélonio：*Tocqueville and the French*，第二章。

〔102〕 托克维尔：《书信选》，第93页。

〔103〕 Boesche：*The Strange Liberalism of Alexis de Tocqueville*，60；托克维尔：《书信选》，第118(1837年8月致 Royer-Collard)、155(1841年9月致 Royer-Collard)、153(1841年8月致 Ampère)、第181—182页(1846年12月致 Beaumont)，托克维尔：《回忆录》，第10—11页。

〔104〕 托克维尔：《书信选》，第125页(1838年8月致 Beaumont)；《回忆录》，第83页，参见《回忆录》第79—84页与《书信选》第33、155页；《论美国的民主》，第947页，拉斯基导言。

〔105〕 Boesche：*The Strange Liberalism of Alexis de Tocqueville*，169；托克维尔：《回忆录》，第269页；Hayward：*After the French Revolution-Six Critics of Democracy and Nationalism*，149。

〔106〕 托克维尔：《书信选》，第141—142页(1840年4月致 Reeve)。

〔107〕 视法国在征服和统治阿尔及利亚中的暴行为"不幸的必要性"。参见 Tocqueville：*Writings on empire and slavery*，70—71、136；Boesche：*The Strange Liberalism of Alexis de Tocqueville*，第八章。

〔108〕 参见托克维尔：《回忆录》，第84—85页；《书信选》，第137页；Boesche：*The Strange Liberalism of Alexis de Tocqueville*，218—224，并参见崇明：《民主时代的政治与革命——论托克维尔的新政治科学和政治史》，第三章第五节。

〔109〕 参见托克维尔：《回忆录》，第61页；崇明：《民主时代的政治与革命——论托克维尔的新政治科学和政治史》，第四章第二节。

〔110〕 托克维尔：《回忆录》，第53页；参见 Lamberti：*Tocqueville and the Two Democracies*，126。

〔111〕 托克维尔：《回忆录》，第132页；《书信选》，第214—215页(1848年7月致 Stoffels)。

〔112〕 参见 Welch：*De Tocqueville*，第三章第二节。

〔113〕 托克维尔：《旧制度与大革命》，英文版卷二，第185页。

〔114〕 同上书，第2—6页。

〔115〕 参见托克维尔：《书信选》，第285、289页；崇明：《民主时代的政治与革命——论托克维尔的新政治科学和政治史》，第四章第一、三节；《旧制度与大革命》导言，第1、7页。

〔116〕 托克维尔：《旧制度与大革命》，第32、43—44页；《书信选》，第294页(1853年9月致 Corcelle)；托克维尔留下的有关片断参看两卷本的《旧制度与大革命》英文新版。

〔117〕 托克维尔：《旧制度与大革命》英文版卷一序言；初版时第二部与第三部并无分割，日后方有。

〔118〕 Mélonio：*Tocqueville and the French*，xi。

〔119〕 参见崇明:《民主时代的政治与革命——论托克维尔的新政治科学和政治史》,导言。

〔120〕 托克维尔:《书信选》,第 63 页(1831 年致 Stoffels),参见崇明:《民主时代的政治与革命——论托克维尔的新政治科学和政治史》,第二章第七节及结语。

〔121〕 托克维尔:《回忆录》,第 78、62 页。

〔122〕 参见 Boesche: *The Strange Liberalism of Alexis de Tocqueville*. 序。

〔123〕 Boesche: *The Strange Liberalism of Alexis de Tocqueville*, 16—17.

〔124〕 Ibid., 20;这些文人托克维尔都多有提及,或许波德莱尔和福楼拜是例外。

〔125〕 参见 Boesche: *The Strange Liberalism of Alexis de Tocqueville*,第一、四章。

〔126〕 Boesche: *The Strange Liberalism of Alexis de Tocqueville*,第二章;Mélonio;Lamberti.

〔127〕 Boesche: *The Strange Liberalism of Alexis de Tocqueville*,第三章;托克维尔:《书信选》,第 152—153 页。

〔128〕 Boesche: *The Strange Liberalism of Alexis de Tocqueville*,第四章。

〔129〕 Boesche: *The Strange Liberalism of Alexis de Tocqueville*,第五章。

〔130〕 Welch: *De Tocqueville*,第四章第二节。

〔131〕 Boesche: *The Strange Liberalism of Alexis de Tocqueville*,第五、七章,第 111、155—156 页。

〔132〕 托克维尔:《书信选》,第 151 页;Boesche: *The Strange Liberalism of Alexis de Tocqueville*, 63、207;参见 Pitts: "Empire and Democracy: Tocqueville and the Algeria Question".

〔133〕 Boesche: *The Strange Liberalism of Alexis de Tocqueville*,第九、十章,第 195、257—258 页;Hayward: *After the French Revolution—Six Critics of Democracy and Nationalism*, 143; Drescher: *Tocqueville and England*, 127.

〔134〕 托克维尔:《论美国的民主》,英文版第 xxxiv—xxxvi 页,参见 Eisenstadt: *Reconsidering Tocqueville's Democracy in America*, 94. 及该书中 Schleifer 文比较托克维尔与孟德斯鸠和年鉴学派的异同。

〔135〕 崇明:《民主时代的政治与革命——论托克维尔的新政治科学和政治史》,第二章第二节;参见《旧制度与大革命》,第二编第 2—6 章。

〔136〕 参见卢梭:《社会契约论》,第 54 页;《爱弥尔》,第 10—11 页;崇明:《民主时代的政治与革命——论托克维尔的新政治科学和政治史》,第三章第一节。

〔137〕 参见崇明:《民主时代的政治与革命——论托克维尔的新政治科学和政治史》,第三章第一节。

〔138〕 参见崇明:《民主时代的政治与革命——论托克维尔的新政治科学和政治史》,第三章第二节。

〔139〕 参见 Siedentop: *Tocqueville*,第三章;贡斯当:《古代人的自由与现代人的自由——贡斯当政治论文选》。

〔140〕 参见 Blits："Tocqueville On Democratic Education：The Problem Of Public Passivity"。

〔141〕 崇明：《民主时代的政治与革命——论托克维尔的新政治科学和政治史》，第二章第五节。

〔142〕 托克维尔：《旧制度与大革命》，第三编第三章、第 197 页；《旧制度与大革命》，英文版卷二，第 296 页。

〔143〕 Welch：*De Tocqueville*，第二章。

〔144〕 Welch：*De Tocqueville*，第二章第一节。

〔145〕 卢克斯：《个人主义》，江苏人民出版社 2001 年版，第 19 页。

〔146〕 Eisenstadt：*Reconsidering Tocqueville's Democracy in America*，43；麦克里兰：《西方政治思想史》，第 353—354 页；Boesche：*The Strange Liberalism of Alexis de Tocqueville*，182；托克维尔：《论美国的民主》，英文版编序；《论美国的民主》两卷有关代议制政府只有两处论述，而且都不认为有何持久效力。如《论美国的民主》第 194 页："尽管政府的形式是代议制的，但人民的意见、偏好、利益甚至激情对社会的经常影响，都不会遇到顽强的障碍"，参 Manent："Democratic Man, Aristocratic Man, And Man Simply: Some Remarks on an Equivocation in Tocqueville's Thought"；关于古代自由与现代自由，"古代自由的危险在于，由于人们仅仅考虑维护他们在社会权力中的份额，他们可能会轻视个人权利与享受的价值。现代自由的危险在于，由于我们沉湎于享受个人的独立以及追求各自的利益，我们可能过分容易地放弃分享政治权力的权利"，见贡斯当：《古代人的自由与现代人的自由——贡斯当政治论文选》，第 66 页。

〔147〕 参见 Manent：*An Intellectual History of Liberalism*，103；Hayward：*After the French Revolution—Six Critics of Democracy and Nationalism*，144—145；甘阳："反民主的自由主义还是民主的自由主义？"。

〔148〕 Boesche：*The Strange Liberalism of Alexis de Tocqueville*，九章，第 176—183 页。

〔149〕 Welch：*De Tocqueville*，第一章第四节、第二章；参见托克维尔《论美国的民主》下卷对民主时代史家的批评。

〔150〕 参见 Boesche：*The Strange Liberalism of Alexis de Tocqueville*，第五章，第 98—100 页；Welch：*De Tocqueville*，第一章；Harvey Mitchell：*Individual Choice and the Structure of History-Alexis de Tocqueville as Historian Reappraised*。

〔151〕 Welch：*De Tocqueville*，第一章。

〔152〕 参见 Hayward：*After the French Revolution—Six Critics of Democracy and Nationalism*，144。

〔153〕 邓恩：《姊妹革命——美国革命与法国革命启示录》，第 20—22、82—83、42、16 页；另参见朱学勤《道德理想国的覆灭——从卢梭到罗伯斯庇尔》中所附为邓恩此书所作译序"阳光与闪电——近代革命与人性改造"。

〔154〕 Mélonio: *Tocqueville and the French*, 45, 及第六章; 阿隆:《社会学主要思潮》, 第 257 页; Welch: *De Tocqueville*, 第一章第五节; 哈耶克《通往奴役之路》书名借自托克维尔 1848 年的演说, 他赞赏托克维尔反对社会普遍法则的观念, 不过不尽同意托克维尔对个人主义的负面评价; 关于文人政治与意识形态政治等其他线索的关联, 参见李猛:"论抽象社会"; 关于与卢梭、罗伯斯庇尔和大革命具体进程之间的关系, 参见朱学勤:《道德理想国的覆灭——从卢梭到罗伯斯庇尔》。

〔155〕 参见托克维尔:《论美国的民主》, 英文版第 xxxi 页。

〔156〕 Boesche: *The Strange Liberalism of Alexis de Tocqueville*, 264—266; 托克维尔认为民主将在政治、社会生活和艺术方面驱逐卓越。而这与阶级流动的加剧及基于后天教育而非先赋身份的社会分工专业化大有关系。他在 1855 年 11 月致 G. C. Lewis 的信中明确反对当时法国举办的国家公务员考试, 认为它们将政府治理艺术变成某种行当, 创造出一批资质平庸的平均化的职能办事员, 而不是出类拔萃的行政管理者。转引自 Kahan: *Aristocratic Liberalism: the social and political thought of Jacob Burckhardt, John Stuart Mill, and Alexis de Tocqueville*, 51—52。

〔157〕 Welch: *De Tocqueville*, 第五章; Lawler: *The Restless Mind: Alexis de Tocqueville on the Origin and Perpetuation of Human Liberty*; Masugi: *Interpreting Tocqueville's Democracy in America* 中 Lawler 与 Hancock 文章; Lawler 与 Alulis: *Tocqueville's Defense of Human Liberty: Current Essays* 中 Zuckert 文章; Joshua Mitchell: *The Fragility of Freedom; Tocqueville on Religion, Democracy, and the American Future*。

〔158〕 布鲁姆:《走向封闭的美国精神》, 中国社会科学出版社 1994 年版, 第 164 页; 布鲁姆:《巨人与侏儒》, 华夏出版社 2003 年版, 第 227 页; 邓恩:《姊妹革命——美国革命与法国革命启示录》, 第 76 页; Green: "The Closing of the American Mind, Revisited"。Lawler: "Tocqueville on human misery and human liberty"; Manent: "Democratic Man, Aristocratic Man, And Man Simply: Some Remarks on an Equivocation in Tocqueville's Thought"; Lamberti: *Tocqueville and the Two Democracies*, 169—190; Whitfield 指出, 托克维尔在美国基本没有造访学术机构,《论美国的民主》中也不曾正面论述学校, 而学校教育日后在美国将成为种族、平等与联邦制等诸多重大问题的竞技场。Eisenstadt "*Reconsidering Tocqueville's Democracy in America*" 中 Nisbet 文亦指明《论美国的民主》对美国教育制度及其大学的疏漏。但托克维尔主要关注成人的教育, 特别是他们在政治事务或公共事务中的实践教育。最初计划有一章"论民主制下的学术机构", 后觉不甚重要, 未收入成稿, 参见 Blits: "Tocqueville On Democratic Education: The Problem Of Public Passivity", Schleifer: *The Making of Tocqueville's Democracy in America*, 21。托克维尔笔下的民主参与是只有让民众在自由的共同体中行动才能让其学会自由的一种民主教育。大学绝不是民主社会自由教育的终点, 否则难保会出现"走向封闭的大学精神", 对于心智的自由教育将更容易遭到其追求绝对民主、平等原则的对手的攻击。

〔159〕 参见甘阳:《反民主的自由主义还是民主的自由主义?》。

〔160〕 Mélonio: *Tocqueville and the French*, xii.

〔161〕 托克维尔:《论美国的民主》,英文版第 1 页;Reinhardt: *The Art of Being Free:Taking Liberties with Tocqueville,Marx,and Arendt*, 22。

〔162〕 Drescher: *Tocqueville and England*, 201—216; Jardin: *Tocqueville:A Biography*,第 251 页以下;Lamberti: *Tocqueville and the Two Democracies*, 123—143、229、236—239;Mélonio "*Tocqueville and the French*" 中的比重统计;Eisenstadt "*Reconsidering Tocqueville's Democracy in America*" 中 Drescher 文,第 80、85 页;拉斯基:托克维尔《论美国的民主》导言。

〔163〕 托克维尔:《论美国的民主》,英文版第 iii 页;Blits: "Tocqueville On Democratic Education: The Problem Of Public Passivity"。

〔164〕 Blits: "Tocqueville On Democratic Education: The Problem Of Public Passivity"; Robin: "Fear: a genealogy of morals."

〔165〕 Siedentop: *Tocqueville*,第六章。

〔166〕 参见托克维尔:《旧制度与大革命》,序言;Furet: *Interpreting the French Revolution*, 14、155;有关托克维尔论旧制度与大革命之具体观点,参看 Harvey Mitchell: *Individual Choice and the Structure of History-Alexis de Tocqueville as Historian Reappraised*,第 4—6 页介绍 Cobban、Furet、Lynn Hunt、Skocpol 诸位法国史名家的评说与借鉴。

〔167〕 Welch: *De Tocqueville*,第五章第一节;第一章第四节;托克维尔:《旧制度与大革命》,英文版卷一第 7 页。

〔168〕 Mélonio: *Tocqueville and the French*, 4—5.

〔169〕 Whitfield: "A century and a half of French views of the United States."; 贝拉等:《心灵的习性:美国人生活中的个人主义和公共责任》,三联书店 1991 年版,第 61 页以下; Mélonio: *Tocqueville and the French*,第五章;Welch: *De Tocqueville*,第五章第一节。

〔170〕 Whitfield: "A century and a half of French views of the United States."; 托克维尔:《论美国的民主》,英文版第 xxv 页;Welch: *De Tocqueville*,第五章;Mélonio: *Tocqueville and the French*, viii—x,第六章。

〔171〕 拉斯基:《论美国的民主》,导言;Reinhardt: *The Art of Being Free:Taking Liberties with Tocqueville, Marx, and Arendt*; Eisenstadt "*Reconsidering Tocqueville's Democracy in America*" 中 Bernard Brown 文;Whitfield: "A century and a half of French views of the United States."; Mélonio: *Tocqueville and the French*,第六章。另外有关托克维尔著述中的性别意识问题,也有诸多争论,最新论著可见 Janara: *Democracy Growing Up: Authority, Autonomy, and Passion in Tocqueville's Democracy in America.*

〔172〕 参见 Whitfield: "A century and a half of French views of the United States."

〔173〕 Lawler: "Tocqueville on human misery and human liberty"; Lawler: *The Restless Mind: Alexis de Tocqueville on the Origin and Perpetuation of Human Liberty*, 15; 托克维尔:《书信选》,第 103 页(1835 年 7 月致 Kergorlay)、第 143 页(1840 年 8 月致 Royer-Collard)、第 148—149 页(1840 年 11 月致 Eduouard)。

主要参考文献(粗体字为重点推荐入门阅读)

托克维尔著作

托克维尔:《论美国的民主》,董果良译,商务印书馆 1991 年版。

托克维尔:《旧制度与大革命》,冯棠译,商务印书馆 1992 年版。

Tocqueville: *Democracy in America*, trs. Harvey Mansfield and Delba Winthrop, eds. University of Chicago Press, 2000.

Tocqueville: *The Old Regime and the French Revolution*, Vol 1, 2 ed. François Furet and Françoise Mélonio, trans. Alan S. Kahan. University of Chicago Press, 1998.

Tocqueville: *Recollections: The French Revolution of 1848*. J. P. Mayer & A. P. Kerr eds. Transaction Books, 1987. (文中简称《回忆录》)

Tocqueville: *Selected Letters on Politics and Society*, Roger Boesche ed. University of California Press, 1985. (文中简称《书信选》)

Tocqueville: *Journey to America*, ed J. P. Mayer, tr. George Lawrence. Yale, 1960.

Tocqueville: *Journeys to England and Ireland*, ed. J. P. Mayer, tr. George Lawrence, Yale, 1958.

Tocqueville: *Writings on empire and slavery*, ed. and tr. Jennifer Pitts. The Johns Hopkins University Press, 2001.

其他文献

雷蒙·阿隆:《社会学主要思潮》,葛智强、胡秉诚、王沪宁译,上海译文出版社 1988 年版。

贝拉等:《心灵的习性:美国人生活中的个人主义和公共责任》,翟宏彪等译,三联书店 1991 年版。

柏克:《法国革命论》,何兆武、许振洲、彭刚译,商务印书馆 1998 年版。

艾伦·布鲁姆:《走向封闭的美国精神》,缪青、宋丽娜等译,中国社会科学出版社 1994 年版。

布鲁姆:《巨人与侏儒》,张辉选编,华夏出版社 2003 年版。

崇明:《民主时代的政治与革命——论托克维尔的新政治科学和政治史》,北京大学博士论文(2003 年)。

苏珊·邓恩:《姊妹革命——美国革命与法国革命启示录》,杨小刚译,上海文艺出版社 2003 年版。

甘阳:《反民主的自由主义还是民主的自由主义?》,《二十一世纪》1997 年 2 月号。

甘阳:《将错就错》,尤其中"托克维尔与民主——《民主在美国》台湾版导读",三联书店 2002

年版,第258—266页。

邦雅曼·贡斯当:《古代人的自由与现代人的自由——贡斯当政治论文选》,阎克文、刘满贵译,上海世纪出版集团,2003年版。

基佐:《欧洲文明史——至罗马帝国败落起到法国革命》,程洪逵、沅芷译,商务印书馆1998年版。

李猛:"论抽象社会",《社会学研究》1999年第1期。

里夫斯:《美国民主的再考察》,吴延佳、方小良译,商务印书馆1997年版。

大卫·理斯曼:《孤独的人群》,王崑、朱虹译,南京大学出版社2002年版。

史蒂文·卢克斯:《个人主义》,阎克文译,江苏人民出版社2001年版。

卢梭:《爱弥尔》,李平沤译,商务印书馆1978年版。

卢梭:《社会契约论》,何兆武译,商务印书馆1980年版。

约翰·麦克里兰:《西方政治思想史》,彭淮栋译,海南出版社2003年版。

孟德斯鸠著:《论法的精神》,张雁深译,商务印书馆1961年版。

朱学勤:《道德理想国的覆灭——从卢梭到罗伯斯庇尔》,上海三联书店2003修订版。

Blits, Jan H.: "Tocqueville On Democratic Education: The Problem Of Public Passivity", *Educational Theory*, 1997, Vol. 47, Issue 1, 15—30.

Boesche, Roger: *The Strange Liberalism of Alexis de Tocqueville.* Cornell, 1987.

Drescher, Seymour: *Tocqueville and England.* Harvard, 1964.

Drescher, Seymour, "Tocqueville's Two *Democracies*" in *Journal of the History of Ideas* (25) 1964, 201—216.

Eisenstadt, Abraham S. ed.: *Reconsidering Tocqueville's Democracy in America.* Rutgers University Press, 1988.

Furet, François: *Interpreting the French Revolution.* Trans. by Elborg Forster. Cambridge, 1981.

Green, S. J. D. "The Closing of the American Mind, Revisited". *Antioch Review*, Spring 2001, Vol. 59 Issue 2, 371—382.

Hancock, Ralph C.: "The modern revolution and the collapse of moral analogy: Tocqueville and Guizot." Perspectives on Political Science 2001, Vol. 30 No. 4, 213—217.

Hayward, Jack: *After the French Revolution—Six Critics of Democracy and Nationalism.* Harvester Wheatsheaf, 1991.

Janara, Laura: *Democracy Growing Up: Authority, Autonomy, and Passion in Tocqueville's Democracy in America.* SUNY, 2002.

Jardin, André: *Tocqueville: A Biography.* Farrar Straus Giroux, 1988.

Kahan, Alan: *Aristocratic Liberalism: the social and political thought of Jacob Burckhardt, John Stuart Mill, and Alexis de Tocqueville.* Oxford, 1992.

Kessler, Sanford: *Tocqueville's Civil Religion: American Christianity and the Prospects for Freedom.* State Univ. of New York Press, 1994.

LaCapra, Dominick: *History and Reading: Tocqueville, Foucault, French Studies*. University of Toronto Press, 2000.

Lamberti, Jean-Claude: *Tocqueville and the Two Democracies*. Trans. By Arthur Goldhammer. Harvard, 1989.

Lawler, Peter A. ed. : *Tocqueville's Political Science: Classic Essays*. Garland, 1992.

Lawler, Peter A. : "Tocqueville on human misery and human liberty". *Social Science Journal*, 1991, Vol. 28 Issue 2, 243—258.

Lawler, Peter A. : *The Restless Mind: Alexis de Tocqueville on the Origin and Perpetuation of Human Liberty*. Rowman & Littlefield. 1993.

Lawler, Peter A. & Joseph Alulis eds. : *Tocqueville's Defense of Human Liberty: Current Essays*. Garland, 1993.

Maletz, Donald J. : "Tocqueville on the Society of Liberties", *Review of Politics*, 2001, Vol. 63 Issue 3, 461—483.

Manent, Pierre: *An Intellectual History of Liberalism*. Princeton, 1994.

Manent, Pierre: "Democratic Man, Aristocratic Man, And Man Simply: Some Remarks on an Equivocation in Tocqueville's Thought", *Perspectives on Political Science*, 1998, Vol. 27 Issue 2, 79—84.

Masugi, Ken, ed. : *Interpreting Tocqueville's Democracy in America*. Rowman & Littlefield, 1991.

Mélonio, Françoise: *Tocqueville and the French*. Trans. Beth Raps. University Press of Virginia, 1998.

Mitchell, Harvey: *Individual Choice and the Structure of History-Alexis de Tocqueville as Historian Reappraised*. Cambridge, 1996.

Mitchell, Joshua: *The Fragility of Freedom: Tocqueville on Religion, Democracy, and the American Future*. Univ. of Chicago Press, 1996.

Pierson, George Wilson: *Tocqueville and Beaumont in America*. The Johns Hopkins University Press, 1996.

Pitts, Jennifer: "Empire and Democracy: Tocqueville and the Algeria Question", *Journal of Political Philosophy*, 2000, Vol. 8 Issue 3, 295—318.

Reinhardt, Mark: *The Art of Being Free: Taking Liberties with Tocqueville, Marx, and Arendt*. Cornell, 1997.

Robin, Corey. : "Fear: a genealogy of morals. ", *Social Research*, 2000, Vol. 67 No4, 1085—1115.

Schleifer, James T. : *The Making of Tocqueville's Democracy in America*. The University of North Carolina Press, 1980.

Siedentop, Larry: *Tocqueville*. Oxford, 1994.

Welch, Cheryl: *De Tocqueville*. Oxford, 2001.

Whitfield, Stephen J.: "A century and a half of French views of the United States." *Historian*, 1994, Vol. 56 Issue 3, 531—542.

Wolin, Sheldon S.: *Tocqueville Between Two Worlds: The Making of a Political and Theoretical Life.* Princeton, 2001.

第二章

卡尔·马克思

谢立中

尽管出于意识形态等方面的原因,马克思从不愿意使用孔德提出的"社会学"这个概念来称呼自己的社会学说,但无论是在当前国外还是国内的社会学理论界,一个不争的事实是:正是马克思而不是别人,为现代社会中人们的社会学研究和社会学实践提供了一套最具影响力的理论话语,以至于马克思同时代或之后绝大多数有影响的社会学理论家(涂尔干、韦伯、滕尼斯、齐美尔、帕森斯、达伦多夫、吉登斯等)在某种程度上都不得不与马克思进行"对话",通过与马克思社会学思想的争论来明确自己的立场,确立自己的合理性,发挥自己的影响。因此,在某种程度上,我们可以说,不理解马克思的社会学理论,就无法真正透彻地去理解孔德、涂尔干、韦伯、滕尼斯、齐美尔这些"正宗"的经典社会学理论家们的思想。这正是当代西方学者们在编写社会学理论著作时,都不约而同地将马克思的社会学理论列为一章的基本原因,也是我们在编写这本教材时决定采取同一做法的基本原因。

在本章中,我们将尽量依据马克思本人原作中的论述,参照社会学专业读者的需要,来对马克思的社会学理论进行一个简要的叙述和分析。希望通过这样一种叙述,使读者对马克思的社会学理论有一个基本的了解,知道在孔德、涂尔干、韦伯等这些我们通常比较熟悉的"正宗"社会学家的理论之外,尚有一种完全不同的另类的"社会学"思路,从而开阔自己的理论视野。

第一节 早年的思想历程:从青年黑格尔主义到历史唯物主义

卡尔·马克思(Karl Marx)1818年5月5日出生于普鲁士莱茵省特利尔市的一个律师家庭。1835年9月,马克思以优异成绩从特利尔的弗里德里希-威廉中学毕业后,先后在波恩大学法律系和柏林大学法律系学习,并于1841年4月从耶拿大学哲学系获得博士学位。大学毕业后,马克思本想在大学中谋取一个教授职位,献身学术研究工作,但由于一定的原因而使马克思未能如愿。此后马克思便以记者、编辑、社会评论家和社会活动家等职业为生,颠沛流离于德国、法国、比利时和英国等国家。其与亲密战友恩格斯(F. Engels)合作撰写的《共产党宣言》及花费终生精力独立撰写的《资本论》(马克思在世时发表了第一卷)等著作在当时就产生了巨大的影响,对19世纪西方发达资本主义国家的工人运动起了重要的推动和指导作用,并因而成为国际工人运动的精神导师以及工人组织"第一国际"的实际领袖。马克思于1883年3月14日逝世于自己的书房中,但其思想的影响并没有因其人的离去而逐渐消失,相反,却是随着现代社会历史进程的逐渐展开而与日俱增,使得马克思成为人类历史上最有影响的思想家之一。

大体上说,和19世纪的绝大多数思想家们(包括我们称之为"社会学家"的孔德、涂尔干、韦伯、滕尼斯、齐美尔等人)一样,马克思的社会理论也是作为对早期现代性危机的一种反应而出现的。19世纪上半叶自由主义现代性在经济、社会和政治等各方面所经历的严重危机给马克思留下了深刻的印象和强烈的震撼,促使马克思对这个历史上不曾有过的、(在他看来)曾经充满生机但现在却似乎正在进入穷途末路的社会形态进行深入的考察和反思,试图找出时代危机的根源及其消除危机的手段。和我们后面要讲的孔德、涂尔干和韦伯等人不同的是,马克思将经济关系或财产关系理解为全部社会关系当中最核心、最本质或最基础的部分,始终将自己的注意力集中在现代社会的财产关系及其经济、政治与社会后果上。正如恩格斯后来所总结的那样,马克思认为人类历史上最简单、最基本的一个事实就是:"人们首先必须吃、喝、住、穿,然后才能从事政治、科学、艺术、宗教等等;所以,直接的物质的生活资料的生产,从而一个民族或一个时代的一定的经济发展阶段,便构成基础,人们的国家设施、法的观点、艺术以至宗教观念,就是从这个基础上发展起来的,因而,也必须由这个基础来解释,而不是像过去那样做得相反。"[1]以这种观念为指导,马克思致力于探讨早期自由主义社会体制形成和变化的"经济基础",试图从经济运动的规律和机制中揭示早期自由主义社会体制各种矛盾和危机的产生根源及其解决之道。从这种角度出发,马克思把现代社会主要理解为"资本主义"社会。马克思关于"现代性"的描述和分析,也就主要表现为一套关于早期资本主义社会的描述和分析。尽管和人类历史上的许多伟大思想家一样,马克思的思想前后也有过一定的变化,但贯穿于马克思一生思想始终的基本思路是:生产资料归资本家私人占有,是现代社会里一切矛盾和危机的最终根源;要消除现代社会中的各种内在矛盾和危机,就必须消灭以生产资料的资本家占有制度为核心的资本主义制度,建立一种以生产资料公共所有制为基础的新型社会制度即共产主义制度。

以生产资料的私人占有来解释包括不平等和犯罪等现象在内的各种社会问题或社会弊端,并不是马克思的发明创造。马克思之前的许多社会主义学说,都是以此作为自己的基本出发点。马克思的独特之处,在于他后来力图要以一种现代"科学"的态度来看待这种理论观点,并试图为这种观点在资本主义制度下的适用性提供一个"科学"的证明。正由于此,后来的马克思主义者大都把马克思的社会主义学说称为"科学社会主义"。在崇尚现代科学、提倡以现代科学的方法来从事社会研究、将社会分析及其结果的合理性和可靠性寄托于科学方法的采用这一点上,马克思的立场和实证主义社会学的创始人孔德、涂尔干等是一样的(差别只在于对"现代科学方法"的具体理解有所不同)。后来列宁也正是依据这一点而称马克思的历史唯物主义才是"真正的"、"科学的"社会学[2]。

不过,正如众所周知的那样,马克思并不是从一开始就对社会分析或"现代性"分析持这种"科学"的立场的。从1842年到1845年间,马克思的理论与方法论立场经历过一个重要的转变过程。

虽然马克思的社会学理论从总体上看是作为对西方早期现代性危机的一种反应、一种问题解决方案而出现的,但激发青年马克思最初走上理论研究之路的主要问题却并不是"现代性的危机"这样一个普遍性的时代问题,而是普鲁士专制政府统治下不同社会等级之间的利益冲突以及国家在处理这些利益冲突时所应该起的作用这样一个特殊时空条件下的问题。1842年初,马克思在获得博士学位后,进入一家由莱茵省的激进资产阶级分子集资创办的报纸《莱茵报》工作(先是充当报纸的固定撰稿人,但很快便成为报纸的主编)。根据马克思自己后来的回顾,在这家报纸工作期间,他遇到了一个以前不曾遇过的"难题":即必须就当地发生的一系列涉及不同社会等级之间利益关系的具体社会事件发表意见。这些社会事件当中最典型的包括以下几个:(1)关于要求出版自由的斗争。当时莱茵省的许多城市都发生了要求制定一项以出版自由为原则的出版法来代替既有的书报检查制度的请愿活动。请愿者要求省议会就此进行辩论,并将辩论情况公开。莱茵省议会对此进行了辩论,但否定了请愿者的要求(包括公开辩论记录)。(2)关于林木盗窃法的辩论。1842年莱茵省议会召开会议时,部分林木占有者代表提出议案,要求制定一项法律,将贫苦农民到森林里捡枯枝的行为算作盗窃林木加以惩处。莱茵省议会竟然同意了这一要求。(3)摩塞尔地区的许多农民向《莱茵报》投信,反映他们那里农民生活的悲惨状况以及官僚压迫及高利贷盘剥情况。《莱茵报》就此发表了两篇实地采写的通讯,但却被莱茵省总督冯·沙培尔怒气冲冲地指责为"恶意造谣中伤"。作为报纸的主要撰稿人或主编,马克思必须对这些事件进行评论。在这一过程中,马克思逐渐地感觉到自己原来信奉的那一套黑格尔主义的哲学与社会理论与现实生活存在着比较大的差距和矛盾。

马克思在柏林大学学习的时候,曾经深受黑格尔哲学的影响,并一度成为"青年黑格尔派"当中的重要一员[3]。作为一个青年黑格尔主义者,马克思在很大程度上接受了黑格尔的那一套唯心主义的社会理论。按照黑格尔的这一套理论,社会现象的本质是伦理理性,而伦理理性的真谛是自我与他人、个人与社会、特殊利益与普遍利益的统一(因为只有这种统一才能确保社会的存在和秩序),家庭、市民社会和国家都只是伦理理性的表现或自身发展的几个逻辑环节。从家庭到市民社会再到国家,是一个伦理理性自身从肯定到否定再到否定之否定的不断发展、不断完善的过程。家庭是伦理理性的肯定阶段:在家庭里,父母子女通过自然亲属之间的爱形成了自我与他人的直接统一,这是伦理理性的直接、自然的存在形态。但在家庭阶段,个人和社会之间的关系尚未展开,这种关系只有在市民社会阶段才能存在。市民社会是由无数既相互独立又相互依赖的个人或家庭之间的联结而形成的。在市民社会中,虽然人们的需要能够由于社会体系的形成而得到更好的满足,但不同个人、家庭以及等级之间的利益是分裂的,普遍利益和特殊利益之间是相互对立的,每个人都只以自己为目的,以他人为手段。其结果是使得市民社会中充满了特殊利益之间的矛盾和冲突,使市民社会成为一切人为了自己的私利而反对其他一切人的战场。因此,在市民社会阶段,伦理理性似乎丧失了自己的本质。只有到了国家阶段,伦理理性的本质才得以重新回归。国家没有自己的特殊利益,"国家的目的就是普遍的利益本身"[4]。但国家所体现的这种普遍性并不排斥特殊性,而是普遍性和特殊性的统一。国家既采取各种措施来满足社会成员的普遍利益,又通过各种手段来调和市民社会中个人或等级之间的特殊利益,从而维护市民社会的秩序和稳定。只有在国家中,个人的自由及利益才能够得到更好的保证。只有在国家中,自我与他人、特殊利益与普遍利益之间才在一种新的基础上重新获得了统一。因此,黑格尔认为,国家是理性的最高体现,"国家的根据就是作为意志而实现自己的理性的力量"[5]。年轻的马克思在较长的一段时间里面,都是从黑格尔的这一套社会理论出发来理解和分析社会现象的。但在《莱茵报》工作期间的经历,很快使马克思对黑格尔的上述理论产生了严重的怀疑:按照黑格尔的说法,国家是理性的最高体现,是以普遍利益本身为目的,然而现实生活中的普鲁士国家机构却是处处站在封建贵族等有产阶级的立场上,体现后者的意志,维护后者的利益的(维护对有产阶级有利的书报检查制度、赞同对捡枯枝的贫苦农民进行惩罚的立法、对摩塞尔地区农民的疾苦漠不关心且蓄意掩盖等)。这是为什么呢?是普鲁士的社会现实发生了错误(国家本应该从理性精神出发来维护和代表社会的普遍利益但由于某些并非必然的原因事实上没有做到),还是黑格尔的社会理论发生了错误(国家原本就不是黑格尔所说那种东西)?在起初的一段时间内,马克思似乎倾向于前一个答案。例如,他认为莱茵省议会反对取消书报检查制度这一做法是违反"国家本性"的,摩塞尔等地农民的贫困状况则"给我们揭示出现实和管理原则之间的矛盾"等等。但马克思很快就对这种答案感到不满,开始意识到黑格尔的上述社会哲学可能存在着问题,需要加以认真地分析和批判。带着这种疑问,马克思对包含着上述黑格尔社会理论的《法哲学原理》一书重新进行了批判性的研究,并撰写了《黑格尔法哲学批判》一书(未完成)。通过批判性的分析,马克思意识到现实生活与黑格尔的理论其实完全相反:在现实生活中,不是国家决定家庭和市民社会,而是家庭和市民社会决定国家。他指出,在黑格尔那里,"理念变成了独立的主体,而家庭和市民社会对国家的现实关系变成了理念所具有的想象的内部活动。实际上,家庭和市民社会是国家的前提,它们才是真正的活动者;而思辨的思维却把这一切头足倒置"[6]。是家庭和市民社会以其自身的特殊逻辑在规定着自身的活动及其国家的活动,因此,要理解家庭、市民社会和国家的运动及其相互之间的关系,就必须从把握家庭和市民社会自身的特殊逻辑入手,而不是相反。正是这样一种思路,逐渐把马克思引导到从物质的生活关系当中去理解整个社会历史的发展这样一种观念上去。正是通过对市民社会及其特殊逻辑的进一步探讨,使马克思逐渐意识到,国家也好,法律关系也好,"既不能从它们本身来理解,也不能从所谓人类精神的一般发展来理解,相反,它们根源于物质的生活关系,这种物质的生活关系的总和,黑格尔按照18世纪的英国人和法国人的先例,概括为'市民社会',而对市民社会的解剖应该到政治经济学中去寻求"[7]。

在《莱茵报》工作期间的经历,既促成了马克思观察社会的理论观点发生变化,也促成了马克思的政治立场的形成:马克思立意将捍卫被压迫群体的利益、推动被压迫群体的解放当作自己的终生使命。而与此同时,马克思对社会问题、对被压迫群体的关注范围也在逐渐扩大:逐渐地从普鲁士专制政府统治下不同社会等级之间的利益冲突这样一个特殊时空条件下的社会问题扩大到正在欧洲发达国家内部普遍显现的各种现代社会危机,从关注普鲁士专制制度下贫困群体的利益和解放逐渐扩大到关注包括正在兴起的无产阶级在内的广大被压迫群体的利益乃至整个人类的解放,从对普鲁士专制统治的批判逐渐扩大到对现代资本主义社会的批判。这样一种关注范围上的扩大在《莱茵报》工作期间的后期就已经开始出现。在1842年10月为《莱茵报》撰写的《共产主义和奥格斯堡〈总汇报〉》一文中,马克思已经开始留意到正在英、法逐渐高涨起来的工人运动,并将共产主义看作是当代最重要的问题,提出要对其加以更深入的研究。1843年3月《莱茵报》被普鲁士当局封闭,马克思为编辑出版新杂志《德法年鉴》而于1843年11月迁居法国巴黎,从而得以直接置身于一个发达的资本主义世界之中,亲身体验资本主义条件下的各种社会矛盾和斗争,并与法国的社会主义者和各个工人团体进行了广泛和直接的接触,推动了上述视野转变的最终完成。从此以后,马克思便将批判和推翻现代资本主义制度、促成包括无产阶级在内的全人类的自由和解放当作自己终身的理论活动目标。

对国家和市民社会之间关系的重新认识也进一步深化了马克思对"自由"、"平等"和"解放"等启蒙观念的理解。十七八世纪许多思想家们之间就"自由"、"平等"等观念所展开的争论,多数都是围绕着现代社会中政治权利的分配这一焦点而展开的。财产关系问题及其经济与社会后果尽管也曾进入他们的视野,但始终不曾成为讨论的中心。只有在一些所谓的"空想"社会主义或共产主义者那里,情况才正好相反。马克思在自己思想历程的最初阶段(大学学习和《莱茵报》工作初期)也曾经从理性是社会生活的本质、理性的发展决定社会的发展这样一种黑格尔主义的观点出发把思想自由、政治自由看作是"自由主义"的核心要求。对国家和市民社会之间关系的重新认识,使马克思意识到这样一种理解的局限性。马克思逐渐地感觉到仅仅在政治学的范围内来谈论"人权"、"自由"和"平等"是远远不够的,对"人权"、"自由"和"平等"的探求与追索必须扩展到政治领域之外。马克思在这方面的探索结果明确表达在《德法年鉴》上发表的几篇文章中。在《论犹太人问题》一文中,马克思明确地提出了"政治解放"和"人类解放"这两个概念,指出它们之间存在着重要的区别。所谓的"政治解放",指的是国家从宗教的约束中解放出来、"市民社会"和包含在"市民社会"中的个人从专制国家的统治中(或从"直接地具有政治性质"的状态中)解放出来,以及个人的政治权利从财产权的传统约束中解放出来。政治解放是法国革命等资产阶级革命的成就;"旧时的市民社会直接地具有政治性质,就是说,市民生活的要素,如财产、家庭、劳动方式,已经以领主权、等级和同业公会的形式升为国家生活的要素",而资产阶级"政治革命打倒了这种专制权力,把国家事务提升为人民事务,把政治国家确定为普遍事务,即真实的国家;这种革命必然要摧毁一切等级、公会、行帮和特权,因为这些都是使人民脱离自己政治共同体的各种各样的表现。于是,政治革命也就消灭了市民社会的政治性质"[8]。然而,政治解放并没有导致人的彻底解放。从"直接地具有政治性质"状态中解放出来的市民社会,乃是一个充斥着特殊性、利己主义和个人主义的社会,是一个特殊性和普遍性相分离、人的现实存在与其类本质相分离的社会。在这样的一种"市民社会"中,所谓的"自由"、"平等"、"安全"等"人权"都带有极大的局限性:例如"自由这一人权的实际应用就是私有财产这一人权";"私有财产这项人权就是任意地、和别人无关地、不受社会束缚地使用和处理自己财产的权利;这项权利就是自私自利的权利。……这种自由使每个人不是把别人看做自己自由的实现,而是看做自己自由的限制";这种自由实际上不过"是作为孤立的、封闭在自身的单子里的那种人的自由";"平等无非是上述自由的平等,即每个人都同样被看做孤独的单子";安全则也不过是把保证每个社会成员的人身、权利及私有财产的不受侵犯作为整个社会的目的;因此,所有这些"所谓的人权无非是市民社会的成员的权利,即脱离了人的本质和共同体的利己主义的人的权利";"任何一种所谓人权都没有超出利己主义的人,没有超出作为市民社会的成员的人,即作为封闭于自身、私人利益、私人任性、同时脱离社会整体的个人的人"[9]。在这种情况下,形式上平等的个人之间仍将形成实质上的不平等,人和人之间仍将充斥为了追逐个人的私利而展开的激烈竞争和冲突,压迫和反抗压迫仍将是最基本的社会景观。因此,就真正实现人的解放这一目标来说,政治解放是远远不够的,"政治解放本身还不是人类解放"[10]。所谓"人类解放",就是人与其类本质的重新统一,个人利益与社会整体利益的重新统一,是不仅仅在政治领域中而且还在经济、社会等各个领域中全面、真正、彻底地实现"人权"、"自由"和"平等"。"只有当现实的个人同时也是抽象的公民,并且作为个人,在自己的经验生活、自己的个人劳动、自己的个人关系中间,成为类存在物的时候,只有当人认识到自己的'原有力量'并把这种力量组织成为社会力量因而不再把社会力量当作政治力量跟自己分开的时候,只有到了那个时候,人类解放才能完成"[11]。

不仅如此,在这一时期,马克思还明确地意识到:实现人类解放的重要前提就是废除私有财产,因为正是私有财产把人变成了一个一个的"孤立的"、"封闭的"、"脱离了人的本质和共同体的利己主义的人",造成了人的特殊性与普遍性之间的分裂、人的现实存在与其类本质之间的分裂,导致了人与人之间的种种矛盾和冲突。在《〈黑格尔法哲学批判〉导言》一文中,马克思还明确提出了无产阶级和人类解放之间的关联性。他认为,这样一种以废除私有财产为前提的人类解放运动是不可能再由曾经完成过政治解放的资产阶级来完成的,而只能由另一个新的社会阶级即无产阶级来完成。因为只有无产阶级才是一个其利益与人类的解放密切相连的阶级。即使对于德国这样一个资本主义尚不发达的国家来说,人类解放的实际可能性也就在于"形成一个被戴上彻底的锁链的阶级,一个并非市民社会阶级的市民社会阶级,形成一个表明一切等级解体的等级,形成一个由于自己遭受普遍苦难而具有普遍性质的领域,这个领域不要求享有任何特殊的权利,因为威胁着这个领域的不是特殊的不公正,而是一般的不公正,它不能再求助于历史的权利,而只能求助于人的权利,它不是同德国国家制度的后果处于片面的对立,而是同这种制度的前提处于全面的对立,最后,在于形成一个若不从其他一切社会领域解放出来从而解放其他一切社会领域就不能解放自己的领域,总之,形成这样一个领域,它表明人的完全丧失,并因而只有通过人的完全回复才能回复自己本身。社会解体的这个结果,就是无产阶级这个特殊等级"[12]。

正是由于上述对国家和市民社会之间的关系的重新认识以及由此进一步意识到政治解放与人类解放之间的区别、意识到私有财产的废除与人类解放之间的逻辑联系,马克思才将自己一生的注意力投注到对社会经济运动过程的分析上去,试图从对社会经济运动过程的分析中寻找出理解人类社会变迁之谜的答案,以及引导人们最终实现彻底的"自由"和"解放"的理论指南。马克思对社会经济运动过程进行探索的最初结果包含在《1844年经济学哲学手稿》这部著作中。

然而,在《1844年经济学哲学手稿》这部著作中,马克思探索到的理论结果还不是人们后来称之为"历史唯物主义"的那样一套观点,而是一种带有强烈人道主义色彩的理论体系。在这部手稿中,马克思虽然已经摈弃了黑格尔主义从伦理精神(理性)的逻辑运动中去探求社会运动之奥秘的做法,开始从对人的物质生产活动即劳动过程的分析中来理解人类社会的运动,理解现代资本主义社会所隐含的内在矛盾以及向共产主义社会转变的必然性,但马克思此时在很大程度上依然是像十八九世纪时的许多思想家(如费尔巴哈)那样,是用"人性的存在——人性的丧失(异化)——人性的复归"这样一种人道主义的公式来描述和解释社会历史的运动过程。和绝大多数人道主义者一样,马克思也认为人类有一种永恒的、抽象不变的本质,只不过这种永恒的、抽象不变的本质不是一般人道主义者所说的人的理性或情欲,而是一种更具物质性的活动,一种"自由自觉的活动"即劳动。这种永恒的、抽象不变的本质是与人类一道形成的,是人类的活动与动物的活动相区别的根本之点,人就是通过这种"自由自觉的"劳动而诞生、而生存,在这种"自由自觉的"劳动中肯定自己、满足自己、发展自己。与多数人道主义者所认为的一样,马克思也认为,在进一步的社会历史运动中人类也逐渐丧失掉了自己的这种本质。在私有制条件下,人类虽然也还在劳动,但这时的劳动已经不再是一种"属人的""自由自觉"的活动,而是一种"非人的""异化劳动"。这种异化劳动在资本主义条件下达到了顶峰。在这种"异化劳动"中,劳动不但不能使劳动者得到肯定、满足和发展,反而成为劳动者一切痛苦和不幸的根源。因此这种劳动不是自觉自愿而是被迫的,是非人性的。和多数人道主义者一样,马克思也认为,现实社会的不合理性就是在于它的这种"非人性"。社会运动的理想目标就是要推翻现存的社会,废除资本主义私有制,建立一个与人类本性更加相符的新社会,使人类劳动之"自由自觉"的本质重新得以复归。这种新社会就是"共产主义"社会。在此时的马克思看来,共产主义就是"私有财产即人的自我异化的积极的扬弃,因而是通过人并且为了人而对人的本质的真正占有;因此,它是人向自身、向社会的即合乎人性的人的复归";"这种共产主义,作为完成了的自然主义＝人道主义,而作为完成了的人道主义＝自然主义;它是人和自然界之间、人和人之间的矛盾的真正解决,是存在和本质、对象化和自我确证、自由和必然、个体和类之间的斗争的真正解决。它是历史之谜的解答,而且知道自己就是这种解答"[13]。马克思的这种人道主义理论框架与此时他对人类解放的终极关怀之间是完全一致的。

只有随着马克思对社会经济运动过程分析的进一步深入,到了《德意志意识形态》以及后来的其他一些著作如《共产党宣言》《〈政治经济学批判〉序言》以及《资本论》等著作中,马克思对社会历史运动过程的认知、对资本主义内在矛盾的分析和对共产主义的论证方法才有了比较大的变化,人们后来称之为"历史唯物主义"的那样一套理论观点才逐渐得以成形。随着这套观点的逐渐成形,马克思不再把人性看作是某种抽象不变的东西,而把它理解为历史地变化着的东西;不再从人的现实存在与其抽象本质之间的矛盾中而是从具体社会存在中几个现实的方面即生产力和生产关系之间以及"经济基础"和"上层建筑"之间的内在矛盾运动中来理解社会运动和变迁的过程；不再把社会历史过程理解为人性的形成、丧失再重新复归的过程，而是理解为一个随着生产力的不断发展，人性和社会不断由低级到高级提升的永无止境的进步过程。在这些著作中，"人"（主要是以"类"或集体形式而存在的"人"）虽然依然是社会过程的主体，但他的全部活动都要受到特定历史阶段上物质生产力水平所能提供的具体历史条件的制约；对人性和人类解放的关怀虽然依然存在，但对发展"生产力"的关注、对"客观规律"或"历史必然性"的探讨在马克思的社会理论中开始逐渐占据一种中心地位，生产力和生产关系之间、经济基础和上层建筑之间、社会存在和社会意识之间的矛盾运动开始更多地成为马克思著作中理论分析的焦点[14]。例如，马克思对资本主义社会的注意力，一方面仍然集中在这一社会制度的非人性质上，集中在由于资本主义生产方式的发展所造成的社会分化以及给无产阶级和广大下层人民所带来的痛苦与不幸上，集中在由于私有财产制度的存在而给"自由"和"平等"等所谓"人权"所施加的实际限制上；但另一方面，马克思也更多地开始集中观察和分析资本主义生产方式在继续推动生产力发展方面所具有的内在缺陷或困境，开始从资本主义生产方式与生产力之间的内在矛盾出发来解释资本主义制度下的种种问题与危机。马克思对资本主义所做的批判，不再仅仅是出自一种对"人类解放"的人道主义诉求，而且也还是或更多是出自一种对"客观历史规律"的"科学"揭示、出自对资本主义继续作为一种社会生产方式之缺乏效力的"科学"判断。"共产主义"也不再仅仅是作为"人类解放"的一种手段而且也还是并更多是作为组织社会生产过程的一种新方式而得到论证的。只是到了这样一个时期，才开始出现了我们自以为比较熟悉的那样一个马克思，也就是我们通常所讲的"成熟"时期的马克思。我们后面所要叙述和评论的"马克思的社会学理论"，主要就是指这些"成熟时期"的著作当中所表现出来的一套思想。

第二节 马克思的社会学理论体系：历史唯物主义

如上所述，在进入所谓的"成熟期"之后，马克思对现代性所做的全部分析主要是建立在被后人称之为"历史唯物主义"的这样一套理论之上的。因此，在概述马克思的现代性理论之前，我们先来了解一下马克思的"历史唯物主义"理论。

概述马克思的社会学理论有许多可能的方式，但我觉得一种比较简捷的方式是从马克思自己曾经对其社会学理论所做的一段简明扼要的系统概括入手比较合适。在为自己撰写的《政治经济学批判》一书所写的序言中,马克思在回顾了自己于《莱茵报》工作时期所遭遇的思想困惑以及从哲学和法律研究转向政治经济学研究的治学过程之后,笔锋一转,以寥寥千字的篇幅将自己的研究心得概括如下:

"我的研究得出这样一个结果:法的关系正像国家的形式一样,既不能从它们本身来理解,也不能从所谓人类精神的一般发展来理解,相反,它们根源于物质的生活关系,这种物质的生活关系的总和,黑格尔按照18世纪的英国人和法国人的先例,概括为'市民社会',而对市民社会的解剖应该到政治经济学中去寻求。我在巴黎开始研究政治经济学,后来因基佐先生下令驱逐移居布鲁塞尔,在那里继续进行研究。我所得到的、并且一经得到就用于指导我的研究工作的总的结果,可以简要地表述如下:人们在自己生活的社会生产中发生一定的、必然的、不以他们的意志为转移的关系,即同他们的物质生产力的一定发展阶段相适合的生产关系。这些生产关系的总和构成社会的经济结构,即有法律的和政治的上层建筑竖立其上并有一定的社会意识形式与之相适应的现实基础。物质生活的生产方式制约着整个社会生活、政治生活和精神生活的过程。不是人们的意识决定人们的存在,相反,是人们的社会存在决定人们的意识。社会的物质生产力发展到一定阶段,便同它们一直在其中运动的现存生产关系或财产关系(这只是生产关系的法律用语)发生矛盾。于是这些关系便由生产力的发展形式变成生产力的桎梏。那时社会革命的时代就到来了。随着经济基础的变更,全部庞大的上层建筑也或慢或快地发生变革。在考察这些变革时,必须时刻把下面两者区别开来:一种是生产的经济条件方面所发生的物质的、可以用自然科学的精确性指明的变革,一种是人们借以意识到这个冲突并力求把它克服的那些法律的、政治的、宗教的、艺术的或哲学的,简言之,意识形态的形式。我们判断一个人不能以他对自己的看法为根据,同样,我们判断这样一个变革时代也不能以它的意识为根据;相反,这个意识必须从物质生活的矛盾中,从社会生产力和生产关系之间的现存冲突中去解释。无论哪一个社会形态,在它所能容纳的全部生产力发挥出来以前,是决不会灭亡的;而新的更高的生产关系,在它的物质存在条件在旧社会的胎胞里成熟以前,是决不会出现的。所以人类始终只提出自己能够解决的任务,因为只要仔细考察就可以发现,任务本身,只有在解决它的物质条件已经存在或者至少是在生成过程中的时候,才会产生。大体说来,亚细亚的、古代的、封建的和现代资产阶级的生产方式可以看作是经济的社会形态演进的几个时代。资产阶级的生产关系是社会生产过程的最后一个对抗形式,这里所说的对抗,不是指个人的对抗,而是指从个人的社会生活条件中生长出来的对抗;但是,在资产阶级社会的胎胞里发展的生产力,同时又创造着解决这种对抗的物质条件。因此,人类社会的史前时期就以这种社会形态而告终。"[15]

马克思的这段话,虽然不尽全面,但却比较完整地勾勒出了马克思社会学理论的基本内容。参照孔德和斯宾塞等人的用语,这段话既包含了马克思的"静态社会学"理论(关于社会形态的分析),又包含了马克思的"动态社会学"理论(关于社会变迁过程的分析),从而提供了一个相对完整的社会学理论框架。据此框架,并参照马克思在其他著作中的相关论述,我们可以将马克思的社会学理论大致概述如下。

一、社会形态理论

关于社会形态的理论包含了马克思对于社会结构及其内部诸要素之间相互关系的理解和说明。这种理解和说明从概念和观点上为后面关于社会变迁的理论提供了一个必要的前提或基础。

1. 基本概念

在对社会形态进行分析时,马克思所使用的基本概念主要包括:生产力、生产关系、经济基础、上层建筑、社会存在、社会意识以及社会形态等。

所谓"生产力",即是指人们在物质生产过程中用来改造自然、从自然界中获取物质生活资料的能力。"生产力"概念是马克思社会理论中的一个首要概念。这是因为在马克思那里,无论是"社会形态"的形成还是变化,最终都要用"生产力"的状况来加以说明。在马克思(和恩格斯)看来,物质生产活动乃是一切人类生存的第一个前提,也就是一切历史的第一个前提,"人们为了能够'创造历史',必须能够生活。但是为了生活,首先就需要吃喝住穿以及其他一些东西。因此第一个历史活动就是生产满足这些需要的资料,即生产物质生活本身……任何历史观的第一件事就是必须注意上述基本事实的全部意义和全部范围,并给予应有的重视"[16]。物质生产既是社会形成的初始原因也是社会变迁的最终动力。从"生产力"的状况出发来解释社会历史的全部运动过程,是马克思社会理论最重要的特征。

所谓"生产关系",即是人们在物质生产过程当中、为了进行物质生产过程而形成的那些社会交往或社会联系。马克思认为,人们的物质生产从来都不是完全孤立地进行的。"人们在生产中不仅仅影响自然界,而且也互相影响。他们只有以一定的方式共同活动和互相交换其活动,才能进行生产。为了进行生产,人们相互之间便发生一定的联系和关系;只有在这种社会联系和社会关系的范围内,才会有他们对自然界的影响,才会有生产"[17]。人们在从事物质生产活动时所结成的这些社会联系或关系,马克思就称之为"生产关系"。

所谓"经济基础",指的是社会的"经济结构",它在内容上包括了人们在物质生产过程当中所发生的全部"生产关系"的总和。在马克思看来,社会的"经济结构"构成了社会中其他组成要素赖以存在和发展的"现实基础",因此也就可以称之为是社会的"经济基础"。

所谓"上层建筑",则是指在一定的"经济结构"基础上建立起来的全部法律设施、政治设施和社会意识形式。以社会结合的形式展开的社会生产过程必须要有一定的法律设施和国家一类的政治设施以及相应的思想观念来为之配合、为之服务。关于这一点,恩格斯后来有过比较明确的解释。他写道:"在社会发展某个很早的阶段,产生了这样一种需要:把每天重复着的产品生产、分配和交换用一个共同规则约束起来,借以使个人服从生产和交换的共同条件。这个规则首先表现为习惯,不久便成了法律。随着法律的产生,就必然产生出以维护法律为职责的机关——公共权力,即国家。随着社会的进一步的发展,法律进一步发展为或多或少广泛的立法。……随着立法进一步发展为复杂和广泛的整体,出现了新的社会分工的必要性:一个职业法学家阶层形成起来了,同时也就产生了法学。"[18]这些特定的法律、政治设施和意识形态(如法学观念)都是在特定的经济结构基础上建立起来并为后者服务的,所以也就被马克思称之为社会的上层建筑。

按照马克思的上述论述,上层建筑似乎可以划分为两种成分。一是"法律的、政治的上层建筑",二是"社会意识形式"。这两者都是在一定的经济基础上建立起来并要与经济基础相适应,这一点似乎没有疑义。但这两者相互之间是种什么关系,在马克思的上述论述中却没有明确地交代。这也为人们后来具体理解马克思的思想留下了一个疑难问题。

"社会存在"和"社会意识"也是马克思在表述自己的社会理论时经常使用的两个基本概念。但这两个概念的具体所指在马克思那里却一直不太清楚。笼统地说,我们或许可以根据马克思主义在"存在与意识"关系问题的一般观点,将"社会存在"界定为"在人们的意识之外、不以人们的意识独立存在的那些社会现实",而将"社会意识"界定为"以图像或符号形式存在于人们头脑中的、以反映社会现实为内容的那些观念"。但在外延上这两个概念到底包括哪些东西,却一直难以说清。从马克思的上述论述以及其他一些相关论述来看,在马克思那里,"社会存在"和"社会意识"这两个概念在很大程度上似乎分别只是

"经济基础"和"上层建筑"这两个概念的同义语。因为马克思正是在说完了"经济基础"和"上层建筑"这两个概念之后,紧接着就写出了下面的句子:"物质生活的生产方式制约着整个社会生活、政治生活和精神生活的过程。不是人们的意识决定人们的存在,相反,是人们的社会存在决定人们的意识",给人的印象就是在用"社会存在"与"(社会)意识"之间的关系来解释"经济基础"与"上层建筑"之间的关系[19]。

特定类型的生产力状况以及与该生产力状况相适应的"经济结构"及在其基础之上建立起来的全部法律的、政治的上层建筑和社会意识形式之有机统一,就构成了特定类型的"社会形态"。和喜欢在一般意义上使用"社会"这个词的孔德等社会学家相比,马克思更多地喜欢使用"社会形态"这个词。在马克思看来,与笼统意义上的"社会"一词相比,"社会形态"一词更好地表明了"社会"的具体历史性质。马克思认为,并不存在什么一般的、抽象意义上的"社会",存在的只是各种特定类型的"社会形态"。我们能够加以谈论、加以研究的也只是这样一些特定类型的"社会形态"。

2. 基本命题

参照马克思的上述论述以及在其他地方所做的一些相关论述,马克思提出来用以理解和说明社会形态的性质和状况的基本命题主要包括以下几项。

(1) 生产关系的性质一定要和生产力状况相适应

按照马克思的上述论述,生产力和生产关系之间是一种内容和形式之间的关系:生产力是物质生产过程的内容,生产关系则是物质生产过程的具体形式(或者用马克思的话说"是生产力的发展形式")。二者在物质生产过程当中得到统一。作为物质生产过程借以进行的形式或者说"生产力的发展形式",生产关系不是永恒不变的,而是必须随着物质生产过程的内容即生产力的变化而变化,要与生产力的发展状况相适合。这就是人们后来通常所说的"生产关系必须要与生产力的状况相适应"这一命题在马克思那里所具有的基本含义。

关于这一命题,马克思在其他地方也有比较明确的论述。在上引"致帕瓦安年柯夫"的一封信中,马克思反反复复地申述道:人们并不可自由地选择生产关系,"在人们的生产力发展的一定状况下,就会有一定的交换和消费形式"[20];"人们在发展生产力时,即在生活时,也发展着一定的相互关系;这些关系的性质必然随着这些生产力的改变和发展而改变"[21]。"人们借以进行生产、消费和交换的经济形式是暂时的和历史性的形式。随着新的生产力的获得,人们便改变自己的生产方式,而随着生产方式的改变,他们便改变所有不过是这一特定生产方式的必然关系的经济关系"[22]。在《雇佣劳动与资本》一书中马克思也多次强调说:"生产者相互发生的这些社会关系,他们借以互相交换其活动和参与全部生产活动的条件,当然是依照生产资料的性质而有所不同";"各个人借以进行生产的社会关系,即社会生产关系,是随着物质生产资料、生产力的变化和发展而变化和改变的"[23]。

(2) 上层建筑的性质一定要和经济基础的状况相适应

其实"经济基础"和"上层建筑"这两个概念本身已经在一定程度上表达了它们所指称的对象之间的相互关系:前者是法律设施、政治设施和社会意识形式等其他结构要素赖以存在和发展的"现实基础",是前者得以形成和变化的"根源",后者则是"竖立"在前者之上并与前者"相适应"的。是前者"制约"或"决定"着后者,而不是相反(正如黑格尔和施蒂纳等所认为的那样):"法的关系正像国家的形式一样,既不能从它们本身来理解,也不能从所谓人类精神的一般发展来理解,相反,它们根源于物质的生活关系"。因此,与生产关系一样,"上层建筑"的内容和状况也不是永恒不变的,而是必须也必然随着"经济基础"的变化而历史性地变化着。这就是人们后来所说的"上层建筑必须要与经济基础的状况相适应"这一命题在马克思那里所具有的含义。

以下是马克思在其他地方对这一命题的若干表述:

"事情是这样的:以一定的方式进行生产活动的一定的个人,发生一定的社会关系和政治关系。经验的观察在任何情况下都应当根据经验来揭示社会结构和政治结构同生产的联系,而不应当带有任何神秘和思辨的色彩。"[24]

"这种历史观就在于:从直接生活的物质生产出发阐述现实的生产过程,把同这种生产方式相联系的、它所产生的交往形式即各个不同阶段上的市民社会理解为整个历史的基础,从市民社会作为国家的活动描述市民社会,同时从市民社会出发阐明意识的所有各种不同理论的产物和形式,如宗教、哲学、道德等等,而且追溯它们产生的过程。这样当然也能够完整地描述事物(因而也能够描述事物的这些不同方面之间的相互作用)。"[25]

"任何时候,我们总是要在生产条件的所有者同直接生产者的直接关系——这种关系的任何当时的形式必然总是同劳动方式和劳动社会生产力的一定的发展阶段相适应——当中,为整个社会结构,从而也为主权关系和依附关系的政治形式,总之,为任何当时的独特的国家形式,发现最隐蔽的秘密,发现隐藏着的基础。"[26]

恩格斯也对此一命题做过许多类似的表述,以下是一些例子:

"在历史上出现的一切社会关系和国家关系,一切宗教制度和法律制度,一切理论观点,只有在理解了每一个与之相应的时代的物质生活条件,并且从这些物质条件中引申出来的时候,才能理解。"[27]

"每一历史时代主要的经济生产方式和交换方式以及必然由此产生的社会结构,是该时代政治的和精神的历史所赖以确立的基础,并且只有从这一基础出发,这一历史才能得到说明。"[28]

"每一时代的社会经济结构形成现实基础,而每一历史时期的由法的设施和政治设施以及宗教的、哲学的和其他观念形式所构成的全部上层建筑,归根到底都应由这个基础来说明。"[29]

(3) 社会存在决定社会意识

"社会存在决定社会意识"也是马克思经常加以强调的一个重要命题。在前引论述中马克思明确地写道:"不是人们的意识决定人们的存在,相反,是人们的社会存在决定人们的意识"。在其他地方,马克思以及恩格斯也有许多类似的表述,如:

"人们的观念、观点和概念,一句话,人们的意识,随着人们的生活条件、人们的社会关系、人们的社会存在的改变而改变"[30]。

"意识在任何时候都只能是被意识到了的存在,而人们的存在就是他们的现实生活过程。如果在全部意识形态中,人们和他们的关系就像在照相机中一样是倒立成像的,那么这种现象也是从人们生活的历史过程中产生的,正如物体在视网膜上的倒影是直接从人们生活的生理过程中产生的一样。"[31]

"甚至人们头脑中的模糊幻想也是他们的可以通过经验来确定的、与物质前提相联系的物质生活过程的必然升华物。因此,道德、宗教、形而上学和其他意识形态,以及与它们相适应的意识形态便不再保留独立性的外观了。它们没有历史,没有发展,而发展着自己的物质生产和物质交往的人们,在改变自己的这个现实的同时也改变着自己的思维和思维的产物。不是意识决定生活,而是生活决定意识。"[32]

"必须详细研究各种社会形态存在的条件,然后设法从这些条件中找出相应的政治、私法、美学、哲学、宗教等等的观点。"[33]

然而,由于我们前面提到的那一情况,即"社会存在"和"社会意识"这对范畴与"经济基础"和"上层建筑"这对范畴在马克思(以及恩格斯)那里的近义性乃至同义性,使得"社会存在决定社会意识"这一命题同"上层建筑一定要与经济基础相适应"这一命题之间的关系也变得模糊不清,甚至可以被看作是后一命题的另一种表达。

二、社会变迁理论

不存在着永恒不变的一般"社会",存在着的只是一些暂时、历史性的"社会形态",历史就是诸种社会形态在一定的规律作用下依次更替的过程。这是马克思始终强调的一个重要观点。解释和说明每一种社会形态是怎样从以前的社会形态转变而来,又怎样被另一种社会形态所取代,就成为马克思社会理论的重要内容。

1. 社会变迁的基本动力

为什么会发生"社会形态"之间的更替过程?或者说,由于什么原因才导致了一种社会形态被另一种社会形态所取代的历史转变过程?这就是我们今天通常所说的"社会变迁的基本动力"问题。关于这一点,马克思在上述论述中说得很明白:导致社会变迁的基本动力,不是别的什么原因,而正是"生产力"与"生产关系"之间的矛盾与冲突以及"经济基础"和"上层建筑"之间的矛盾或冲突,是由于生产关系与生产力之间以及上层建筑和经济基础之间出现了不相适应的情况。依照马克思的看法,生产关系的状况一定要与生产力的状况相适应,上层建筑的状况一定要与经济基础的状况相适应,因此,只有当特定社会形态内部的生产关系状况与在该社会形态之下进行着的物质生产过程的生产力状况相适应,该社会形态内部的上层建筑状况也与其生产关系(即"经济基础")状况相适应时,这一社会形态才会处于一种相对稳定和相对协调的运行过程之中。一旦生产关系与在它之下发展的生产力不再相适应,或者上层建筑与它所赖以存在的经济基础不再相适应,那么生产力—生产关系—上层建筑之间的协调关系便受到了破坏,社会形态稳定、协调运行的条件便不复存在。这个时候,改变现存的生产关系以及相应的上层建筑便成为生产力和整个社会生活过程重新回复到稳定、协调发展的必要前提:"社会的物质生产力发展到一定阶段,便同它们一直在其中运动的现存生产关系或财产关系(这只是生产关系的法律用语)发生矛盾。于是这些关系便由生产力的发展形式变成生产力的桎梏。那时社会革命的时代就到来了。随着经济基础的变更,全部庞大的上层建筑也或慢或快地发生变革。"

按照马克思的上述论述,在"生产力与生产关系之间的矛盾"和"经济基础与上层建筑的矛盾"这两对社会的基本矛盾之间似乎存在着某种发生学上的先后关系:似乎一般说来,是生产关系与生产力之间先产生矛盾,由此引发了改变现存生产关系的必要性;然后才引发了进一步改变旧上层建筑的必要性。"全部庞大的上层建筑"是随着"经济基础"的变更才"或慢或快地发生变革"的。

马克思不仅明确地指出要把"经济基础"方面发生的变革("生产的经济条件方面所发生的物质的、可以用自然科学的精确性指明的变革")与"上层建筑"方面对这一变革的反应("人们借以意识到这个冲突并力求把它克服的那些法律的、政治的、宗教的、艺术的或哲学的,简言之,意识形态的形式")相区别,而且也相当明确地提出"必须从物质生活的矛盾中,从社会生产力和生产关系之间的现存冲突中去解释"后者的状况。

那么,生产力和生产关系之间又为什么会发生矛盾呢?本来与生产力状况适应着的生产关系为什么会变得与生产力不相适应起来了呢?对于这个问题,马克思并未做过明确、具体的回答。但从马克思的有关论述来看,马克思似乎是认为在生产力和生产关系两者之间生产力是一个更加活跃、更易变化的因素。"一个社会不能停止消费,同样,它也不能停止生产"[34]。只要社会不停止地进行生产,它的生产力就必然处于不断地进步和变化之中。相反,作为生产的形式,生产关系则是相对稳定不变的。这样,随着时间的推移,当生产力发展到一个新的水平时,就可能导致原本与生产力状况相适应的生产关系逐渐变得与生产力不再适应,导致生产关系与生产力之间的矛盾和冲突,并导致进一步的社会变革。

因此,可以认为在马克思那里"生产力"状况的变化是引发整个社会形态发生变化的最终因素。按照马克思的论述,社会变迁的逻辑似乎是:生产力发展——生产关系变革——上层建筑变革——生产力发展……

从上述社会变迁动力的理论中可以自然得出的一个逻辑推理就是:判断一个社会形态是否或者应否发生改变的根本标准只能是看它是否符合生产力进一步发展的要求。只有当某个社会形态不再适应生产力进一步发展的要求时,改变社会形态的社会变革才会真正发生;反之,社会形态的真正变革是不会也不应该发生的。所以马克思才会在上述引文中明确地说出下面这句话:"无论哪一个社会形态,在它所能容纳的全部生产力发挥出来以前,是决不会灭亡的;而新的更高的生产关系,在它的物质存在条件在旧社会的胎胞里成熟以前,是决不会出现的。所以人类始终只提出自己能够解决的任务,因为只要仔细考察就可以发现,任务本身,只有在解决它的物质条件已经存在或者至少是在生成过程中的时候,才会产生。"因此,社会形态的发展是一个"自然历史过程":尽管社会变迁的每一个环节(无论是生产力的发展还是生产关系或上层建筑的变革)都是要由有意识地进行活动的人来承担和完成的:"'历史'并不是把人当作达到自己目的的工具来利用的某种特殊的人格。历史不过是追求着自己目的的人的活动而已"[35]。但人的历史作用永远不能超过生产力的发展水平所限定的可能性范围。"不管个人在主观上怎样超脱各种关系,他在社会意义上总是这些关系的产物"[36];"一个社会即使探索到了本身运动的自然规律,……它还是既不能跳过也不能用法令取消自然的发展阶段"[37]。

2. 社会变迁的历史过程和未来方向

那么,有史以来,人类社会已经经历了怎样一个变迁过程？形成过哪些不同类型的社会形态？未来又将朝怎样一种方向发展？马克思在不同地方对此做过一些不尽相同的回答。

在《德意志意识形态》一书中,马克思和恩格斯曾经提出在资本主义之前和之后人类社会已经经历或将要经历的几种所有制形式[38]。

第一种所有制形式是"部落所有制"。"它与生产的不发达阶段相适应,当时人们靠狩猎、捕鱼、牧畜,或者最多靠耕作生活";"在这个阶段上,分工还很不发达,仅限于家庭中现有的自然形成的分工的进一步扩大。因此,社会结构只限于家庭的扩大：父权制的部落首领,他们管辖的部落成员,最后是奴隶。"

第二种所有制形式是"古代公社所有制和国家所有制"。这种所有制是由于几个部落通过契约或征服联合为一个城市而产生的;这种所有制下仍然保留着奴隶制,但动产和不动产的私有制已经发展起来,"公民仅仅共同享有支配自己的那些做工的奴隶的权力";建筑在这个基础上的整个社会结构,以及与之相联系的人民权力,随着私有制,特别是不动产私有制的发展而逐渐趋向衰落;分工已经比较发达,城乡对立、国家对立和阶级对立也都已经出现。

第三种所有制形式是"封建的或等级的所有制"。"封建时代的所有制的主要形式,一方面是土地所有制和束缚于土地所有制的农奴劳动,另一方面是拥有少量资本并支配着帮工劳动的自身劳动。这两种所有制的结构都是由狭隘的生产关系——小规模的粗陋的土地耕作和手工业式的工业——决定的。"由于封建所有制是随着日耳曼人对罗马帝国的征服而形成起来的,这种征服对生产力造成了极大的破坏,社会分工也降到一个很低的水平。

资本主义所有制是人类社会正在经历的第四种所有制形式。这种所有制形式产生于工场手工业,并随着工业的发展而逐渐扩展到整个社会,成为社会占主导地位的所有制形式。其主要特点是生产资料归资本家个人所有;资本家阶级凭借所占有的生产资料对雇佣劳动及其产品进行支配,社会日益分化为资产者和无产者两大对立的阶级;社会分工高度发达,生产过程日益社会化并因而与生产资料的资本家私有制日益冲突。

共产主义是人类社会将要经历的一种所有制形式。共产主义是作为对资本主义所有制下生产力和"交往方式"[39]之间矛盾和冲突的一种解决方案而出现的。在共产主义制度下,生产资料将重新由社会共同体来统一占有、统一管理,固定分工以及与此相连的阶级对立、城乡对立等现象都将会消失,每个人都将可以自主地选择自己所从事的活动,获得自由、全面的发展。

马克思恩格斯在这里描述的这几种社会形式,与人们后来通常所说的"五种社会形态"还不尽相同。虽然第二至四种形式大体上相当于"五种形态说"中的奴隶社会、封建社会、资本主义社会和共产主义社会,但这里所讲的"部落所有制"却还不是后来所讲的"原始社会",而只是原始社会末期的所有制形式(不过马克思恩格斯当时并未意识到这一点,因为他们对于原始社会的情况尚缺乏足够的知识)。

此外,马克思恩格斯的上述描述也还主要是以西欧社会的历史资料为基础的。因此,它是否适用于西欧以外的社会也还是一个潜在的问题。19世纪50年代初,马克思开始研究东方社会,发现东方社会具有许多"西方社会"所不具有的特点,如没有土地私有制、自给自足的农村村社、公共水利工程的重要性、专制政府以及长期停滞等,第一次提出了"亚洲式的社会"或"亚洲社会"的新概念[40],并似乎产生了东西方社会可能有不同发展道路的想法。随着研究的进一步深入,马克思试图将东、西方社会的历史资料加以综合,提出了"亚洲社会"只是资本主义以前三种"原始所有制"形式("亚细亚的所有制形式"、"古代的所有制形式"和"日耳曼的所有制形式")之一的看法。马克思认为,这三种形式既有一些共同点,如劳动者和劳动条件直接结合在一起,劳动条件不是劳动的结果而是由自然界直接提供的,个人与土地的关系是以其隶属于一定的共同体为前提或媒介的(离开了这个共同体个人就无法存在)等,但也有着一定的差别。其中最主要的差别是土地所有制以及个人对共同体的依赖关系有所不同:在亚细亚所有制形式中,土地完全属于公社或更大的共同体所有,个人只有土地的使用权而没有所有权,个人对共同体的依赖性最强;在古代(如罗马人的)所有制形式中,存在着公有地和私有地以及公共经济和私有经济两种经济成分的并立,但个人也只有作为公社或更大共同体的成员才有资格获得一份私有土地,个人对共同体的依赖虽依然存在但已有所削弱;在日耳曼的所有制形式中,虽然也有公有地与私有地之分,但公共经济已不再是一种独立的经济成分,公有地只是作为私有地的附属物、以猎场、牧场等形式供各个家庭单独使用,在这里共同体是松散的,个人对共同体的依赖程度很小[41]。马克思似乎还认为,这三种所有制形式都曾经只是某种更原始的所有制形式发展到一定阶段上的并列产物,但在以后的历史进程中却发生了不同的演变:先是从古代的所有制形式中派生出了奴隶社会,后来又从日耳曼所有制形式中演变出了封建社会,只有亚细亚所有制形式发生的变化最小。这样,亚细亚社会、古代社会、封建社会似乎就代表了资本主义社会之前人类经历过的三种社会形态。因此就有了前述《政治经济学批判序言》中的那段表述:"大体说来,亚细亚的、古代的、封建的和现代资产阶级的生产方式可以看作是经济的社会形态演进的几个时代。"而"资产阶级社会"又是人类的最后一个对抗性的社会形态,它最终要被共产主义这种更高级的社会形态所替代。

19世纪六七十年代,马克思陆续发现在欧洲也曾经存在过与"亚细亚所有制形式"类似的原始公有制形式(如德国的"马尔克"等),因而提出了"欧洲各地的亚细亚所有制形式"这种说法[42],从而使"亚细亚所有制形式"成为一个超地域的概念,实际上成为了原始公社所有制的代名词。后来恩格斯依据摩尔根《古代社会》一书的研究成果确认原始公社所有制是原始社会的最后阶段。这样,人类最初的社会形态似乎就应该是"原始社会"而不是"亚细亚社会"。由此便逐渐衍生出后来人们熟知的从"原始社会"到"共产主义社会"的"五种形态说"[43]。

三、阶级和阶级斗争理论

在马克思的上述引文中,没有明确提到阶级和阶级斗争方面的内容,只是模糊地使用了"生产过程的……对抗形式"之类的词语。然而,阶级和阶级斗争的理论却是马克思社会学理论当中非常重要的一部分内容。因此,我们需要对此做一补充叙述。

什么是"阶级"?马克思对此似乎从来没有下过明确的定义。在《资本论》第三卷的最后一章中,马克思曾想明确地讨论这个问题。他指出不能从收入来源的同一性方面来界定阶级。但当他准备进一步展开这方面的讨论时,他却不幸去世了。因此,后来的人只能从他那些分散的相关话语中去理解"马克思的阶级概念"。然而,不管马克思会如何去对"阶级"概念做明确的界定,有一点大致是可以肯定的,这就是在马克思那里"阶级"概念与"生产关系"概念是密切相关的。在马克思看来,"阶级"是从特定生产关系当中形成起来的那些具有共同利益的个人的集合,是"各个人所结成的、受他们的与另一阶级相对立的那种共同利益所制约的共同关系"[44];阶级关系首先就是一种特殊的生产关系,即对抗性的生产关系。阶级和阶级斗争都并非是一种永恒的社会现象,它只是人类社会发展到一定历史阶段上的产物,是在生产资料私人占有这种特定生产关系基础上形成起来的特殊社会关系。

马克思恩格斯认为,阶级与分工有着密切关联。阶级起源于社会劳动分工,阶级本质上就是由于劳动分工而形成的那样一些社会集团,阶级关系本质上就是分工关系:因为"分工从最初起就包含着劳动条件——劳动工具和材料——的分配……从而也包含着资本和劳动之间的分裂以及所有制本身的各种不同的形式"[45];"分工不仅使精神活动和物质活动、享受和劳动、生产和消费由不同的个人来分担这种情况成为可能,而且成为现实"[46]。因此,"分工发展的各个不同阶段"不仅同时就是"所有制的各种不同形式",而且由于它"还决定个人的与劳动材料、劳动工具和劳动产品有关的相互关系"[47],同时也就是阶级关系发展的不同历史阶段:"'几千年来地球上一切民族的情况都是这样'!!! 在埃及有过劳动和分工,因此有等级;在希腊和罗马有过劳动和分工,因此有自由民和奴隶;在中世纪有过劳动和分工,因此有封建主和农奴、行会、等级等等。在我们这个时代也有劳动和分工,因此也就有阶级,其中一个阶级占有全部生产工具和生活资料,另一个阶级只有出卖自己的劳动才能生存,而出卖劳动也只有当购买劳动能使雇主阶级发财时才有可能"[48]。只有当社会不再进行劳动分工的时候,人和人之间划分成不同阶级这种现象才会最终消失。

马克思恩格斯认为,作为一种特殊的生产关系,阶级关系的产生、发展与消失与生产力的发展之间自然存在着密切的相互关系。一方面,阶级关系是生产力发展到一定阶段上的产物。阶级关系的产生是以剩余劳动产品的存在为前提的,是剩余劳动产品已经出现但又不够丰富的结果。在生产力发展水平很低因而几乎没有任何剩余劳动产品的原始社会,不可能产生阶级关系,生产力只能在无阶级的生产关系中运行。只有当生产力达到一定水平因而出现了少量剩余劳动产品之后,阶级关系才会也必然会产生。"只要社会总劳动所提供的产品除了满足社会全体成员最起码的生活需要以外只有少量剩余,就是说,只要劳动还占去社会大多数成员的全部或几乎全部时间,这个社会就必然划分为阶级。在这被迫专门从事劳动的大多数人之旁,形成了一个脱离直接生产劳动的阶级,它掌管社会的共同事务:劳动管理、国家事务、司法、科学、艺术等等"[49]。在这种情况下,阶级性的生产关系是生产力进一步发展的必要形式,"只有奴隶制才使农业和工业之间的更大规模的分工成为可能,从而使古代世界的繁荣,使希腊文化成为可能。没有奴隶制,就没有希腊国家,就没有希腊的艺术和科学;没有奴隶制,就没有罗马帝国。没有希腊文化和罗马帝国所奠定的基础,也就没有现代的欧洲"[50]。正是在奴隶制、封建制、资本主义这些阶级性生产关系之下,生产力才得以逐渐地发展起来(当然,这些生产关系类型的前后嬗递也是由生产力的发展状况而定的）。只有当生产力发展到一个崭新的高度，使得通过阶级性的劳动分工来发展生产力成为不必要时，阶级关系才会最终消失。

阶级关系虽然起源于生产过程，但它并不限于生产过程。作为一种特殊的生产关系，任何一类阶级性生产关系都会要求有一定的政治、法律与思想上层建筑来为它服务。在生产过程中占据统治地位的阶级，必然要把自己的统治上升到政治、法律和思想的高度，通过对政治、法律和思想上层建筑的控制来维护自己在生产过程中的统治。因此，在阶级社会中，国家和法律都必然是实行阶级统治的工具：国家"一直是一种维护秩序，即维护现存社会制度从而也就是维护占有者阶级对生产者阶级的压迫和剥削的权力"[51]。现代国家则"不外是资产者为了在国内外相互保障各自的财产和利益所必然要采取的一种组织形式"[52]。此外，"占统治地位的个人除了必须以国家的形式组织自己的力量外，他们还必须给予他们自己的由这些特定关系所决定的意志以国家意志即法律的一般表现形式"[53]。同样，在阶级社会中，"统治阶级的思想在每一时代都是占统治地位的思想。这就是说，一个阶级是社会上占统治地位的物质力量，同时也是社会上占统治地位的精神力量。支配着物质生产资料的阶级，同时也只支配着精神生产资料，因此，那些没有精神生产资料的人的思想，一般地是隶属于这个阶级的"[54]。

尽管阶级关系在一定历史阶段上是生产力进一步发展的必要形式，但阶级的存在必然要导致阶级之间的冲突和斗争。自原始公社解体以来的全部历史"都是阶级斗争的历史。自由民和奴隶、贵族和平民、领主和农奴、行会师傅和帮工，一句话，压迫者和被压迫者，始终处于相互对立的地位，进行着不断的、有时隐蔽有时公开的斗争"[55]。"一切历史上的斗争，无论是在政治、宗教、哲学的领域中进行的，还是在任何其他意识形态领域中进行的，实际上只是各社会阶级的斗争或多或少明显的表现"[56]。阶级斗争既存在于经济领域中，也存在于政治和思想领域中，但归根结底都是围绕着经济利益而展开的。在阶级社会中，这些阶级斗争具有非常重要的历史作用。在生产关系与生产力之间尚相适应的历史时期内，阶级斗争能够帮助维持对抗阶级之间的张力，使得统治阶级不至于由于对被统治阶级实行过度的压榨而破坏劳动力这个最重要的生产力要素；在生产关系与生产力之间已经不相适应的历史时期，新旧生产关系（以及与此相连的新旧上层建筑）之间的更替也必然要通过代表新旧生产关系（和上层建筑）的那些阶级之间的冲突和斗争来实现。没有代表新旧社会形态的那些阶级之间的激烈冲突和斗争，没有代表新社会形态的那些阶级对代表旧社会形态的那些阶级之间的胜利,新旧社会形态之间更替就不可能完成。因此,在阶级社会中,阶级斗争是推动历史进步的直接力量。马克思在一封信中明确地说:"将近四十年来,我们都非常重视阶级斗争,认为它是历史的直接动力,特别是重视资产阶级和无产阶级之间的阶级斗争,认为它是现代社会变革的巨大杠杆"[57]。

阶级和阶级斗争理论在马克思的社会理论中虽然很重要,但却并不是马克思的首创。1852年在给魏德迈的一封信中,马克思曾经对自己在阶级和阶级斗争理论方面所做的贡献作过如下总结:"无论是发现现代社会中有阶级存在或发现各阶级间的斗争,都不是我的功劳。在我以前很久,资产阶级历史编纂学家就已经叙述过阶级斗争的历史发展,资产阶级的经济学家也已对各个阶级做过经济上的分析。我所加上的新内容就是证明了下列几点:(1)阶级的存在仅仅同生产发展的一定历史阶段相联系;(2)阶级斗争必然要导致无产阶级专政;(3)这个专政不过是达到消灭一切阶级和进入无阶级社会的过渡。"[58]从逻辑上说,马克思的阶级和阶级斗争理论不过是他一般社会学理论("历史唯物主义"理论)在阶级社会中的应用而已,是从属于他的一般社会学理论的。我想,这可能就是为什么马克思在上述《政治经济学批判序言》的那段引文中没有明确提及他在阶级和阶级斗争方面有关思想的重要原因。

第三节 马克思论现代性:资本主义及其后果

马克思恩格斯曾经多次申明,"历史唯物主义"不是一套现成的理论教条,而是一种用来指导具体历史研究的方法。他们创立"历史唯物主义"的最终目的,就是要用它来分析人类社会从古迄今的历史运动,尤其是现代社会产生和发展的历史运动。上述一般社会学理论观点的形成,只是为马克思分析现代社会的产生和发展提供了一个方法论上的前提。因此,正如马克思自己所说的那样,他一旦得到了上述基本观点,就立即将其运用于自己对现代资本主义历史运动的研究工作,从而得出了一套与以往和同时代的其他人都很不相同的有关现代性的理论分析框架。

与后面我们要讲的孔德、涂尔干等人迥然不同,马克思从生产关系或财产关系是全部社会关系当中最核心、最基础的部分这一"历史唯物主义"的基本观点出发,将"现代社会"主要理解为以资本主义生产关系为基础而建立起来的社会,即"资本主义社会"或"资产阶级社会"。在马克思看来,"现代社会"最基本的特征就是它的资本主义制度。广泛的社会分工也好,生产与人口的集中也好,官僚体制也好,全球化也好,或者人们所认为的属于"现代社会"的许多其他特征,最终都可以看作是资本主义制度的产物。如果没有资本主义制度,所有这些"现代"社会现象都不会出现。从"资本主义"这个纬度来看待和理解"现代"社会,这就是马克思主义为我们提供的一种观察"现代性"的理论视角。因此,马克思关于资本主义社会的结构、机制及后果的描述与分析也就是他关于"现代社会"的描述和分析。

按照马克思的分析,作为历史上最新出现的一种社会形态,资本主义社会也是先前的历史时代即封建时代末期生产力与生产关系以及相应的上层建筑之间矛盾运动的必然结果,是作为一种比封建社会更能与新的生产力状况相适应的社会形态、一种封建社会的替代物而出现的。马克思恩格斯写道:"资产阶级赖以形成的生产资料和交换手段,是在封建社会里造成的"[59]。"从中世纪的农奴中产生了初期城市的城关市民;从这个市民等级中发展出最初的资产阶级分子"[60]。在这些最初的"资产阶级分子"的推动下,社会生产力以一种以往所不曾有过的势头迅速发展起来。新大陆的发现,"东印度和中国的市场,美洲的殖民化、对殖民地的贸易、交换手段和一般商品的增加,使商业、航海业和工业空前高涨";市场不断地扩大,需求不断地增加,一方面促使工业生产不断地从过去那种分散的个体化生产方式转变为工场手工业的集中化生产方式,另一方面也推动生产和交换不断地突破原有的地域限制,使越来越广大的地区结合成一个相互依赖的经济实体。这就使得生产和交换过程与封建时代的那些体制和规则(封建特权、行会体制、人身依附等)之间产生了尖锐的矛盾。"在这些生产资料和交换手段发展的一定阶段上,封建社会的生产和交换在其中进行的关系,封建的农业和工业组织,一句话,封建的所有制关系,就不再适应已经发展的生产力了。这种关系已经在阻碍生产而不是促进生产了。它变成了束缚生产的桎梏。它必须被炸毁"。而它最终也果然被炸毁了[61]。"起而代之的是自由竞争以及与自由竞争相适应的社会制度和政治制度、资产阶级的经济统治和政治统治"[62]。

然而,马克思恩格斯认为:"现在,我们眼前又进行着类似的运动。资产阶级的生产关系和交换关系,资产阶级的所有制关系,这个曾经仿佛用法术创造了如此庞大的生产资料和交换手段的现代资产阶级社会,现在像一个魔法师一样不能再支配自己用法术呼唤出来的魔鬼了";"资产阶级用来推翻封建制度的武器,现在却对准资产阶级自己了。"[63]资本主义生产关系及与其相连的上层建筑现在也开始与在它之下形成和发展起来的生产力相冲突、相矛盾了,开始成为生产力进一步发展的障碍,变得与生产力进一步发展的要求不相适应了。

在《资本论》一书中,马克思曾经详尽地分析了资本主义生产关系同物质生产力之间的相互作用,分析了资本主义生产关系如何有力地推动生产力不断地向前发展,但最终又如何同它所创造出来的生产力产生尖锐的矛盾和冲突,从而将它自己的变革提上了议事日程。

马克思指出,作为商品生产发展的最高阶段,资本主义生产是以获取包含在商品当中且以货币形态表现出来的剩余价值为最终目的的。虽然在资本主义以前的阶级社会中,依靠对生产资料的占有来从劳动者身上获取剩余劳动或剩余产品这种现象就早已存在,但是,在以前的阶级社会中,由于剩余劳动或剩余产品是以使用价值的形式存在,这就使得剩余劳动要"受到或大或小的需求范围的限制,而生产本身的性质就不会造成对剩余劳动的无限制的需求"[64]。资本主义生产则不同。在资本主义生产中,由于剩余劳动是以货币价值这种一般等价物的形式存在,这就使得资本家对它的追求是无限制的。这种对剩余价值永无止境的追逐,决定着资本主义生产方式的一切主要方面和主要过程。"生产剩余价值或赚钱,是这个生产方式的绝对规律"[65]。

马克思指出,资本家之所以能够通过生产和交换过程得到一定的剩余价值,则是因为他在市场上买到了一种非常特殊的商品——劳动力。与一般的商品不同,这种特殊商品的使用价值就是能够创造出新的价值,并且能够创造出比自己的价值更多的价值。资本家正是因为买到了劳动力这样一种特殊的商品,并将其投入到生产过程中去,使之与其他生产资料相结合,生产出具有比所花费的劳动力价值更多价值量的商品,从而获得了一定量的剩余价值。因此,资本家对剩余价值的不断追求,只有通过不断地购买和使用劳动力来进行生产,才能够不断地创造出新的剩余价值。除此之外,剩余价值别无来源。正因为如此,资本家对剩余价值的无限追求才转化为对生产过程的无限关怀,资本主义生产过程才由此而获得了无限扩张的基本动力。

资本家通过生产和交换过程所能够获取的剩余价值的数量,主要取决于他所雇佣即剥削的工人的人数和他对工人剥削的程度。由于在特定的时间内资本数量的有限性,决定了资本家在一定时间内所能够雇佣的工人人数也必然是有限的。因此,资本家总是尽量设法通过提高对工人剥削的程度即提高剩余价值率来增加剩余价值量。马克思将资本家用来提高对工人剥削程度的方法主要概括为两种,即绝对剩余价值的生产和相对剩余价值的生产。所谓绝对剩余价值,指的是在生产工人的劳动力价值所需的必要劳动时间既定的情况下,通过将劳动日绝对地延长到必要劳动时间以外而生产的剩余价值。相对剩余价值,则是指在劳动日长度既定的情况下,通过缩短生产工人的劳动力价值所需的必要劳动时间,相对地延长剩余劳动时间所生产的剩余价值。绝对剩余价值的生产是通过绝对延长工人劳动日长度来产生的,它只同劳动日的长度有关,不必通过生产技术和组织的变革就能取得。因此,绝对剩余价值的生产构成资本主义生产的起点,也"构成资本主义制度的一般基础"[66]。但由于工人劳动时间的绝对延长受到工人生理条件的天然限制,因而绝对剩余价值的增加有一个绝对的终点,不可能无限制增长。剩余价值率的提高,更主要依靠的是相对剩余价值的增长。而必要劳动时间的不断缩短既相对剩余价值的不断增加,则主要依赖于生产劳动的技术过程和社会组织不断地发生"彻底的革命"[67]。要取得相对剩余价值,"必须变革劳动过程的技术条件和社会条件,从而变革生产方式本身,以提高劳动生产力,通过提高劳动生产力来降低劳动力的价值,从而缩短再生产劳动力价值所必要的工作日部分"[68]。在《资本论》第一卷中,马克思曾详细地考察了相对剩余价值生产的三种特殊方法或三个发展阶段(即简单协作、工场手工业和机器大工业),从而为我们描述了一幅像机器大工业这样的生产技术方式是如何在资本主义生产关系的推动下逐步产生和发展起来的历史图景。而随着机器大工业的诞生,整个社会的生产力也就被提高到了一个崭新的水平。对此,马克思和恩格斯在《共产党宣言》中曾经发出过由衷的赞叹:"资产阶级在它的不到一百年的阶级统治中所创造的生产力,比过去一切世代创造的全部生产力还要多,还要大。自然力的征服,机器的采用,化学在工业和农业中的应用,轮船的行驶,铁路的通行,电报的使用,整个整个大陆的开垦,河川的通航,仿佛用法术从地下呼唤出来的大量人口——过去哪一个世纪料想到在社会劳动里蕴藏有这样的生产力呢?"[69]

随着机器大工业的诞生,整个社会的组织形式也逐步发生了重大的变革。以手工业分工为基础的协作关系逐渐消失,生产过程开始大规模地集中到工厂这种新型的生产组织当中;原来分散的人口开始日益向工业化的城市集中,大量的工业化城市逐渐诞生;由于生产操作过程对工人体力和技巧的依赖程度大大降低,童工和女工被大规模地吸收到工厂中来,成为劳动力的重要来源,成年男性工人在生产过程中的主导地位便开始逐渐丧失;随着儿童和妇女大批进入工厂劳动,家庭的功能也便进一步削弱,传统的父权制家庭关系也逐步开始瓦解;劳动时间和生产操作过程以至整个社会的日常生活过程日益标准化、同步化;劳动变换、职业更替的频率以及社会流动的程度空前提高;等等。所有这些,都促使社会的结构及其运行机制逐步发生根本的变化,使资本主义社会具有了一种与先前手工业时代完全不同的外观。涂尔干以及后来那些"工业化理论"或"现代化理论"家们所描述的那个以工业化、城市化等为特征的"现代社会"，正是在资本主义生产方式发展的这个阶段上才出现的，正是作为资产阶级对提高剩余价值率这个目标不懈追求的一个结果、作为资本家获取相对剩余价值的技术手段不断发展的一个历史产物而出现的。所以，对马克思来讲，要想描述和理解"工业社会"或"现代社会"，就必须阐述和理解资本主义生产关系。

然而，马克思认为，资本主义生产关系虽然创造了机器大工业这种新型的生产技术方式，但它也为后者的存在与发展施加了重大的限制。尽管像许多工业社会的理论家们所说的那样，机器大工业及其组织形式有着自己内在的逻辑，但在资本主义条件下这种逻辑受到了另一种比它更强大有力的逻辑即资本主义生产关系内在逻辑的约束和限制。资本主义生产关系，以其特有的内在逻辑规范和控制着机器大工业的运行和发展，使后者的逻辑只能在有限的范围内即在不损害资本主义生产关系基本内核的范围内展开。这也就为机器大工业的运行和发展设置了一种制度上的障碍，从而使得机器大工业及其组织形式在进一步提高生产力以及促进人类普遍自由发展方面所蕴含的巨大潜力不能得到充分地利用和开发。曾经以自己内在的逻辑极大地推动了生产力发展的资本主义生产关系，现在在同一逻辑的作用下已经成为生产力进一步发展的障碍。

马克思在《资本论》中详尽地分析了以机器大工业为技术基础、以资本主义私有制为财产形式的资本主义生产过程的运行机制以及它所带来的社会后果，阐释了以机器大工业为技术基础的生产技术过程同资本主义生产关系之间的矛盾和冲突，并指示性地提出了解决这些矛盾和冲突的办法或途径，从而使之成为一代社会主义者的经典读物。

马克思指出，作为商品生产的一种特殊历史形式，资本主义生产过程或者说剩余价值的生产过程实际上包含两个既互相分离又相互联结的过程，即剩余价值的直接生产过程和剩余价值的实现过程。前一个过程是通过工厂中的生产过程来完成的，后一个过程则是通过市场中的交换过程来完成。在工厂生产过程中，资本家将购买到的生产资料和劳动力相结合，通过后者的劳动过程创造出包含一定量剩余价值的劳动产品。"一旦可以榨出的剩余劳动量对象化在商品中，剩余价值就生产出来了。但是，这样生产出剩余价值，只是结束了资本主义生产过程的第一个行为，即直接的生产过程。……现在开始了过程的第二个行为。总商品量，即总产品，无论是补偿不变资本和可变资本的部分，还是代表剩余价值的部分，都必须卖掉。如果卖不掉，或者只卖掉一部分，或者卖掉时价格低于生产价格，那么，工人固然被剥削了，但是对资本家来说，这种剥削没有原样实现，这时，榨取的剩余价值就完全不能实现，或者只是部分地实现，资本就可能部分或全部地损失掉"[70]。由于获取剩余价值是资本家进行生产的唯一目的,所以,如果包含在产品中的剩余价值不能够在市场上得到实现,生产对于资本家来说就毫无意义,生产过程就将被迫停止。而如果实现剩余价值的困难不只是存在于某个企业或某个生产部门,而是存在于社会生产的整个领域或大部分领域,那么,整个资本主义社会的生产过程就将陷入困境或危机之中。因此,无论是剩余价值直接生产过程的普遍正常进行,还是剩余价值实现过程的普遍完成,都是资本主义整体经济秩序得以正常维持的基本条件。

然而,马克思指出,这种资本主义整体经济秩序得以正常维持所需条件的周期性被破坏正是资本主义生产过程所必然面临的遭遇。在《资本论》的后两卷(以及被称为《资本论》第四卷的《剩余价值理论》一书)中,马克思至少指出过导致资本主义经济秩序周期性被破坏的三种因素。这三种因素既可以分别也可结合起来对资本主义生产过程发生作用[71]。

1. 社会生产各部门之间的比例性要求与整个社会生产的无政府状态之间的矛盾。现代大工业生产过程是一个由许多内容不同但又相互联系的生产部类及生产部门所构成的有机整体,在这个整体的各个生产部类及其部门之间都存在着一定的实物和价值上的比例关系。只有当这些比例关系能够得到维持的时候,整个社会的生产和再生产过程才能够正常进行;反之,社会的生产和再生产过程就会经常遇到障碍。在资本主义社会中,由于生产资料归各个资本家私人所有,各个企业的生产决策由每个资本家独立进行,整个社会生产处于一种无政府状态,从而使社会生产各部类及各部门之间的比例关系经常遭到破坏,导致局部甚至大量生产过程的停顿和危机[72]。

2. 资本家对剩余价值的追求与平均利润率不断下降趋势之间的矛盾。剩余价值的一般等价物形式,使得资本家对剩余价值的追求永无止境。争夺市场和利润方面的竞争,迫使每个资本家一方面不断扩大生产规模,另一方面不断改进生产技术。随着生产技术的不断改进、劳动生产率的不断提高,资本的有机构成(由生产的技术水平所决定的生产资料和劳动力之间的比例及其价值表现即不变资本与可变资本之间的比例)则会不断提高,进而导致平均利润率的不断下降。在一定时期内,当平均利润率下降到一定程度时,进一步的资本投资就不再能够为资本家带来与以前同等的利润率。由于资本家是以追逐利润而不是以真正满足人民群众的需要等目的作为自己生产的目的的,因此,当平均利润率下降到不能再为资本家带来与以前同等利润率时,资本家就会普遍缩减投资,并进一步导致收入、销售和就业的缩减,从而引发经济危机[73]。

3. 生产的无限扩大趋势与社会有支付能力的消费需求相对而言不断趋于

缩小之间的矛盾。在资本主义社会中，一方面，由于资本家对剩余价值永无止境的追求，以及来自市场生存竞争的压力迫使资本家不得不不断地去占有更多的剩余价值以增强自己的竞争实力，使得资本主义的生产过程具有了无限发展的动力和趋势。然而，另一方面，这种发展在很大程度上又是通过不断改进生产技术、提高劳动生产率的手段来实现的。劳动生产率的不断提高意味着资本有机构成的不断提高，资本有机构成的不断提高则意味着在社会总资本中资本家用来购买劳动力（以工资形式支付给劳动者）的那部分资本的比重不断减小，意味着在社会有支付能力的总需求中，作为其主体的工人阶级所占的比重不断缩小。这就将使许多已经生产出来的产品的剩余价值最终得不到实现。当这种矛盾积累到一定程度，生产和消费之间的差距变得很大，大量产品的剩余价值得不到实现时，资本主义生产过程就会陷入普遍生产过剩的危机[74]。

马克思认为，上述矛盾的存在明确地意味着资本主义私有制已经从促进生产力发展的生产形式转变为阻碍生产力发展的生产形式。"几十年来的工业和商业的历史，只不过是现代生产力反抗现代生产关系、反抗作为资产阶级及其统治的存在条件的所有制关系的历史。只要指出在周期性的重复中越来越危及整个资产阶级社会生存的商业危机就够了。在商业危机期间，总是不仅有很大一部分制成的产品被毁灭掉，而且有很大一部分已经造成的生产力被毁灭掉。在危机期间，发生一种在过去一切时代看来都好像是荒唐现象的社会瘟疫，即生产过剩的瘟疫。社会突然发现自己回到了一时的野蛮状态；仿佛是一次饥荒、一场普遍的毁灭性战争，使社会失去了全部生活资料；仿佛是工业和商业全被毁灭了——这是什么缘故呢？因为社会上文明过度，生活资料太多，工业和商业太发达。社会所拥有的生产力已经不能再促进资产阶级文明和资产阶级所有制关系的发展；相反，生产力已经强大到这种关系所不能适应的地步，它已经受到这种关系的阻碍；而它一着手克服这种障碍，就使整个资产阶级社会陷入混乱，就使资产阶级所有制的存在受到威胁。资产阶级的关系已经太狭窄了，再容纳不了它本身所造成的财富了。——资产阶级用什么办法来克服这种危机呢？一方面不得不消灭大量生产力，另一方面夺取新的市场，更加彻底地利用旧的市场。这究竟是怎样的一种办法呢？这不过是资产阶级准备更全面更猛烈的危机的办法，不过是使防止危机的手段越来越少的办法"[75]。要使社会生产力能够继续顺利发展，就必须改变现存的经济制度，将其从资本主义转变为社会主义。这是马克思在进入了所谓的"成熟"时期之后认为资本主义制度必然要为社会主义制度所取代的一个重要理论依据。

马克思进一步指出，机器大工业的资本主义形式，不仅导致了上述资本主义生产过程的内在矛盾,为生产的进一步发展设置了难以逾越的障碍,而且也导致了许多不良的社会后果。

首先,资本主义生产关系阻碍了机器大工业条件下劳动过程的合理化趋势。资本主义作为一种以剥削工人阶级创造的剩余价值为目的的生产方式,其早期建立在工场手工业基础之上的劳动过程从人道主义的立场来讲本来就具有许多不合理性,如:工人的技巧和能力甚至身体的生理结构只得到畸形或片面的发展;与独立生产者相比,工场手工业工人的智力相对来说变得比较迟钝;在工人之间形成了严格的等级制度;由于工人无法独自完成一件成品,削弱了工人摆脱资本家剥削的能力等等。但社会生产力发展到机器工业时代,本来已经为克服手工业时代的生产技术给工人带来的种种不良后果、为生产过程的更加人性化创造了技术方面的条件,然而,机器大工业生产的资本主义形式却为这些技术前提的充分使用设置了巨大的障碍,从而阻碍了劳动过程的合理化趋势,使得手工业分工所具有的许多弊病在机器大工业时代依然存在。譬如:(1)机器的出现本来使旧的分工制度从技术上说已经成为多余和没有必要,但由于这种制度有利于资本家对工人进行剥削,因而就"被资本当作剥削劳动力的手段,在更令人厌恶的形式上得到了系统的恢复和巩固"[76]。(2)机器的出现本来为减轻劳动强度、缩短劳动时间、获取更多自由时间提供了技术条件,但这种可能性在资本主义制度下却难以变成现实;相反,由于机器的使用,使工人更加变成一种无生命的存在。(3)机器生产的资本主义形式使得资本家对工人的剥削更加难以摆脱。因为生产变得越来越依赖于机器,工人变得越来越缺乏劳动知识和技能,等等。对生产过程合理化进程的这种阻碍作用表明资本主义制度也已经成为实现人类解放的障碍,人类的彻底解放也必须要以资本主义制度的消除为前提。

其次,机器大工业的资本主义形式,还导致了社会日益向两极分化以及工人阶级的普遍贫困化趋势。一方面,随着大工业的发展,资本主义生产方式迅速占领社会生产的各个领域,社会成员日益朝两极分化,越来越多的人被甩进工人阶级的行列,工人阶级队伍的人数由此迅速增加;另一方面,由于机器生产在技术革新方面所具有的优越性,在无限追求剩余价值这个目标的推动下,资本主义生产技术得以不断创新,劳动生产率不断上升,资本有机构成不断提高,资本家对劳动力的需求不断减少。两种对立趋势发展的结果是导致了资本主义社会所特有的相对人口过剩,导致了大量失业人口或马克思所称的资本主义"产业后备军"的存在。这些人口的存在又对在业工人造成极大的竞争压力,使得资本家可以以更苛刻的条件来对待他们,迫使他们不得不从事过度劳动,接受极低的工资,从而使工人阶级普遍陷入贫困化境地。马克思将这种趋势称为工人阶级的贫困化趋势,并将这种趋势概括为资本主义积累的基本规律。他说:"不管工人的报酬高低如何,工人的状况必然随着资本的积累而恶化……这一规律制约着同资本积累相适应的贫困积累。因此,在一极是财富的积累,同时在另一极,即在把自己的产品作为资本来生产的阶级方面,是贫困、劳动折磨、受奴役、无知、粗野和道德堕落的积累。"[77]马克思断言,随着社会两极分化的日益扩大,工人阶级贫困化程度的日益加深,工人阶级必将起来反抗,进行各种形式的斗争,最终推翻资本主义制度,将"资本主义所有制转化为公有制"[78]。而"资产阶级无意中造成而又无力抵抗的工业进步,使工人通过结社而达到的革命联合代替了他们由于竞争而造成的分散状态"[79],从而使得工人阶级也逐步具有了推翻资产阶级统治的政治能力。"随着……资本巨头不断减少,贫困、压迫、奴役、退化和剥削的程度不断加深,而日益壮大的、由资本主义生产过程本身的机制所训练、联合和组织起来的工人阶级的反抗也不断增长。……资本主义私有制的丧钟就要响了。剥夺者就要被剥夺了"[80]。可见,对马克思来说,资本主义制度的灭亡,社会主义制度的建立,不仅是生产力进一步发展的必然要求,同时也将是资本主义社会中阶级矛盾和阶级冲突的必然结果。"资产阶级不仅锻造了置自身于死地的武器;它还产生了将要运用这种武器的人——现代的工人,即无产者"[81]。"随着大工业的发展,资产阶级赖以生产和占有产品的基础本身也就从它的脚下被挖掉了。它首先生产的是它自身的掘墓人。资产阶级的灭亡和无产阶级的胜利是同样不可避免的"[82]。

第四节 走向"社会主义"或"共产主义": 对"现代性"的超越

那么,什么是马克思所设想的社会主义或共产主义社会呢?怎样才能实现从资本主义向社会主义(或共产主义)社会的历史性转变呢?

对于社会主义或共产主义社会以及从资本主义向社会主义(或共产主义)转变过程的细节,马克思和恩格斯从来都没有做过很详细的说明。他们指出,社会主义(或共产主义)者不是算命先生,不可能对未来社会及其实现过程的所有细节都做出很准确的预测,"在将来某个特定的时刻应该做些什么,应该马上做些什么,这当然完全取决于人们将不得不在其中活动的那个特定的历史环境。……如果一个方程式的已知各项中不包含解这个方程式的因素,那我们就无法解这个方程式"[83]。我们现在能够做的只能是对这个未来的"社会主义"

或"共产主义"社会及其实现过程做一种粗略的讨论,提出一些原则性的设想,勾画出它们的基本轮廓。

综合起来,马克思和恩格斯对"社会主义"或"共产主义"社会的勾画大体上包括以下内容:

1. 消灭了生产资料的资本家私人所有制,生产资料及其劳动产品归全体社会成员共同所有,由社会根据全体成员生产和生活的需要共同加以支配。在《共产党宣言》中,马克思恩格斯明确地宣称:"共产党人可以把自己的理论概括为一句话:消灭私有制"。在《资本论》中,马克思则延续了他和恩格斯在《德意志意识形态》一书中的术语,将未来设想为一个"自由人联合体"。在这个"自由人联合体"中,人们"用公共的生产资料进行劳动,并且自觉地把他们许多个人劳动力当作一个社会劳动力来使用";"这个联合体的总产品是一个社会产品。这些产品的一部分重新用作生产资料。这一部分依旧是社会的。而另一部分则作为生活资料由联合体成员消费"[84]。如前所述,在马克思恩格斯看来,资本主义社会的一切危机和弊端均源于生产资料的资本家私人所有制,源于生产资料资本家私有制与高度社会化的社会生产力之间的矛盾和冲突,因此,用生产资料的公共所有制来取代生产资料的资本家私人所有制就是历史发展的必然逻辑,是未来社会主义或共产主义社会最基本的特征。

2. 消费资料按照每个社会成员的实际需要进行分配。

3. 商品经济以及与此相连的货币制度和市场体制也都将消失。人们将直接以社会必要劳动时间来度量、计算和分配劳动成果,对社会生产过程进行有计划的安排、管理和调控。马克思在《资本论》中写道:可以假定,在未来的社会中,"每个生产者在生活资料中得到的份额是由他的劳动时间决定的。这样,劳动时间就会起双重作用。劳动时间的社会的有计划的分配,调节着各种劳动职能同各种需要的适当的比例。另一方面,劳动时间又是计量生产者在共同劳动中个人所占份额的尺度,因而也是计量生产者在共同产品的个人可消费部分中所占份额的尺度。在那里,人们同他们的劳动和劳动产品的社会关系,无论在生产上还是在分配上,都是简单明了的"[85]。在马克思看来,商品经济及其货币制度和市场体制的消失,实际上是实行生产资料公共所有制的必然结果。

4. 消灭了固定的劳动或职业分工。马克思认为,机器生产的出现本来已经使旧的分工制度从技术上说成为多余和没有必要,"机器生产不需要像工场手工业那样,使同一些工人始终从事同一种职能,从而把这种分工固定下来。"这一方面是因为"工厂的全部运动不是从工人出发,而是从机器出发,因此不断更换人员也不会使劳动过程中断";另一方面是因为和手工业相比,操作机器所需要的技巧很简单,"年轻人很快就可以学会使用机器,因此也就没有必要专门培养一种特殊的工人成为机器工人"。然而,尽管如此,由于这种以固定分工为特点的传统分工制度有利于资本家对工人进行剥削——例如它可以"使工人自己从小就变成局部机器的一部分。这样,不仅工人自身再生产所必需的费用大大减少,而且工人终于毫无办法,只有依赖整个工厂,从而依赖资本家"——它就"被资本当作剥削劳动力的手段,在更令人厌恶的形式上得到了系统的恢复和巩固"[86]。生产资料资本家私有制的消灭和公共所有制的建立,将使这种传统的固定分工制度彻底消失,代之以一种灵活的劳动制度。"在共产主义社会里,任何人都没有特定的活动范围,每个人都可以在任何部门发展,社会调节着整个生产,因而使我有可能随我自己的心愿今天干这事,明天干那事,上午打猎,下午捕鱼,傍晚从事畜牧,晚饭后从事批判,这样就不会使我成为一个猎人、渔夫、牧人或批判者"[87]。阶级社会中普遍存在的那种"异化劳动"现象也就将因此而消失,每个人都将根据自己的特点和兴趣全面地、自由地得到发展。

5. 消灭了阶级和阶级对立,以及与此相连的工农对立、城乡对立,每个社会成员地位平等;虽然还存在着统一的社会管理机构,但已经没有了国家这样的暴力性阶级统治机构,对人的统治将由对物的管理和对生产过程的领导所替代。"当阶级差别在发展进程中已经消失而全部生产集中在联合起来的个人的手里的时候,公共权力就失去政治性质。原来意义上的政治权力,是一个阶级用以压迫另一个阶级的有组织的暴力。如果说无产阶级在反对资产阶级的斗争中一定要联合为阶级,如果说它通过革命使自己成为统治阶级,并以统治阶级的资格用暴力消灭旧的生产关系,那么它在消灭这种生产关系的同时,也就消灭了阶级对立的存在条件,消灭了阶级本身的存在条件,从而消灭了它自己这个阶级的统治。代替那存在着阶级和阶级对立的资产阶级旧社会的,将是这样一个联合体,在那里,每个人的自由发展是一切人的自由发展的条件。"[88]

马克思指出,从资本主义社会转变为社会主义或共产主义社会,虽然是历史发展的必然,但它和阶级社会中历次社会形态的更替一样,在多数情况下都不会是一个和平的、一帆风顺的过程。相反,它需要通过无产阶级对资产阶级的激烈斗争、通过无产阶级推翻资产阶级统治的暴力革命来完成。这是因为从资本主义向社会主义或共产主义的转变从根本上触及到了资产阶级的既得利益,资产阶级通常总是要利用它作为统治阶级所能够获得的一切力量来坚决抵制这样一种转变。如果不通过激烈的阶级斗争和暴力革命来推翻资产阶级的统治,就难以甚至基本上不可能实施任何真正彻底的带有社会主义或共产主义性质的制度变革。因此,"革命之所以必需",一个重要的原因就是"没有任何其他的办法能推翻统治阶级"[89]。马克思在一次对荷兰公众的讲演中说:"我们也不否认,有些国家,像美国、英国——如果我对你们的制度有更好的了解,也许还可以加上荷兰——工人可能用和平手段达到自己的目的。但是,即使如此,我们也必须承认,在大陆上的大多数国家中,暴力应当是我们革命的杠杆;为了最终地建立劳动的统治,总有一天正是必须采取暴力。"[90]在一次答美国《世界报》记者有关能否不用暴力革命而用多数赞同的方法来在英国实现社会转变这一问题时马克思又说:"我在这一点上不像您那样乐观。英国资产阶级在它还垄断着表决权时,总是表示准备接受多数的决议。但是,请您相信,一旦当它在自己认为是生命攸关的重大问题上处于少数时,我们就会在这里遇到新的奴隶主的战争。"[91]

马克思恩格斯认为,推翻资产阶级的统治、建立社会主义(或共产主义)的历史任务只有无产阶级才能够担当。这是因为在他们看来,"在当前同资产阶级对立的一切阶级中,只有无产阶级是真正革命的阶级"[92]。首先,在同资产阶级对立的那些阶级中只有无产阶级才是资本主义生产方式本身的产物,才会随着资本主义生产方式的不断发展而不断发展和壮大,其余的阶级(小工业家、小商人、手工业者、农民等)则都将随着资本主义生产方式(尤其是大工业)的发展而日趋没落和灭亡,不可能担当推翻资本主义社会的历史使命。其次,在同资产阶级对立的那些阶级中只有无产阶级的阶级利益才是与社会主义革命完全一致的,其余的那些阶级则不然,"他们同资产阶级作斗争,都是为了维护他们这种中间等级的生存,以免于灭亡。所以,他们不是革命的,而是保守的。不仅如此,他们甚至是反动的,因为他们力图使历史的车轮倒转"[93]。而无产阶级的阶级解放和根本利益则只有通过彻底消灭资本主义制度乃至消灭一切私有制、实行社会主义制度才能够获得。"无产者只有废除自己的现存的占有方式,从而废除全部现存的占有方式,才能取得社会生产力。无产者没有什么自己的东西必须加以保护,他们必须摧毁至今保护和保障私有财产的一切"[94]。最后,随着大工业的发展,无产阶级的阶级力量也将不断增强,从而有能力推翻资产阶级的统治,完成社会主义革命的历史使命。"随着工业的发展,无产阶级不仅人数增加了,而且它结合成更大的集体";"无产阶级内部的利益、生活状况也愈来愈趋于一致";"工人的整个生活地位愈来愈没有保障";工人的组织化程度愈来愈高,"单个工人和单个资产者之间的冲突愈来愈具有两个阶级的冲突的性质"[95];无产阶级的阶级意识和理论教养也愈来愈高。所有这一切,都使得无产阶级的力量日益增长,使得他们最终有能力起来推翻资产阶级的统治。

马克思和恩格斯所设想的社会主义(或共产主义)社会是作为资本主义条

件下生产力与生产关系之间矛盾冲突的一种解决方案而提出来的,因此,一个逻辑的推论便是:社会主义革命应该也只能首先在发达资本主义国家中发生。马克思恩格斯曾经说道:"彻底的社会革命是同经济发展的一定历史条件联系着的;这些条件是社会革命的前提。因此,只有在工业无产阶级随着资本主义生产的发展,在人民群众中至少占有重要地位的地方,社会革命才有可能。"[96] 此外,马克思恩格斯还认为,这种革命还应该差不多是在各个发达资本主义国家里同时发生。他们说,"共产主义只有作为占统治地位的各民族'立即'同时发生的行动才可能是经验的,而这是以生产力的普遍发展和与此有关的世界交往的普遍发展为前提的";如果不是这样,那么,"(1)共产主义就只能作为某种地域性的东西而存在;(2)交往的力量本身就不可能发展成为一种普遍的因而是不堪忍受的力量:它们会依然处于地方的、笼罩着迷信气氛的'状态';(3)交往的任何扩大都会消灭地域性的共产主义"[97]。因此,"联合的行动,至少是各文明国家的联合的行动,是无产阶级获得解放的首要条件之一"[98]。恩格斯在《共产主义原理》一书中回答"这种革命能不能单独在某个国家里发生"这一问题时更是明确地说道:"不能。单是大工业建立了世界市场这一点,就把全球各国人民,尤其是文明国家的人民,彼此紧紧地联系起来,以致每一国家的人民都受到另一国家发生的事情的影响。此外,大工业使所有文明国家的社会发展大致相同,以致在所有这些国家,资产阶级和无产阶级都成了社会上两个起决定作用的阶级,它们之间的斗争成了当前的主要斗争。因此,共产主义革命将不是仅仅一个国家的革命,而是将在一切文明国家里,至少在英国、美国、法国、德国同时发生的革命。……共产主义革命也会大大影响世界上其他国家,会完全改变并大大加速它们原来的发展进程。它是世界性的革命,所以将有世界性的活动场所。"[99]

从"社会主义(或共产主义)社会是解决资本主义条件下生产力与生产关系之间矛盾冲突的一种方案"这一论点中可以推论出来的另一个逻辑结论便是:如果孤立地看,没有经过资本主义制度或正在经历资本主义制度但生产力水平尚不发达的国家不应该也不可能发生社会主义革命和建立社会主义社会。在这样的国家里,单从这个国家本身来看,既不存在建立社会主义的必要(生产过程没有发展到需要和能够由国家来统一占有和管理),也不存在发生社会主义革命的阶级基础(没有其利益与社会主义紧密相连的无产阶级)。但马克思恩格斯认为,在发达资本主义国家如果能够爆发社会主义革命的背景下,情况就可能不同了。在这种情况下,发达国家胜利了的无产阶级就可以利用自己国家中已经取得的物质条件去帮助那些落后国家尽快地获得建立社会主义社会所需要的生产力水平,从而使这些国家的发展跳跃资本主义的"卡夫丁峡谷"。

不过,即使是在发达资本主义国家中,马克思恩格斯也并不认为无产阶级在推翻了资本主义社会之后就能立即建立起前面所勾画的那种社会主义(或共产主义)社会。他们其实很早就已经意识到了社会主义(共产主义)社会的建成是一个循序渐进的过程,而并非像许多人所以为的那样只是到了晚年(《哥达纲领批判》)才意识到这一点。早在《共产党宣言》中,马克思恩格斯就提出了从无产阶级革命到共产主义社会的建立需要经过一系列步骤:首先"是使无产阶级上升为统治阶级,争得民主";随后,"无产阶级将利用自己的政治统治,一步一步地夺取资产阶级的全部资本,把一切生产工具集中在国家即组织成为统治阶级的无产阶级手里,并且尽可能快地增加生产力的总量";只有当生产力进一步发展,达到这样一个水平,使得"阶级差别在发展进程中已经消失而全部生产集中在联合起来的个人的手里的时候,公共权力就失去政治性质",最终形成这样一个联合体,"在那里,每个人的自由发展是一切人的自由发展的条件"[100]。到了《哥达纲领批判》中,马克思更明确地提出了无产阶级革命胜利之后的社会发展至少需要经过以下几个阶段:(1)从资本主义社会向共产主义社会转变的"革命转变时期"。"同这个时期相适应的也有一个政治上的过渡时期,这个时期的国家只能是无产阶级的革命专政"。(2)"共产主义社会的第一阶段"。在这一时期,虽然生产资料已经归劳动者共同占有,生产过程也不再是通过市场规则而是根据社会的需要以劳动时间为尺度有计划地加以调节,但由于生产力的发展尚不充分等缘故,消费资料的分配却还不能按照每个社会成员的实际需要来进行分配,而只能根据每个成员所贡献的社会必要劳动的数量来进行分配。因此,"这里所说的是这样的共产主义社会,它不是在它自身基础上已经发展了的,恰好相反,是刚刚从资本主义社会中产生出来的,因此它在各方面,在经济、道德和精神各方面都还带着它脱胎出来的那个旧社会的痕迹";"显然,这里通行的就是调节商品交换(就它是等价的交换而言)的同一原则","平等的权利还仍然被限制在一个资产阶级的框框里"。在这里,由于劳动者在体力、智力与家庭状况等方面的不同,劳动成果的分配因而在经济社会地位上必然出现不平等。这是"共产主义社会第一阶段"所具有的一些弊病,"但是这些弊病,在共产主义社会第一阶段,在它经过长久的阵痛刚刚从资本主义社会里产生出来的形态中,是不可避免的。权利永远不能超出社会的经济结构以及由经济结构所制约的社会的文化发展"。尽管如此,在这一时期,由于已经消除了生产力在资本主义条件下所遭遇的那些制度性障碍,生产力将迅速发展起来,将社会推进到一个更高阶段。(3)"共产主义社会的高级阶段"。只有在这一阶段上,理想的共产主义社会才能够得到充分的实现。"在共产主义社会高级阶段,在迫使人们奴隶般地服从分工的情形已经消失,从而脑力劳动和体力劳动的对立也随之消失之后;在劳动已经不仅仅是谋生的手段,而且本身成了生活的第一需要之后;在随着个人的全面发展,他们的生产力也增长起来,而集体财富的一切源泉都充分涌流之后,——只有在那个时候,才能完全超出资产阶级权利的狭隘眼界,社会才能在自己的旗帜上写上:各尽所能,按需分配!"[101]

第五节 马克思社会学理论的影响及其引发的争论

要想对马克思的社会学理论在人类思想和社会历史进程中所产生的影响进行全面详尽的评述是极其困难的,因为这些影响是如此的广泛、深入和持久。我们只能用简单的一句话来对马克思社会学理论所产生的影响做一概括:如果说在人类的历史上有这样一部分人,对于他们在人类思想和社会实践进程中所产生的影响,人们无论如何加以高估都不会显得过分的话,那么,马克思就正是这样的一个人。为了表明这一点,指出以下两个方面的事实就可以了:第一,自从19世纪中后期以来,"马克思主义"就一直是现代思想和文化领域中影响最强大和最广泛的一股社会思潮。即使对于那些不同意甚至反对马克思社会学理论的人来说,马克思的社会学理论也差不多是他们当中绝大多数人都难以回避、必须要与之进行对话或争论的重要对象。一个不了解马克思社会学理论的人,对现代思想和文化任一领域的发展就都难以有真正透彻的理解。这一点在社会学中也不例外。第二,马克思的社会学理论不仅仅只具有思想或学术方面的影响,它还深刻地影响了现代社会的实际历史进程。自19世纪中期以来,除了马克思主义以外,几乎还没有哪一种社会理论能够在人类社会的历史进程中打下如此深刻的烙印。马克思的社会学理论,不仅对19世纪中叶以来世界各国的工人运动以及其他一些社会运动产生了重大的形塑作用,而且还催生或引导了一大批"社会主义国家"的诞生,并且始终是这些国家的主导性话语。不了解马克思的社会学理论,也难以对19世纪以来人类社会的演变过程有真正透彻的理解。

毋庸置疑,马克思的社会学理论所具有的这种广泛、深入而又持久的影响力来源于它所独具的理论内涵和观察视角。正如人们普遍承认的那样,马克思对社会学理论最重要的贡献就在于他揭示了经济因素或者说物质生产过程在社会生活过程中的重要作用,揭示了"生产关系"在社会整体结构当中的重要作用,揭示了生产力和生产关系之间的矛盾与冲突以及经济基础和上层建筑之间的矛盾与冲突在人类历史演变过程当中的重要作用(按马克思的术语来说都是"决定"或"制约"性作用),并从生产力与生产关系之间的矛盾运动这样一个角度出发对现代资本主义社会的形成、演变、未来趋势以及人类社会从资本主义制度转变为社会主义制度的必要性与必然性做出了独具特色的描述和分析。也正是这种对物质生产以及生产关系在社会生活中之核心地位的强调,这种从生产关系角度对现代社会所做的详尽分析和批判,才将马克思的社会学理论及现代性分析与孔德、涂尔干、韦伯这些我们后面将要介绍的经典社会学家们(以及同时代的其他许多思想家们)的思想区分开来,使马克思的社会学理论得以在19世纪的众多思想家们当中独树一帜,从而奠定了马克思在现代社会学理论当中的经典作家地位以及在现代无产阶级革命运动中的导师地位。

对于马克思在社会学理论方面的这种贡献,人们曾经做出过极高的评价。恩格斯将马克思的这一贡献与达尔文的生物进化论相提并论,认为只有马克思才"发现了人类历史的发展规律",而在马克思之前"无论资产阶级经济学家或者社会主义批评家所做的一切研究都只是在黑暗中摸索"而已[102]。列宁也认为马克思的这些贡献使得人们第一次有可能"以严格的科学态度去分析社会现象","从而第一次把社会学放在科学的基础之上"[103]。

然而,尽管如此,自从马克思的社会学理论公开问世以来,围绕着马克思社会学理论的适当性以及有关概念、命题的确切含义等问题在人们中间也引发了一系列广泛、持久的争论(即使是在形形色色的"马克思主义者"内部情况也不例外),产生了浩如烟海的研究文献。要全面、详尽地介绍和评述这些讨论既是一件非常困难的事情,也不为本文的篇幅所允许,以下只择其要者简述之。

1. 围绕马克思社会学理论所产生的重要争论之一是就如何看待经济因素(生产力、生产关系或经济基础)在社会生活中所具有的重要作用这一问题而展开的。马克思终其一生都在强调和努力说明经济因素(生产力、生产关系或经济基础、物质生活的生产方式等)在整个社会生活过程当中的"决定"或"制约"作用,这使得许多人将马克思的思想理解为一种经济决定论(或生产力决定论),认为马克思是在主张用经济因素来直接解释全部社会生活,将经济因素当作是决定全部社会生活的唯一因素。针对这种理解,恩格斯在晚年曾经就如何适当理解马克思的上述思想做过一些详细的解释[104]。恩格斯详细讨论了国家政权、法律、宗教、哲学等意识形态以及个人意志是如何影响历史发展的进程的,力图表明马克思的社会学理论强调的只是经济因素在社会生活中的最终决定作用,而非"唯一决定作用",因此并非是一种"经济决定论"[105]。在恩格斯之后,拉卜里奥拉、考茨基、梅林、普列汉诺夫、布哈林、列宁等人也都曾做过类似的解释。但即使是这种"最终决定作用"的说法也遭到了很多人的异议,从而在思想界引发了一波又一波的争论。

2. 围绕马克思社会学理论所产生的另一方面的争论涉及对马克思社会学理论当中一些基本概念的理解问题。像"生产力""生产关系""生产方式""经济基础""上层建筑""社会存在""社会意识""阶级""社会形态""决定"等都是马克思社会学理论当中最基本的一些概念,如何准确地理解或界定这些概念对于能否准确地理解马克思的社会学理论显然有着毋庸置疑的重要性。然而,遗憾的是,在马克思与恩格斯撰写的那些著作中,这些概念的含义的确存在着许多模糊不清之处。譬如对于生产关系必须要与之相适应的生产力这个概念,马克思恩格斯在某些地方将其解说为"生产资料的性质"[106],而在另一些地方则又将其解说为"劳动生产率"[107]。又如"经济基础"的概念,马克思曾经将"经济基础"解说为"生产关系的总和",而恩格斯在给他人的一封信中则认为被他和马克思"视为社会历史的决定性基础的经济关系"不仅包括"生产和运输的全部技术装备",而且还包括"这些关系赖以发展的地理基础和事实上由过去沿袭下来的先前各经济发展阶段的残余",以及"围绕着这一社会形式的外部环境"等等一系列因素[108]。还有,正如前面提到过的,像"上层建筑""社会存在""社会意识""阶级"这样一些重要概念,在马克思恩格斯的著作也都缺乏明确的界定。这种概念上模糊不清的状况不能不影响人们对马克思社会学理论的恰当理解。对这些基本概念的含义进行探讨、澄清就成为马克思社会学理论的研究者们长期以来不断争论的一个重要议题。

3. 围绕马克思社会学理论所产生的另一争论则涉及对马克思社会学理论当中一些基本理论命题的理解。如前所述,像生产力决定生产关系、经济基础决定上层建筑、社会存在决定社会意识之类的陈述表达了马克思社会学理论中一些最基本的理论命题。然而,即使对于完全赞同这些命题的人来说,要恰当理解马克思在写下这些命题时想要表达的那些含义也是不甚容易的。在陈述这些命题时,马克思常常使用"决定""制约""随着……就"之类的表达法。那么,到底什么叫"决定""制约"? 生产力(经济基础、上层建筑)又是如何"决定""制约"着生产关系(上层建筑、社会意识)的呢? 关于这些问题,实际上也一直困扰着马克思社会学理论的研究者。

4. 围绕马克思社会学理论所产生的另一重要争论涉及所谓"前期马克思"与"后期马克思"思想上的关系。正如前面已经说过的那样,马克思的思想在写作《德意志意识形态》之前和之后有过一个转变过程,这一点似乎已经为人们所公认。问题是,如何来看待前后期马克思思想之间的关系?这里又包括两个有所不同的问题。一是在马克思前后期思想之间是否存在着一种根本的"断裂"?对于这一问题,明确作出肯定性回答的人有之(如阿尔都塞),明确作出否定性回答的也有之(如吉登斯)。二是在马克思的前后期思想中,哪一时期的思想才是所谓"真正"的"马克思主义"?围绕着这一问题所展开的争论,形成了"马克思主义"的两种不同的发展取向:一种是所谓"人道主义"取向的"马克思主义",它们认为马克思前期思想才是"马克思主义"的真正"发源地";另一种则是所谓"科学"取向的"马克思主义",它们认为马克思后期思想才代表了真正的、成熟的"马克思主义"。

5. 围绕马克思社会学理论产生的再一重要争论则涉及到所谓"五形态发展模式"的普遍有效性问题。如前所述,马克思恩格斯在自己的著作中曾将原始社会、奴隶社会、封建社会、资本主义社会和社会主义(共产主义)社会当作是人类历史曾经依次经历和将要经历的五种社会形态。现在的问题是:这五种社会形态依次更替的发展模式是否真是不同地区的人类社会在其发展进程中普遍要经历的发展模式?对于这个问题,许多人作出了肯定的回答,但也有不少人或者依据不同地区历史发展的事实,或者依据马克思自己的论述(如马克思晚年对所谓亚细亚社会的有关论述)对此作出了否定的回答。这方面的争论迄今为止也是未有定论。

6. 马克思从其一般社会学理论出发对现代性所做的分析也常常是人们之间相互争论的一个焦点。马克思从生产关系是全部社会关系当中最核心、最基础的部分这一基本观点出发,将"现代社会"主要理解为以资本主义生产关系为基础而建立起来的社会,即资本主义社会或资产阶级社会,从资本主义这种生产关系的角度对"现代社会"进行了详尽的分析和批判。这种分析视角也不断遭到人们的诟病。孔德、涂尔干等人认为现代社会最核心的特征是工业化及由此形成的广泛社会劳动分工,而非"资本主义";韦伯认为现代社会最核心的特征是个人行动和社会生活的"理性化",无论是资本主义也好还是工业化也好都只不过是"理性化"过程的不同方面;吉登斯则认为资本主义、工业化、理性化都分别只是现代社会的制度性维度之一,只有将它们以及现代社会的其他一些制度性维度如军事力量等结合起来,把它们看作是一些既各自独立又相互作用的变量,才能够对现代社会作出恰当的描述和分析。此外,马克思对现代资本主义社会内在运行机制和演变趋势的一些分析和预言,由于与实际情况有一定出入,因而也常常受到人们的批评。例如,马克思和恩格斯都曾经预言从资本主义向社会主义的转变将首先在主要发达资本主义国家中发生,但事实却似乎恰好相反。如何来解释理论推断与历史事实之间的这种不一致现象,也一直是学者们之间不断讨论的一个重要主题。

概而言之,马克思的社会学理论既为我们观察和分析人类社会提供了一个非常独特的理论视角,从而对19世纪中叶以来的社会研究和社会实践都发生了重大而又深远的影响,但与此同时,由于种种原因,其本身在概念、命题和内容上也确实存在着一些尚不完善乃至局限或偏颇之处,从而给人们的争论(无论这些争论是出于政治方面还是出于学术或其他方面的动机而展开的)留下了广阔的空间。然而,这并不妨碍我们将马克思确认为19世纪中叶以来人类历史上最伟大的社会思想家之一。并且,我们也有足够的理由相信,马克思的社会学理论不仅对19世纪以来的人类历史产生了巨大的影响,而且在今天和将来,都始终是人类文化和社会实践具有活力的思想源泉之一。

注　释

[1] 《马克思恩格斯选集》第3卷,人民出版社1995年版,第776页。

[2] 《列宁选集》第1卷,人民出版社1995年版,第7—9页。

[3] 青年黑格尔派是19世纪30年代从黑格尔学派当中分离出来的一个哲学和政治流派。青年黑格尔派和黑格尔派一样都把理性、精神看作是世界和历史的本质,但他们反对黑格尔把宗教和理性、哲学混为一谈,主张对宗教采取一种批判的态度。青年黑格尔派在哲学上强调自我意识的作用,在政治上反对黑格尔把普鲁士王国看作是绝对观念在国家中的最高发展阶段的说法,主张改变普鲁士封建专制制度,建立自由民主的新社会。青年黑格尔派的主要代表人物有鲍威尔、施特劳斯、施蒂纳、卢格等。马克思在一定程度上也一度成为这个学派的一员,尽管马克思的思想和鲍威尔他们一开始就有所区别。

[4] 黑格尔:《法哲学原理》,范扬、张企泰译,商务印书馆1982年版,第269页。

[5] 同上书,第259页。

[6] 《马克思恩格斯全集》第1卷,人民出版社1956年版,第250—251页。

[7] 《马克思恩格斯选集》第2卷,人民出版社1995年版,第32页。

[8] 《马克思恩格斯全集》第1卷,第441页。

[9] 同上书,第437—439页。

[10] 同上书,第435页。

[11] 同上书,第443页。

[12] 《马克思恩格斯选集》第1卷,人民出版社1995年版,第14—15页。

[13] 马克思:《1844年经济学—哲学手稿》,人民出版社2000年版,第81页。

〔14〕 即使是对人类解放的关怀也不再是建立在人本主义而是建立在唯物主义和历史主义的理论基础之上——换句话说,之所以要去争取实现人类的解放、实现人类个体之间真正平等的自由,不再是因为这种自由是人类的"类本质",而是因为它是社会历史运动发展到现代阶段上所产生的一种普遍的人类理想。

〔15〕 《马克思恩格斯选集》第 2 卷,第 32—33 页。

〔16〕 《马克思恩格斯选集》第 1 卷,第 78—79 页。

〔17〕 同上书,第 344 页。

〔18〕 《马克思恩格斯选集》第 3 卷,第 211 页。

〔19〕 关于这一点,在国内外马克思主义理论界也有着大量的讨论。

〔20〕 《马克思恩格斯选集》第 4 卷,人民出版社 1995 年版,第 532 页。

〔21〕 同上书,第 536 页。

〔22〕 同上书,第 533 页。

〔23〕 《马克思恩格斯选集》第 1 卷,第 344—345 页。

〔24〕 同上书,第 71 页。

〔25〕 同上书,第 92 页。

〔26〕 《马克思恩格斯全集》第 46 卷,人民出版社 2003 年版,第 894 页。

〔27〕 《马克思恩格斯选集》第 2 卷,第 38 页。

〔28〕 《马克思恩格斯选集》第 1 卷,第 257 页。

〔29〕 《马克思恩格斯选集》第 3 卷,第 739 页。

〔30〕 《马克思恩格斯选集》第 1 卷,第 291 页。

〔31〕 同上书,第 72 页。

〔32〕 同上书,第 73 页。

〔33〕 《马克思恩格斯选集》第 4 卷,第 692 页。

〔34〕 《马克思恩格斯全集》第 44 卷,人民出版社 2001 年版,第 653 页。

〔35〕 《马克思恩格斯全集》第 2 卷,人民出版社 1957 年版,第 118—119 页。

〔36〕 《马克思恩格斯全集》第 44 卷,人民出版社 2001 年版,第 10 页。

〔37〕 同上书,第 9 页。

〔38〕 参见《马克思恩格斯选集》第 1 卷,第 69—71 页。

〔39〕 在《德意志意识形态》一书中,马克思恩格斯还没有提出"生产关系"这样一个概念,在论及人们在生产过程中所形成的社会联系时他们主要使用的是"交往关系"一词。

〔40〕 《马克思恩格斯选集》第 1 卷,第 768 页。

〔41〕 参见《马克思恩格斯全集》第 46 卷上册,人民出版社 1980 年版,第 475—494 页。

〔42〕 《马克思恩格斯全集》第 32 卷,人民出版社 1974 年版,第 43 页。

〔43〕 如何理解马克思的社会形态及其演进理论是国内外马克思主义理论界的一个重要课题。关于这方面的研究已经产生了大量的优秀文献。限于篇幅,这里不能对相关讨论详加展开。有兴趣的读者可参阅梅洛蒂:《马克思与第三世界》,商务印书馆1981年版、郝镇华编:《外国学者论亚细亚生产方式》,中国社会科学出版社1981年版、赵家祥、丰子义:《马克思东方社会理论的历史考察和当代意义》,高等教育出版社2002年版等书。

〔44〕《马克思恩格斯选集》第1卷,第121页。

〔45〕 同上书,第127页。

〔46〕 同上书,第83页。

〔47〕 同上书,第68页。

〔48〕《马克思恩格斯全集》第6卷,人民出版社1961年版,第221页。

〔49〕《马克思恩格斯选集》第3卷,第756页。

〔50〕 同上书,第524页。

〔51〕《马克思恩格斯全集》第17卷,人民出版社1963年版,第643页。

〔52〕《马克思恩格斯选集》第1卷,第132页。

〔53〕《马克思恩格斯全集》第3卷,人民出版社1960年版,第378页。

〔54〕《马克思恩格斯选集》第1卷,第98页。

〔55〕 同上书,第272页。

〔56〕《马克思恩格斯全集》第21卷,人民出版社1965年版,第291页。

〔57〕《马克思恩格斯全集》第34卷,人民出版社1972年版,第383—384页。

〔58〕《马克思恩格斯选集》第4卷,第547页。

〔59〕《马克思恩格斯选集》第1卷,第277页。

〔60〕 同上书,第273页。

〔61〕 同上书,第277页。

〔62〕 同上。

〔63〕 同上书,第277—278页。

〔64〕《马克思恩格斯全集》第44卷,人民出版社2001年版,第272页。

〔65〕 同上书,第714页。

〔66〕 同上书,第583页。

〔67〕 同上。

〔68〕 同上书,第366页。

〔69〕《马克思恩格斯选集》第1卷,第277页。

〔70〕《马克思恩格斯全集》第46卷,人民出版社2003年版,第272页。

〔71〕应该说,由于《资本论》第二、三卷和《剩余价值理论》等著作均属于未完成的手稿,马克思在其中对资本主义生产方式内在矛盾或经济危机原因所做的论述并不是十分清晰,存在着许多含混之处。以下所述只是笔者根据自己对马克思有关原著所做的理解并参照后人对马克思有关思想的研究成果而做的一种概括,并不一定符合马克思的愿意。关于学者们在理解马克思有关资本主义经济危机理论方面所产生的分歧,可参见孟德尔:《〈资本论〉新英译本导言》,仇启华、杜章智译,中共中央党校出版社1991年版,第133—138页和172—185页。

〔72〕参见《资本论》第2卷的相关论述及《马克思恩格斯全集》第26卷中册,人民出版社1973年版,第588—590页、第595—598页。

〔73〕参见《资本论》第3卷第15章,人民出版社1975年版,尤其是第279—289页,或《马克思恩格斯全集》第46卷,人民出版社2003年版,同批页码。

〔74〕同上书,第272—273页。

〔75〕《马克思恩格斯选集》第1卷,第278页。

〔76〕《马克思恩格斯全集》第44卷,人民出版社2001年版,第485—486页。

〔77〕同上书,第743—744页。

〔78〕同上。

〔79〕《马克思恩格斯选集》第1卷,第284页。

〔80〕《马克思恩格斯全集》第44卷,人民出版社2001年版,第874页。

〔81〕《马克思恩格斯选集》第1卷,第278页。

〔82〕同上书,第284页。

〔83〕《马克思恩格斯选集》第4卷,第643页。

〔84〕《马克思恩格斯全集》第44卷,人民出版社2001年版,第96页。

〔85〕同上书,第96—97页。

〔86〕同上书,第484—486页。

〔87〕《马克思恩格斯选集》第1卷,第85页。

〔88〕同上书,第294页。

〔89〕同上书,第77页。

〔90〕《马克思恩格斯全集》第18卷,人民出版社1964年版,第179页。

〔91〕《马克思恩格斯全集》第17卷,人民出版社1964年版,第686页。

〔92〕《马克思恩格斯选集》第1卷,第282页。

〔93〕同上。

〔94〕同上书,第283页。

〔95〕同上书,第280—281页。

〔96〕《马克思恩格斯全集》第 18 卷,人民出版社 1964 年版,第 695 页。列宁后来修改了马克思恩格斯的这一结论,认为由于资本主义各国之间经济和政治发展的不平衡,社会主义革命有可能首先在一国或几个国家里获得胜利。但他依然坚持马克思恩格斯关于在一国之内不可能建成社会主义社会的观点。关于列宁在这方面的相关论述,可参看列宁《论欧洲联邦口号》、《无产阶级革命的军事纲领》,《列宁选集》第 2 卷;《谈谈不幸的和约的历史》,《列宁选集》第 3 卷,人民出版社 1995 年版等文献。

〔97〕《马克思恩格斯选集》第 1 卷,第 86 页。

〔98〕同上书,第 291 页。

〔99〕同上书,第 241 页。

〔100〕同上书,第 294 页。

〔101〕《马克思恩格斯选集》第 3 卷,人民出版社 1995 年版,第 305—306 页。马克思称之为"共产主义社会第一阶段"的社会发展阶段,后来就被列宁正式命名为"社会主义社会"。而马克思所称的"共产主义社会高级阶段"则被简单地称之为"共产主义社会"。这样"共产主义社会"在马克思主义理论体系当中就有了广狭义之分。广义的"共产主义社会"既包括了作为"共产主义社会第一阶段"的"社会主义社会",又包括了"共产主义社会的高级阶段";狭义的"共产主义社会"则仅指"(广义)共产主义社会的高级阶段"。

〔102〕《马克思恩格斯选集》第 3 卷,第 776 页。

〔103〕《列宁选集》第 1 卷,第 7—9 页。

〔104〕参见恩格斯晚年致康·施米特(1890 年 10 月 27 日)、致弗·梅林(1893 年 7 月 14 日)、致瓦·博尔吉乌斯(1894 年 1 月 25 日)等人的信,均载《马克思恩格斯选集》第 4 卷。

〔105〕"历史过程中的决定性因素归根到底是现实生活的生产和再生产。无论马克思或我都从来没有肯定过比这更多的东西。如果有人在这里加以歪曲,说经济因素是唯一决定性的因素,那么他就是把这个命题变成毫无内容的、抽象的、荒诞无稽的空话。经济状况是基础,但是对历史斗争的进程发生影响并且在许多情况下主要是决定着这一斗争的形式的,还有上层建筑的各种因素:阶级斗争的各种政治形式及其成果——由胜利了的阶级在获胜以后确立的宪法等等,各种法的形式以及所有这些实际斗争在参加者头脑中的反映,政治的、法律的和哲学的理论,宗教的观点以及它们向教义体系的进一步发展。这里表现出这一切因素间的相互作用,而在这种相互作用中归根到底是经济运动作为必然的东西通过无穷无尽的偶然事件……向前发展。"《马克思恩格斯选集》第 4 卷,第 695—696 页。

〔106〕"生产者相互发生的这些社会关系,他们借以互相交换其劳动和参与全部生产活动的条件,当然依照生产资料的性质而有所不同。"《马克思恩格斯选集》第 1 卷,第 344 页。

〔107〕"只要社会总劳动所提供的产品除了满足社会全体成员最起码的生活需要以外只有少量剩余,就是说,只要劳动还占去社会大多数成员的全部或几乎全部时间,这个社会就必然划分为阶级。"《马克思恩格斯选集》第 3 卷,第 756 页。

〔108〕《马克思恩格斯选集》第 4 卷,第 731 页。

主要参考文献

马克思、恩格斯的著作

马克思:《评普鲁士最近的书报检查令》,《马克思恩格斯全集》第 1 卷,人民出版社 1956 年版。

马克思:《第六届莱茵省议会的辩论(第一篇论文)》,《马克思恩格斯全集》第 1 卷,人民出版社 1956 年版。

马克思:《第六届莱茵省议会的辩论(第三篇论文)》,《马克思恩格斯全集》第 1 卷,人民出版社 1956 年版。

马克思:《摩塞尔记者的辩护》,《马克思恩格斯全集》第 1 卷,人民出版社 1956 年版。

马克思:《黑格尔法哲学批判》,《马克思恩格斯全集》第 1 卷,人民出版社 1956 年版。

马克思:《论犹太人问题》,《马克思恩格斯全集》第 1 卷,人民出版社 1956 年版。

马克思、恩格斯:《神圣家族》,《马克思恩格斯全集》第 2 卷,人民出版社 1957 年版。

马克思:《〈黑格尔法哲学批判〉导言》,《马克思恩格斯选集》第 1 卷,人民出版社 1995 年版。

马克思:《1844 年经济学—哲学手稿》,人民出版社 2000 年版。

马克思、恩格斯:《德意志意识形态(节选)》,《马克思恩格斯选集》第 1 卷,人民出版社 1995 年版。

马克思、恩格斯:《共产党宣言》,《马克思恩格斯选集》第 1 卷,人民出版社 1995 年版。

马克思:《雇佣劳动和资本》,《马克思恩格斯选集》第 1 卷,人民出版社 1995 年版。

马克思:《孟德斯鸠第 56》(1849 年 1 月),《马克思恩格斯全集》第 6 卷,人民出版社 1961 年版。

马克思:《政治经济学批判序言》,《马克思恩格斯选集》第 2 卷,人民出版社 1995 年版。

马克思:《法兰西内战二稿》,《马克思恩格斯全集》第 17 卷,人民出版社 1963 年版。

马克思:《资本论》,《马克思恩格斯全集》第 44—46 卷,人民出版社 2001、2003 年版。

马克思:《剩余价值理论》,《马克思恩格斯全集》第 26 卷,人民出版社 1995 年版。

马克思:《不列颠在印度统治的未来结果》,《马克思恩格斯选集》第 1 卷,人民出版社 1995 年版。

马克思:《资本主义生产以前的各种形式》,《马克思恩格斯全集》第 46 卷,人民出版社 1980 年版。

马克思:《致恩格斯》(1868 年 3 月 14 日),《马克思恩格斯全集》第 32 卷,人民出版社 1974 年版。

马克思:《致卡尔·希尔施》(1879 年 9 月),《马克思恩格斯全集》第 34 卷,人民出版社 1972 年版。

马克思:《致魏德迈》,《马克思恩格斯选集》第 4 卷,人民出版社 1995 年版。

马克思:《致斐·多·纽文胡斯》(1881 年 2 月 22 日),《马克思恩格斯选集》第 4 卷,人民出版社 1995 年版。

马克思:《哥达纲领批判》,《马克思恩格斯选集》第 3 卷,人民出版社 1995 年版。

恩格斯:《共产主义原理》,《马克思恩格斯选集》第 1 卷,人民出版社 1995 年版。

恩格斯:《在马克思墓前的讲话》,《马克思恩格斯选集》第 4 卷,人民出版社 1995 年版。

恩格斯:《论卡尔马克思〈政治经济学批判〉一书》,《马克思恩格斯选集》第 2 卷,人民出版社 1995 年版。

恩格斯:《马克思(路易·波拿巴的雾月十八)第三版序言》,《马克思恩格斯全集》第 21 卷,人民出版社 1965 年版。

恩格斯:《共产党宣言·1988 年英文版序》,《马克思恩格斯选集》第 1 卷,人民出版社 1995 年版。

恩格斯:《反杜林论》,《马克思恩格斯选集》第 3 卷,人民出版社 1995 年版。

恩格斯:《社会主义从空想到科学的发展》,《马克思恩格斯选集》第 3 卷,人民出版社 1995 年版。

恩格斯:《致康·施米特》,《马克思恩格斯选集》第 4 卷,人民出版社 1995 年版。

恩格斯:《致约·布洛赫》(1890 年 9 月 21 日),《马克思恩格斯选集》第 4 卷,人民出版社 1995 年版。

恩格斯:《瓦·博尔吉乌斯(1894 年 1 月 25 日)》,《马克思恩格斯选集》第 4 卷,人民出版社 1995 年版。

恩格斯:《致弗·梅林(1893 年 7 月 14 日)》,《马克思恩格斯选集》第 4 卷,人民出版社 1995 年版。

其他文献

阿隆:《社会学主要思潮》,葛智强等译,华夏出版社 2000 年版。

阿尔都塞:《读〈资本论〉》,李其庆、冯文光译,中央编译出版社 2001 年版。

冯钢:《非西方社会发展理论与马克思》,浙江人民出版社 1992 年版。

黑格尔:《法哲学原理》,商务印书馆 1982 年版。

黄楠森、施德福、宋一秀主编:《马克思主义哲学史》,北京大学出版社 1987 年版。

郝镇华编:《外国学者论亚细亚生产方式》,中国社会科学出版社 1981 年版。

科瑟:《社会学思想名家》,石人译,中国社会科学出版社 1990 年版。

科亨:《卡尔·马克思的历史理论———一个辩护》,岳长龄译,重庆出版社 1989 年版。

列宁:《什么是"人民之友"以及他们是如何攻击社会民主党人的》,《列宁选集》第 1 卷,人民出版社 1995 年版。

列宁:《论欧洲联邦口号》,《列宁选集》第 2 卷,人民出版社 1995 年版。

列宁:《无产阶级革命的军事纲领》,《列宁选集》第 2 卷,人民出版社 1995 年版。

列宁:《谈谈不幸的和约的历史》,《列宁选集》第 3 卷,人民出版社 1995 年版。

孟德尔:《〈资本论〉新英译本导言》,仇启华、杜章智译,中共中央党校出版社 1991 年版。

梅洛蒂:《马克思与第三世界》,商务印书馆 1981 年版。

瞿铁鹏:《马克思主义社会理论》,上海社会科学院出版社 1995 年版。

威廉姆·肖:《马克思的历史理论》,阮仁慧、钟石韦、冯瑞荃译,重庆出版社 1989 年版。

约翰逊:《社会学理论》,南开大学社会学系译,国际文化出版公司,1988 年版。

赵家祥、丰子义:《马克思东方社会理论的历史考察和当代意义》,高等教育出版社 2002 年版。

Bottomore, T. B.: *Marxist Sociology*, New York: Holmes & Meier Pub., 1975.

Bottomore, T. B. and Goode, Patrick: *Readings in Marxist Sociology*, New York: Oxford University Press, 1983.

Bottomore, T. B. (ed.): *A Dictionary of Marxist Thought*, 2nd ed., Oxford: Blackwell, 1991.

Carver, Terrell: *Marx's Social Theory*, New York: Oxford University Press, 1982.

Giddens, Anthony: *Capitalism and Modern Social Theory: An Analysis of the Writings of Marx, Durkheim and Max Weber*, Cambridge University Press, 1971.

Hughes, J. A, Peter J. Martin and W. W. Sharrock: *Understanding Classical Sociology: Marx, Weber, Durkheim*, London: Thousand Oaks, 1995.

Lefebvre, Henri: *The Sociology of Marx*, translated by Norbert Guterman, New York: Vintage Books, 1968.

Ritzer, George: *Sociological Theory*, McGraw-Hill Inc., 1992.

第三章

埃米尔·涂尔干

谢立中

埃米尔·涂尔干(Émile Durkheim)是现代(实证主义)社会学的奠基人之一。一般认为,孔德(August Conte,1798—1857)最早明确提出了按照(被理解为实证主义模式的)科学方法来研究社会的计划,并首创了"社会学"这个名词,但孔德自己并没有严格按照这种计划来从事社会学研究。只是在涂尔干的不懈努力下,实证主义模式的"社会学"才最终得以确立,孔德的计划才最终得以实现。正因为如此,后人才把涂尔干(而非孔德)看作是经典社会学的三大代表人物之一。在本章中,我们将对涂尔干的社会学理论做一个简单的介绍和评论。

第一节 涂尔干的生平与基本理论关怀

涂尔干于 1858 年 4 月 5 日出生于一个叫埃皮纳(Epinal)的法国小镇。按照有关文献记载,涂尔干在少年时期就由于某种至今仍无人能说清楚的原因而倾向科学与理性精神。涂尔干的祖辈累世为犹太教牧师,涂尔干本人也曾于 13 岁时接受了传统的犹太教洗礼仪式,但他先是很快在一位天主教女教师的影响下脱离了犹太教而对天主教发生了兴趣,然而不久又放弃了天主教而成为一个不可知论者。为了接受到更好的科学教育,涂尔干从埃皮纳中学转往法国最好的高级中学之一——巴黎大路易斯公立中学,之后(在经过两次落榜之后)又如愿以偿地从这里考入了享有盛誉的巴黎高等师范学校。在那里,他尽管对学校偏重文学和美学的做法感到不满,但却仍然刻苦认真学习,并从历史学家库朗热和哲学家布特鲁那里学到了客观严谨的科学研究方法以及反还原论等理论观点。在大学毕业之时,涂尔干"希望献身于一门能将纷扰时代的主要道德问题澄清、能实际指导当代社会发展的科学。……他决心从事对社会的科学研究"[1]。但在当时的法国社会学作为一门学科尚未得到学术界和教育界的正式承认,因此,毕业后他只好到巴黎附近的一些中学去教哲学。1885—1886年,涂尔干到德国修学一年,虽然主修的是教学法,但却特别留意德国的道德哲学和社会科学,并对德国哲学家、心理学家冯特主持的心理学实验室以及其他德国社会科学家们在研究中所贯穿的精确性和科学客观性产生了深刻的印象,回国后撰写了多篇介绍和评论德国学术状况的报告,引起了人们的重视,遂被聘请到波尔多大学哲学系讲授社会(科)学和教育学。这是法国大学中首次开设社会学的课程。涂尔干在这里工作了15年,"度过了一段紧张而硕果累累的日子"[2]。1893年,他完成了自己的博士学位论文《论社会分工》并取得了博士学位。这本书后来被认为是他的第一本最重要的著作。1895年,涂尔干又出版了《社会学研究方法论》一书;两年之后,又出版了《自杀论》一书。这三本奠定了实证主义社会学的理论与方法论基础,也奠定了涂尔干在法国学术界的地位。1896年,涂尔干被聘任为法国第一位社会学教授。1898年,涂尔干又创建了《社会学年鉴》,这份日后变得非常著名的刊物对法国乃至世界社会科学产生了重大而又深远的影响。1902年,涂尔干作为著名学者被巴黎大学聘用,讲授教育学和社会学。1906年被任命为巴黎大学教育学讲座教授。1913年,该讲座改称为"社会学讲座",涂尔干也就成为法国第一位正式得到命名的社会学教授,他所在的教育学系也改称为"教育学和社会学系"。该系被认为是欧洲大陆第一个社会学系。在巴黎大学,涂尔干除了讲课和继续编辑《社会学年鉴》外,还写作出版了一系列论文以及他最后一部重要著作《宗教生活的基本形式》一书。1915年,涂尔干对其学术前途寄予了厚望的爱子在第一次世界大战中因战伤过重去世,使涂尔干的心灵遭受了沉重的打击。两年之后,59岁的涂尔干与世长辞。

虽然涂尔干被认为是一个学院派的社会学家,他不像马克思和韦伯等人那样深深地卷入到各种社会与政治活动当中去,但和后面这些人一样,涂尔干的全部学术研究活动及其学说也包含着深厚的社会与道德关怀在内,也都是针对着他在当时的社会情境当中所感受到的社会问题而展开的,是涂尔干为了解决他所感受的那些社会问题而提出来的一些理论方案。因此,和理解其他思想家一样,理解涂尔干的社会学理论所针对或所欲解决的社会问题,也是我们理解这一理论的基本前提。

那么,什么是涂尔干的社会学理论所针对或欲加探讨和解决的基本问题呢?关于这个问题,我们只要将涂尔干的主要著作仔细审读一番,就能够得出一个比较明确的结论。仔细审读《社会分工论》《自杀论》《职业伦理和公民道德》《道德教育》《社会主义与圣西门》《宗教生活的基本形式》等涂尔干的主要著作,我们就会发现,涂尔干在其社会学研究中所关注的核心问题,若用一句话来概括,就是如何来恰当地理解和有效地解决19世纪西方发达国家在从前工业社会向工业社会(或从前现代社会向现代社会)的转型过程中所遭遇的各种危机。以涂尔干自己的著作所涉及的内容和材料来讲,这些危机至少包括以下几方面:

1. 经济危机。具体表现为19世纪频繁发生的工商业的危机和破产。这是涂尔干在《社会分工论》等著作当中最关注的现代社会问题之一。和包括马克思在内的许多其他思想家一样,涂尔干也已经注意到,随着劳动分工的不断发展,工商业的危机和破产越来越频繁,"从1845年到1869年,破产现象就增加了70%"。这种频繁发生的"工商业的危机和破产……已经证明,在有机体的某些方面,某些社会功能相互之间是无法调和的"[3]。

2. 社会危机。具体表现为进入19世纪以来同样正在变得越来越频繁和越来越激烈的劳资冲突。涂尔干忧心忡忡地看到,在他所处的那个时代,"工业职能越是朝着专业化的方向发展,劳动和资本的对抗就越激烈,远远超出了社会团结的水平"[4]。在中世纪,工人和雇主双方几乎是平等的;到了15世纪,工人与雇主之间开始产生分离和冲突,但那个时候的冲突在时间、内容和程度上还是有限的;进入17世纪以来,随着大工业时代的降临,工人和雇主之间的裂痕则变得越来越明显了,工人们的反抗越来越频繁,工人和雇主之间的斗争也变得越来越残酷。工人和雇主之间"永无休止的敌对状态"已经成为"工业社会的显著特征"[5]。

3. 精神危机。人们普遍对社会现实感到悲观失望,悲观思潮已经达到了不正常的强度。叔本华哲学、无政府主义、唯美主义、神秘主义和社会主义在某种程度上说都是这种"集体悲伤情调"变态发展的产物。悲观情绪变态发展的另一个重要表现就是自杀率的上升。从19世纪初期到中后期不到50年的时间内自杀率在西方几个主要的发达国家里增长了三四倍甚至五倍。按涂尔干的描述,"事实上,1826—1890年,普鲁士的自杀数字上升了411%;1826—1888年法国自杀数字上升了385%;1841—1877年奥地利自杀上升了318%;1841—1875年萨克森上升了238%;1841—1889年比利时上升212%"。"意大利在

1870年成为欧洲文明的积极参加者以来,其自杀数字从788人增至1653人,在20年中增长了109%"[6]。

和所有那些对社会充满了责任心和道德关怀的思想家一样,面对自身所处的社会情境显现出来的上述种种危象,涂尔干也是忧心忡忡。他明确地指出,这些危机现象对于我们赖以存身的社会环境具有极大的破坏作用:工商业的危机和破产足以使社会团结发生断裂,劳资之间的激烈对抗则正在把居住在同一个社会的成员分裂成两个敌对的国度,迅猛发展的自杀现象也具有类似的社会后果,"自杀风的兴起……意味着危机和骚乱"[7]。因此,对于我们及其赖以存身的社会来说,所有的这些现象都是有害的,我们不能对它熟视无睹。我们必须要去研究这些现象得以产生的原因,探讨能够有效地消除这些危机现象的办法。和孔德一样,涂尔干认为,这一任务只有通过运用"科学"的方法对社会进行客观、深入的研究才能够完成。这就是涂尔干贡献毕生精力致力于社会学研究的重要原因。

毋庸置疑,涂尔干所关注的这些问题当然也正是19世纪英、法等西方发达国家其他许多思想家们同样关注的问题。区别只在于涂尔干对这些问题产生的原因以及解决这些问题的途径和道路有着自己与众不同的看法或见解。

大体说来,在如何理解和解决19世纪西方发达社会所面临的上述危机这个问题上,英、法等西方发达国家的思想家们大体上有以下几种不同的思路:

1. 马克思主义者的思路。正如我们在前一章中所看到的那样,按照马克思主义者的看法,西方发达国家当时所遭遇的那些危机主要是起源于以生产资料资本家私有制为核心的自由资本主义制度同在这个制度下逐步形成和发展起来的社会生产力之间的矛盾;因此,要消除那些危机,就必须从根本上对自由资本主义制度加以变革,用暴力革命的手段推翻自由资本主义制度,用以生产资料公有制为核心的共产主义制度来替代它。

2. 密尔等自由主义者的思路。和共产主义者相反,这条思路认为当时西方发达国家之所以会遭遇那些危机并不是由于自由主义制度本身具有的某些特质,而是由于自由主义制度在当时尚不完善,自由尚未能充分地、平等地扩展到每一个人;因此,消除那些危机的办法不在于从根本上废除自由主义制度,而是要通过各种具体的途径来进一步改良和完善自由主义制度,使每一个人都能够在形式上享有充分的自由。密尔在他的《代议制政府》一书中就曾批评英国政治自由的有限性,指出在英国工人阶级一直被排除在对政府事务的一切直接参与之外,而参加政府的阶级又不能恭敬地听取工人的意见、代表或反映工人的利益。这正是当时英国社会各种问题产生的原因之一。密尔据此提出了改革政治体制的意见,主张扩大选举权,以使雇主和工人在议会中的代表各占 1/2[8]。

3. 梅斯特尔等保守主义者的思路。按照这条思路,当时的西方发达国家之所以会遭遇那些危机,既不在于马克思主义者所说的那种生产资料私有制同生产力之间的矛盾,也不在于自由的不完全或不充分,而是由于随着社会从前现代社会向现代社会的转变,个人自由的高度扩展以及平等的社会发展趋势破坏了原有的社会秩序;因此,消除危机的办法也既不在于推翻生产资料私有制,又不在于进一步拓展个人自由,而是要通过恢复各种古老的传统(秩序、等级制、道德社会、精神权利、群体优于个人等)来重建社会秩序[9]。

4. 孔德等实证主义社会学家的思路。这条思路与保守主义者们的思路之间有着很大程度的重叠性。和保守主义者一样,孔德也认为当时西方社会所面临的那些危机,既不是源于资本家的私有制(他认为资本家私有制是工业社会中人们用来组织工业生产的一种必要形式),也不是源于自由的不充分,而是源于社会结构从前现代向现代类型的转型,源于工业化和劳动分工的发展所导致的个人主义的高涨及其传统社会秩序的崩溃。因此,解决问题的办法也就是要重建社会秩序。但和保守主义者不同的是,孔德并不主张通过恢复各种古老的传统来重建社会秩序,而是主张在新的条件下重新建立与工业社会的特征相适应的新的社会秩序。

作为实证主义社会学的传人,涂尔干的观点总体上说属于孔德那一路。和孔德一样,涂尔干也是一个"工业社会"的理论家,也是将工业化而不是资本主义或自由主义理解为现代社会最核心的特征[10];和孔德一样,涂尔干也将工业社会看成是劳动分工不断发展的结果(而不是像马克思所说的那样是资本主义生产方式发展的结果);和孔德一样,涂尔干也是将社会团结的削弱或社会失序当成是工业社会所面临的最主要的问题,也是将重建工业社会中的社会团结和社会秩序当作自己最基本的理论关怀——并且,可以说,涂尔干比孔德更加关注这个问题;和孔德一样,涂尔干也主要是将共同的世界观、价值观(他称之为集体意识)看作是包括工业社会在内的各类社会团结和社会秩序的真实基础,将"集体意识"的衰退看成是导致工业社会各种危机的根本原因,将重建集体意识看成是在工业社会中重建社会团结和社会秩序的基本途径;和孔德一样,涂尔干也既反对试图通过以阶级斗争改变财产制度的方式来解决现存各种社会危机的共产主义学说,也反对主张放任自流的各种自由主义学说,而主张将自由和秩序结合起来。正因为如此,雷蒙·阿隆才会说涂尔干是孔德的"忠实信徒"[11],认为"涂尔干以各种方式忠于实证主义创始人的思想"[12]。科塞也才会指出,"孔德著作和涂尔干著作的读者不可能不对他们思想的相似留下深刻印象"[13]。美国当代社会学家 D.约翰逊也才会说:"虽然对当代社会学来说涂尔干的社会学分析比孔德的分析更精确更有意义,但涂尔干的观点不过是普遍地加强了'社会学之父'孔德的理论观点。"[14]当然,尽管如此,涂尔干与孔德之间的差异也还是存在的。关于这一点,我们在后面的叙述中将会随时指出。以下我们就以涂尔干几本最主要的著作为线索,围绕着"现代性的危机与处方"这个主题,来梳理一下涂尔干的社会学理论。

第二节 现代性危机的根源:社会转型与失范

涂尔干的理论关怀在他第一本重要的理论著作《社会分工论》中就得到了明确的体现。

在为《社会分工论》一书第二版所写的序言中,涂尔干曾经对他在这本书中始终加以关注并着力去探讨和解决的核心问题进行了简明扼要的概括。涂尔干指出,他在这本书中始终关注并再三加以强调的社会问题不是别的,正是"现代经济生活存在着的法律和道德的失范状态"[15]。涂尔干用如下一段话来描述了他所说的失范状态:"如果我们想用更精确的词汇来说明我们目前对雇主与白领工人、工厂工人与工厂老板,相互竞争的企业主、企业主与普通大众之间的关系的看法,那么最后得到的一定是个笼统的回答!总之,普遍的看法总是很含糊的,譬如有人说,每个雇佣工人都应该忠于和信奉雇主,或者每个雇主都不应该擅用自己的经济特权,有人公开谴责那些明目张胆和没有公正的经济竞争,以及对消费者肆无忌惮的巧取豪夺:所有的职业伦理意识大概也就存在于这几个方面。而且,这些感受大部分都是不带法律性质的。它们的基础是公众意见,而不是法律——众所周知,公众意见对各种含糊其词的义务总是充满了宽容。那些最该受到谴责的行为也往往因为成功而得到迁就,允许和禁止、公正和不公之间已经不再有任何界限,个人几乎以一种武断的形式把这些界限挪来挪去。道德也是那样的含混不清,反复无常,根本形成不了任何纪律。因此,集体生活的整个领域绝大部分都超出了任何规范的调节作用之外。"涂尔干指出,"这就是我们所要揭示的失范状态,它造成了经济世界中极端悲惨的景象,各种各样的冲突和混乱频繁产生出来。既然我们无法约束当前彼此争斗的各种势力,无法提供能够使人们俯首帖耳的限制,它们就会突破所有界限,继而相互对抗,相互防范,相互削弱。当然,那些最强的势力就会在与弱者的对抗中占上风,使后者屈尊于它的意志。但是,这些被征服者虽然暂时屈从了强力统治,却没有认同这种统治,因此,这种状态肯定不会带来安宁祥和的气氛。由暴力

第三章 埃米尔·涂尔干

达成的休战协议总归是临时性的,它不能安抚任何一方。人们的欲望只能靠他们所遵从的道德来遏止。如果所有权威都丧失殆尽,那么剩下的只会是强者统治的法律,而战争,不管它是潜在的还是突显的,都将是人类永远无法避免的病症"。"这种无政府状态明显是一种病态现象,因为它是与社会的整个目标反向而行的,社会之所以存在,就是要消除,至少是削弱人们之间的相互争斗,把强力法则归属于更高的法则"。有人曾经极力鼓吹这种"规范失散状态"的正当性,"认为它促进了个人自由的发展",涂尔干认为这是完全错误的,因为"自由是一系列规范的产物。我若要想得到自由,首先就要杜绝其他人在肉体、经济以及其他领域内所享有的利益和特权,防止他限制我的自由";而我们只有通过一系列的社会规范才能够做到这一点,"如果我们要保证个人的经济独立地位,一系列繁琐复杂的规范总归是必需的,否则,自由也只不过是一种虚名"[16]。因此,19 世纪西方发达国家中出现的那种失范状态不是一种正当的,而是一种应该尽快加以消除的社会状态。

那么,到底是什么原因导致了这种社会失范状态呢?

有人认为是高度发达的劳动分工造成了这种社会失范状态。因为分工会使每个人在自己的专业活动中把自己孤立起来,不再意识到自己与他人的联系;分工也使每个人拥有不同的经验和利益,从而导致个人之间在智力和道德方面的分歧,"使顾全大局的精神产生窒息";等等。因此,"分工就是分散"[17]。涂尔干认为这种说法是不公平的,"劳动分工并不对这种事态负有任何责任"。正常的劳动分工本身"绝对不会造成社会的肢解和崩溃,它的各个部分的功能都彼此充分地联系在一起,倾向于一种平衡,形成一种自我调节机制"[18]。在涂尔干看来,19 世纪西方发达国家出现的所谓"失范"状态虽然跟劳动分工的迅速发展有一定的关联,但却并非源自于(正常的)劳动分工本身,而是源自于其他方面的因素。为劳动分工正名,寻找引发社会失范状态的真正原因,正是涂尔干《社会分工论》一书的主要目的。

在《社会分工论》一书中,涂尔干详细地分析了劳动分工产生的原因和引发的社会后果。

涂尔干认为,劳动分工的发展或工业社会的出现既不是像孔德所说的那样是人类知识进步的结果,也不是像经济学家们所说的那样是人们长期以来不断追求劳动生产率或增加物质幸福的结果,而主要是由于"社会容量"(即人口的数量及关系)和"社会密度"(社会成员之间相互交往的频率和强度)的增加所导致的人们之间生存竞争不断加剧的结果。在远古社会中,由于人口比较稀少,人们是以氏族或部落的组织形式相对分散地居住在广阔的地理空间范围内。开始的时候,各个氏族或部族之间相距遥远,没有太多太紧密的联系,因而相互之间既没有较强烈的生存竞争,也谈不上什么分工。到了后来,由于各种原因,这些氏族或部族连接起来组成一些更大的部落,但由于人口仍然不多,生存资源相对而言仍算充足,组成部落的各个氏族或部族仍然可以以性质和内容大体相同的生产技术来维持自己的生存,整个部落也不过是由一些在结构与功能上大体类似的"环节"所构成的"环节社会"而已。但是到了后来,随着一定区域范围内人口数量及关系(社会容量)的继续增加以及人们之间交往频率和程度(社会密度)的继续提高,达到一定程度时,原有的生存资源和生存空间相对来说可能就会变得日益匮乏起来。在这种情况下,如果人们依然是采用相同的职业方式或生产技术来维持自己的生存,那么由于人们需要使用类似的资源,人们之间为争夺有限生存资源和空间的竞争就会变得日益激烈和残酷。"两个有机体越是相似,就越容易产生激烈的竞争。正因为它们有着相同的需要,追求着同样的目标,所以他们每时每刻都陷入一种相互敌视的状态中";"各种职能越是比较相近,接触点越多,它们就越容易产生冲突"[19]。竞争总有胜负。为了生存,竞争中的失利者就不得不重新选择自己的生存方式,"它们要么被人淘汰,要么进行改革,除此之外没有任何选择的余地,改革本身意味着必须确立一个新的专门领域"。当竞争的失利者成功地开辟了一个新的职业领域,他们也就是开辟了一个新的生存空间,人们之间的生存竞争也就在一定程度上暂时得到了缓和,"各种不同的职业可以同时存在,互不侵害,因为它们追求的目标是不同的"。就像动植物之间的差别越大,它们之间就越不容易发生生存竞争一样[20]。但随着人口数量和交往程度的进一步增加,人们之间的竞争又会加剧,因而又会有新的职业领域开辟出来。这样,劳动分工也就一步一步地扩大和发展起来,最后导致了以高度劳动分工为特征的工业社会的形成。因此,涂尔干说:"劳动分工是物竞天择的结果:这也是一种比较平心静气的解决方式。幸亏有了分工,不然竞争对手就会把对方置于死地,不能共同生存下去。在某些同质性较强的社会里,绝大多数的个人都是注定要被淘汰掉,然而正是因为有了分工的发展,这些人才能够自保和幸存下来。"[21]

包括多数经济学家在内的许多人都把生产能力的增长看作是劳动分工的主要作用或功能。然而,涂尔干却指出,劳动分工的发展有着许多的社会后果,其中最重要的一个后果就是改变了社会团结的基础,为社会团结提供了一种崭新的纽带。为了说明这一点,涂尔干提出了著名的两种社会团结类型,即"机械团结"和"有机团结"的概念。所谓的机械团结指的是通过强烈的"集体意识"(所有群体成员的共同感情和共同信仰)而把个体联结起来的那样一种社会结合类型;有机团结则指的是通过职能上的相互依赖而将个体联结起来的那样一种社会结合类型。在机械团结中,"所有成员的共同观念和共同倾向在数量和强度上都超过了成员自身的观念和倾向",个体的独特意识或者说个性即使存在也极其微弱。"以这种方式相互凝聚的社会分子要想一致活动,就必须丧失掉自己的运动,就像无机物中的分子一样。这就是我们把这种团结称作机械团结的原因"。而在有机团结中,情况则相反。在有机团结中社会成员的集体意识即使仍然存在也已经非常空泛和模糊,个体的独立人格有了很大的发展,社会成员之所以结合在一起主要不是因为他们拥有强烈的共同意识、共同情感,而是因为他们存在着功能上的相互依赖,他们由于这种功能上的相互区别和相互依赖而必须结合在一起,谁也无法离开谁。这是一种和动物有机体内部各个器官之间的联结非常相似的一种社会结合形式,所以涂尔干把它叫做"有机团结"[22]。涂尔干认为,这两种类型的社会团结在不同的时代可能都存在,但在不同的时代它们的比重或地位却是不同的。在古代社会中,占据优势地位的社会结合形式是机械团结,而在现代工业社会中占据优势地位的则是有机团结。人类社会的发展过程,就是机械团结的优势和地位不断衰微、有机团结的优势和地位不断递增的过程。而造成这种趋势的基本原因就是劳动分工的不断发展。一方面,劳动分工的不断发展逐步削弱和瓦解着机械团结赖以存在和维持的前提条件。因为机械团结是建立在集体意识对个体意识的强势基础上,集体意识对个体意识的强势是建立在个体之间在劳动与生活方式、在生活经历与经验等方面的高度相似性基础之上,而个体之间在劳动与生活方式、在生活经历与经验等方面的高度相似性又是建立在劳动分工程度极度低下的基础之上的。随着劳动分工程度的不断提高,人们之间在劳动与生活方式、在生活经历与经验等方面的差异越来越大,人们之间的异质性程度越来越高,个体的独特意识也越来越强,集体意识之强势的维持也就越来越困难,建立在集体意识及其控制力基础上的机械团结也就势必逐渐衰微下去。但另一方面,劳动分工的发展在将传统的社会联结纽带逐渐摧毁的同时,也为人们提供了一种新的社会联结纽带,使得人和人之间的社会联系能够得以继续存在,而不至于因为传统社会联结纽带的衰微而衰微。这种新型的社会联结纽带就是劳动分工的发展所造成的人与人之间在职能上相互依赖。劳动分工一方面削弱了人们之间的传统联系,但另一方面又以一种新的方式并且在一个比以往实际更高的程度上将人们紧密地结合起来,使人们在一种比以往更高的程度上感受到社会团结的存在[23]。"劳动分工的最大作用,并不在于功能以这种分化方式提高了生产率,而在于这些功能彼此紧密的结合。……在任何情况下,它都超出了纯粹经济利益的范围,构成了社会和道德秩序本身"[24]。在工业社会中,"把我们同社会维系起来的纽带,已经不再主要依赖于共同的信仰和感情了,相反,它们越来越成了劳动分工的结果"[25]。

涂尔干认为,劳动分工的发展不仅促成了社会团结的主导类型从机械团结转向有机团结,而且总体上看也是一种值得欢迎的进步现象[26]。因为:第一,它创造了一种新的生存条件,因而在一定程度上缓和了人们之间或群体之间生存竞争的残酷程度,使人们可以在社会容量和密度不断增加的情况下继续共同生存下去。"幸亏有了分工,不然竞争对手就会把对方置于死地,不能共同生存下去。在某些同质性较强的社会里,绝大多数的个人都是注定要被淘汰掉的,然而正是因为有了分工的发展,这些人才能够自保和幸存下来"[27]。由此,第二,加强了人们之间的社会联系,使人们不断得以在一种比以往更广泛的程度和范围上紧密地结合在一起。因为"有了分工,个人才会摆脱孤立的状态,而形成相互间的联系;有了分工,人们才会同舟共济,而不一意孤行。……只有分工才能使人们牢固地结合起来形成一种联系"[28]。因此,分工越发展,"劳动越加分化,个人就越贴近社会;……社会(就)能够更加有效地采取一致行动"[29]。分工越发展,通过分工结合在一起的人们就越多、越广泛,战争就越趋于为和平所取代,博爱的理想就越接近于实现。第三,削弱了集体意识对个人的控制力,拓展了个人意识发展的自由空间,促进了个性的发展。集体意识的衰微和有机团结的形成,"为部分个人意识留出了地盘,使它无法规定的特殊职能得到了确立",使得"每个人都拥有自己的行动范围,都能够自臻其境,都有自己的人格";"个人的活动越加专门化,他就越会成为个人"[30]。因此,"个人人格的进步与分工的进步是一脉相承的"[31]。而个人人格的发展则为人类文明的不断发展提供了永不衰竭的活力和源泉。

正是根据这些分析,涂尔干才拒绝接受当时西方思想界流行的许多对劳动分工所做的批评(如认为劳动分工导致了劳动者的片面发展、劳动分工导致了社会的失序等等),认为这是一些不公平的看法,它们没能对劳动分工的社会后果或功能做出恰当的评价。

然而,涂尔干也指出,从机械团结向有机团结的转变过程也不会是一帆风顺的。在从机械团结向有机团结转变的过程中,尤其是在其早期阶段上,由于种种原因,存在着使劳动分工偏离"正常"形式的可能,从而导致各种"反常"分工形式的出现。与各种正常状态的劳动分工形式不同,这些属于反常状态的劳动分工形式不仅不会带来新的社会团结和社会秩序,反而还会造成一系列的社会矛盾和社会冲突,甚至造成严重的社会失序和社会危机。"分工就像所有社会事实一样,或者像更加普遍的生物事实一样,表现出了很多病态的形式,……就正常状况而言,分工可以带来社会的团结,但是在某些时候,分工也会带来截然不同甚至是完全相反的结果"[32]。涂尔干认为,19世纪工业社会中的人们所面临的正是这样一种社会情境。

在《社会分工论》一书中,涂尔干指出了劳动分工的三种"最普通和最重要的"反常形式。

第一种反常的劳动分工就是由于缺乏充分而有效的社会规范,因而使得分工过程中各个机构、各个部分之间的关系得不到正常规定和调节的那样一种劳动分工。涂尔干把这种状态下的劳动分工叫做"失范的分工"[33]。涂尔干指出,虽然分工在参与分工的各个部分之间造成了一种持续的功能上的相互依赖和相互联系,但人们之间的这种相互依赖和相互联系本身并不能保证分工关系和劳动过程的正常进行。实际上,在任何时代人们之间的交往关系都需要通过一定类型的有效社会规范来加以约束和协调。这些稳定和有效的社会规范规定了通常情况下人们交往时所必须遵循的方式和规则、所必须承担的责任和义务以及所应该分享的权利和利益等等,从而使得人们之间的每次交往都能够有规可循,能够按照交往各方均愿意接受的方式持续不断地进行下去,而不至于在每次新的相遇中都要重新费力来对上述这些内容进行协商、谈判乃至斗争。这在以往以机械团结为主要社会联结类型的时代是如此,在劳动分工已经非常发达、社会联结类型已经转变为以有机团结为主的工业社会里,情况正是如此:"有机团结的存在,单靠各个机构在相辅相成的过程中组成一个系统,并以此方式感受到了团结的存在是不够的,即使不在它们的每次相遇中,但至少也在最常见的情况下,它们必须预先确立相互协作的方式。否则,它们想要彼此获得一种平衡状态,每次都必须进行一场新的争斗,因为它们要想获得这种平衡的条件,都要经历一个辗转曲折的过程,在这个过程中,它们彼此之间与其说是个帮手,还不如说是个敌手。如果这种冲突不间断地发展下去,而且双方的责任在每一种特殊情况下都需要重新调整,那么所谓团结也只能是一个空洞的事实"[34]。当然,在不同的社会类型里,用来约束和协调人们之间交往关系的社会规范的内容和性质也是不一样的。在以机械团结为主的社会里,由于社会成员之间在生产和生活方式以及交往内容方面存在着高度的相似性,用来约束和协调内部社会关系的规范在内容上也就各处大体相同、普遍适用并且比较简单。而在以有机团结为主的社会里,情况则有较大的变化。在以有机团结为主的社会里,发达的劳动分工将人们划分为许多在内容和性质上都很不相同的活动领域,不同活动领域中人们之间的交往内容存在着很大的差异。活动领域和交往内容上的分化要求用来约束和调节社会关系的规范在内容上也应该发生相应的分化。虽然在有机团结为主的社会里普遍适用于全社会所有成员的那些社会规范(例如涂尔干后来讲的公民道德)依然具有重要的作用,但单有这样一些规范已经远远不够了,还必须建立起一些分别与各个特殊活动领域中人们交往内容相适应的特殊规范(例如职业伦理)。在正常情况下,这样一些规范会随着分工活动的常规化、分工过程中人们交往过程的不断重复而通过"习惯成自然"的方式逐步产生和发展起来。然而,如果由于某种原因(例如时间方面的原因或认识方面的原因等),这样一些规范付诸阙如或未及完善,那么人们之间的分工关系(各自的责任、义务和利益等)就将得不到适当的规定和协调,分工过程中的"各种功能就不能合理地和和谐地发挥作用"[35],社会秩序和社会团结就将不断地遭受破坏,各种危机和冲突就将频繁地发生。因此,涂尔干认为:"在任何情况下,如果分工不能产生团结,那是因为各个机构间的关系还没有得到规定,它们已经陷入了失范状态。"[36]

第二种反常的劳动分工是"强制的分工"。所谓强制的分工,指的是在违背某些当事人本性和意愿的情况下通过某些外部的强制手段来实行的分工。强制的分工有两种情形。一种情形是社会通过某些强制手段迫使人们接受某种与其嗜好和能力不相符合的工作岗位。涂尔干认为,分工虽然是一件有助于人们改善生存环境的事情,但正常的分工必须与人们的能力和嗜好相匹配[37]。只有当每个人的工作与他的嗜好和能力相一致的时候,他们才能够很好地胜任自己的工作,并且在工作过程中感到满足和幸福。相反,如果某些人的工作与其嗜好和能力不一致,那么他们就不但不能够很好地履行自己的工作职责,而且在工作中还会经常地感到痛苦[38]。因此,人们总是会努力去追求与自己的嗜好和能力相一致的工作,社会也应该努力创造条件去让人们去实现这种追求。然而,在现实生活中(尤其是在社会结构发生变化因而某些原来在社会分工体系中处于较低地位的群体其嗜好、志向和能力发生了较大变化的情况下),由于种种原因,往往会出现虽然分工与人们的嗜好与能力不一致但社会仍然运用一种强制力量将它给维持下来这样一种情况。在这种情况下,分工就成了一种强制的分工,"团结本身也就成了既很不完善、又常遭侵扰的形式了"[39]。

强制性分工的另一种情形是社会通过某些强制手段迫使人们接受某种违反等价交换原则的分工形式。在大多数情况下,尤其是在现代工业社会中,承担不同社会职能的人们是通过交换他们各自的劳动产品或服务的形式来实现他们之间的联结的。人们在交换过程中所形成的一个共识是:双方的产品和服务交换"必须具有同等的社会价值"[40]。当这一共识能够得到遵守时,交换所联结的分工关系就是一种正常的分工关系。但同样由于一些特定原因的存在，在现实生活中，也总是会出现一些虽然不符合等价交换原则但社会也还是运用一些强制手段将其维持下去的分工形式，这种分工形式就成为另一种强制的分工形式。

从涂尔干的论述中我们可以看到，"强制的分工"和"失范的分工"之间的重要区别是：后者主要是由于社会缺乏规定和调节分工关系的有效规范而使然，而与分工本身是否合理无关；前者则主要是因为分工本身的不合理使然，而与分工本身是否受到有效的规定和调节无关。尽管事实上强制的分工大多是通过各种带有强制性的规范来维持的，但并不是这些规范导致了分工的强制性。因为包括各种正常分工在内的任何分工形式都要求通过有效规范来加以规定和调节。涂尔干指出，导致上述强制性分工形式出现的主要因素是在竞争者之间存在着各种外部竞争条件的不平等状况。首先，涂尔干认为，在不存在着任何外部强制性因素"阻挠任何个人的进取精神"，因而分工完全是通过"纯粹内在和自发的行动确立起来"的情况下，分工的结果基本上就会与人们的嗜好和能力分布趋于一致，"个人本性和社会功能之间就会产生一种和谐状态"[41]。涂尔干信心满满地写道："在竞争者们争夺工作的过程中，如果不存在任何妨碍因素和辅助因素，那么谁有能力胜任哪种工作，谁就肯定会得到它。决定分工形式的唯一因素就是人们的能力差异。本质而言，工作的分配是根据能力而定的，否则就没有什么道理可言了。只有这样，个人的构成与个人的条件之间才会自然而然地产生一种和谐。"[42] 同样，涂尔干认为，如果不存在外部竞争条件不平等的状况，那么人们之间的交换关系也就基本上会与等价交换原则相一致。因此，涂尔干指出，现代社会最根本的任务就是要"去完成建立公正的使命"，去"建立一种更加平等的社会关系，保证所有具有社会效用的力量得到自由的发展"[43]。

第三种反常的分工形式似乎可以叫做"不适当的分工"。正常的分工不仅要规范、合理，而且还要组织适当，使得每个人都能够保持充分的活力。"精明老到的领导要做的第一件事情，就是取消那些没有多大用处的工作，同时在分配工作的过程中，能够使每个人都充分地保持一种忙碌状态，只有这样，才能够提高每个工人的功能作用"[44]。相反，如果在分工过程中有的人工作任务非常饱满、充满活力，而有的人工作任务却不够、活力不足，那么尽管分工非常细致，整个分工体系也会难以和谐运转。这似乎正是现代工业社会中许多企业里实际存在的情形。涂尔干说："在有些企业里，各种工作划分得过于细致，以至于每个工人的活力达不到他的正常水平。这样一来，各种不同的功能被割断了，它们无法明确地相互适应,相互协调起来,采取一致行动。彼此分散的状态就这样突显出来了。"[45]这时的分工也就成为一种反常的分工。

在以上三种反常分工当中,涂尔干最为关注、论述最多的是"失范的分工"。涂尔干在《社会分工论》一书中开始讨论反常分工时,列举了一堆当时社会中存在的危机事实来作为反常分工的例子。这些例子包括工商业的危机、破产以及劳资冲突等。涂尔干认为,工商业的危机和破产在很大程度上就是源于已经高度发达的社会分工关系缺乏必要和有效的调节规范;劳资之间的紧张关系虽然部分源于工人阶级对现实地位的不满,但在很大程度上也是由于社会失范使然。在《职业伦理与公民道德》一书中,这些看法得到了更详尽的发挥。而在《自杀论》一书中,大量现代自杀现象也被归结为是失范的结果。因此,可以说,在涂尔干那里,"失范"乃被认为是当时社会各种危机最主要的根源之一(这似乎可以理解为:强制的分工和不适当的分工虽然也是导致当时社会各种危机的根源之一,但却不是最重要或最主要的根源。最主要的根源乃是失范)。要解决现代社会所遭遇的各种危机,就必须在现代社会的基础上重建集体意识和社会规范,消除现代社会的失范状态。

那么,怎样才能在现代社会的条件下重建集体意识和社会规范以消除社会的失范状态呢?

对于这个问题,涂尔干在《社会分工论》一书中并没有做过多的论述。对这个问题的详细考察,是在该书的第二版序言以及《自杀论》《职业伦理和公民道德》《社会主义与圣西门》等著作中完成的。

第三节 消除危机的处方:职业群体与职业伦理的建设

如前所述,马克思、恩格斯以及其他一些类型的社会主义或共产主义者认为,19世纪西方国家遭遇的经济与社会危机主要是由于生产资料的资本家私人所有制所造成的。因此,要消除这些危机,就必须消除生产资料私有制,代之以各种类型的公有制。对于这种看法,涂尔干也像孔德一样明确地表示反对。

实际上,涂尔干对现代工业社会各种危机的诊断与孔德的诊断如出一辙。和孔德一样,涂尔干也主要是把现代社会各种危机的产生原因归结为集体意识和社会规范的丧失(由于社会类型正在发生转变,旧的集体意识和社会规范已经失效,新的集体意识和社会规范又还没有建立起来,社会处于一种"价值真空"或"道德真空"状态),而不是马克思等人所说的那种"生产资料的资本家私人所有制同社会化的生产力之间的矛盾和冲突"。因此,和孔德一样,涂尔干也明确反对通过消灭生产资料私有制、将生产资料所有制从资本家私人所有转变为社会共同所有的途径来消除现代社会所遭遇的各种危机。不过,在《社会主义与圣西门》一书以及《社会主义的定义》等文章中,涂尔干严格地区分了"共产主义"和"社会主义"这两种立场:前者主张通过将财产私有制转变为财产公有制的方式来消除社会不平等;后者则只是主张将目前尚处于分散、失序或无政府状态的那些经济职能与一些带有指导性的、有意识的"社会中心"联系起来,使人们能够对"社会有机体"重新进行调整,而并不主张彻底改变现存的生产资料私有制度,主张消灭私有财产。"社会主义首先是一种重组社会结构的愿望,实现这种愿望的办法,就是重新安排产业结构在社会有机体总体中的位置,使它脱离自动发挥功能的阴影,暴露在阳光之中,有意识的控制之中"[46]。涂尔干反对共产主义,而认同后面这一种社会主义。他认为共产主义企图通过消灭阶级差别来减弱社会不公平的程度是一种本末倒置的做法。共产主义是一种与前工业社会相应的集体意识:"只有在社会功能对所有人来说都是共同的地方,在社会大众根本没有产生分化的地方,共产主义才有可能出现。……一旦专门器官与原先同质的大众脱离开来,公社生活就不再可能了,因为在这些器官中,每个器官都具有其自身的特殊性和自身的利益。相反,社会主义意味着,劳动是极端分割的,它倾向于把专门功能与专门器官联系起来,把专门器官彼此联系起来。共产主义相应于社会活动最分散的历史阶段,所以共产主义也是由分散构成的,而社会主义的目标则是为这种活动赋予最高级的组织形式"[47]。因此,共产主义并不能解决现代社会所面临的各种危机,而只会使问题变得更加复杂化。现代社会的各种危机主要是源于社会的失范状态而不是其他因素,因此重建集体意识和社会规范以消除社会的失范状态也就是使现代社会走出危机的唯一出路。

孔德曾经指出在现代社会重建社会秩序的两条基本途径:一是在全社会范围内重建人们之间的思想一致,二是加强国家在全社会范围内的调节作用。这两种途径或措施都是着眼于在以民族国家为边界的现代社会整体层次上来实现社会整合。涂尔干不反对这类以社会整体层次为着眼点的整合措施,他认为这些措施的确很重要(在《社会主义与圣西门》《职业伦理和公民道德》等书中他曾反复强调国家在现代经济发展过程中的重要作用),但他认为对于现代社会来说,要重建社会秩序,光有这样一些整合措施远远不够。他认为,现代社会是劳动分工高度发达的社会,各个职业活动领域都有自己独特的性质和内容,需要用一些各自特殊的职业伦理来加以规范。而国家以及社会整体层次上的共同意识既没有兴趣也没有能力来为这些各自特殊的职业活动领域分别制定不同的具体行为规范。这种工作只能由一些特殊的群体——法人团体(或职业群体)来进行。因此,就现代社会而言,各种法人团体即职业群体以及职业群体层次上的集体意识和行为规范(职业伦理和职业规范)的建设,对于消除社会的失范状态、重建社会秩序、解决社会面临的各种问题具有更为关键的意义。

　　涂尔干指出,很早以来法人团体就是组织经济活动、规范职业生活的一种重要组织形式。法人团体的产生是劳动分工的发展使得经济活动超出家庭和家族组织形式之外的结果,"在经济还处于单纯农业阶段的时候,它在家族和乡村(其实乡村也只是个大家族)还只需要一个直接的生产组织,还谈不上什么其他组织。当交换在根本上,或者说还不太发达的时候,农民的生活还跳不出家族的圈子。既然经济作用在家族以外还没有产生什么影响,单靠家族来支配经济也就够了,这样家族本身也就扮演了职业群体的角色。但自从贸易发展起来,情况就不同了,人们要以贸易为生,就得走出家族之外去寻找买主。但一旦他走出家门,他就会与他的同行发生联系,跟他们竞争,认识了解他们。而且,贸易还与城镇直接或间接地发生着关系,城镇主要是由大量的移民建造起来的,也就是说,总归有一部分人要背井离乡。这样,一种新的行为方式就确立起来了,人们超出了家庭组织原来的范围。如果没有组织,新的行为方式就不可能存在下去,因此就要创造一种新的结构,以适应这种行为,换句话说,就是要建立起一种新的次级群体。这样,法人团体就应运而生了"[48]。最初,当家庭外的职业活动范围还不大的时候,法人团体也就还只是家庭这种社会组织形式的一种补充。但随着工作的不断分化,家庭外的职业活动范围越来越大,法人团体在我们生活中的地位也就越来越重要,以至超过了家庭的作用。从古罗马直到中世纪末期,法人团体一直都是职业活动的主要组织形式(不过在古罗马时期法人团体是被排斥在社会的正式制度系统之外,而在中世纪法人团体则一开始就是社会正式制度系统之内的一个重要角色,甚至成为城市公社的基本构成要素)。法人团体承担了确定本行业成员的道德行为规范、规定本行业成员的权利、责任和义务、调节行业内部成员之间的矛盾和纠纷、组织行业内部成员之间的互助和公共生活等,使得社会经济活动得以有序进行。不过,大工业的产生和发展,却对传统形式上的法人团体提出了严重的挑战。中世纪发展起来的法人团体是与城市自治公社紧密相连的,具有强烈的地方性色彩。而"只要市场本身还具有地方性的色彩,法人团体和地方组织联合起来就足可以应付社会的一切需要。但是,一旦大工业迅猛发展起来,这种情况就显得不合时宜了。……首先,大工业的发展并不仅仅限于城镇,它甚至可以建立在远离人烟的地区,不管城市还是乡村。哪个地方供应最充足,哪个地方最有可能拓展业务,它就会选择哪里。其次,它的活动区域并不限于一个特定的地区,它的主顾也可以来自四面八方。这样一种制度是与公社没有关系的,因而,当年的法人团体也已经无法适用和调整这种与自治生活毫不相干的集体行为方式"[49]。涂尔干认为,这并非意味着法人团体这种组织类型已经过时无用了,而只是意味着法人团体过去那种狭隘的存在形式过时了。法人团体本应该跟随着经济生活条件的改变而改变一下存在方式的。但可惜的是,中世纪末期的法人团体由于"缺乏足够的灵活性,它还未来得及改头换面,就被扼杀掉了。法人团体没有认同正在出现的新生活,所以生活也就抛弃了它"[50]。法人团体由此随着大工业的产生和发展而逐渐地衰落下去。但现代社会经济生活总是需要有一种力量来去规范和调节它的:人们的"权利和义务在每一种工业类型中都应该得到规定。对每一种职业来说,都要制定一系列规范,来确定所需要的工作量,对各种人员所付的适当报酬,他们对共同体应负的责任,以及彼此应负的责任等等"[51]。随着法人团体的衰落,国家(在中世纪末期则是王权)曾经试图成为它的替代物来对范围日益增长的大工业进行管理。涂尔干认为,虽然在大工业时代国家的这种管理行为是必需的,但它绝不能把企业变成自己的附庸,对工业过程直接进行全面管理。因为工业时代的经济活动是如此的复杂、如此的专业,以至于国家根本没有能力来对它直接进行管理。涂尔干反复说明,"国家已经不能够再承担经济事务了,因为经济本身对它来说太专业了"[52]。"经验也证实:国家本身不再能够履行这种管理职能,因为经济生活过于庞大,过于复杂,分支过多,国家很难有效地监视和规定经济生活的运作"[53]。"国家对各种复杂的现象知之甚少,无法为每种情况都找到合适的解决方式。国家是一台笨重的机器,只会做一般性和确定的工作,它的行动方式永远都一成不变,不知道怎样根据不断变化的特殊情况来调整自己的步伐。国家因而经常通过强制性行动来拉平各种距离"[54]。国家既不能为工业制定出普遍性的原则也无力按照不同的工业种类去相应地制定不同的法律,只有一种新的法人团体即各种职业群体才有可能胜任这种对经济生活直接进行管理的任务,因为"职业团体与现实更加接近,对现实有更直接的、更频繁的接触,能洞察事物的细微之处。而且它们也有足够的自主权,能够重视事物的多样性。……职业团体的工作还包括解决同一职业中不同部门间经常出现的争端,对不同的企业用不同的方法制定各种不同的条件,而合同要生效就必须遵守这些条件,还可以为了共同的利益防止强者剥削弱者等不良行为的出现。由于劳动已经进行了分工,法律和道德准则的每一个特殊的功能都有不同的形式,虽然不管在什么地方它们都以相同的基本原则为依据。除了有全民一致的权利和义务之外,还必须有其他根据职业特点而制定的权利和义务,职业特点随着职业活动的不断发展和变化,其重要性亦随之不断增加。每制定一条特殊的纪律,都应有一个同样特殊的来执行和维持这个纪律,如果不是由懂行的职工加入这样的组织,那么又应该由谁来加入呢"[55]?因此,必须在大工业的基础上重建法人团体,这种重新建立起来的法人团体必须要与大工业的状况相适应。"从前以自治形式出现的市场,已经越来越成为国家的和国际的,法人团体同样也该如此。它不能只囿于城镇的工匠阶层,而应拓展到整个国家所有职业的范围"[56]。只要(也只有)当法人团体按照大工业变化了的条件而重新建立起来,社会经济生活才可能重新得到有效规范,现代社会的各种危机才可能真正得以解决。

  19世纪末,工人联合会与雇主联合会之类的组织已经开始出现。涂尔干认为它们虽然代表了现代社会中法人团体形成的起点,但却还是一种不太成熟、不太固定的形式。首先,这些"联合会只是一种私人组织,缺少法律权威以及任何管理权力",而且还是彼此分立的,没有联合起来形成一种全行业或全国性的统一组织;其次,在雇主联合会和工人联合会之间也没有建立起固定的联系,"双方缺少一种既不丢掉各自的特性,又能将彼此连在一起的普通组织,在这个组织里,他们完全可以共同服从一般规范系列的规定,确立彼此稳定的关系,顺从同等权威的控制"。因此,"常常出现的却是强者发号施令的法律,战争的狂潮也一直一浪高过一浪。除了普通道德规定了他们的某些行为以外,雇主和工人的关系就像两个自治国家的关系一样,在实力上是不平等的。他们双方可以签订协约,就像两国人民借以政府的名义来缔结协约一样。然而,这些协约只是双方现有经济实力的体现,如同两个敌对国家所缔造的和约只不过是双方军事实力的体现"[57]。这正是现代社会各种经济、社会与政治危机的得以产生和持续的重要根源。涂尔干明确指出应该按照现代社会的要求将这些组织进一步加以完善。"如果我们想在各种各样的经济职业中确立一种职业道德和法律准则,来代替支离破碎、混乱一团的法人团体的话,就得建立一种更加完善的组织群体,简言之,就是建立公共制度"[58]。

  涂尔干指出,法人团体以及在法人团体层次上形成的集体意识和职业规范之所以能够比国家以及国家层次上的一般性集体意识和社会规范能够更好地起管理调节社会经济生活的作用,不仅在于它们在社会经济过程中所处的空间层次要比国家低,因而能够更加贴近纷纭复杂和变幻莫测的具体社会经济生活过程,更好地根据各种职业的特性来调节和规范人们的职业生活和相互关系,而且也在于与国家等组织和团体及其规范相比,它们具有更为强大的道德力量,能够对人们的行为产生一种更为切实的道德影响。涂尔干说:"在职业群体里面,我们尤其能够看到一种道德力量,它遏止了个人利己主义的膨胀,培植了劳动者对团结互助的极大热情,防止了工业和商业关系中强权法则的肆意横行。"[59]而它们之所以能够具有更强大的道德力量和更切实的道德影响,又是因为它们和国家等政治团体相比,能够为人们提供一种最直接、最广泛和最持久的道德生活环境。"最直接"是因为它们都是由人们日常生活中一些最基本的面对面的交往关系所构成。人是合群的动物,是需要合作和交流的,与每日生活中的同伴发生冲突或被同伴排斥对谁来说都不会是一件好事[60]。互助合作、彼此交往以及共同的生活感受所带来的情感和乐趣,都是人们所珍视的;而孤独所带来的痛苦,则几乎是绝大多数人都不乐意承受的。害怕被本群体所排斥的压力使得绝大多数人一般都不会轻易地去违反本群体成员所共同接受了的那些行为规范。虽然包括家庭、宗教群体、朋友群体等在内的所有初级群体都具有这样一种特点,但在现代社会中,只有职业群体才是最广泛的初级群体。"不管人们走到哪里,职业团体总是伴随着他们,而家庭就缺少职业团体这种魅力了。不管个人走到天涯海角,他们都感觉到自己被自己所属的职业团体包围着,感觉到职业团体在提醒他们完成自己应尽的义务,陷入困境时感觉到职业团体在向他们伸出救援之手"[61]。最后,和国家等政治团体相比,职业团体给人们带来的道德影响也最持久。"在今天我们这些伟大的现代化国家里,政治团体严重脱离个人,因而无法对个人产生强烈和持续的影响。不管我们日常工作与整个国民生计的关系有多么紧密,这种关系太不直接了,我们不可能经常强烈地感觉到它的存在。……个人必须一直而不是间断地注意到自己的行动目标。一个人若要消除生活空虚的感觉,他就必须意识到自己的行动是在为一个与他自己有直接关系的目的服务。但要使这一点成为可能,就必须有一个更简单、范围更小的社会环境使个人被真正的友爱情感所包围,并为他的行动提供一个近期的目标"[62]。在现代社会中,这种能够为个人行动提供一个近期目标、对其产生强烈和持续影响的社会环境只能由职业群体来提供。

涂尔干虽然突出强调法人团体即职业群体以及职业群体层次上的集体意识和行为规范的建设对于消除社会的失范状态所具有的重要性,但他也并不否认国家以及社会整体层次上的集体意识和社会规范建设的意义。涂尔干认为,除了在民族国家整体层次上规范和整合社会活动外,国家的另一个重要功能就是要监督和节制各种法人团体,使之在管理和规范职业活动的同时不过分侵犯个人在现代社会中所应该享有的各种自由。由于国家没有能力和足够的道德力量来对高度分殊的社会活动领域进行具体的规范和管理,让法人团体来承担这种工作是非常必要的。然而,法人团体对个体所具有的强大道德力量和道德影响,又使得个人的自由和独立性有可能受到来自法人团体的威胁。因为"社会无论是由彼此毗连的氏族构成的,还是由多少带有独立性质的城镇或村落构成的,或者是由某些带有自治性的职业群体构成的,都会对一切个体产生压制的效果……如果人们不能抵消或削弱他们的活动,每个群体就必然会把它的成员吞噬掉"。为了消除这种威胁,就必须有某种凌驾于这些初级群体权威之上的权威,"这种至高无上的权威能够为所有一切制定法则:必须使每个群体意识到自己不过是一个部分,而不是整体,也不能把真正属于整体的东西据为己有"。这种至高无上的权威就是国家的权威。因此,在现代社会,国家的主要功能之一就是要通过控制构成它的各种团体来捍卫个人的自由和权利,解放个人。"只有通过国家,个人主义才能形成"[63];"个人的权利并非与生俱来;这些权利并非像国家认可和颁布给它们的正当理由那样,明确地铭刻在事物的本性上;相反,个人必须从否定这些权利的对抗中赢得这些权利;只有国家才有资格起到这一作用"[64]。在现代社会,"我们的道德个性并不与国家相对立,相反,它是国家的产物。是国家解放了这种个性。这种渐次的进步不仅驱散了那些妄图吞并个人的敌对势力,也提供了个人活动的环境,从而使个人能够自由地发展他的才能。国家的作用绝对不是消极的。国家将在社会状态允许的范围内保证实现最完整的个人化。它也不再对个人实行暴政,而将个人从社会中解放出来"[65]。

涂尔干还认为,既然国家在现代社会生活中具有如此重要的作用,那就应该采取一系列相应的手段和措施来确保国家能够顺利发挥它的职能。一方面,要在公共道德层次上大力提倡和宣扬爱国主义,使人们自觉意识到国家的重要意义,自觉地维护国家的作用。另一方面则要通过一些相应的制度建设来保障国家的作用。其中一个重要的制度性措施就是要通过包括职业群体在内的各种中间团体来建立国家和个人之间的关系,而不能让个人和国家来发生过于直接的互动。涂尔干认为,除了弥补自身能力上的不足之外,其实国家借助于社会这种中介力量来对个人的行动进行具体的管理和规范的另一个好处就是可以减少国家与个人之间的直接冲突,从而既减少国家走向专制集权的可能性,又减少国家对个人的依附性。尤其是后面这一点,更是涂尔干特别强调的一个方面。涂尔干认为国家是社会的自我意识,是社会对自身进行理性的自我反思的主要力量所在。为了保持国家的这种特性,国家就必须保持一定的自主性,而不能完全由大众所直接控制。涂尔干由此反对那种把民主理解为直接由全体或多数民众直接行使统治权的观点,认为民主只是意味着国家与民众之间存在着广泛持久的沟通与联系。国家意志既要反映公意又要高于公意。为了做到这一点,国家就不能为民众所直接操控,国家官吏和议会议员也不能由民众直接选举产生,而应该经由两级选举的方式来产生。"只有当国家不再直接脱胎于人民大众的时候,国家才更少会服从大众的作用,更多地归为自身。而这个国家中隐隐约约起作用的那些模糊不清的趋势,则不再会对这样的努力产生同样的影响,也不再会非常紧密地约束国家的决策。只有在众多公民与国家之间设立某些自然的、持久的群体,才能彻底产生这样的结果"[66]。

总起来看,在涂尔干有关现代社会危机解决方案的理论中,国家、个人和法人团体之间是一种相互辅助和相互制约的关系:国家借助于法人团体这种中介力量来对个人的行动进行具体的管理和规范,又通过对法人团体的监督和节制来捍卫个人的自由和权利不受这些法人团体的侵犯;个人从法人团体那里获得最直接的道德生活环境和生存意义,又从国家那里获得自由和独立的保障,但个人也必须接受法人团体和国家的规范与引导;法人团体虽然受到国家的控制,但却在很大程度上也需要借助于国家的力量来实现其在全国范围内的联合和调节。涂尔干认为,通过这种国家、个人和法人团体之间的相互辅助与相互制约,就可以促成一种"道德个人主义"[67]状态的实现,从而从根本上消除现代社会在形成之初所产生的那些弊端和问题,使之不断地走向完善。

第四节 社会学研究方法论

和孔德一样,涂尔干认为,对现代社会各种危机的产生原因和解决办法进行探讨这一任务只要通过运用"实证科学"的方法对社会进行客观、深入的研究才能够得以完成。这既是涂尔干贡献毕生精力致力于"社会学"学科建设的重要原因,也是涂尔干在《社会分工论》等著作中试图努力加以实践的基本方法论立场[68]。阐释和完善对社会现象进行科学研究的程序和方法,是涂尔干为确立社会学这门学科所做的重要工作之一。涂尔干在这方面的工作成果集中反映在《社会学研究方法论》一书中。

在《社会学研究方法论》一书中,涂尔干明确地指出在他那个时代人们对社会现象尚缺乏真正科学的认知态度和研究方法。"人们仍然不习惯科学地看待社会现象。……社会学者仍然习惯按照以往的方法去处理各种问题,对社会学应该遵循的基本方法没有展开充分的讨论"[69]。社会学从总体上说仍然处于所谓的"主观意识"阶段,人们热衷于从各种观念乃至常识中推演出各种结论。即使是像孔德和斯宾塞这样曾经积极倡导用实证科学方法来研究社会的人实际上也没有彻底摆脱传统方法的束缚,"他们虽然是有影响的大师,但他们的所谓社会学研究却都没有脱离社会自然性的一般论述,没有脱离社会与生物界的一般关系的范畴,没有脱离对宇宙进化的一般进程的解释"。斯宾塞虽然在社会学方面著述甚多,但"他对于社会学的唯一关心,也不过是想发现宇宙进化的自然规律是如何适用于社会现象的"。涂尔干认为,如果只是这样来研究社会现象的话,那"自然不必用什么特别的和具体的方法,只要用通常'演绎的'和'归纳的'推论,把一般概括当作大致的观察就够了"。然而,"事实上,社会现象必须加以细致考察才能被真正了解,也就是说,研究事物,必须以事物为主,而不能以一般性原理为主;对一些特别的问题,必须进行特别的实验才能弄清楚;考察所得的证据,还必须合乎规律。所有这些,说明如果忽视实际的考察,只用一般的哲学推论,就无从进行社会学研究"。因此,完全"有必要建立一种明确的社会学方法来进行各种社会现象的特别研究"[70]。

涂尔干指出,社会学是以社会现象作为研究对象的科学,因此,"在讨论什么方法适用于研究社会现象以前,必须首先明确哪些现象才是我们所称的'社会现象'"[71]。那么,什么才是涂尔干所说的社会现象呢?涂尔干从三个方面对社会现象作出界定。

首先,涂尔干认为,社会现象不能简单地等同于社会中的普遍现象。人们通常将社会现象一词用来表示社会中所发生的一切现象。按照这种说法,所有关于人类的事情都可以称得上是社会现象。如果这样来理解社会现象,那么社会学就不可能有它专门的研究对象和目的,它的研究领域就会跟生物学和心理学等学科相混淆。涂尔干认为,在社会中其实存在着一种确定的团体现象,如宗教和信仰、语言信号系统、货币制度、信贷手段、职业规范、法律制度、时尚潮流以及政党、行会一类的政治团体等等,它们具有一些非常不同的性质,它们"存在于个人意识之外,……同时通过一种强制力,施以每个个人"。"这些现象不同于有机体的现象,后者是通过某些形态和动作表现而存在的。它们也不同于心理的现象,心理现象只存在于个人意识之中和通过个人意识表现出来。总而言之,这些现象具有一种新的性质,只有用'社会的'一词可以表明这种性质和它的含义。因为个人不可能有'非有机体'和'非心理'的现象,只有社会才具有这种现象"[72]。因此,只有这些具有"社会"性质的现象才是"社会现象"。

其次,社会现象是独立于个人的特殊现象。"构成社会现象的是集体性信仰、倾向和守则。那些名义上为集体的、实际上仍然属于个人性质的形式,也不能称为社会现象"[73]。每个人都会有思想,但每个人的思想总合起来却并非就成为社会现象。只有当某种思想经过许多人的共同加工,成为一种集体思想时,它才能够称为社会现象。社会虽然是由无数个人组成的,但正如在自然界中由不同原子组成物质具有与组成它的那些原子完全不同的性质一样,"构成社会的这种特殊综合产生了与个人意识现象完全不同的新现象。这种新现象存在于社会,而不存在于社会的各个部分,即不存在于构成社会的各个成员中。从这个意义上,社会现象是外在于个人意识的,如同生命的不同属性外在于构成生命的矿物质一样"。正是这一点,把社会现象与心理现象区分开来,把社会学与心理学区分开来。"社会现象不仅在质量上与心理现象不同,而且它们的物质基础也不同。它们各自演变的场所、依赖的条件都不一样"[74]。

再次,社会现象还包括动作状态和存在状态两部分。表现为人们的思想、行为和感觉的那些社会现象称为"动作状态"现象,它们是社会现象的基本部分。另外,社会上还存在着一些外貌的、形态的现象,如组成社会的各个基本分子、这些分子的形式和集合程度、各地区人口的分布、交通道路的状况、人们的居住环境等等,可以称之为"存在状态"现象。后一类现象具有与"动作状态"现象相同的特征,如存在于个人之外,对个人具有强制力等等。因此,在某种意义上,我们也可以把社会现象的"存在状态"看作是一种较为固定的"动作状态",因为前者本质上不过是后者的表现形态而已。

概括起来,涂尔干认为可以将社会现象界定如下:"所谓'动作状态',无论固定与否,只要是由外界的强制力作用于个人而使个人感受的;或者说,一种强制力,普遍存在于团体中,不仅有它独立于个人固有的存在性,而且作用于个人,使个人感受的现象,叫做社会现象。"[75]

涂尔干指出,社会学研究方法最基本的准则就是"要将社会现象当作客观事物来看待"[76]。社会现象所具有的外在性、突生性和强制性,使得它们和物质事物那样,也是一种客观事物(尽管是另一种形式的客观事物)。作为一种客观事物,它和其他客观事物一样,都是与人的意念相反的东西,"不能自然而然地与人的智力相互渗透,不可能仅仅通过一种简单的心智分析来给出一个与它完全相符合的观念。只有离开大脑思维本身,通过观察、实验的方式,从事物最直接的外部性质开始,逐步地进入到最深的内部性质,才能了解它"[77]。通过个人意识是绝对不可能达到对社会现象的正确了解的。有人认为由于社会现象是人类自己的行为,人们只能通过意识才能知道他们干了些什么事以及怎样从事这种事[78]。涂尔干反驳说:"事实上大多数社会制度是祖先已经做好留给我们的,我们在他们的形成过程中什么作用也没起,因此向我们自己提问不可能找到它们产生的原因。即使我们参与了它们的形成过程,也往往由于事情的复杂和模糊不清,我们几乎不清楚决定行动的真实原因和行动的性质。即使是我们个人的行为,我们也往往不了解引导我们行动的那些相对来说简单得多的动机。"[79]因此,"社会学方法要求人们对于意识不作形而上学的理解,要求社会学者像物理学者、化学家、生理学者从事新领域研究时的态度那样,去从事社会学领域的科学研究"[80]。这种科学研究的基本程序和方法是:

一、对社会现象的外部特征进行客观的观察。既然社会现象和其他物质现象一样是一种外在于我们的物质现象,"是呈现在我们面前的外部事物",那么我们就"必须摆脱我们自己对它们的主观意识,把它们当作与己无关是外部事物来研究。这种外在性可以使我们从外面观察事物的里面。从而免除一些谬误"[81]。从外部特征来观察和确定社会现象,是社会学研究者观测社会现象的基本准则。"社会现象的各种表现是在个人意识以外,只须观察外部事物而不必考究个人内部的事情。从这一角度来看,社会学的现象要比心理学的现象容易观察一些"[82]。

涂尔干提出,在观察社会现象的时候,要遵循以下具体准则:

(1)在科学研究中要排除所有成见。这个准则是一切科学方法的根本。"社会学者在决定研究对象时,或者在讲授他的研究结果时,都不能乱用科学以外或没有经过科学研究检验的概念。社会学者还应该清除常识导致的谬误和前人传下来的习惯中成为科学研究桎梏的部分。即使不能完全清除,也应该明白这类常识和习惯是毫无价值的东西,才不至于让这类东西在学说上占据重要地位"[83]。

(2)根据社会现象的外部共同特征进行定义。定义要研究的对象是科学研究的第一步。而"一件事物在研究之初,还没有对其进行实际考察时,人们最容易最直接见到的,就是该事物的外形"[84]。事物的内涵虽然是事物的基本部分,有待解释的价值更高,但因不容易直接见到,在研究之初却是未知数,故此时若加谈论,必是根据思维的概念想出来的。因此,我们给事物下定义时,除了根据它的外部特征之外,别无其他标准。

(3)客观地观察事物的外部特征。首先要在观察中尽量排除个人的主观感受;其次是要从那些比较确定的对象入手。"例如,人们的共同习惯通过各种确定的形式诸如法律条文、道德、谚语俗语、社会组织等现象表现出来。虽然个人的行为参与其中,但是它们与个人行为不同,表现出一种独立于个人行为的特征。这种共同的表现是确定的、较长时间不变的。它可以作为社会学者研究社会现象的确实标准。……应该以这些固定的现象作为标准,从研究固定的现象着手,进而观察那些不固定的现象";"只有这样,科学才能进步"[85]。

二、用社会现象来解释社会现象。对社会现象进行客观的观察是社会研究的第一步,下一步则是要对观察所得的各种事实资料进行解释。在讨论关于解释社会现象的准则时,涂尔干首先区分了功能解释和因果解释这两种不同的解释方法。涂尔干指出,很多人在解释社会现象时,总以为事物之所以存在是由于它们对社会的效用,以为只要能够解释事物的实际效用或者说明事物的存在对于社会有什么需要,就可以说是完全了解了这件事物。例如,对于劳动分工现象的出现,很多人往往就是用分工的效用来加以解释。涂尔干认为这种解释方法是混淆了事物的存在和事物的效用这两个极不相同的方面。其实,"证明一件事物为什么有效用,与解释它为什么产生或者它存在的状况如何,这是两个不同的问题。……我们对一种事物的需要不能说明事物本身的情况,因此,事物的存在不是用这种需要能够解释清楚的,事物的存在有它自己的原因"[86]。以劳动分工这种现象而言,它的出现就不是由于其所具有的功能,而是由于生存环境的变化导致人们之间生存竞争不断加剧,人们为了适应新的生存环境而自然而然地形成了分工这种新的生存途径。因此,我们在解释社会现象时,必须把这种社会现象产生的原因和它所具有的功能分开,用功能以外的因素来解释它的产生和变化。不仅如此,我们还"应当把原因问题放在功能的前头去考察",因为只有这样才符合事物本身的次序,"研究一种现象,首先寻找它的原因,然后再考察它的功能,这是顺理成章的、符合逻辑的方法。按照这种方法先了解事物的原因,可以进一步帮助我们理解它的功能。一件事物,知道了它的原因以后才能分析它的结果"[87]。

那么,怎样才能够对社会现象的原因和功能做出恰当的解释呢?对此,涂尔干依据他对社会现象的性质所做的分析提出了如下基本准则:"社会现象的确切原因应该从那些以往的社会现象中去寻找,而不能从那些个人意识状况中去挖掘。"涂尔干认为这条准则不仅适用于解释社会现象的原因,而且也同样适用于解释社会现象的功能,社会现象的功能也只能是社会性功能,而不只是个人性的功能,因此,"社会现象的功能必须在这种现象与某种社会目的的关系中即社会效用的关系中去寻找"[88]。

涂尔干还把社会现象区分为作为"社会环境"(如社会容量、社会动态密度等)的现象和其他现象两大类,认为在用社会现象来解释社会现象时,其中最重要的一点就是用社会环境来解释其他各种社会现象。"社会环境是社会现象变迁的根源,因为社会环境是社会现象存在的基本条件,社会现象的各种状况,都汇集在社会环境内。……只有通过社会环境才能真正解释社会现象及其变化的实际情况,才可以避免个人主观的臆断"[89]。因此,所谓"用社会现象来解释社会现象"在很多情况下就意味着是要"用社会环境来解释社会现象"。涂尔干认为这种表述能够使我们更好地理解他所说的社会学方法。

三、用比较方法来检验、证明事实之间的因果关系。当我们提出一种社会现象是另一种社会现象的原因时,我们怎样才能够检验我们的解释是否正确或恰当呢?涂尔干明确地指出:"由于社会现象的因果关系往往是不明显的、复杂的,研究者不能从直接观察中得出,因此,考察这些现象只能用比较方法,这是社会学研究唯一适当的办法。"[90]涂尔干还认为,在使用科学的比较方法,根据因果关系的原理去考察社会现象时,必须以下列命题作为比较的基础:事物的原因和结果之间总是一一对应的,一种同样的结果总是出于一种同样的原因。密尔等人在讨论因果分析的方法时曾经认为同样的结果不一定出自同样的原因,一件事有时出自这种原因,有时又出自另一种原因。涂尔干认为这种学说"将使任何科学分析都无法得出定论",它不仅使得"要知道某种结果究竟属于哪种原因"的分析变得难以实现,而且也与因果关系原理本身相冲突。按因果关系原理来看"一种同样的结果,就只能有一种原因,因为因果关系只承认原因和结果之间的一种相同性质",否认这一点,人们在科学研究中就只能得到一些不确定、混淆的、空洞的结论[91]。

比较方法也有多种,如剩余法、相同法、相异法和共变法等。涂尔干认为,在这些方法当中共变法是最适合于用来进行社会学研究的。因为前面几种方法都要求将被研究对象的所有特征都列举出来加以比较,这在社会学研究当中是很难做到的。"社会现象往往十分复杂,要将一种千头万绪的现象用剩余方法去消除,使它只留下一种可以看得见的结果,并且从众多的原因中削剩一个原因,进而说明正是这种原因产生了这种结果,这不仅是困难的,而且结论也是难以符合实际的"[92]。同样,社会现象的复杂性也使得"要把所有相同和相异的事实全部区分清楚是不可能的。例如,比较两个民族时,我们不可能把它们在同一时期发生的社会现象和历史过程中不断发生的社会现象都列出清单,进而说明它们除了个别问题以外,其他的关系都相同或者都相异"[93]。运用共变法来检验因果判断,情况就不一样。"采用这种方法,不必把所有不同的现象一一排除出去,然后再进行比较;它只需把两种性质虽然不同,但是在某一时期中有共变价值的现象找出来,就可以作为这两种现象之间存在一种关系的证据"[94]。"共变方法既不要用许许多多不完整的材料作证据,又不必用许多表面性的观察作例证,它只要选择几件可靠的事实,就可以得出确切的结果。人们只要在一定数量的事实中能够观察到并且能够证明在两种现象中,甲变乙也随之发生变化,就可以认为已经了解到事物的规律。社会学者用共变方法去考察社会现象,材料并不在乎多,只要认真选择、细心研究就能够得出可信的结论"[95]。

涂尔干还将比较研究大致分为三个系列。首先是将一个单独社会中发生的各种事实(譬如自杀等现象)按照地区、职业阶层、城乡差别、性别、年龄、婚姻状况等进行分类比较,考察它们在不同人口、不同地点、不同时间的各种反映。其次是对同一社会类型中各个社会的事实进行比较。例如将一个社会的历史与其他社会的历史相对照,观察一种同样的现象在相同条件下,随着时间的推移而发生的演变情况在各个社会中是否相同。还可以通过观察一种现象在各个社会中表现出来的强弱差别去确定这种现象的形式等。再次是将不同社会类型中各个社会所发生的事实进行比较。许多社会现象都是在以往那些与现在类型完全不同的社会中逐渐形成、发展和延续至今的,对于这样一些现象,就必须突破同一社会类型比较的局限,研究不同社会类型中各个社会的状况,才能够加以解释。例如要解释家庭、婚姻、所有权等社会现象的目前状况,就必须了解它们的起源和演变情况,因而也就必须追溯更远的历史,比较不同类型的社会。如此说来,比较社会学其实并不是社会学的分支之一,而就是社会学本身。"社会学不是一种纯粹地描述社会现象的方法,而是一门考察社会现象、比较社会现象、解释社会现象的科学"[96]。

概括起来,涂尔干认为社会学研究方法具有以下特点:第一,社会学是一门独立的科学。社会学既不属于任何哲学学派(虽然它是从哲学产生出来的),也不依附于其他只讲改革、忽略解释的各种主义或学说。与哲学或各种主义、学说不同,"社会学十分讲究对社会现象进行解释的科学价值……社会学以科学的态度去考察社会现象,对目前的学说如此,对历史上的各种制度也如此"[97]。第二,社会学研究方法具有客观性。它要求研究人员彻底摆脱个人的感情和成见,放弃那种不求证于事实、只依靠逻辑推理来了解事物的方法,力求运用客观的研究程序和方法来原原本本地认识事物。第三,社会学要求研究人员必须把社会现象当作客观的事物来看待,并且不是当作一般的事物,而是当作社会的事物来看待。它要求人们必须且也只能用社会现象去解释社会现象,而不能用社会现象以外的因素(理性、心理、自然因素等)去解释社会现象。只有这样,社会学才能够最终成为一门真正独立的科学。

涂尔干对社会学研究方法的上述阐释不仅对于社会学作为一门独立学科的确立起了非常重要的作用,而且还对社会学以后的发展也产生了深远的影响。事实上,直至今日,除了技术细节上的不断改进之外,实证主义社会学所使用的研究方法在基本原则上依然没有超出涂尔干在《社会学研究方法论》一书中所阐述的内容。正因为如此,涂尔干的《社会学研究方法论》一直是每一位学习社会学的人的必读书之一[98]。

第五节 自杀现象的社会学研究

《自杀论》是涂尔干最著名的作品之一。在某种程度上可以说,这本书是涂尔干运用他自己在《社会学研究方法论》一书中所阐释的科学研究方法来研究一个具有重要道德意涵的社会问题的典型范例,涂尔干对社会现实的道德关怀和他对社会学研究方法的科学主张在这本书中得到了近乎完美的结合。

如前所述,涂尔干一生的科学研究活动都是围绕着一个核心主题,即运用科学的研究程序和方法来对当时西方发达国家中出现的社会危机进行客观的研究,以发现这些危机得以产生的原因和能够有效地消除这些危机的办法。自杀率的普遍上升是19世纪西方国家正在经历的社会危机的重要表征之一。运用科学方法对自杀现象进行深入、具体的描述和分析,探讨防范自杀现象的有效措施,正是涂尔干进入上述主题的有效切入点之一。涂尔干认为,通过对这样一个具体问题的研究,不仅可以使我们对这一具体问题本身的产生原因和解决措施有所发现,"甚至还可能提出一些有关欧洲社会现今正经历着的全面的失调现象的原因,同时还可能开出救治的药方。人们不会相信一种普遍的现象只能通过总体概括加以解释。它可能与某些特殊的原因有关,而这些原因只有通过对能够表现它们特征的现象进行悉心研究才可能确定。如今存在的自杀正是我们普遍的精神痛楚传播的方式之一;因此,它将帮助我们了解它"[99]。这是涂尔干研究自杀现象的一个重要动机。除此之外,涂尔干也希望通过对自杀现象进行科学研究所得到的成果来展示这门新兴学科在帮助人们理解社会现实、解决社会问题方面所具有的作用和魅力。涂尔干指出:"倘若社会学想要实现人们对它的期望,就必须改变仅仅是一种新的哲学文章的老面孔,社会学家不能满足于对社会命题的形而上学的思考,相反,他必须将一组组随时可以明确地加以界定的事实作为研究的对象,并且严格地遵循这些事实。……通过这样集中地研究一个题目,我们可以发现真正的规律,从而表明社会学比任何其他思辨的论证更具有揭示事物本质的可能性。"[100]在这方面,自杀现象也恰好是一个最适于达成此一目标的研究题目,因为在众多值得研究的题目当中,只有自杀这个题目拥有"精确的定义"和相对可靠的官方统计资料。

涂尔干严格遵循他在《社会学研究方法论》一书中倡导的研究程序和方法,从对研究对象的定义和观察开始自己对自杀现象的研究。那么,在涂尔干看来,什么是自杀呢?

第三章 埃米尔·涂尔干

涂尔干给自杀下的定义是:"任何一桩直接或间接导源于受害者自身主动的或被动的行为,且受害者知道这一行为的后果的死亡事件"。按照这一定义,一件死亡事件是否属于自杀事件,要看它是否符合以下要点:(1)死亡是否导源于死者本身的行为。只有导源于死者本身行为的死亡才属于自杀行为。这里所谓"死者本身的行为",可以是主动的(例如为了殉道而跳海),也可以是被动的(例如为了避免破产而跳楼);对死亡这一结果的作用可以是直接的(殉道者自己直接跳海),也可以是间接的(殉道者故意犯下叛教大罪后被处死)。(2)死者在实施导致自己最终死亡的行为时是否明确知道自己行为的这一后果。只有死者在实施时明确知道会导致自己死亡的那些行为才属于自杀行为。因此,如果"某人从很高的窗户上跳下去,自己还以为是在一层楼",由此导致的死亡就不能叫自杀。同样,动物的一些表面上看去类似自杀的行为实际上也不属于真正的自杀,因为动物根本没有能力知道自己行为的后果[101]。

从表面上看,自杀完全是一种个体行为,它的发生完全取决于一些个体性因素,因而人们往往认为它只属于心理学的研究范畴,试图用性格、脾气、经历和个人生活史来解释自杀行为。然而,涂尔干认为,如果我们不是孤立地来考察单个的自杀者,"而是将一定时期发生在一定社会中的自杀现象作为一个整体来研究,我们会发现这个整体并不是一些孤立事件的简单集合,相反它本身就是一个自成一体的新事物,有着自己的整体性,自己的个性,甚至于自己的本质特征。而就其本质来说,它具有社会性质"[102]。为了更好地揭示自杀现象的这种社会性质,涂尔干提出了自杀率的概念。所谓自杀率,即是按照上述标准被确定为自杀死亡的人数占其所属的统计群体人口(一国或一地区总人口、性别总人口、某年龄段人口等)的比例。利用自杀率这个概念来去观察和分析19世纪中期欧洲主要国家有关自杀的统计数据,涂尔干发现自杀确实具有明显的社会性特征。譬如,和死亡率的变化幅度相比,自杀率在短期内的变化幅度很小;而从较长的时间段来看,不同国家的死亡率之间基本上无差异,但自杀率之间的差异却较大。在三个有关统计时期(1866—1870、1870—1875、1874—1878)内,多数国家的自杀率均有上升,但各国之间的自杀率却依然保持着较大的差异;等等。这表明自杀的确是一种社会性的事实,它既会随着各个社会或群体某些共有特征的变化而变化,也会由于各个社会或群体属性之间的不同而不同;而且,不论是哪个社会或群体,始终都会有一部分人死于自杀行为。自杀现象的这种社会性质使得它可以而且应该成为社会学的特殊的研究课题。与心理学家不同的是,心理学家将关注的焦点放在自杀者个体身上,关心的主要是导致自杀者自杀行为的那些个人性根源,而社会学家则将关注焦点放在自杀率这样一种能够反映一个社会整体自杀状况的现象上,关心的主要是导致整体自杀率变化的那些因素。这两个方面尽管存在着一定的关联,但毕竟是两个不同的问题。个人的自杀根源会影响到自杀者是张三还是李四,但却基本上不会影响到整个社会的自杀倾向。

那么,影响一个社会自杀率的因素到底是什么呢?这是自杀研究必须完成的第二步工作。涂尔干《自杀论》一书的绝大部分篇幅也都是在从事这项工作。

按照涂尔干自己倡导的方法论准则,对一种社会现象只能用另一种社会现象来加以解释。然而,在《自杀论》一书中,涂尔干采用了一种迂回的方法来讨论影响自杀率的主要原因。他没有径直开始用某种社会现象来解释自杀现象,而是首先考察了人们通常可能提出来作为解释自杀现象的那些非社会因素与自杀率之间的关联性,详细讨论了这些因素到底能不能被证实为是影响自杀率的真正原因这样一个问题。试图通过对这一问题的否定性回答,从反面来说明"社会现象只能用社会现象来解释"这一准则的正确性。

涂尔干指出,人们提出来用以解释自杀现象的非社会因素主要有两大类,即人的生理—心理特性和外部环境。前者如精神失常、种族特质和遗传、模仿心理等;后者则如气候、气温等。涂尔干对这些因素与自杀现象之间的关系一一加以考察,结果表明所有这些非社会因素都不能充分地用来解释自杀率的变化,从而证明了用这些因素来解释自杀现象是一种错误的做法。

涂尔干首先否定了用精神失常(偏执狂、精神病、神经衰弱等)来解释自杀现象的做法。涂尔干用比较分析的方法来检验了精神失常与自杀这两类现象之间的关系。他指出,如果精神失常是导致自杀的主要因素的话,那么这两者之间应该存在着一种紧密的共变关系,然而统计数据却完全否定了这样一种共变关系的存在:第一,在疯人院中女性病人比男性病人略多,但男性病人的自杀率却是女性病人的四倍左右;第二,精神失常的人在犹太教中大大高于其他宗教,然而犹太人中的自杀率却很低;第三,在主要欧洲国家,30—35岁左右的成年人精神失常者最多,但自杀率却是随着年龄的增长有规律地增加;第四,精神病人最少的国家自杀者却最多;第五,精神疾病很少的下层社会中自杀有时反而非常频繁;等等。由此可见很难将精神失常归结为引发自杀的原因。紧接着涂尔干又以类似的方式否定了种族特质和遗传以及模仿心理一类的正常心理状况与自杀现象之间的关联。例如,就种族特质而言,统计数据表明同一种族的人其自杀率在不同国家或不同宗教中有着很大的差别,表明自杀率是随国家和宗教信仰的不同而变化,而非随种族的不同而变化。就模仿心理的影响而言,在被人们确认为是传播中心的地区(例如巴黎)与它的卫星地区之间,其自杀率也并没有呈现出模仿理论预期的规律性分布（中心的自杀率最高，周围地区的自杀率则随与中心距离的增加而逐步降低）。这些证据都表明无论是反常还是正常的心理状态都不能用来解释自杀率的变化。

　　涂尔干也进一步否定了气候和气温等天象因素对自杀现象的解释作用。首先，从统计数据上看，自杀在欧洲南部和北部较少，而在气候较温和的中部则较多。这是否意味着温和的气候同自杀倾向之间存在着一定的联系？涂尔干认为，从这种气候与自杀状况的偶然联系中尚不能得出二者之间存在着因果作用的结论。实际上，欧洲中部地区也正是欧洲两个主要文明中心（一是法兰西，一是萨克森和普鲁士）的所在地。因此我们完全可以从文明的本质而非气候中去寻求自杀的原因。这一点可以从意大利的有关资料中得到支持。1870年之前意大利北部的自杀率很高，中部次之，南部更次，可到了1870年之后北部和中部的自杀率差别逐渐缩小，并最终颠倒了过来。在这里，意大利的气候分布并未改变，改变了的只是意大利首都的位置：1870年罗马被占领后，意大利的首都迁至该国中部。其次，从统计数据上看，气温与自杀之间似乎也存在着密切的相关性。在欧洲主要国家的几乎所有地区，温度较高的春夏两季自杀率都要高于温度较低的秋冬两季。这是否说明温度是影响自杀率的一个重要因素呢？涂尔干的回答也是否定的。一方面，更为具体的数据分析表明气温与自杀之间并没有真正严格的相关关系：自杀率并不完全随气温的上升而上升（其最高点并非自杀率的最高点，气温的最低点也并非自杀率的最低点），在同一个国家气温基本相同的月份自杀率并不相同；气温的分布与自杀率的分布也不严格一致等等。另一方面，假如我们将每个月在一年中所占自杀人数的比例与本年中同期白昼平均长度进行比较，就可以发现两组数字以完全相同的方式变化，其对应关系差不多是天衣无缝的：两组数字同步变化，最大值出现在同一时刻，最小值也一样。涂尔干认为这种精密的对应关系不是偶然的，它们之间应该有着某种密切的联系。通过进一步的细致分析，涂尔干认为这两者之间之所以有着密切的联系是因为白昼同时也是社会活动最多的时期。因此，真正影响自杀率的是人们社会活动的频繁程度，而非气温。这也就解释了春夏两季自杀率会高于秋冬两季的原因是人们社会活动的频繁程度要比秋冬两季高。

　　上述分析的结果不仅表明了对影响自杀的主要因素不应该到各种非社会因素当中去寻找，而且还表明了自杀有其社会性的特征和原因。因此，下一步要做的工作就是去探询影响自杀率的这些社会因素。

　　为了更好地了解影响自杀率的社会因素，涂尔干运用所谓溯源学方法（即通过追溯导致现象的原因来对现象进行分类）将自杀划分为三种基本类型，即利己型自杀、利他型自杀和失范型自杀,然后利用统计资料对这三种自杀类型的主要产生原因进行了深入细致的分析。

1. 利己型自杀

所谓利己型自杀是由于极端的个人主义而引发的一种自杀。这是涂尔干在对有关自杀的统计资料进行分析时首先确认的一种自杀类型。涂尔干发现,在主要的欧洲国家,自杀率首先与宗教信仰的差异密切相关。不同的宗教群体具有不同的自杀率:新教徒的自杀率远远高于天主教徒,天主教徒又往往高于犹太教徒。人们首先会想到从它们各自的教义当中去寻找能够解释这种差异的原因。对此,涂尔干指出,新教和天主教在教义和对待自杀的态度方面没有什么明显的差别,因此无法用教义来解释它们在自杀率方面的差异。犹太教在教义上甚至没有对自杀作出明确的禁止,因此更难从教义方面来解释它的信徒为什么自杀率最低。通过进一步的仔细分析,涂尔干认为宗教对自杀率的影响实际上取决于它对其信徒的控制或整合程度。一种宗教对其信徒的控制或整合程度越高,信徒之间的结合越紧密,其信徒的自杀率相对就会越低;反之就会越高。新教徒的自杀率之所以比天主教徒和犹太教徒要高,基本原因就在于新教具有更强的个人主义性质,强调个人在理解教义方面的相对自主性和自由探求精神,从而使得新教徒们具有相对更强的怀疑精神、更少的共同信念和更弱的集体控制或整合程度,因而他们相对而言更容易丧失生活的意义感、更容易放弃对社会的责任乃至自己的生命。

上述结论略加推广就是:一个群体其成员自杀率的高低与该群体内部成员之间的整合程度密切相关,整合程度越高,其成员的自杀率就越低,反之则越高。假如这个结论没有错误的话,它应该在宗教以外的团体当中也能够得到检验。涂尔干以家庭和政治团体为例来进行这项检验工作。通过分析,他发现,在控制了年龄等变量后,已婚者的自杀率要低于未婚者的自杀率。这表明家庭对于防止自杀确实有一定的作用。进一步的分析还表明,子女数目越多的家庭,对自杀的免疫力就越强。涂尔干认为这是由于家庭成员越多,相互之间交往的机会就越多,共同的生活体验和情感就越深厚,内部整合程度就越高。"所以,家庭本身的组织越牢固,家庭所起的保护作用也就越大"[103]。此外,统计数据也表明,政治团体内部的整合程度也对自杀率有重要的影响。在政治危机时期,社会的自杀率往往会降低。这也是因为政治危机在许多情况下激发了全民族的集体情感,使全民为了一个共同的目标而行动起来,至少在一个时期内形成了较紧密的民族团结。

为什么自杀与团体的整合程度之间会有这样一种密切关系呢?涂尔干认

为,首先是因为集体力量是最能抑制自杀的因素之一。当团体紧密结合时,团体能够把个人仅仅控制在自己周围,使之为团体服务,禁止他们随便以自杀来逃避自己的责任。而当团体集合程度减弱时,它对其成员的控制力(包括对自杀的抑制能力)也就随之降低。其次,紧密结合的团体也为成员提供了一个共同的生活目标,使他们的行动具有明确的方向和意义,"共同的事业把他们联合起来,使他们珍惜生命,而他们拟定的崇高目标使他们忘记了个人的痛楚"[104];"即使在受苦受难的时候,他们也千方百计想给他们所属和所忠于的团体带来荣誉"[105]。反之,个人便常常会对生活的意义感到迷惑,"哪怕是小小的挫折也会轻而易举地使我们下决心了此余生"[106]。涂尔干还认为,团体内部整合度的下降很大程度上是个人主义兴盛的结果。正是个人主义的兴盛削弱了个人依附的集体力量,使个人把自己的目标和利益凌驾于体积的目标和利益之上,从而降低了团体的整合程度,提高了自杀的概率。所以他认为把这种自杀叫做利己型自杀是很适当的。

2. 利他型自杀

利他型自杀则是由过度的利他主义而导致的自杀。利他型自杀有三种类型:一是义务利他自杀(如古代社会中的老人自杀、寡妇殉节和仆人殉葬等),二是自由利他自杀(如夫妻拌嘴导致一方自杀,为了获得某些名誉而自杀等),三是强烈利他自杀(如在印度教等宗教教义的暗示甚至鼓励下产生的自杀)。利他型自杀和利己型自杀之间存在着本质的区别:利己型自杀是由于极端的个性化而造成的,利他型自杀则是由于个性的极端退化而造成的;利己型自杀出现的原因在于社会部分地甚至整体地涣散因而无力阻止自杀,利他型自杀则是因为社会把个人严格地置于自己的控制之下而造成的;在利己型自杀中,社会禁止选择死亡,在利他型自杀中,社会却给人们以压力,使他们不得不选择死亡。在利他型自杀盛行的地方,自我完全不属于自己,而与非我糅合在一起;行为的目的与自己毫无关系,而只与自己所属的群体有关;个体的生命本身毫无价值,它只是集体不可分割的一部分而已。个人扼杀自己的个性,正是为了使自己淹没在自认为是其真正本质的那种东西之中。因此,个体才会或者是出于对所属群体尽义务,或者是出于获得所属群体尊崇的某种荣誉,或者是出于所属群体的默许与鼓励,而轻易地放弃自己的生命。一句话,如果说利己型自杀的主要原因是社会整合不足,那么利他型自杀的主要原因则是社会整合过度。可见社会整合对自杀率具有复杂的影响,无论是整合不足还是整合过度都会强化自杀倾向。

涂尔干指出,利己型自杀和利他型自杀的差别在一定程度上反映了原始民族和文明国度之间的区别。在现代社会中,由于个性逐渐从集体的束缚中解脱出来,利他性自杀即使存在也不可能蔓延开来。它主要是继续存在于军队当中,因为只有在军队当中还存在着过度的团体整合。

3. 失范型自杀

这是由于人们的行动缺乏适当的规范以及由此引起的痛苦而导致的自杀行为。

统计资料表明,在经济危机时期,自杀率会大幅度上升。有人认为这是由于经济危机加剧了生活的贫困程度所致。涂尔干对此表示异议,因为有资料表明即便在那种经济繁荣骤然加速的时期自杀率也会出奇地上升。此外,在许多生活极端困苦的地区自杀率却并不高。可见,自杀与生活贫困之间并没有什么必然的联系。涂尔干认为,在经济危机期间骤然增加的自杀现象实际上与社会秩序的重大变更有关。"一旦社会秩序出现重大更迭,无论是骤降的好运还是意外的灾难,人们自我毁灭的倾向都会格外强烈";"工业和金融危机之所以使自杀率提高,并非由于贫穷的加剧,因为繁荣的高峰期也有同样的效果;而是由于它们是危机、是动荡,它们打乱了旧有的秩序"[107]。涂尔干进一步解释道:和动物不同,人的欲望并不完全由生理需要所决定,如果没有适当的约束,它是可以永无止境地增长的。未加遏制的欲望总有一天会与现实的可能性产生冲突,使人们痛苦不堪,陷入精神危机。为了避免这种精神危机,就有必要对人的欲望加以限制,使之与人们的能力相一致。而个人本身是没有能力来对自己的欲望加以限制的,这种限制必须要由一个他们尊重并自愿服从的权威(团体或社会)来进行。社会的法律和道德规范实际上就包含着大量此类的限制性内容。譬如具有何种能力的人应该得到何种物质报酬和社会地位,享有何种生活方式等。在正常时期,这些规范能够对人们发挥有效的约束力,人们安心于自己的所得。但当社会被严重的危机或幸运的骤变打乱时,其约束作用便暂时地消失了,因而便可能扰乱人们的精神平衡,导致自杀率上升。例如,在经济危机时期,社会条件改变了,但人们的欲望、价值观和相应的社会规范却未来得及改变,这就会使许多人出于对生活感到绝望而弃世。在骤然繁荣时期,结果也一样。"生活条件变了,约束人们欲望的标准也不能保持不变。由于它决定着生产者每一阶层应得的份额,它就必然要随社会总资源的变化而变化。老的标准被打破了,新标准又不能立即建立。……由此人们的欲望便失去了约束"。"由于没有了公认的社会阶层划分,各阶层之间及其内部展开了激烈的竞争。人们劲头十足,却并没在生产上有多少建树。在这种情况下人们的生存欲望怎会不减弱呢"[108]?

第三章 埃米尔·涂尔干

失范型自杀不仅会由于社会动荡而引发,而且也会由于家庭动荡而引发。统计资料表明,在整个欧洲,离婚率与自杀率之间都存在着正相关关系,"离婚者的自杀率是已婚者的3—4倍,同时也明显高于往往还受到老龄威胁的丧偶者"。进一步的分析又表明,高离婚率所伴随的高自杀率,实际上主要是由丈夫自杀率的上升所引起的。而丈夫的自杀率之所以会随着离婚率的上升而上升,则主要是因为离婚这一家庭动荡使得男性的生活陷入一种混乱无序、无所适从的失范状态,引发了精神上的极端痛苦,从而导致自杀者增加。而在传统的家庭中妻子总是受到过多的约束,因此离婚往往会给妇女一种解放或自由的感觉,部分补偿家庭解体所造成的伤害。所以,离婚后妻子的自杀率往往呈现出与丈夫相反的变动趋势。

上述分析表明,自杀虽然是个人行为,但却具有一种无可否认的社会性质。无论是何种类型的自杀,本质上都是由于某种社会原因(与个人主义的兴盛相随的社会整合不足、与利他主义相随的社会整合过度、与社会进步相随的秩序瓦解等)而造成的。各种各样的个人因素顶多只是直接促发自杀行为的导火索,而非影响自杀率的根本因素。由于上述几种社会因素事实上也是各种社会自身存在的一些必要条件(例如个人主义的兴盛和社会控制程度的相对降低是现代社会的必要条件,利他主义的强化和高度的社会整合是传统社会的必要条件等),因此,在任何时候就总是会有一定数量的自杀现象存在,一定程度的自杀率是社会的正常现象。

然而,涂尔干又指出,当前欧洲主要国家中存在的高自杀率却是一种不正常的现象。它在50年的时间内就在不同国家里增长了三四倍甚至五倍。如此迅猛发展的自杀现象不能不说是一种病态现象,它不是源于正在形成的文明本身,而是源于一种伴随文明脚步但又不是文明发展之必要条件的病态状况。这种病态的自杀现象和正常程度上的自杀不一样,它对我们的文明社会构成了一种日益严重的威胁,我们必须采取一些有效措施来医治这一痼疾。

那么,我们怎样才能消除这样一些不正常的自杀现象呢?根据前面对自杀原因的分析,涂尔干指出单纯依靠加重惩罚或加强人格教育等措施都不会有太大的效果。涂尔干认为,19世纪欧洲主要国家中自杀率的变态上升主要是由于个人主义过度发展、社会整合程度过度降低导致利己型自杀过度增加所致。因此,要消除这种不正常的自杀现象,关键的措施就是要在新的社会条件下重建新的社会整合。"利己型自杀源自这样的事实:社会并非一切都完美无缺、协调一致,社会并不是在每一个领域都能把其成员统一起来。如果利己型自杀过度增加的话,那就是因为这种自杀所赖以产生的思想状态超出了某种限度的缘故,那是由于社会已经混乱,完全逃脱它控制的人太多的缘故。因此,防治这一病根的唯一方法是恢复社会组织的统一性,使它能把个人紧密地团结在自己的周围,使个人产生依恋集体的感情";"这样,个人就不会在他自己本身中去寻找行动的目标。……生活才会恢复意义"[109]。

那么,什么样的团体才适于完成这样一项重建社会整合的任务呢?涂尔干认为,首先,它不能是国家这样一种政治团体。因为,"在今天我们这些伟大的现代化国家里,政治团体严重脱离个人,因而无法对个人产生强烈和持续影响";其次,也不能是任何宗教团体。因为宗教的作用全在于它对教徒的高度控制力,而宗教在今天已经多数没有这种力量了;再次,也不能是家庭,因为今天的家庭结构已经发生了很大的变化,刚形成就由于子女的离开而发生破裂,最后往往只由夫妻两人组成,因而不再能起到传统家庭的那种整合作用。涂尔干认为,在现代社会条件下,唯一能够担当重建社会整合作用的团体就是职业团体。其理由我们在前面已经叙述过了,此处不再赘述。

第六节　宗教的起源与功能

在涂尔干后期著作中,对宗教起源与功能的探讨也占有十分重要的位置。之所以如此,是因为涂尔干一直强调集体意识对于社会团结和社会秩序所具有的重要功能,而宗教则是一种特殊的集体意识。宗教在其较狭隘的意义上来说是人类社会最初普遍采取的一种最为基本的集体意识形式(宗教乃是宇宙观、道德观等人类所需要的一切知识赖以阐发和承续的最初形式,法律、道德、哲学和科学都是从宗教当中产生出来的),在其较广泛的意义上来说则是任何时候任何地方任何形态的社会都必须具备的一种基本的集体意识形式。集体意识对于社会团结和社会秩序的重要功能在很大程度上就是通过宗教的作用而发生的。因此,通过对宗教之起源和功能的分析,就能够帮助我们具体地去理解社会团结和社会秩序得以不断维持和再生的真实基础与核心机制。

什么是宗教?这是涂尔干首先试图加以回答的问题。有人曾经以所谓的超自然崇拜或神性人格崇拜来界定宗教。涂尔干认为这两种做法都是不恰当的。涂尔干认为,宗教的基本特征既不在于它对某种神秘的超自然现象的崇拜(这种超自然观念在很大程度上是作为一种与自然观念相对的现代观念而产生的),也不在于它对某种神性人格的崇拜(存在着无神论的宗教如佛教和耆那教),一切宗教现象最重要、最真实的特征是在于"它们经常将已知的和可知的整个宇宙一分为二,分为无所不包、相互排斥的两大类别"[110],并用两个截然不

第三章 埃米尔·涂尔干

同的术语,即"神圣事物"和"凡俗事物"来分别称呼它们。神圣事物和凡俗事物之间的关系则是:(1)它们之间的区别不在于它们之间地位上的高低,而在于它们之间具有绝对的异质性。"无论何时何地,神圣事物与凡俗事物都被人们看作是互不相同的两大类别,就好比迥然不同的两个世界。在两个不同世界里发挥作用的力量绝对不能简单地等同起来,也不能说谁比谁强;它们是两种不同的力量"[111]。这两种现象不仅是绝对异质的,而且是相互对立和隔绝的,"神圣事物总是某种超凡脱俗的东西,凡俗事物不应该也不能够与之接触,否则自己就不可能安然无恙"[112]。(2)当然,这种隔绝状态也不等于说两个世界根本不可能得到沟通,"倘若凡俗世界与神圣世界全无联系。那么神圣世界也就毫无神益了"[113]。不过,只有借助于某种或多或少有些复杂的初入仪式,这种沟通才可能实现,并且,"除非凡俗事物肯于抛弃自己的特征,借助某种方式或在某种程度上成为神圣的东西,否则,这种联系就不可能建立起来"[114]。

涂尔干指出,"当一定数量的神圣事物确定了它们相互之间的并列关系或从属关系,并以此形成了某种统一体,形成了某个不被其他任何同类体系所包含的体系的时候,这些信仰的总体及其相应的仪式便构成了一种宗教"[115]。但他又认为这还不是对宗教的恰当定义,因为它还没能指出宗教与巫术之间区别。表面上看,巫术和宗教有着许多相同的特征,如信仰、仪式、信徒等等,巫术也往往利用宗教的一些要素,但实际上巫术和宗教之间存在着根本的区别。这个根本的区别就是,"真正的宗教信仰总是某个特定集体的共同信仰,这个集体不仅宣称效忠于这些信仰,而且还要奉行与这些信仰有关的各种仪式。这些仪式不仅为集体所有成员所接受,而且完全属于该群体本身,从而使这个集体成为一个统一体。每个集体成员都能够感受到,他们有着共同的信念,他们可以借助这个信念团结起来。集体成员不仅以同样的方式来思考有关神圣世界及其与凡俗世界的关系问题,而且还把这些共同观念转变成为共同的实践,从而构成了社会,即人们所谓的教会"[116]。而巫术则不然。不仅在巫师与其追随者之间而且在巫师们之间都不存在着一种集体的组织和共同的生活,他们之间的关系只是一种萍水相逢的关系。据此,涂尔干最终将宗教定义如下:"宗教是一种与既与众不同、又不可冒犯的神圣事物有关的信仰与仪轨所组成的统一体系,这些信仰与仪轨将所有信奉它们的人结合在一个被称之为'教会'的道德共同体之内。"[117]

涂尔干指出,关于宗教的根本特征在于把全部事物区分为"神圣事物"和"凡俗事物"两大类并以绝对异质性来看待它们之间关系的这种观点,对于我们以何种方式来探讨宗教的根源与功能问题具有重要的指引作用。"假如我们认为,只要赋予神圣事物以更为强大的力量,我们就可以借此将神圣事物与其他事物区分开来,那么,人们如何想象这些力量的问题就变得非常简单了:我们只需要解答,究竟是些什么样的力,可以借助其超乎寻常的能量,将人类的想象力强劲地激发出来,使人足以产生宗教情感就足够了"。像泰勒、斯宾塞或缪勒一类的学者,要么以原始人在梦幻中的奇异经历、要么以大自然在原始人面前展现出来的奇异力量来解释宗教情感的产生。然而,涂尔干指出,"正如我们试图证明的那样,如果神圣事物在性质上不同于凡俗事物,如果两者具有截然不同的本质,那么问题就要复杂得多。我们必须首先试问,究竟是什么东西能够使人们把这个世界看成是两个迥然有别、水火不容的世界"[118]。涂尔干认为,在人类个体的感性经验(无论是梦幻经历还是对自然力量的惊诧)中根本不存在任何可以使人们产生如此激烈的二元观念的东西,"当一个人出现在自己的梦中时,他只不过是一个人而已。就像我们的感官感觉到的那样,尽管自然力量非常之强,但它也只不过是自然力量"[119]。人类和自然本身都不具有任何神圣性。既然如此,我们就需要到人类个体和物质世界以外去探寻神圣事物与凡俗事物这种二元对立观念的起源。涂尔干认为,这种人类个体和物质世界以外的世界就是社会。神圣事物与凡俗事物的区分以及与此相应的宗教情感正是根源于人们的社会生活。

涂尔干以图腾崇拜的起源为例来说明这一点。之所以以图腾崇拜为例,是因为涂尔干认为图腾崇拜是人类社会最初普遍形成的一种最基本的宗教形式,在图腾崇拜中包含着宗教各种基本形式的萌芽,通过对图腾崇拜之起源和功能的分析,就可以了解宗教起源和功能的一般情况。

图腾崇拜与氏族这种特定的社会组织形式有着密切的联系。图腾一词本是美洲阿尔冈昆部落的奥杰布韦人所使用,指称该氏族用来作为名字的那种事物,后来被人类学家延伸到所有氏族用来作为本氏族名字的那种事物上。在绝大多数情况下,作为图腾的对象要么属于动物界,要么属于植物界,只要很少一部分属于非生命体(日、月、云、雨、火等)。图腾不仅是一个名字,它还以一种有形的标记形式出现,被雕刻在木制品或墙上,甚至被文印在人身上或简单地描画在地上,用来作为一个氏族群体的符号或徽章。对原始人来说,这类被雕刻或描画出来的图腾形象具有一种神圣的意味,总是被当作一种典型的圣物而用于宗教仪典当中,成为人们膜拜的神圣事物的象征。但是图腾形象并不是唯一的圣物,被认为具有同样神圣属性的还包括了与图腾有关的其他事物。首当其冲者便是图腾物种的动植物和氏族的成员。作为一种膜拜的对象和圣俗之分的象征,图腾及其相关的信仰和仪式也便具有了宗教的含义。作为一种原始的

第三章 埃米尔·涂尔干

信仰体系或宗教制度,图腾制度还为人们提供了一套完整的宇宙观。按照这套宇宙观,不仅本部落的成员,而且"宇宙中的每件事物都是部落的一部分,都是部落的构成要素。这就是说,每件事物都像人一样,是部落的正规成员,在社会组织的整个格局中都有一个确定的位置"[120]。这套宇宙观为人类提供了一套最早的分类体系,使得人们能够借助于它去理解全部的生活与世界。

那么,为什么会有图腾崇拜呢?或者说,原始人为什么会对图腾(尤其是图腾标记及各种符号)顶礼膜拜呢?他们膜拜的到底是图腾当中的什么东西呢?

涂尔干指出,在图腾制度中,最重要的圣物是图腾形象,其次是氏族用来命名的动植物,然后是氏族的成员。"既然所有这些事物都是神圣的,只是程度不同而已,那么,它们的宗教性质就不可能来自于那些能够把它们相互加以区分的个别属性……(而)只能来自于某种共同的本原,某种由图腾标记、氏族成员和图腾物种中的每个个体所共同分享的本原。事实上,膜拜所针对的就是这一共同的本原。换言之,图腾制度不是关于动物、人或者图像的宗教,而是关于一种匿名的和非人格的力的宗教"[121]。这种外力见诸所有这些事物,但又不与其中任何一个相混同;它独立于它所化身的对象,既先于该事物又不会随之死亡;它把生命力赋予过去、今天和未来的所有事物,是一种没有名字和历史的、非人格化的、本原性的神。这种本原性的神的观念不可能出自于图腾事物本身在人们心中所能引发的感觉。它只能来自于其他东西。图腾首先是一个符号,是对另外某种东西的有形表达。那么它表达的究竟是什么呢?涂尔干认为,它所表达的东西不是别的,正是氏族社会。图腾既是本原神的外在形式,同时也是氏族的标志,这表明它们二者根本上可能就是一回事。"如果群体与神性是两个不同的实体,那么群体的标记又怎么能够成为这种准神的象征呢?因此,氏族的神、图腾本原,都只能是氏族本身而不可能是别的东西。是氏族被人格化了,并被以图腾动植物的可见形式表现在了人们的想象中"[122]。仔细地考察与图腾制度相联系的宇宙观或分类系统就会看到,它们实际上就是以社会组织为原型的。其中胞族是类别(纲)的原型,氏族则是物种的原型。"正是因为人们组织起来了,他们才能去组织事物,因为在划分事物时,他们仅限于在他们自己所形成的群体中安置这些事物。如果这些不同类别的事物不仅仅逐个排列着,而且还依据一个统一的计划进行了安排,那是因为他们借以融合的社会群体是统一的,并且通过他们的联合,形成了一个有机体——部落。这些最初的逻辑体系的统一性只不过是社会统一性的翻版"[123]。

涂尔干认为,人们在生活中感受到并在图腾制度中加以膜拜的那种本原性的"力"不是别的什么东西,首先是社会对人们所具有的那种强制力。这种强制力不是一种单纯的物质性压制,而是一种建立在个体对社会的绝对权威自觉遵从之上的道德性压力。这种强大的道德性压力使人感觉到"在人的外部存在着一种或几种他们所依赖的力量,这力量不仅是道德的,而且还很有效力"[124]。当人们尚没有能力来理解他们感受到的这种力量是来自于社会时,就只好创造出他们觉得与之有关的力量的观念来。此外,人们从社会中感受到的也不仅仅是一种强制力,而且还有一种激发力,一种我们只要加以服从或依赖就能够加强我们自身的力量。这使我们感觉到"这种力必定是与我们融会贯通,并在我们内部组织其自身的。于是,它就成为我们存在的一个不可或缺的部分,并且因此受到了推崇和显扬"[125]。这些"既专横又助人,既威严又仁慈"的外部力量使我们体验到一种与那些简单可见的对象有所不同的存在,使我们感觉到有两种不同的现实,"它们之间隔着一条鸿沟,一边是凡俗事物的世界,而一边则属于神圣事物"[126]。这才是宗教情感的真正来源。

涂尔干还指出,虽然在日常生活中人们就能感受到上述力量,但社会对人们的这种强制力与激发力往往在群体集会之时或一些非常时期显得格外明显。图腾崇拜在一定程度上就是氏族社会的成员定期聚会所激发出来的结果。许多氏族社会的生活往往周期性地分成分散谋食和集体欢腾两个时期。在分散谋食时期,生活往往非常乏味。但一到集体欢腾时期,人们便进入一种普遍亢奋状态。熙熙攘攘的人群、狂放激烈的场面、热情愉悦的气氛都使人感觉到仿佛进入了另一个世界。"这样的体验,而且是每天重复,长达几个星期的体验,怎么可能不使他深信确实存在着两个异质的、无法相互比较的世界呢"[127]?

图腾崇拜(以及一般宗教)的社会性质不仅表现在它起源于社会生活,而且还表现在它也同时维持和再造着社会生活。图腾崇拜对社会生活的这种维持和再造作用非常明显地表现在各种膜拜仪式中。涂尔干描述了三种类型的图腾膜拜仪式:以各种禁忌仪式为主要内容的消极膜拜,以祭祀、祷告、模仿和纪念等活动为主要内容的积极膜拜,以及以哀悼活动等为主要内容的禳解仪式。这些膜拜仪式中的绝大部分实际上都有一个共同的作用,这就是定期地维持和再造人们的社会生活。"膜拜的作用确实是定期地再造一种精神存在,这种存在不仅依赖于我们,而且我们也赖以存在于它。而的确有这种存在:它就是社会"。"不管宗教仪典的重要性是多么小,它都能使群体诉诸行动,能使群体集合起来。所以说,宗教仪典的首要作用就是使个体聚集起来,加深个体之间的关系,使彼此更加亲密"[128]。在日常生活时期,人们由于分散劳作,社会情感虽然从来没有完全消失但却有逐渐枯竭的可能,从而威胁到社会的整体存在。在宗教庆典时期,情况则不一样。"在这个时候,他们的思想全部集中在了共同信仰和共同传统之上,集中在了对伟大祖先的追忆之上,集中在了集体理想之上——而他们就是这个理想的化身;简言之,他们完全倾注于社会事物。……每个人意识的视野中所见到的都是社会,社会支配和引导着一切行为;这等于说,社会比其凡俗时期要更为有力,更加主动,也更趋真实。所以,也就是在这个时刻,人们感受到有某种外在于他们的东西再次获得了新生,有某种力量又被赋予了生机,有某种生命又被重新唤醒了。这种振奋不是想象,所有个体都从中受益。因为每个人内心所激起的社会存在的火花,都必然会参与到这种集体更新的过程中来"[129]。因此,"仪式对我们道德生活的良性运作是必须的,就像维持我们物质生活的食物一样。只有通过仪式,群体才能得到巩固并维持下去"[130];"仪式首先是社会群体定期重新巩固自身的手段"[131]。

对图腾崇拜这种原始宗教的考察表明:宗教是一种特殊的社会事物。一方面,宗教本质上是社会的集体再现,宗教情感本质上就是社会情感,宗教信仰本质上就是对社会的信仰,宗教信仰所提供的宇宙观和分类图式本质上就是社会组织在整个世界范围内的延伸和扩展;另一方面,宗教同时也是社会的再造剂,通过它的仪式性活动,宗教定期地强化和确认着社会成员的集体情感和集体意识,使社会不断获得和维持其统一性。没有宗教,人们的社会情感就会逐渐淡漠,社会的统一性就会逐渐弱化。只要人们想不断维持社会的存在,就必然要不断维持宗教的存在。宗教的这种本质向我们表明,"宗教中有某些永恒的东西,注定要比所有宗教思想作为其外壳而相继采用的特点的宗教符号存续得更为长久"[132]。因此,涂尔干坚信,宗教并非注定要消亡,它只是要不断地改变自己的内容和形式而已。随着科学的兴起,传统的宗教正在逐渐衰亡下去,但与新形势相适应的新宗教必然会逐渐产生和发展出来。当代社会中人们茫然无措、焦躁不安的状态在一定程度上正是因为"过去的神已经变得越来越老朽了,或者说已经寿终正寝了,而其他的神还没有降生"。这正是孔德晚年努力要创造出一个"人道教"的重要原因。但这种茫然状态不会永远持续下去,"总有一天,新的观念将会涌现出来,人们也将会发现新的程式来引导人性"[133]。虽然我们不知道这种新信仰的具体内容和形式最终将会是什么样的(其实现代人对自由、科学、民主或对民族、国家、社会本身,以及对各种乌托邦理想的信仰和崇拜在某种意义上都是一些新的宗教形式),但我们却可以推想它必定依然包括以下两方面的内容:首先,它依然要有一整套定期举行的仪式性活动(如国庆庆典、总统就职庆典、重大历史事件的纪念性庆典等庆典活动和各种政治性、学术性、娱乐性的群众集会等);其次,它依然要有一套完整的理论或教义。"人们不会毫无理由地举行仪典,也不会在毫无理解的情况下接受信仰。为了发展自身,或者仅仅为了维持自身,宗教必须证实自身,换言之,它必须形成一种理论"[134]。这种新的宗教理论应该具备以下特征:一方面它必须要与现代科学相协调,从各门现代科学中吸取养料("凡是科学否定的,他就不能肯定;凡是科学肯定的,他就不能否定"[135]);另一方面又必然要在某些方面超越现代科学,因为不管科学知识有多么重要,"它们始终是很不够的,因为信仰首先是对行动的激发;而科学,不论它能够把事物推进多远,都无法与信仰相提并论。科学是片段的、不完整的;它虽然在不断进步,却很缓慢,而且永无止境;可是生活却等不及了。因此,注定要用来维持人类的生存和行动的理论总是要超出科学,过早地完成"[136]。在涂尔干看来,只有在这样一些新型宗教的作用下,现代社会才有可能正常地维持自己的存在和秩序。这是涂尔干晚年提出来的一个后来得到了人们广泛注意的重要观点[137]。

第七节 涂尔干社会学理论的简要评价

和马克思、韦伯等人一样,涂尔干对现代社会学的巨大贡献也是毋庸置疑的。

首先,涂尔干继承孔德的思路并将其做进一步的发挥,为现代社会学确立了一个最基本的研究主题,这就是对社会整合和社会秩序的强调和关注。在经典社会学的诸位大师们那里,马克思倾心关注的是启蒙运动的核心原则之一——平等的自由——在现代社会中的最终实现这个主题,韦伯倾心关注的则是现代条件下社会发展与个体自由之间的关系这个主题,孔德和涂尔干则将自己的主要精力投注于如何在现代条件下重建社会整合和社会秩序这一主题上。对于孔德和涂尔干(尤其是涂尔干)而言,人始终是社会性的存在物,只有社会才能将人从动物提升为人,也只有在社会当中人才能够得以持续的生存和发展,社会本身的持续存在是人类生存与发展的第一条件,自由也好、平等也好都必须以社会本身的存在为前提,不能以损害社会团结和社会秩序为条件。因此,研究和探讨社会(社会整合和社会秩序)得以形成和维持的条件与机制应该是社会学的第一要务,所谓社会学实际上就是关于社会(社会团结和社会秩序)本身如何得以持续存在的科学。滥觞于孔德但最终由涂尔干加以确立的这一主题,对现代社会学的发展产生了巨大和深远的影响,事实上成为现代社会学的正统共识之一。

其次,涂尔干在继承和发挥孔德思想遗产的基础上对现代社会学所做的另一贡献,是为现代社会学提供了一个与众不同的观察社会的视角。马克思、恩格斯将以财产关系为核心内容的"生产关系"视为全部社会关系的基础;韦伯将个体行动者的主观意向视为全部社会关系的基础;涂尔干则把由劳动分工状况所决定的功能(或职能)关系视为全部社会关系的基础。马克思从财产关系的角度出发将现代社会主要理解为资本主义社会,侧重于从资本主义生产方式的产生、发展及其内在矛盾这个方面来对现代性进行描述、诊断和分析;韦伯从行动者的主观意向出发将现代社会主要理解为理性化社会,侧重于将现代化描述为一种"理性化"的过程;涂尔干则从功(职)能关系角度出发将现代社会理解为工业社会,侧重于从劳动分工的发展所引起的功(职)能关系转型这个方面来对现代性进行描述、诊断和分析。这一从社会的功(职)能关系出发来描述和分析社会结构和社会变迁过程的做法,实际上也成为日后西方主流社会学的基本理论视角。

再次,涂尔干依然是在继承和修正孔德思想遗产的基础上,从实证主义立场出发为现代社会学制定了一套完整的研究程序和方法,从而从根本上确立了社会学在现代社会科学领域中的学科地位。孔德虽然提出了要以实证科学的方法来研究社会现象,但他既没有将这一研究态度始终如一地贯穿于自己的研究实践,也没有提出一套真正适合于社会学研究的实证科学方法。只是在涂尔干的努力下,社会学才开始有了一套既有明显的学科特点又真正切实可行的实证性研究方法。这套方法的根本特征就是强调要把社会现象真正当作客观事物来看待,要用社会现象本身(而不是心理现象或生物等自然现象)来解释社会现象。这样一种方法论主张后来被人们简明地称之为"社会学主义"。正是这样一种社会学主义的方法论主张,才使社会学彻底地从对哲学、心理学或生物学的依附中摆脱出来,成为一门真正独立的实证科学,从而为社会学这门学科在现代教育和学术领域争得了一席之地。因此,不管后来的人对社会学这门学科的对象和方法有些什么样不同的看法,但涂尔干为确立社会学的学科地位方面所做的历史贡献却是无人能够否定的。

最后,涂尔干还通过对社会分工、自杀现象、宗教现象以及教育现象的具体研究,从经验研究方面为现代社会学提供了诸多经典性的研究范例,推动了相关领域中社会学研究的开展。涂尔干在《社会分工论》一书中对劳动分工的发展及其所引发的社会转型过程的研究,涉及到社会学理论、经济社会学、法律社会学、伦理社会学、劳动社会学、越轨社会学、社团研究等不同领域,因此,它在为社会学提供一个经典理论体系的同时,也推动了后面这些相关分支社会学科的形成和发展。涂尔干在《自杀论》一书中所做的研究不仅推动了自杀或越轨社会学的形成和发展,而且在运用统计数据来对社会现象进行定量分析方面也为人们提供了一个经典的研究范例。涂尔干在《原始分类》和《宗教生活的基本形式》等书当中对分类图式、图腾崇拜以及宗教的起源和功能所做的分析,则也不仅推动了宗教社会学、知识社会学和文化社会学的形成和发展,而且也被人们看作是运用个案方法来对社会现象进行研究的经典范例。而他在《教育思想的演进》和《道德教育》等书中所做的研究,则推动了教育社会学和历史社会学的形成和发展。在所有这些领域当中,涂尔干的工作事实上都具有一种里程碑式的意义。

涂尔干对社会学的贡献不仅表现在思想方面,而且也通过其他一些方面表现出来:他是在法国乃至欧洲大学中系统讲授社会学的第一人;他帮助建立了法国乃至欧洲大学中的第一个社会学系(索邦学院教育学和社会学系);他创办了著名的《社会学年鉴》杂志,不仅使社会学的形成和传播获得了一个重要的媒介,而且还通过所谓"年鉴学派"的形成为社会学培养了一大批杰出的研究人才。

虽然涂尔干不像马克思、韦伯等人那样经常直接涉足各种社会与政治活动,但涂尔干的影响也并不仅仅限于学术界。通过与饶勒斯的友谊关系,涂尔干对于社会主义的理解也在一定程度上影响了饶勒斯及其所领导的法国社会主义运动的理论与实践;涂尔干在教育制度和道德教育方面所做的研究及其相关建议,对法国的中小学教育和大学教育则产生了直接的影响。

作为早期社会学的一位主要代表人物,涂尔干的社会学理论也不可避免地会遭受到人们的一些批评。其中主要的批评意见大体包括以下几个方面:

首先,人们批评涂尔干的社会学主题过于保守。今天的人们已经普遍意识到任何时候的社会现实都是既包括了整合和秩序的一面,又包括了冲突与变迁的一面。但涂尔干的社会学理论却主要关注社会整合和社会秩序的一面,致力于探讨社会团结和社会秩序如何得以形成和维持的条件与机制,而对于社会冲突和社会变迁过程则很少予以讨论。具体到现代性问题的研究上,涂尔干的社会学理论也是主要致力于探讨如何在现代(工业资本主义的)条件下通过阶级合作等途径重建新的社会整合和社会秩序,对现代社会中阶级冲突与社会革命的必然性明确表示否定,这使得它不能不呈现出一副保守的面孔。涂尔干的思想中确实存在着一种对社会本身的神化和崇拜,其结果则是如科塞所指出的那样,"导致他忽视冲突的创造性功能",以及由于"对现存状况的忠实"而可能"妨碍他与缓缓呈现的新生力量完全协调一致"[138];或者如瑞泽尔所说的那样,使得涂尔干最多只能对现实提出一些改革性的意见,而"这种狭隘的结构改革并不能真正地解决那些困扰着现代世界的广泛的文化问题"[139]。

其次，人们批评涂尔干的社会学视角也有嫌片面。与马克思把全部社会关系的核心或基础归结为财产关系或生产关系类似，涂尔干把全部社会关系的核心或基础都归结为由劳动分工状况所决定的功能(或职能)关系；马克思用生产关系的变迁来解释包括社会结构、政治法律制度和意识形态在内的全部社会形态的变化，涂尔干则用劳动分工所引起的功(职)能关系的变化来解释同样包括上述内容在内的全部社会变化。虽然涂尔干所提供的这一理论视角具有扩大我们理论视野的作用，但在涂尔干那里它却是一个试图被用来取代其他理论视角的唯一工具。这在今天的许多人看来也是一个不可接受的错误做法。吉登斯就对这种"寻求对现代社会做某种单一的、占主导地位的制度性阐释"的做法提出过明确的批评[140]。

再次，人们批评涂尔干的社会学方法论主张过于极端。涂尔干坚定地主张"社会"是一个独立于我们个体意识之外的客观存在，因此要把社会现象当作客观事物来加以看待，要用并且也只能用一种社会现象来解释另一种社会现象。有不少人对这种方法论主张提出了明确的批评意见。例如，塔尔德就曾经指出涂尔干所说的这种社会实体完全是一种虚构，认为"难以理解在摒除了个人之后，我们怎么能有残骸般的社会"？因为"如果把大学生和教授们排除出大学，我想这所大学剩下的只是一个名字而已"[141]。另外有一些人如索罗金和哈尔布瓦奇等则批评涂尔干强调只能用社会现象来解释社会现象的观点过于偏执。批评者们认为在一种社会现象的形成和发展过程中，几乎总有多种不同的因素在起作用。这里既包括了各种社会因素，也包括了各种心理因素、生物学因素乃至地理、气候等因素在内。因此，我们既不能忽视社会因素的作用，但也不能由此把社会因素当作是对社会现象唯一起作用的因素，而完全忽视或排除其他各种因素的作用。在解释社会现象时这些不同因素之间的过程不是相互排斥而是相互补充的。

最后，人们对涂尔干在《自杀论》《宗教生活的基本形式》等著作中所做的研究也提出了各种各样的批评意见。例如，对于《自杀论》，不少人质疑涂尔干所引用的那些有关自杀的统计数据的有效性。自杀事件通常是有人(家属或见证人)申报后才会被登记在案，但并非所有的自杀事件都会被申报，被掩盖的自杀率则是随社会环境、时代和其他情况的变化而变化的。如果一次未遂的自杀行为也应该属于一项自杀事件，但它一般是不会被登记入案的。另外，人们对涂尔干就自杀率的变化所做出的解释也有一定的疑问。譬如涂尔干认为新教徒的自杀率比天主教徒高是因为后者比前者具有更高的整合度。但也有人指出这种结果由于案例比较的不纯粹性而缺乏可靠性。还有人指出上述结果也可以用两者信念上的一些差别来加以解释:天主教的信念力图开脱个人罪恶,让任何罪行都可得到赎免;而新教的信念则是个人的罪行不能通过忏悔而赎免,个人必须努力压抑和忍受自己的原罪。对于《宗教生活的基本形式》,人们也提出了各种不同的批评意见。例如雷蒙阿隆就明确表示反对涂尔干所谓"科学的效力完全取决于公众对科学的信仰状况",以及"宗教本质上是对社会的崇拜"之类的看法,认为这样一些说法是难以理解的。

然而,尽管如此,正如许许多多作者都已经指出的那样,涂尔干依然可以被看作是现代世界当中最伟大的社会学家之一。经过近一个世纪的考验,涂尔干在社会学理论、方法,以及许多具体问题方面所提出来的那些基本概念、命题和思想已经深深地渗入到现代社会学当中,成为人类思想的宝贵财富之一,对人类的思维散发着经久不息的影响,值得我们反复地去加以研读和思考。

注　释

[1]　刘易斯·科瑟:《社会学思想名家》,石人译,中国社会科学出版社1990年版,第163页。
[2]　同上书,第165页。
[3]　涂尔干:《社会分工论》,渠东译,北京三联书店2000年版,第314页。
[4]　同上。
[5]　同上书,第316页。
[6]　涂尔干:《自杀论》,钟旭辉等译,浙江人民出版社1989年版,第317—319页。
[7]　同上书,第319—321页。
[8]　参见密尔:《代议制政府》,汪瑄译,商务印书馆1982年出版,第45、98页。
[9]　刘易斯·科瑟:《社会学思想名家》,石人译,第27页。
[10]　涂尔干:《职业伦理与公民道德》,渠东、付德根译,上海人民出版社2001年版,第13页。
[11]　阿隆:《社会学主要思潮》,葛智强等译,华夏出版社2000年版,第254页。
[12]　同上书,第252页。
[13]　刘易斯·科瑟:《社会学思想名家》,石人译,第169页。
[14]　约翰逊:《社会学理论》,南开大学社会学系译,国际文化出版公司,1988年版,第213页。原文将"涂尔干"译为"迪尔凯姆",为与本文的译名一致,此处仍改为"涂尔干"。
[15]　涂尔干:《社会分工论》,渠东译,第14页。
[16]　同上书,第14—15页。
[17]　同上书,第317—318页。
[18]　同上书,第16页。

〔19〕 同上书,第 223、225 页。

〔20〕 同上书,第 224 页。

〔21〕 同上书,第 228 页。涂尔干认为,除了上述这个主要因素之外,集体意识逐渐具有的非确定性以及遗传因素在社会生活中的作用逐渐式微对劳动分工的发展也起了一定的促进作用。限于篇幅,这里不加论述。详见《社会分工论》第 2 卷第三章和第四章中的有关内容。

〔22〕 同上书,第 90—92 页。

〔23〕 在古代社会,虽然"个人维系于社会的纽带和容易把个人吸纳进社会之中",但这种纽带仍然很"容易地发生断裂和消解";"一般来说,机械团结不仅无法像有机团结那样把人们紧密地结合起来,而且随着社会的不断进化,它自身的纽带也不断松弛下来"。然而,"人类越是进步,社会对自身与自身的统一性就越有深切的感受。这种感受一定是另一种社会纽带造成的,它非劳动分工莫属"。(涂尔干:《社会分工论》,渠东译,北京三联书店 2000 年出版,第 112、113 和 133 页)

〔24〕 涂尔干:《社会分工论》,渠东译,第 24 页。

〔25〕 同上书,第 108 页。

〔26〕 需要指出的是,涂尔干对于"进步"一词的理解和我们通常对这个词所做的理解有所不同。对涂尔干来说,"进步"并不意味着人类在快乐和幸福程度上的增加,而只意味着人类对生存环境适应程度的提高。"进步"并非人类所刻意追求的目标,而只是人类生存的一种需要。由于包括人口数量和密度等因素在内的生存环境的不断变化,我们只有不断"进步"才能够持续生存下去,尽管"进步"可能并不会增加我们的快乐和幸福,甚至还可能在一定程度上增加我们的痛苦。参见涂尔干在《社会分工论》第二卷中的有关论述。

〔27〕 涂尔干:《社会分工论》,渠东译,第 228 页。

〔28〕 同上书,第 24 页。

〔29〕 同上书,第 90—92 页。

〔30〕 同上。

〔31〕 同上书,第 362 页。

〔32〕 同上书,第 313 页。

〔33〕 涂尔干讲的社会规范,既包括法律规范也包括道德规范。但他似乎认为在这两种规范中,道德规范是更为根本的,法律规范本质上是以道德规范为基础、体现着道德规范的。因此,涂尔干也是将现代社会中道德规范的重建当作他一生努力的方向。他的许多著作都是以此为主要内容,如《职业伦理和公民道德》《道德教育》《宗教生活的基本形式》等。

〔34〕 涂尔干:《社会分工论》,渠东译,第 325 页。在本书的第一部分中,涂尔干以此为基础批判了那种认为现代社会中人们之间的联结只是一种"契约团结"的观点,指出任何契约关系都必须以一种能够使契约关系稳定有效的社会规范的存在为前提,而这些社会规范最终只能来源于社会的共同意识。参见《社会分工论》第一卷第七章中的有关论述。

〔35〕 涂尔干:《社会分工论》,渠东译,第 328 页。

〔36〕 同上。

〔37〕 关于分工应该和人们的"嗜好和能力"等"天性"相一致的思想,至少可以追溯到柏拉图那里,并且至今仍然是包括自由主义、马克思主义和后现代主义等不同取向在内的各派西方思想家们共同的追求和梦想。

〔38〕 "如果这些嗜好和能力没有得到重视,在日常事务中常常受挫,那么我们就会遭受某些痛苦,并且会求助某种方法来消除这种痛苦。"涂尔干:《社会分工论》,渠东译,第 334 页。

〔39〕 涂尔干:《社会分工论》,渠东译,第 335 页。

〔40〕 同上书,第 341 页。

〔41〕 同上书,第 334 页。

〔42〕 同上。译文略有改动。

〔43〕 同上书,第 345 页。

〔44〕 同上书,第 347 页。

〔45〕 同上书,第 350—351 页。

〔46〕 涂尔干:《社会主义和圣西门》,见李鲁宁等译:《孟德斯鸠与卢梭》,上海人民出版社 2003 年版,第 154 页。

〔47〕 涂尔干:《社会主义的定义》,见李鲁宁等译:《孟德斯鸠与卢梭》,第 497—498 页。

〔48〕 涂尔干:《社会分工论》第二版序言,渠东译,第 29—30 页。

〔49〕 同上书,第 35 页。

〔50〕 同上。

〔51〕 同上书,第 42 页。

〔52〕 同上书,第 35 页。

〔53〕 涂尔干:《职业伦理与公民道德》,渠东、付德根译,第 40 页。

〔54〕 涂尔干:《自杀论》,钟旭辉等译,第 332 页。

〔55〕 同上书,第 333 页。

〔56〕 涂尔干:《社会分工论》第二版序言,渠东译,第 36 页。

〔57〕 同上书,第 18—19 页。

〔58〕 同上书,第 19 页。

〔59〕 同上书,第 22 页。

〔60〕 同上书,第 27 页。

〔61〕 涂尔干:《自杀论》,钟旭辉等译,第 331 页。
〔62〕 同上书,第 325—326 页。
〔63〕 涂尔干:《职业伦理与公民道德》,渠东、付德根译,第 69 页。
〔64〕 同上书,第 70 页。
〔65〕 同上书,第 73—74 页。
〔66〕 同上书,第 107 页。
〔67〕 同上书,第 62 页。
〔68〕 涂尔干在《社会分工论》一书第一版序言的开篇即明确宣称:"本书是根据实证科学方法来考察道德生活事实的一个尝试。"见涂尔干:《社会分工论》第一版序言,渠东译,第 6 页。
〔69〕 涂尔干:《社会学研究方法论》,胡伟译,华夏出版社 1988 年版,法文第一版序言,第 1 页。
〔70〕 同上书,第 1—2 页。
〔71〕 同上书,第 4—5 页。
〔72〕 同上。
〔73〕 同上书,第 7 页。
〔74〕 涂尔干:《社会学研究方法论》,胡伟译,法文第二版序言,第 6 页。
〔75〕 同上书,第 12 页。
〔76〕 同上书,第 13 页。
〔77〕 同上书,法文第二版序言,第 3 页。
〔78〕 这恰好就是韦伯诠释社会学的观点。
〔79〕 涂尔干:《社会学研究方法论》,胡伟译,法文第二版序言,第 4 页。
〔80〕 同上。
〔81〕 同上书,第 23 页。
〔82〕 同上书,第 25 页。
〔83〕 涂尔干:《社会学研究方法论》,胡伟译,第 26 页。
〔84〕 同上书,第 28 页。
〔85〕 同上书,第 36—37 页。
〔86〕 同上书,第 71 页。
〔87〕 同上书,第 76 页。
〔88〕 同上书,第 88 页。
〔89〕 同上书,第 95 页。
〔90〕 同上书,第 101 页。
〔91〕 同上书,第 102—104 页。
〔92〕 同上书,第 105 页。
〔93〕 同上书,第 105 页。

〔94〕 同上书,第 106 页。

〔95〕 同上书,第 108 页。

〔96〕 同上书,第 113 页。

〔97〕 同上书,第 117 页。

〔98〕 关于涂尔干的方法论思想,许多西方学者(如帕森斯、亚历山大等)认为存在一个前后的变化过程:前期的涂尔干(以《社会学研究方法论》一书中的论述为代表)特别强调"社会事实"对个体行为所具有的客观性、外在性、强制性,因而具有比较强烈的"唯物主义"色彩;后期的涂尔干(以《宗教生活的基本形式》一书为代表)则更多地强调"集体意识"通过内化在个人的人格当中来发生作用,因而似乎具有更多的"唯心主义"色彩。但也有学者(如吉登斯等)不同意这种看法,认为涂尔干前后期思想之间的差异远远小于它们之间连续性,上述那种关于涂尔干思想历程中存在着一个从"唯物主义"立场向"唯心主义"立场转变的说法,即使不是全盘错误也是一个误解。关于帕森斯的有关观点,详见其《社会行动的结构》一书的第 8—11 章;亚历山大的有关观点,详见其《社会学的理论逻辑》一书第 2 卷;吉登斯的有关的观点,详见其《资本主义与现代社会理论》一书第 2 部分。

〔99〕 涂尔干:《自杀论》,钟旭辉等译,序言,第 3 页。该书出版时将作者名译为"杜尔凯姆",为与本文译名一致,现仍改为"涂尔干"。

〔100〕 涂尔干:《自杀论》,钟旭辉等译,序言,第 2—3 页。

〔101〕 在这里,我们可以看到,涂尔干对"自杀"所做的界定与他自己的方法论主张之间已经产生了一定的裂隙,从而在一定程度上暴露出涂尔干社会学方法论的局限。按照涂尔干自己的方法论主张,我们只应该根据研究对象的外部特征来对其进行定义。然而,涂尔干对"自杀"的界定却诉诸了行动者是否"知道"自己的行为后果这样一种主观意识状况方面的因素。尽管涂尔干自己辩解说这并不会导致什么研究上的困难,因为"很容易辨认"这种主观意识状况,"人们并非不可能发现个人事先是否知道他的行为的必然后果。"但这种辩解还是显得十分勉强。

〔102〕 涂尔干:《自杀论》,钟旭辉等译,导言,第 8 页。

〔103〕 同上书,第 158 页。

〔104〕 同上书,第 166 页。

〔105〕 同上书,第 170 页。

〔106〕 同上书,第 171 页。

〔107〕 同上书,第 205 页。

〔108〕 同上书,第 212 页。

〔109〕 同上书,第 325 页。

〔110〕 涂尔干:《宗教生活的基本形式》,渠东等译,上海人民出版社 1999 年版,第 47 页。

〔111〕 同上书,第 45 页。

〔112〕 同上书,第 46 页。

〔113〕 同上书,第47页。
〔114〕 同上。
〔115〕 同上。
〔116〕 同上书,第50—51页。
〔117〕 同上书,第54页。
〔118〕 同上书,第46—47页。
〔119〕 同上书,第113页。
〔120〕 同上书,第189页。
〔121〕 同上书,第252—253页。
〔122〕 同上书,第276页。
〔123〕 同上书,第192页。
〔124〕 同上书,第279页。
〔125〕 同上书,第280页。
〔126〕 同上书,第283页。
〔127〕 同上书,第289页。
〔128〕 同上书,第456页。
〔129〕 同上书,第457页。
〔130〕 同上书,第502页。
〔131〕 同上书,第507页。
〔132〕 同上书,第562页。
〔133〕 同上书,第562—563页。
〔134〕 同上书,第566页。
〔135〕 同上书,第567页。
〔136〕 同上书,第566—567页。
〔137〕 除了讨论宗教的起源与功能之外,《宗教生活基本形式》一书还探讨了知识的社会起源,限于篇幅,兹不赘述。此外,对教育的社会学研究也是涂尔干社会学的一个重要组成部分,由于篇幅的原因,本文也加以省略了。有兴趣的读者可直接阅读涂尔干的《教育思想的演进》《道德教育》等书。
〔138〕 刘易斯·科瑟:《社会学思想名家》,石人译,第196页。
〔139〕 George Ritzer, *Sociological Theory*, McGraw-Hill Inc., 1992, p.109.
〔140〕 吉登斯:《现代性的后果》,田禾译,译林出版社2000年版,第49页。
〔141〕 转引自王养冲:《西方近代社会学思想的演进》,华东师范大学出版社1996年版,第141页。

主要参考文献

涂尔干著作

涂尔干:《社会学研究方法论》,胡伟译,华夏出版社1988年版。

涂尔干:《自杀论》,钟旭辉等译,浙江人民出版社1989年版。

涂尔干:《宗教生活的基本形式》,渠东等译,上海人民出版社1999年版。

涂尔干:《社会分工论》,渠东译,北京三联书店2000年版。

涂尔干、莫斯:《原始分类》,汲吉吉译,上海人民出版社2000年版。

涂尔干:《实用主义与社会学》,渠东译,上海人民出版社2000年版。

涂尔干:《职业伦理与公民道德》,渠东、付德根译,上海人民出版社2001年版。

涂尔干:《道德教育》,陈光金等译,上海人民出版社2001年版。

涂尔干:《社会学与哲学》,梁栋译,上海人民出版社2002年版。

涂尔干:《乱伦禁忌及其起源》,渠东等译,上海人民出版社2003年版。

涂尔干:《孟德斯鸠与卢梭》,李鲁宁等译,上海人民出版社2003年版。

涂尔干:《教育思想的演进》,李康译,上海人民出版社2003年版。

Durkheim E.: *Suicide*, Free Press, 1951.

Durkheim E.: *Education and Sociology*, Free Press, 1956.

Durkheim E.: *Professional Ethics and Civil Morals*, Routledge and Kegan Paul, 1957.

Durkheim E.: *Montesquie and Rousseau: Forerunners of Sociology*, Ann Arbor, 1960.

Durkheim E.: *Socialism*, Collier Books, 1962.

Durkheim E. and Mauss M.: *Primitive Classification*, University of Chicago Press, 1963.

Durkheim E.: *The Division of Labour in Society*, Free Press, 1964.

Durkheim E.: *The Rules of Sociological Method*, Free Press, 1964.

Durkheim E.: *The Elementary Forms of Religions Life*, Free Press, 1965.

Durkheim E.: *Moral Education: A Study in the Theory and Application of the Sociology of Education*, Free Press, 1973.

Durkheim E.: *Pragmatism and Sociology*, Cambridge University Press, 1983.

其他文献

阿隆:《社会学主要思潮》,葛智强等译,华夏出版社2000年版。

吉登斯:《杜尔凯姆》,李俊青译,昆仑出版社1999年版。

吉登斯:《现代性的后果》,田禾译,译林出版社2000年版。

刘易斯·科瑟:《社会学思想名家》,石人译,中国社会科学出版社1990年版。

林端:《〈社会分工论〉导读》,载涂尔干:《社会分工论》,渠敬东译,台湾左岸文化事业有限公司2002年版。

密尔:《代议制政府》,汪瑄译,商务印书馆1982年版。

渠敬东:《涂尔干的遗产:现代社会及其可能性》,《社会学研究》1999 年第 1 期。

渠敬东:《失范理论大纲》,载《韦伯:法律与价值》,上海人民出版社 2001 年版。

索罗金:《当代社会学学说》,黄文山译,商务印书馆 1935 年版。

王养冲:《西方近代社会学思想的演进》,华东师范大学出版社 1996 年版。

约翰逊:《社会学理论》,南开大学社会学系译,国际文化出版公司 1988 年版。

亚历山大:《迪尔凯姆社会学:文化研究》,戴聪腾译,辽宁教育出版社 2001 年版。

Alexander, Jeffrey C.: *Theoretical Logic in Sociology*, Vol. 2, University of California Press, 1983.

Giddens, Anthony: *Capitalism and Modern Social Theory: An Analysis of the writings of Marx, Durkheim and Max Weber*, Cambridge University Press, 1971.

Hamilton, Peter(ed.): *Emile Durkheim: Critical Assessments*, Second Series, Routledge, 2002.

Lukes, Steven: *Emile Durkheim: His Life and Work: a historical and critical study*, Allen Lane, 1972.

Nisbet, Robert A: *The Sociology of Emile Durkheim*, Oxford University Press, 1974.

Parsons, T.: *The Structure of Social Action*, Chapter 8—11, The Free Press, 1949.

Pickering W. S. F. and Pickering, H. Martins W. S. F. (ed.): *Debating Durkheim*, Routledge, 1994.

Pickering, William S. F. (ed.): *Emile Durkheim: Critical Assessments*, Routledge, 2001.

Pickering, W. S. F. (general editor): *Emile Durkheim: Critical Assessments of Leading Sociologists*, Third series, Routledge, 2001.

Ritzer, George: *Sociological Theory*, McGraw-Hill Inc., 1992.

第四章

马克斯·韦伯

杨善华

按照刘易斯·科瑟的说法,韦伯是最后一批博学者中的一个,他在大学读书时就已经熟悉大多数古典哲学体系,他的著作也表明他广泛阅读过神学书籍。作为经济史学家,他几乎读遍了这个领域以及经济理论的一切著作。他还有第一流的法律头脑,对法律的历史和原理了如指掌。他对古代史、近代史以及东方社会的历史具有百科全书式的知识。他专心研读过当时所有重要的社会学论著,就连那时鲜为人知的弗洛伊德的著作他也熟悉[1]。这样的智慧和学识使韦伯能有足够的睿智和理论上的敏锐去发现前人理论的长处和不足,从而在构建他自己理论的时候形成自己的特色。

第一节 生平和学术背景

一、生平

对韦伯这样的社会学大师的生平介绍,是基于知识社会学的认识:任何思想意识都会受到它所存在时期的历史社会情境的形塑,而个人一生的特殊经历也不免会反映到他对事理的评价与判断之中[2]。韦伯的一生不断受到心理上的折磨。这样的内心冲突必然会影响到他的学术工作。这种内心冲突主要源于他的博学和睿智赋予他的思想和理念的明晰、透彻与超前以及他对自己承担的社会责任的自觉跟他所面对的德国当时社会现实之间的差距,和他意识到自己理想不能实现、社会责任亦不能完全担当时内心的痛苦。具体来说,这种内心冲突源于他与家庭的纠纷,也源于他试图摆脱帝制的德国那种愚民政治环境[3]。

马克斯·韦伯(Max Weber)生于1864年4月21日,其父出身于德国西部一个纺织工厂主家族,是一个富裕的律师,在俾斯麦统治时期出任民族自由党的议员。该党自由派分子曾与俾斯麦和睦相处,支持俾斯麦的大多数政策。在这样政治保守的背景下老韦伯过的是一种得意、快活、浅薄的生活。其母的父亲是一个浪漫派的知识分子,在第一个妻子死后娶了法兰克福一个富商的女儿,妻子的家族是加尔文教派的狂热的信徒,这深深影响了韦伯的母亲,他的母亲不仅富有,而且很有修养并且虔信宗教,具有她丈夫所没有的人道主义和宗教兴趣。夫妻双方这样的价值观的差异也为他们日后的冲突埋下了伏笔。

韦伯是个早熟的孩子,但体弱多病、孤僻、羞怯。他具有广泛的阅读兴趣,读起书来贪得无厌。据说在他14岁时写的信里常常摘引荷马、维吉尔、西塞罗等人的词句。在进入大学之前他已经广泛涉猎过歌德、斯宾诺莎、康德和叔本华等人的著作。

韦伯在少年时代更多地接受的是他父亲的影响。他加入了父亲的决斗兄弟会,并在进入海德堡大学学习时选择了父亲的专业——法律作为自己的专业。他在1882年入学后除了学习法律,还学习经济学、历史、哲学和神学。1884年秋天,韦伯在斯特拉斯堡服兵役期满后回到柏林大学读书。在29岁前他基本上是与他父母一起生活,当时家中的常客不仅有重要的政治家,也有重要的学者。韦伯在幼年时见过历史学家特赖奇克、济贝尔、狄尔泰和蒙森。

他的独立学术生涯是从法学和法律史领域开始的。1889年,他完成并通过了博士论文答辩,论文题目是《论中世纪商业团体的历史》。论文考察了由若干人共同分担一个企业的成本、风险或利润的法律原则[4]。这篇论文获得了最优的评价。随后,他在1891年写成了《罗马农业史》,并以这篇论文取得了在大学任教的资格。但他疯狂的工作热情也许是为了躲避他在生活上不得不依靠而在感情上越来越厌恶的父亲[5]。

韦伯的职业生涯开始于1886年,他在这一年的5月通过了见习律师的资格考试并在柏林当起了没有薪水的见习律师。在1892年,他应邀在柏林大学担任讲师,讲授商法课程。同年秋天,他与自己的姑表妹玛丽安妮·施尼格结婚。1894年,他成为弗赖堡大学的经济学教授。年轻的韦伯开始在学界崭露头角,他的名望使他在1896年受聘于海德堡大学,成为那里的经济学教授。而韦伯的家很快就成为海德堡大学杰出的知识分子聚会的场所,他自己则开始被同事和思想接近的学者视为核心人物。1897年,韦伯因为内心的紧张和愧疚出现了精神衰退[6],这导致了他几年不能从事学术工作。但是在韦伯对自己的康复也失去了信心的时候,他的智力却在1903年出人意料地渐渐恢复了。那一年,他与维尔纳·桑巴特和埃德加·雅费合作编辑了后来成为德国社会科学主要刊物的《社会科学文献》,这样的编辑工作也恢复了他与学术界同仁的关系。1904年,他接受朋友的邀请访问了美国。韦伯在美国旅行了3个月,对美国文明的特征产生了深刻印象。他后来关于新教宗派在资本主义兴起中所发挥的作用,关于政治机器的组织,关于官僚制,关于美国政治结构中总统角色等的观念均可说是源于他在美国的见闻[7]。

回到海德堡大学后韦伯开始了著述。《新教伦理与资本主义精神》发表于1906年(期间他还写了《社会科学方法论》)。1910年他与滕尼斯和齐美尔一起创建了德国社会学学会,他担任学会的书记有好几年。这对他当时的研究计划产生了决定性的影响。

第一次世界大战爆发,韦伯出于民族主义信仰自愿去服兵役。他作为预备役军官受命在海德堡地区建9所军医院。韦伯起初认为"无论如何这是场伟大而奇妙的战争",但后来他的幻想破灭了。他写文抨击战争行动和德国领导人的无能,要求改变德国的整套政治结构,建立议会政府,以致后来德国政府准备以叛逆罪对他进行迫害。

1918年11月德国水兵在基尔港起义,德国革命爆发,韦伯最初的态度是反对,但他很快就依附了革命,试图为建立自由主义的德国政体打下基础。后来,在德国战败后,韦伯曾作为德国代表团的顾问参加了巴黎和会。

韦伯在任何情况下都保持完全独立的政治立场,拒绝屈从任何思想路线。无论何时何地,他只遵从自己守护神的召唤,决不受政治需要的驱使。尽管他一次又一次介入政治,却并不是一个真正的政治家。他的不妥协立场使他自己在政治活动中处于孤立的地位。

在战争年代,韦伯完成了宗教社会学的研究。《中国宗教》和《印度宗教》于1916年发表。在此之后,他又出版了《古代犹太教》。在战争年间和战后数年,他还致力于撰写《经济与社会》一书。但是在他有生之年一直没有完成。在他去世的前一年,韦伯接受了慕尼黑大学的聘书[8]。

1920年6月14日,韦伯因肺炎逝世,他在昏迷中最后说的话是:"真理就是真理。"

二、学术背景

作为一名具有新康德主义背景的社会学家,韦伯以极其深刻的形式吸收了欧洲理性主义的传统,同时也亲身体验到了 19 世纪理性主义危机的新的精神思潮。韦伯的世界观是由自然主义、自由主义和主观主义三者相互矛盾复杂地交织成的综合体,他的社会学方法论表明他受到了英法实证主义、德国浪漫主义和德国古典哲学这三种思想体系的影响:从实证主义中汲取了客观性、价值中立性,从出发点上拒斥任何脱离经验的、抽象的观点;从浪漫主义中学到了敏锐关注个体性、意志自由的原则;从形而上学(黑格尔唯心主义体系)中借鉴了它的历史性。

1. 德国唯心主义的遗产

康德认为,人所独有的方面并不是肉体,而是精神。作为精神之物,人是自由的主体,参与到意识领域之中,尽管人作为有形体乃是被限定的客体。因此,帕森斯认为:"康德学说认为应把人的一切现象方面,尤其是生物方面,归结为'唯物主义'的基础,并在这个基础与精神生活之间划分严格的界限。"[9]

科瑟认为,康德所做的这一区分以各种方式贯穿于直至韦伯时代的整个德国哲学之中。这一观点认为,人作为文化领域和历史领域中积极的、有目的的、自由的行动者,是不能用适于研究自然的那种分析的和概括的方法去研究的。人的头脑和头脑的创造物是不遵循自然法则的。应用于人文科学的分析方法必须是特殊化而非一般化的。它们必须限于以移情方式去揣摩单个的历史行动者行动的动机,努力用直觉去把握全部文化整体(形态)。企图用"原子论"的分析破坏这一整体或者企图把个别杰出的行动者的活动统摄于一般化的范畴和法则之中都被认为是不合理的。而韦伯的学说就源于这一德国传统,尽管他反对该传统中绝大部分主要原则。对韦伯思想产生影响的人物很多,但首先要提的是与他同时代的三个人:一个是哲学家威廉·文德尔班(1848—1915),另一个是海因里希·李凯尔特(1863—1936),还有一个是新康德主义马尔堡学派或称西南学派的代表人物、哲学家和文化史学家威廉·狄尔泰(1833—1911)。这三个人把披着现代外衣的古典康德学说传授给他,并使他有机会形成自己的一套与他们的教诲部分一致、部分对立的方法论。他们的意图是击败人文科学中的自然主义和唯物主义,维护这些学科的独特性使之不受实证主义异端的侵害。

狄尔泰认为,对人的认识只能通过内在过程,通过体验和理解实现,而不能仅仅通过外部认识。因为人类行动者及其文化创造物是被赋予意义的,人文学者必须注重于理解这些意义。而要做到这一点,唯一的途径是重新体验历史行动者和文化客体所负载的意义。他还认为,这种做法的主要工具是一种新型的心理学,它是综合的和描述性的,它可以通过移情式的理解把握主体经验的总体。自然科学充其量只能通过把所观察到的事件与自然法则相联系的办法解释这些事件。在人文科学中,认识不是外在的而是内在的。人以其独特性和个性而为我们所理解。

新康德主义者李凯尔特和文德尔班与狄尔泰一样试图把适用于研究人与适用于研究自然科学的方法区分开来,但在分析的核心问题和具体学说上面他们之间则存在着不同。他们不同意狄尔泰的自然科学—人文科学这种二分法,认为界限应该从方法上划分而不是从内容上划分。由于人类行为的某些方面可以用传统心理学中的自然科学方法去研究,人类活动的整个领域就不能被统称为人文科学的范围。李凯尔特和文德尔班认为,真正的区分要依照个体化思想和一般化思想之间的差异。事实上,存在着两种截然对立的科学:研究普遍性的科学,其目的在于建立普遍适用的法则和定律;研究特殊性的科学,首先是历史学或文化学,它们只描述具体的杰出历史人物组成的集团或个别历史行动者。在历史领域中,一般化的思想是不适用的。

李凯尔特看待历史认识是与康德传统一致的,认为认识活动使认识对象发生改变。"这种改变总是取决于隐藏在获取知识这一意图背后的认识目的"。历史认识的特点是对特殊而非一般的兴趣;它试图把握住具体性和个别性。

即使承认历史认识的目的是理解个别的历史人物,那么仍然会有这样一个问题,即为什么历史学家选择这个人而非那个人作为研究对象。在这里,李凯尔特提出价值关系的概念,不过他的定义与韦伯后来所下的定义有所不同。按照李凯尔特的观点,使一个行动者成为历史人物的不是某一学者认为他有价值,而是他与普遍承认的文化价值有关系。李凯尔特强调历史学家着手解决一个历史问题时是有选择的;他们选择的目的是力求理解历史的这一个方面而非那一个方面。不过韦伯认为研究者的价值观影响着他的选择,而李凯尔特则认为存在着全人类共有的文化价值观。

韦伯的理解概念主要受益于狄尔泰和他的好朋友、精神病学家兼哲学家卡尔·雅斯贝斯,后者主要区分了解释和理解的差异。雅斯贝斯认为,我们可以用物理法则解释下落的石块,但是例如童年时的体验和后来神经病之间的关系,就只能通过精神的移情式理解去把握。然而韦伯不同意把直觉性认识和因果性认识看作是不可调和的。他强调指出,理解应该是因果分析的第一步。韦伯的价值关系概念主要是从新康德主义学来的,但他去掉了普遍承认的价值这一概念的形而上学基础。他仍认为在自然科学与人文科学或文化学之间存在着明显的差异,但又坚持认为这种差异要依据研究者的认识目的而不是依据方法或内容的原则不同而划分。

2. 德国历史主义和社会学的影响

经济学的历史学派中的老派和新派都反对古典经济学。他们反对这样的观点,即认为任何情况下均适用的经济法则可以从几个公理式命题推演出来;他们认为要理解国家的经济生活只有通过其特殊的文化发展和历史发展。根据一些想象中的"经济人"的假设的行为进行演绎推理是错误的,经济学是关于特殊社会背景下特殊人们的具体经济行为的归纳性科学。由此可解释他们对制度的强调和对经济生活的非经济根源的重视。

韦伯研究经济学史和社会学的方法主要来自历史学派,不过他对古典经济学也决不像经济学历史学派的代表人物那样持敌视的态度。与他们相反,他认为在社会科学中一般性的理论范畴也像在自然科学中一样是必要的。历史主义者的非理论观点容易使他们陷入单纯收集大量历史事实的困境之中。不过韦伯同意他们的经济行为必须在社会背景和制度背景下进行概括的观点。

在同一时代的社会学家中,齐美尔和滕尼斯对韦伯的影响最大。在《经济与社会》一书的序言中他特别提到滕尼斯(《团体和社会》一书作者)的出色学说,韦伯从他那里直接借用了团体关系和联合关系的差异这个概念。而齐美尔的社会"形式"和韦伯的理想类型有许多共同之处。韦伯所强调的货币在产生合理化经济体制中所起的极端重要作用,在很大程度上来源于齐美尔的《货币哲学》。韦伯对历史研究和社会研究中探寻意义这种做法所具有的功能的方法论方面的思考部分地是受齐美尔的早期著作《历史哲学诸问题》的启发。

3. 尼采和马克思的影响

尼采和马克思这两个截然不同的学术巨人对韦伯的一生都具有重大影响。这样的影响首先反映在韦伯关于意识和利益的社会学观点中。韦伯曾这样写道:"不是意识而是物质利益和观念利益直接支配着人的行动。不过由'意识'所产生的世界形象常常像扳道工一样支配着由利益推动的行动轨道。"[10]这段引文清楚地表明,虽然韦伯比尼采和马克思更强调意识的作用,他仍受到马克思这一观点的影响,即意识是公众利益的表现,是阶级斗争和党派斗争的武器。他同样高度重视尼采对心理机制的分析,通过这种心理机制,意识可以使个人的权力欲统治欲合理化。与马克思和尼采不同,韦伯认为意识不仅是精神利益和社会利益的单纯反映,而尼采等人对意识的分析常常变成粗暴的揭露。

不仅韦伯关于意识的观点,而且他的大部分学说都可以视为不断地与马克思交流思想。例如他的层次理论和经济行为理论就来源于马克思的经济学和社会学。在一般意义上说,韦伯称赞马克思的冷静的、实事求是的学术作风以及他对德国哲学传统中含混不清的唯心主义"神秘化"的蔑视。韦伯在他身上看到一种相似的态度,即拒绝在思索时使用文化、精神、人们等抽象字眼,而把注意力集中在具体的人类行动者的行动上。甚至在他批评马克思对历史进行过于简单的经济学解释时,他仍然对马克思的卓越的学术成就表示敬意。

韦伯曾经这样说过:"判断一个当代学者,首先是当代哲学家,是否诚实,只要看他对待尼采和马克思的态度就够了。凡是不承认没有这两个人所做的贡献就没有他们自己的大部分成就的人,都是在自欺欺人。我们在其中从事学术活动的领域,在很大程度上是由马克思和尼采创造的。"[11]

因此,通过对韦伯社会学理论的学术背景的梳理,我们已经可以大略地看出韦伯建构他的理论的特点,这种特点与他介入政治的原则如出一辙:在任何情况下都保持完全独立的学术立场,拒绝屈从任何思想路线。但是这并不意味着他拒绝吸取前人和同时代学者思想中有益的养分。只不过这样的吸取是有保留的吸取,是在批判和审视他人思想的前提下的吸取。正是因为他有这种理论上的深邃洞察,所以他才会在构建自己的理论时尽量避免他所认为的前人理论那种片面和粗率,而去追求一种无偏和完美的理论风格。这样的风格显然是建立在他对前人理论综合的基础之上的。但是,如后所述,这也带来了韦伯自己理论的缺陷。

第二节 理解社会学及其方法论基础

韦伯把社会学设想成一门探讨社会行动的综合性学科[12]。他与先前的社会学家不同,不是用社会结构的概念构成自己的理论,而是把分析的中心放在人类个体行动者上面。韦伯主要研究的是特定的社会历史背景下人类行动者们在相互作用的过程中所采取的行动的主观目的。这样的目的表现为行动者赋予行动的主观意义。而按照韦伯的想法,这样的意义是可以被理解的。韦伯的理解社会学亦由此而来。

一、自然科学与社会科学

18 世纪以来,自然科学的长足发展使一切实在都能够为理性科学所认识的观念风行开来。在这种观点看来,感知与任何形而上学和个体机遇无关;任何领域都应以这种方法进行认识,凡不能使用这种方法的都不属于科学,而是艺术;作为一种方法和世界观的自然主义,应该通行于生命和思维的一切领域。这种围绕着科学认识的逻辑和方法论问题的争论在社会科学中引起了更趋激烈的反响,因为社会科学以人的行为为研究对象,它明显有依赖于自然过程的一面,同时也有受意志驱动的一面[13]。因此,德国哲学家文德尔班、李凯尔特与狄尔泰等都反对作为一种方法和世界观的自然主义的无限推广,力求传统人文学科的科学地位不受自然主义的侵犯。狄尔泰就坚持认为,人类社会和历史是由某种非理性的神秘主体——生命活动构成的,只有通过个人直接的生活体验和主体移情式的"理解",才能领悟到作为生命体现的人类文化和历史的真谛。

韦伯同意狄尔泰的看法,他认为社会生活领域的独特性就在于,人的行动由行动者赋予它一定的意义,这些意义由于行动者的不断行动而构成了一个联系的系列,理解行动者行动的意义就成了社会学的任务。韦伯据此给社会学下了这样一个定义:"旨在对社会行动作出的解释性理解以获得对这一行动的原因、进程和结果的解释的科学。"[14]但是韦伯不同意狄尔泰理论中浓厚的心理主义和直觉主义的认识方法。他认为,要使社会学成为科学,就必须放弃那种只研究主体的内心体验和感受的方法,找出外在表现出来的、可以客观地加以说明的主观意义之间的逻辑,因为只有这种以概念表达出来的东西才具有普遍意义。

针对当时关于历史科学或人文科学的本质究竟是寻找一种普遍的法则还是只求仅适用于个别具体行为或事件的个别化的研究方法这样的争论,韦伯一方面反对实证主义的观点——自然科学和社会科学的认识目的基本一致,另一方面也反对德国历史学派的主张——在历史领域不可能作出合理的概括,人类行动并不受那些支配着自然界的规律的支配。韦伯针对历史学派的观点提出,科学的方法无论其对象是物还是人,总是以抽象和概括为手段的。他又针对实证主义的观点指出,人与物不同,要理解人不能仅从外部表现即人的行动去研究,还要研究内在的动机。

因此,自然科学和社会科学的区别来源于研究者的研究意图上的区别,而不在于科学方法和概念方法是否适用于人类行动这一对象。区分自然科学和社会科学的并不是研究方法上的不同,而是科学家的兴趣和目的的不同。自然科学家所感兴趣的是自然事件中那些可用抽象法则予以规定的方面,而社会科学家则希望寻求对人类行为的规律性的抽象概括,他也对人类行动者的特殊性质和他们行动的目的发生兴趣。任何科学方法都必须从无限丰富的经验性现实中进行选择。当社会科学家选定了一种概括方法时,他就对所研究的现实的混乱而独特的方面进行抽象。相反,个体化的研究忽视一般性因素,把注意力集中在现象的具体特征上或具体的历史行动者上[15]。韦伯还提出,我们对自然界总是从外部认识的,我们只能观察事件的外部进程,记录其中稳固不变的东西。而对于人类行动,我们不仅可以记录事件的进程,还可以通过解释人的行动和言论探究其动机。"社会事实说到底是只能用理智理解的事实"。我们通过探寻行动者赋予自己的行动和他人的行动的主观目的便能够理解人类的行动[16]。

至于说研究者的研究目的,韦伯力图在方法论上把史学和社会学统一起来。他认为,史学所面对的虽然是一些个别的具体事实,但它的任务仍然是探寻这些个别事实之间的因果联系,从而找出某种规律性的东西。不过他所说的规律性或历史的因果联系不是决定论所主张的命定性、必然性,而是一种概率性[17]。

二、价值相关和价值中立

韦伯认为,研究者应该区分社会学研究中存在的价值相关性和价值中立性。这种价值相关性首先体现在研究选题上。选择研究题目是由研究者的价值取向决定的。不管是对社会科学家还是自然科学家,它都是一样的。但这并不能使社会科学丧失客观性。一个陈述的真和假与它是否和价值观念有关,在逻辑上并不是一回事。与价值观念相关的是课题的选择,而不是对现象所做的解释。

从伦理上看,价值中立性是指,一旦社会科学家根据自己的价值观念选定了研究课题,他就必须停止使用自己的或他人的价值观念,遵从他所发现的资料的指引。而且,无论研究的结果对他有利或是不利,他不能把自己的价值观念强加于资料。也就是说,他必须严格地以客观和中立的态度来从事研究,目的是保证研究的客观性和科学性。从这个意义上说,从事科学研究的人应该作为科学家而受科学精神的支配。

价值中立的第二个含义是,要区分"事实领域"和"价值领域"。事实与价值观念是两个领域,不可能从"忠实的陈述"中抽出"应该的陈述"。也就是说,不应混淆事实判断和价值判断,研究需要的是发现事实。因此,一种经验性的科学决不能劝导任何人应该做什么,尽管有时它会帮助人们搞清楚自己能够或希望做什么。所以,作为科学家的科学家可以估量行为的可能后果,但不能做出价值判断(即"应该做什么")。这就是一个科学研究者和政治家或普通公民的区别。应该说,做出事实领域和价值领域的区分是韦伯对社会科学的一大贡献[18]。

三、理解社会学

1. 理解社会学

如前所述,韦伯在《社会学的基本概念》一书中对社会学下了这样的定义:"旨在对社会行动作出的解释性理解以获得对这一行动的原因、进程和结果的解释的科学。"在韦伯的这个定义中,值得我们注意的是"社会行动"、"理解"和"解释"三个概念。由此可以看出,韦伯将社会行动作为社会学的研究对象,而将对社会行动给出"解释性理解"作为社会学研究的任务和重要方法。正是因为韦伯在他的社会学定义中使用了"理解"和"解释"这两个概念,他将西南学派[19]所认为的自然科学的特征(运用一套法则来达成对事物的因果解释)与文化科学的特征(追求表意性的知识,透过对历史事件的研究,达成对文化意义的了解)结合为一体。[20]

由韦伯对社会学所下的定义可知,社会学之所以需要并能够研究人的社会行动,是因为每个行动者都会赋予自己的行动以一定的意义。而行动之所以是有意义的,是因为某个或若干个行动者会将其主观意义与其行动联系起来,不论这种行动表现为内心活动还是外部行为,表现为对某件事情的放弃还是对某件事情的忍受[21]。韦伯还强调,这里所说的"意义"并不是指"客观上正确的",或是从形而上学意义上讲是"真实的"那种意思,而是指行动者主观地认为即社会学上的意义。在韦伯看来,社会行动之所以是可以理解的,是因为个人赋予其行动的主观意义是可以理解的[22]。

韦伯对"理解"这一概念做出了相对宽泛的解释。他认为,理解既可以表现为理智上和逻辑上的,即"合理明晰的"(或者称之为理性的),又可以表现为情感体验的和艺术感受的,即"移情明晰的"(或者说在感觉上可以再体验的)[23]。由此可见,韦伯并不排斥通过自身的再体验、即通过移情来把握行动者的主观意义,但他认为这样的再体验并不是对意义解释的绝对条件,相反,要使理解成为"合理的",就必须与理智上逻辑上的解释结合起来。这正是韦伯与狄尔泰等人非理性主义的区别之所在。根据韦伯的想法,理解和解释是相互关联,相互说明的。因此,必须把理解和解释联系起来考虑。理解是解释的前提,理解是能被解释的,在这个意义上说,理解就是一种解释,反过来,解释也是一种理解。据此,我们可以把对行动意义系列的理解看作是对行动实际过程的一种解释[24]。

正是由于韦伯对理解做了这样的阐释,所以他在自己的著作中称社会学为

"理解社会学"。因为理解社会学的对象是社会行动,所以"社会行动"这一范畴在韦伯那里也获得了如"理解"这一范畴那样重要的意义。

2. 社会行动及其分类

韦伯对社会行动下了这样的定义:社会行动应该是这样的行动,"行动者以他主观所认为的意义而与他人的行为相关,即以过去的、现在的或将来所期待的他人的行为为取向(如对过去所受侵犯进行的报复,对现在受到的侵犯进行的防御以及为防止未来遭受侵犯采取的防卫措施)"。按韦伯的看法,定义中提到的他人可以是一个人,也可以是许多人;可以是熟人,也可以是完全陌生的人[25]。

因此,根据韦伯对社会行动所下的定义,某一行动可以被称为社会行动是因为它具备了以下条件:(1)行动者赋予其行动以主观意义,即行动者有行动的动机;(2)行动者主观意识到自己的行动与他人的联系。为此,韦伯举例,个人静身养性的宗教行为和孤寂的祈祷不是社会行动,而两个相向骑自行车的人试图躲避对方的行动或者在相撞之后互相谩骂、殴打或者平心静气地协商的行动是"社会行动"。因为在他们的行动动机中包含了以他人行动为取向的考虑[26]。

韦伯对社会行动做了如下的分类:

(1)目的合理的行动;(2)价值合理的行动;(3)情感的或情绪的行动;(4)传统的行动。

目的合理的行动把对外界对象以及他人行为的期待作为达到目的的手段,并以最为有效的途径达到目的和取得成效(以目的、手段和附带的后果来作为自己行动的取向,并将手段与目的、也把目的和附带后果乃至将各种可能的目的相比较,作出合乎理性的权衡,这样的行动可称之为目的合理的行动)。价值合理的行动则表现为对纯粹自身行为本身的绝对价值所持的自觉信仰,无论这种价值表现在伦理上、美学上、宗教上还是表现在其他方面。这种行动的特点是它并不考虑现实的成效(比如,无视可以预见的后果,将行动与他对义务、尊严、美、宗教训示等相联系以坚持或实现自己的某种信念)。第三类行动是指由于现实的感情冲动和感情状态引起的行动。最后一类是指通过约定俗成的习惯进行的行动[27]。

显然,按照韦伯自己对社行动所下的定义,后两种行动严格说来都不属于社会行动,因为它们都没有包含行动者的主观意义。但是,韦伯之所以将其归入社会行动的范畴是因为它们可以被看作是理想类型中的"合理"行动的偏差。

需要指出的是,韦伯这里的分类是根据他自己所创导的"理想类型"(又称为理念型)的方法作出的,并不具有统计学的那种分类的特征。按韦伯的说法,这样的分类并没有包罗所有的行动,它只是"概念上是纯粹的类型",而现实的社会行动"或多或少地接近它们,或者更常见的则是来自这些类型的混合"[28]。因此,现实中的行动只是近似地和上述四种纯粹类型相符合。

3. 韦伯方法论上的个人主义

根据韦伯对社会行动所下的定义,可以明确看出,韦伯认为社会学应始终将个人作为研究的出发点,集体仅仅是被看作个体的派生物因而并不具有原始的实在意义,顶多只有功能分析的意义。也就是说,它不像法学这样的社会科学那样,将作为社会的产物的国家、股份公司、行会等组织与作为法人的个人同等看待。韦伯坚持认为,使用这样的一些概念(公司、国家、民族)并不意味着它们具有形而上学的、实在论的意义,即它们并不构成社会行动的主体。正是在这一点上,表现出韦伯的方法论上的个人主义和社会学上的唯名论思想。但是,需要指出的是,韦伯并不认为这种个别化的方法就意味着个人主义的理论体系。他明确指出:"无论如何,必须消除这种极大的误解,即似乎一种'个人主义的'方法便意味着一种(在任何一种可能的意义上的)个人主义评价。同样,必须消除这种意见,即(概念构成上的)不可避免的(相对的)理性主义性质便意味着对理性动机统治的信仰,甚或是对'理性主义'的一种肯定的评价。"[29] 根据韦伯对"社会行动"所下的定义,这是指行动者赋予行动的主观意义关涉到他人的行动。因此,在这里,韦伯还试图通过对个体行动者主观意义的理解达到对整体社会现象的因果性说明,亦即透过个体研究整体,进而把社会认识上的整体/个体二元对立调和起来,并将德国历史主义传统强调的主观表意方法与近代科学追求的客观因果说明的通则方法结合起来[30]。正是在这一点上,韦伯的独特的方法论上的个人主义与理论体系上的个人主义的区别得以彰显[31]。

四、理想类型(ideal type)

韦伯为了避免德国人文学派和历史学派的个体化和特殊化的研究方法,提出一种关键性的概念工具——理想类型(或称理念型)。韦伯认为没有一种科学系统能够重视全部具体现实,也没有任何概念工具能完全顾及无限多样的具体现象。全部科学都包含抽象,也包含选择。然而社会科学家在挑选概念工具时很容易落入一种困境。如果他的概念具有很高的概括性,他就容易丢掉现象的特征,如果他的概念过于狭窄,则又无法包容相关的现象。而他的理想类型就是要避免落入这种进退两难的困境。韦伯的理想类型具有这样的特点:一方面,它作为理智上构造的概念工具,具有高度的概括性,抽象性,因而不同于经验事实,另一方面,作为考察现实的概念工具,又是在对繁多的经验进行整理之后,突出了经验事实中具有共性的或规律性的东西,使之成为典型的形式。他解释说,在所有情况下……它离开现实,并服务于认识现实,其形式是通过表明一种历史现象接近这些概念中的一个或若干个的程度,可以对这种现象进行归纳[32]。

因此,一种理想类型就是一种分析结构,它在研究者手中就像一个尺度,使他在具体情况下确定相同与相异。它提供了比较研究的基本方法。"通过片面强调一个或几个观点,通过综合许多散乱的、不连贯的时有时无的具体的个别现象(这些现象由片面强调的观点归纳为统一的分析结构),就可以得到一个理想类型"[33]。在韦伯看来,理想类型并不是指道德理想,也不是指平均状态。理想类型包含着强调典型行动过程的意思。韦伯的许多理想类型都指的是总体,而不是个人的社会行动,但总体中的社会关系总是建立在行动者从事预期的社会行动这种可能性上的。理想类型永远不会对应于具体的现实,而总是有所偏离。它是由现实的某些因素构成的一个逻辑上准确而连贯的整体,这种整体在现实中是找不到的。理想类型使人能够做出对现象的假设,其中包括产生现象的原因和现象造成的结果[34]。因此,从理想类型的角度看,现实中的各种事实和过程都可以看作是某种程度上的"偏差"。只有通过这种认识方法,才能更好地获得对现实的认识。用韦伯的话来说,"正是由于它的实际进程与理想类型进程的差距,更易于认识它的真正的动机"[35]。所以,韦伯建设理想类型的主要目的,与他理解社会学的研究主旨是一致的。即通过对现实社会行动的过程和结果与作为理想类型的社会行动的比较而获得对行动者赋予行动的主观意义的理解和解释。从而也避免了执着于新康德主义的学者如狄尔泰那种充满强烈主观唯心主义色彩的内省方法。

当然,韦伯构想理想类型的目的还不仅在此。他根据抽象化程度的不同构想了三种理想类型,第一种理想类型来自历史性的具体特点,如"西方城市""新教徒的伦理观""现代资本主义"等,指的是仅出现于特定历史时期和特定的文化区域的现象。第二种理想类型包含社会现实的现象因素,如"官僚制""封建主义"等,它们可能存在于多种历史的和文化的背景之下。第三种理想类型是"一种具体行动的合理化设想"。例如,经济理论中的所有命题都属于这个范畴。它们指的是如果人们单单受到经济动机的推动并且假设他们是纯粹的"经济人",他们就会照此行动的那样的行动方式[36]。

总之,韦伯关于理想类型的思想具有极为重要的方法论意义,它是韦伯用以进行历史的和社会的比较研究的根据,是他比较社会学的方法论基础。

五、因果性和或然性

有人认为韦伯与德国唯心主义传统一致,排斥人类活动的因果性概念[37]。实际并非如此。韦伯坚信历史的和社会的因果性,但是如前所述,他是用或然性来表述因果性,由此可能造成别人对他的误解。强调或然性与强调意志自由或人类行动的不可预测性并不一样。韦伯曾指出,人类行动只有在疯狂的情况下才是不可预测的,"我们把最高度的经验性'自由感'与那些我们认为合理的行动联系在一起"[38]。这种主观自由感并非来源于不可预测性和不合理性,而是发生在可以合理地预测和把握的情况下。由此可见,韦伯的或然性概念不是建立在某种关于自由意志的抽象议论上的,而是出于他承认要找出全部因果关系是极度困难的。在韦伯看来,社会科学中要达到客观的确定性几乎是不可能的。他因此得出的结论是至多只能抓住多种因果性的环节。

当韦伯把或然性用于定义性陈述的时候,他也做相同的考虑。这时,或然性的意思就是一定背景下的人多半会按照正常预期的那样行动。但这总具有或然性,总不是确定的,因为也可以设想某些行动者有特殊的社会关系,其因果环节会偏离预期的或然性。在韦伯的因果性观点中,历史学的因果性与社会学的因果性不同。历史学的因果性要确定一个事件之所以产生的特殊环境,社会学的因果性则表现为确定两个对象之间的规律性关系。它不采取"甲决定乙"这种形式,而采取"甲或多或少有利于乙"的形式[39]。

"或然性"的提法源于新康德主义。新康德主义着眼于现代统计学原理,因而使法则具有概率性质。作为可能性和现实性的综合,毋宁说这是一种或然性,而必然性则是它的极限[40]。

韦伯正是从新康德主义的上述见解立论,试图使社会科学摆脱线性、单义的因果关系固定框架,而在社会认识上提倡因果多元论。他指出:"企图对一具体现象的存在全貌在因果关系上做详尽无遗的回溯,不仅在实际上做不到,而且这一想法根本就无意义。我们只能提出某些原因,因为就这些原因而言,我们有理由推断在某个个体上这些原因是某一事件的本质性因素。"他把这些原因称为"适合的原因"(adequate causes),而把单义的因果关系称为"关于各种后果的知识"、"规则学的知识"(nomological knowledge),并用"可能性判断"代替"规则学"的因果决定关系。"如果人们考察这些'可能性判断',亦即在排除或改变特定条件时关于某个事物'可能'发生的命题,并且进一步要了解我们怎样才能真正达到这一点,那么我们就会毫不怀疑这是一种孤立的和一般化的资料。这意味着我们把给定的事物分解成诸因素以使每个因素和经验规则相吻合;因此,这些因素的每个后果就成为能够被决定的东西,由于其他因素作为条件存在。它们的后果就能够成为'被期待'发生的。这里通常被当作表现,在这个意义上,一个'可能性'判断则表示为与'经验规则'的连续关系。所以,'可能性'范畴不是在其受动形式上使用的,换言之,它不是与坚持权利的或可被证实的判断相对立的不知和不完全的知识,相反,在这里它表示与能动的'关于各种后果的规则'知识、与一些人所说的'规则学'知识的关系"[41]。

苏国勋对这一段话做了这样的解释:在韦伯所叙述的原因推断过程中,"客观可能性"是一个尽可能妥当地估量出某一原因在随机事件发生的几率上所具有重要性的范畴。按照韦伯的说法,这个推断过程可分为:(1)将给定事件分解为诸因素,直接资料则被看成是"可能性和因果关系的符合";(2)各因素可看作是"经验规则"的特例,因而具有普遍性的行动过程均可被纳入其中加以思考;(3)借助"想象",在一连串互为因果的事件系列中,把所要考察的因素排除;(4)其他因素作为条件存在,按照"经验规则",可以期待它们有怎样的可能后果;(5)把事件在想象中的发展与现实中的发展加以比较,如果后果相同,那么被排除的因素可能只具有偶然或次要的意义;如果后果不同,那么这个因素则可能起到至关重要的作用[42]。举例来说,资本主义的产生要求有特定的人格,这种人格主要有加尔文教派的教义造成的,通过心理实验或不同文化的比较研究可以确定,没有这个人格多半资本主义是不能发展起来的。所以加尔文教必须被看作是资本主义产生的原因之一,虽然它并不是唯一的原因。

由上所述可知,韦伯对因果性所做的或然性表述是以新康德主义的观点为起点,以社会行动中的复杂因果链为切入点建立起来的。同时,韦伯对人的意志存在的清醒认识也使他拒绝接受应由某一类因果关系占主导地位的观点[43]。这导致了韦伯在社会认识上的多元因果论的立场。正是这样的多元因果论的立场使他认识到,要找出全部因果关系是极度困难的。而或然性在某种意义上正表明了他在对某类因果关系加以分析的时候对未进入分析的其他原因的考虑。

第三节　理性与现代性

理性(rationality)在韦伯的社会学理论中可谓是一个核心的概念。韦伯正是从西方社会特有的理性化(rationalization)为视角和发展脉络,考察了西方社会资本主义的发展过程并揭示了西方以资本主义制度为特征的现代社会未来的发展趋势。拉许(S. Lash)和温姆斯特(S. Whimster)曾合编过《马克斯·韦伯,理性与现代性》一书,在导论中他们指出,关于韦伯与现代性的渊源,可以从韦伯努力探索过的三组问题得一呈现。其一涉及西方文明如何走向现代性,而其他文明在过去则朝着不同的方向发展;进一步,当整个世界全都笼罩在现代性的成就下(即韦伯所谓西方文明获致世界史之显著意义)时,又有何种后果出现?其二则关联到现代性的本质与特征,此处韦伯强调的是科学与理性在社会中的特殊地位。其三则是对现代社会中的生活情境的讨论,而韦伯的立场在于试图澄清现代性的限制所在。"现代性"的问题因而贯穿了韦伯的比较历史研究、理性化理论和社会哲学思想。因此,在某种意义上,如帕森斯所言,"现代"即是"理性"实现之明证[44]。正是在这样的意义上,韦伯以自己的睿智和学识,对现代社会做了全面的检视、深刻的分析和充满忧患意识的展望。

一、目的理性与价值理性

在《儒教与道教》一书中,韦伯曾指出:"理性主义"可以有截然不同的含义。视情况而定,可以指冥思苦索的系统论者靠世界观设计出来的那种理性化,精益求精抽象的概念逐步从理论上把握现实;相反,也可以指另外一种理性化:通过精益求精地设计合适的手段,有计划、有步骤地达到某种特定的实际目的[45]。而后一种,就是韦伯所谓的带有边沁所言的功利色彩的"目的理性"(purposive rationality)。

韦伯对"目的理性"与"价值理性"的区分表现在于他对社会行动的分析。如第二节所述,他将社会行动分成"目标合理的行动"和"价值合理的行动"(苏国勋称之为"目的合理性行动"和"价值合理性行动",其实是同一个意思[46])。而"目的合理性行动"根据上边韦伯自己所下的定义中对手段和目的之间关联的考虑,又可称之为"目的—工具合理性行动"。这样的行动是指以能够计算和预测后果为条件来实现目的的行动,它着重考虑的是手段对达成特定目的的能力或可能性,至于特定目的所针对的终极价值是否符合人们的心愿,则在所不论[47]。而价值合理性行动,则指主观相信行动具有无条件的、排他性价值,而不顾后果如何、条件怎样都要完成的行动。因此,与目标合理性行动相反,对价值合理性行动或者说价值合理的行动来说,行动本身是否符合绝对价值,恰恰是当下所要全力关注和解决的问题,至于行动可能会引出什么后果,则在所不计(即具有明显的不计后果的非功利性特征)。如果按照韦伯那样把价值主要理解为主观欲求、意愿、信念、意向,那么工具合理性行动(目标合理的行动)就是排除价值判断或价值中立(value free)的行动,而价值合理性行动则是引入价值判断的行动[48]。苏国勋指出,在韦伯学说中,这两种行动都是作者便于对社会行动意义的思考和理解所设定的范畴,它们都属于"理想类型",换言之,它们从未以纯粹的形式在现实中实现过,事实上,任何实际行动总是既包含工具合理性的成分,又有价值合理性的因素。韦伯试图用合理性的这两个相互对立的侧面分析近代欧洲理性主义的演进过程及其本质。当价值合理性和工具合理性(亦即价值理性和目的理性)以不同的方式联结以及与其他因素联结时,就出现了现代文明所固有的问题[49]。

  韦伯进一步从合理性和非理性的相互转化、动态发展和辩证关系等角度深入探讨了合理性和非理性的关系。首先,价值合理性行动之所以是"合理性"的,是由于在价值上是合理性的,即行动者把追求的目标视为某种特定的价值,在明确意识到目的这一点上它与工具合理性亦即目的合理性有共同之处。其次,只要是"价值"合理性,亦即在行动者为不计后果的激情、理想、信仰所驱使这一点上,它又与工具合理性相异,而与不能通过理智思考、理性计算的情绪、巫术相通。从目的—工具合理性行动角度来看,价值合理性行动和卡里斯玛式行动都有"非常态"、革命的性质,因而可以成为打破僵固的传统习惯、推进理性化进程的动力;它们在一定程度上与自然法的价值理想相连,惟其有非常态、非理性的成分,反而有促动社会理性化过程的一面。反之,"目的—工具"合理性行动之所以属于"合理性"的,是因为它在目的上是合理性的,即行动者使用经过理性计算的手段达到预期目的,从功能、效率的形式上看,这种行动符合人们理性思维的常态;另一方面,只要是"目的—工具"合理性的,即行动只为追求功利的目的所驱使,势必会漠视人的情感、精神价值这样的实质性的东西,而把功利目标视为唯一的目的,导致行为方式的常规化(routinization),使社会生活丧失多元价值的创造性。从价值合理性行动角度看,目的—工具合理性行动是习惯性的、常规性的、缺乏创造力的,因而有招致社会生活停滞化、单一化危险。

  韦伯进而将他上面的分析框架用于考察欧洲近代资本主义发展与宗教的关系。他认为,近代欧洲文明的一切成果都是理性主义的产物。只有在合理性的行为方式和思维方式的支配下才会产生出经过推理证明的数学和通过理性实验的实证自然科学,才会相应地产生出合理性的法律、社会行政管理体制以及合理性的社会劳动组织形式—资本主义。但他把理性主义在上述社会生活中的表现只看作理性主义发展的形式方面,更重要的是,他在理性主义的形式发展过程中看到已然有价值合理性、卡里斯玛式情感等实质非理性因素掺入其中。运用这些理论观点,我们就可以看清楚韦伯想表明的是,近代欧洲社会生活的本质特征是一切行动以工具合理性为取向,但这种工具合理性取向又与价值合理性取向有内在关联,实际上它肇源于价值合理性:从发生学上看,除了其他因素的配合之外,合理性的社会劳动组织(资本主义)与一种特殊的社会精神气质(资本主义精神)具有因果关系[50]。再更深入地考察就会发现,它们最终来源于一种潜在的入世禁欲宗教的价值观(新教伦理)。宗教伦理在其发生时本属于先知预言,是具有个人魅力(卡里斯玛式)人物发布具有感召力的预言戒律,本身就与情感、价值相连,因而具有"非常规性"。宗教伦理如果要发挥强有力的作用,就必须转化为世俗伦理,将彼岸的抽象的教义变为此世的、指导日常社会生活的道德信条,这就是"常规化"过程。因此,要判断一种宗教的理性化程度,就须以宗教教义与世俗社会伦理体系结合的程度即世俗化、常规化为尺度。在这种意义上,宗教理性化程度标志着摆脱不可用理智计算、控制的巫术、情感因素的程度;宗教理性化程度越高,就越能在更大程度上指引人们按照目的—工具合理性的选择去行动,因而也就越能导致人们行动的定型化、常规化。由此可见,目的—工具合理性行动,即有使行动摈弃巫术、情感的形式合理性之内容,同时也有导致人们行动的常规化、传统化的实质非理性一面。反之,价值合理性行动,即有使行动从属于价值、理想、信念等无法用理智计算和控制的情绪、巫术的形式非理性之一面,同时也有使行动打破传统的藩篱,破除单一、僵化,激发创造性和革命性的实质合理性的一面。在这种意义上,韦伯有时也把目的—工具合理性称为形式合理性(formal rationality),而把价值合理性称为实质合理性(substantive rationality)。

因此,在韦伯看来,合理性和非理性都是相对而言的,任何一个现实的行动都含有这两者的因素。而人们在力求通过合理性行动使世界从巫术、迷信中解放出来的时候,却不知在这理性化过程中非理性因素也渗透其中。因此,在韦伯的观念中,合理性行动和非理性行动并非指两种不同的现实行动,而是指对两种不同观点而言的同一现实行动的不同侧面。当人们从合理性的形式上观察某一社会行动时,它可能是合理性的(形式合理性的和实质非理性的);当人们从合理性的实质考察行动时,它就是非理性的(形式非理性的和实质合理性的)。这样,韦伯就从认识上把合理性和非理性相对主义化了[51]。同样的道理也适用于工具合理性和价值合理性行动的相互关系中。"从目的合理性的立场上看,价值合理性始终是非理性的,确实,价值合理性越是把自身价值推崇到绝对价值的地步,与之相应的行动就越是'非理性的'。因为行动者越是进行无条件的善行、对义务的献身,他就越不考虑其行动的后果"[52]。

二、信念伦理与责任伦理

韦伯提出"目的—工具合理性"和"价值合理性"这两个概念并进一步阐明这两者的关系,有其深刻的用意。他想探讨的是奉行目的—工具合理性行动具有什么样的伦理意义,亦即对目的合理性的"存在是什么"的认识怎样影响到人的实践的价值判断,促使作为实践主体的人能成为—"自由的人格",这才是韦伯社会学所要阐发的主旨及其实践意义。

韦伯认为,一切以伦理为取向的行动,都可归并为两种准则,其一是责任伦理(ethic of responsibility),另一是信念伦理(ethic of conviction)。"这两种准则从根本上互异,同时又有着不可消解的冲突。两种行动的考虑基点,一个在于'信念',一个在于'责任'。这不意味着信念伦理就不负责任,也不是说责任伦理就无视心情和信念,不过,一个人是按照信念伦理的准则行动——在宗教上的说法,就是'基督徒的行为是正当的,后果则委诸上帝',或者是按照责任伦理的准则行动——行动者对自己行动'可预见'的后果负有责任,其间有着深刻的对立"[53]。在这两种准则的区分中,韦伯着眼于行为本身的价值和行为的可预见后果(后果并不就等于目的)之间的不同意义。信念伦理主张,一个行为的伦理价值在于行动者的心情、意向、信念的价值,它使行动者有理由拒绝对后果负责,而将责任推诿于上帝或上帝所容许的邪恶。责任伦理认为,一个行为的伦理价值只能在于行为的后果,他要求行动者义无旁顾地对后果承担责任,并以后果的善补偿或抵消为达成此后果所使用手段的不善或可能产生的副作用。信念伦理属于主观的价值认定,行动者只把保持信念的纯洁性视为责任;责任伦理则要求对客观世界及其规律性的认识,行动者要审时度势做出选择,因为他要对行为后果负责。

作为实践行动的伦理准则,责任伦理和此岸性相联系,信念伦理则与彼岸性相通。当完成某个行动时,如果想到实现的目的所需的手段以及可能出现的其他次要的结果,就要认真思考最初的目的,这是以对某一行为产生的后果负责为前提的。这种目的合理性的判断只有出于责任伦理的立场,才会摆脱单纯的功利性和方便性,同时还带有道德的性质。反言之,只要站在责任伦理立场思考问题,就无法排除对目的合理性关联的认识,因为责任伦理是把行为所涉及的一切归于责任才能成立,亦即行为的一切被归结为责任是由于目的合理性才被认识。因此,责任伦理的意识愈强,就愈要求对目的合理性关系的充分彻底认识。这是一种在世界中(入世)思考的伦理,是在行动者对事物的奉献中达成的,它把善恶的准则放在行动后果上,要求以"此岸性"和对行动意义的内在

"一贯性"认识为前提,反之,信念伦理把善恶准则放在主观信念、意向上,凡符合信念的行动即为善,反之则为恶,至于行动所造成的后果要由彼岸的绝对者——上帝去负责。从信念伦理出发,对目的和手段的理性关联的考虑,凡不合主观价值判断的不仅无用,而且应该加以排斥。这是一种在世界外(出世)思考的伦理,是在行动者对主观心情、意图信仰的奉献中达成的,它属于彼岸性的思考,并不要求以对行动意义的内在一贯性认识为前提[54]。

韦伯将宗教分成神秘主义与禁欲主义两大类,并用信念伦理与责任伦理去考察这两类宗教。他认为,禁欲主义者将世俗工作视为神的召唤或天职(calling),世俗的一切作为都是为了荣耀神的恩宠。对他来说,救赎是最重要的事也是既定目的,一事当先,首先必须通过计算根据最小恶或最大善的原则做出决定。所有这一切,构成了禁欲主义者一种有系统的生活方式和讲究方法的思想特质,使他倾向于责任伦理。相反,神秘主义是一种知识分子的精神式救赎论,它视人为神的"容器",致力于通过冥想达到一种与神合一的"拥有"状态。神秘主义者以纯精神式的内在态度看世界,明显地存在一种逃避世界的倾向,人虽然在世界中行动,但却漠视世界,救赎不是"通过"或"在"行动本身中去进行。韦伯认为,这表明神秘主义缺乏一种有系统的生活方式和讲究方法的思想方式,在指导人们行动的伦理准则上,趋近于信念伦理[55]。

由以上对"目的理性"与"价值理性"、信念伦理与责任伦理的阐述我们可以大致看清楚韦伯的思路:近代欧洲资本主义的发展是理性主义的产物,或者说是理性化的结果,这种理性化既表现为目的—工具理性在人的观念和行动中的体现以及发展,也表现为这种目的—工具理性向社会的各个领域的渗透。但是,如本节第一部分所述,"这种工具合理性取向又与价值合理性取向有内在的关联,实际上它肇源于价值合理性",韦伯进一步将这种工具合理性与新教伦理联在一起,指出禁欲主义的新教对救赎有自己独特的理解,即将世俗工作视为"神的召唤"或"天职",世俗的一切作为都是为了荣耀神的恩宠,教徒只有通过自己在尘世的劳绩才能证明自己有望入选为上帝的选民,因此新教伦理具有一种明确的入世伦理的倾向。这也导致了禁欲主义的新教徒具备"一种有系统的生活方式和讲究方法的思想特质",而这样一种特质使得这些教徒倾向于责任伦理。这样,如本节第一部分所述,新教伦理从最初的价值理性出发,因为要发挥自己的作用而转化为世俗伦理,将彼岸的抽象的教义变成了此世的、指导日常社会生活的道德信条,实现了"常规化"。这就使新教得以理性化,能够指引人们按照目的—工具合理性的选择去行动,使人们的行动越来越具有目的—工具合理性,而最初的价值理性则日益被淡化。而新教徒奉行的责任伦理则进一步强化了这样的目的—工具理性。这就是理性主义发展的逻辑。但是,如顾忠华所指出的,"这种'目的理性'过度膨胀的结果,使得'价值理性'或实质理性的行动倾向相对萎缩,影响所及,伴随'现代'在物质享受充分发达而来的,是让有识之士必须正视的'意义危机'"。如韦伯所言,现代的文明人,处在一个不断透过思想、知识与问题而更显丰富的文明之中,很可能"对生命倦怠",而非享尽了生命[56]。毫无疑问,在韦伯看来,这样的理性化正是西方社会的现代性的体现和标志,也正是这样的理性化给西方社会带来了深刻的社会问题。

三、理性与现代性

由以上的阐述我们可以进一步厘清韦伯关于理性与现代性的关系的思想。韦伯曾明确表示,"资本主义已是一个无法连根铲除,因此只有加以容忍的历史发展结果,任何想回到从前,再恢复社会父权基础的尝试,今天已完全行不通了"[57]。基于这样的认识,韦伯特别着重资本主义"破旧立新"的革命力量以及它在文化层面造成的广泛冲击。他在回应别人对《新教伦理与资本主义精神》批评的最后答辩中曾指出:(1)该文的中心旨趣并不在资本主义得以扩张的理由,而在于探讨在宗教与经济因素的共同作用下的现代处境中"人类的发展"的问题。(2)该文的内容,主要欲证明现代的"职业观"有其宗教伦理的根蒂。(3)最后,该文点明现代资本主义早已无须源自宗教的精神来支持,"职业"与人格中之内在伦理核心(the inner ethical core of personality)不再具有主观上的统一性[58]。

顾忠华认为,在韦伯的著作中,职业人(the vocational man)一词,几乎可以等同于他所理解的"现代人"。然而,资本主义在制度层面上不断理性化的结果,使得职业人今天成为社会分工"事理上之必然",而其中宗教的根蒂则业已萎缩。"清教徒渴求为职业人,我们现在却被迫为职业人"这句话道尽了生长在资本主义"钢铁时代"中的个人的渺小和无奈。因此,对韦伯而言,现代文明受到资本主义洗礼后,展现在个人面前的生活世界,是一个解除魔咒(disenchantment)的、世俗功利主义笼罩一切的世界。理性的计算、科技工具的运用以及计划性的社会变迁无一不扩大了官僚化(bureaucratization)的影响范围,乃至现代的经济、政治、社会组织无不趋向于"形式理性"的运作原则。在此意义下,个人除了注定背上"职业人"的硬壳[59]之外,还在时时面对组织内部秩序的要求与宰制(官僚支配实际上只肯造就一批顺服适用的"秩序人")。因此,韦伯在阐述"现代性"的特质时,并未局限于表彰人类理性的成就,反而刻意以悲观的语气,反讽一批"没有精神的专家,没有感情的享乐者"或许会成为代表"现代"的最后的人物。这批身受"职业人"与"秩序人"双重压力的个人表面上看来都拥有了传统社会无法想象的自由选择机会,实际上却越来越像资本主义这部大机器中的小零件,在严密组织的官僚科层体制里循规蹈矩地运转,这就是理性中的非理性成分。因此,韦伯提出了一个著名的论点,即现代西方世界的一个最基本和最明显的现实就是"形式的合理性和实质的非理性"。实际上就是"理性化导致了非理性的生活方式"。这是韦伯对现代西方社会各个领域中充斥的大量异化现象的概括。造成这一现实的原因是把合理性这一手段当作终极目的来追逐的做法。每一个过分的理性化的要求都不可避免地会导致非理性或不合理现象的产生;非理性与合理性共存,前者与后者相对立并表现为后者的结果[60]。

总之,虽然韦伯针对理性化过程本身的吊诡,只给予实然层次的犀利分析,并未提出一套应然的规范要求,但他对资本主义社会中"形式理性"或"目的理性"逐渐凌驾"实质理性"或"价值理性"之趋势的认识,可说是与马克思对资本主义社会中异化的分析有异曲同工之妙。从而也使持社会批判立场的西方学者(如法兰克福学派)在20世纪70年代后摒弃了对韦伯的政治成见,试图同时从马克思和韦伯的社会理论中吸取精华。但是,韦伯对西方社会理性化过程的吊诡的深刻洞见以及对未来前途的忧虑和悲观是建立在他对理性化过程的内在逻辑的思考之上的,这中间隐含的一个前提是人在这样的逻辑面前是无能为力的,只能由其摆布,而西方社会的现实生活早就表明,现代的人具有反思的能力,也有改变自己生存于其中的社会环境的主观能动性,这有可能使社会的发展不会完全沿着理性化的内在逻辑所规定的趋势朝前走。尽管如此,今天我们听到韦伯对自己生活于其中的社会这样的自我批判,仍有足够重要的意义。因为它会提醒我们去思考,在我们迈向现代化的过程中,"不要忘了'现代'的物质成就也会强索精神上的一定代价"[61]。

第四节 政治社会学

韦伯的政治社会学研究,是与他以理性化为主线和分析视角去研究西方的资本主义社会的主旨是一致的。他要考察的是,理性化如何渗透至政治领域,这种渗透又带来了怎样的问题,人们又如何在现实的政治中去限制这样的理性化,从而达致他自己所希望的理想的政治。因此,透过他对"理性化"的政治的肯定和伴随这样的肯定的忧虑,我们可以一以贯之地发现韦伯内心的矛盾。

一、韦伯的政治社会学的基本概念

韦伯关于政治社会学的基本概念主要有"权力"、"统治"和"纪律"。对这三个基本概念韦伯自己给出的解释是:"权力是指处于社会关系中的行动者排除抗拒其意志的可能性,而不论这种可能性的基础是什么。"这里权力施用的范围非常宽泛,它既可以指家庭中家长对子女的管教,又可以指任何一个组织中上级对下级的命令。韦伯把其中一种特定的权力施用关系即"具有特殊内容的命令(或全部命令)得到特定人群服从的可能性"称为统治(domination),它不包括以纯粹暴力的方式所达到的控制,因而统治也被他称为命令控制(imperative control)。而纪律,则是指在所属的多数人员中找到由于训练有素而自觉地、机械地、公式化地服从某一命令的机会[62]。

这样,权力、统治和纪律三个范畴就组成了一个概念系统。在这一系统中,这三者既相互联系,又相互区别。就权力和统治来说,它们都表现为现实互动过程中一方支配另一方的关系,但前者突出的是互动关系中的单向性和自上而下的强制性,而后者则着重表现互动过程中的一种"机会"的重合,即作为统治一方的统治心理与作为服从一方的服从心理的一种会合。至于纪律,则是指群体中统治关系的固定化、制度化和无障碍地得以贯彻实施的现象[63]。

在这种命令—服从的关系里,可以有各种不同的服从动机,有的出于习惯(子女对父母),有的出于对利益的权衡(雇工对雇主),也有的出于情感(恋人之间),还有的出于理想(宗教中教徒对教主、政治运动中群众对领袖)等。因此,每一种真正的统治形式中都包含有最起码的自愿服从的成分。但只有这一点还不足以构成真正的统治,必须还要有对统治合法性的信仰(the belief in legitimacy)[64],凭借纯粹强力的控制,可以通过信仰体系(belief system)转变为合法统治。所谓"信仰体系",就是说明为什么某人或某些人应该服从某种统治的理论体系或意识形态,它为统治的合法性提供理论依据。由自愿服从和信仰体系就构成了统治系统或称权威(authority)系统,在社会生活中它表现为某个或一些具有发布命令权力的人和一些有责任服从的人所组成的组织,这样的组织既可以是一个小群体(家庭、车间、班组),也可以是一个大群体(各种不同的宗教、商业、政治团体)当然也可以是一个部族、民族或国家。在权威系统中,信仰体系具有关键作用,它决定什么是合法或非法,因而也就决定了权威系统的根本性质[65]。因此,"合法性"就是韦伯在政治社会学领域要全力阐明的概念。他试图展示的是"祛除巫魅"的当代资本主义世界在功能方面的"形式合理性"和在价值方面的"实质非理性"[66]。

韦伯进一步提出合法性的定义："显然，社会学所要讨论的统治系统的合法性，只能是（符合命令—服从关系的）相应态度存在以及由此引发出与之相符的实际行为二者相关程度的可能性。"[67]换言之，合法性乃是促使一些人服从某种命令的动机，而不论这些命令是由统治者个人签发的，抑或是以通过契约产生的抽象法律条文、规章或命令的形式出现的。任何群体服从命令的可能性，按照韦伯的看法，主要是依据他们对那个统治系统的合法性是否相信。韦伯因此认为："重要的是这一事实：在特定情况下，个别对合法性的主张达到显著意义的程度，按照这一主张行动的类型被认为是正当的（valid）；这一事实更加确定了主张拥有权威的人的地位，同时也就决定了对他行使统治的方式的抉择。"[68]这里，韦伯是以纯功能主义的态度来对待统治和合法性问题的。在他看来，合法性无非就是既定统治系统的稳定性，亦即人们对享有权威的人之地位的确认和对其命令的服从。

韦伯反复强调，社会学的概念应该保持经验科学的客观性和价值中立性（value neutrality）。对他的"合法统治"的社会学思想也可以做这样的理解。在他这里，时下政治学将统治区分为征得被统治者同意的和靠强力实施的两种形式是不可能出现的。他从事实出发认为，任何成功的、稳定的统治，无论其以何种形式出现，都必然是合法的。甚至可以这样（勉强）地说，成功、稳定的程度是其合法性程度的表示；反过来，任何一个不合法的哪怕是昙花一现式的不合法统治形式，都不可能有存在的余地[69]。

二、三种统治类型

韦伯是从对统治形式对合法性的主张是否正当的标准切入他对统治类型的分析和讨论的。韦伯把"行动真正受到支配的可能性称为这个秩序的'正当性'（validity）"[70]。但他只把历史上发生过的"正当"秩序作为其社会学的考察对象，因为它真正影响到了人们的社会行动，造成了既定的社会学事实；而那些没真正地支配人们社会行动的秩序，就是不正当的、不合法的秩序，它没有造成既定事实，因此不在他的考察之列。从这个意义上看，任何一个既定秩序的合法性，都要以两种正当性之中的一种为保证：一种是纯粹主观的正当性，它可以是：（1）屈从于情绪的情感正当性；（2）相信伦理、美学或其他的终极价值体现着一个秩序的绝对正当性，这是一种价值合理性的正当性；（3）相信救赎必须顺从一定秩序，这是宗教的正当性。另一种正当性表现为对特定外在效果即一种关心状态的期望，这是一种客观的正当性；（4）习惯的正当性，在信仰这种正当性的社会群体里，偏离习俗会受到非难、责备的外部反应；（5）法律的正当性,它以可能的肉体或心理的强制迫使屈服,否则将受到制裁。受上述几种正当性信念的支配而引发的社会行动,韦伯把它们分为四个类型:即情感型的行动、传统型的行动、价值合理型的行动和目的合理型的行动。在四个行动类型和几个正当性信念之间呈现为这样一种因果联系:情感型行动来源于对情感正当性的信念(1);传统型行动——对习惯正当性状态的期望(4);价值合理型的行动——对伦理、美学价值正当性和宗教价值正当性的信念(2)、(3);目的合理型的行动——对法律正当性状态的期望(5)。

韦伯认为,在社会历史中,行动者正是按照上述四类正当性的信念将某个特定的社会秩序看作具有合法性的。在命令—服从的统治系统中,他又将上述四类正当性表述为合法性的三个基础,其中伦理与审美价值和宗教价值的正当性、法律的正当性被归并为合法性的理性基础,而情感的正当性被视为合法性的"卡里斯玛"基础,传统的正当性亦即合法性的传统基础。这就是韦伯所说的在人类社会历史中发生过的合法性统治形式的三个基础。这三个基础是:

1. 理性的基础——相信法令规章必须合乎法律,以及拥有权威的人在法律规则下有发布命令的权利(right)。这是法理型的统治。在这种统治形式中,人们服从命令是出于对法律的信守;法律代表一种大家都遵守的普遍秩序,因此他服从依照法律而占据某个职位行使统治管理的人,但这种服从仅限于这个职位依法所享有的权威。

2. 传统的基础——相信源远流长传统的神圣不可侵犯性,以及拥有权威的人按照传统实施统治的合法性。这是传统型的统治。在这种统治形式中,统治者因据有传统所承认的统治地位而享有他人服从的权威,但这种统治也仅限于传统所认可的范围;在这里,服从表现为在传统习惯所规定的义务范围内对个人的效忠。

3. 卡里斯玛的基础——对个人和个人所启示或制订的规范模式或秩序的超凡神圣性、英雄气质或非凡品质的献身。这是卡里斯玛型的统治。在这种统治形式中,卡里斯玛式的领袖人物因人们确信其有启示、个人魅力、超凡品质而受到信徒们的服从[71]。

按照上述三种合法性的基础建立起三种不同的统治类型,这就是韦伯政治社会学最重要的内容——合法统治的三种纯粹类型,即法理型统治、传统型统治和卡里斯玛型统治。顾忠华指出,在韦伯之后,关于正当性的理论通常有两个方向,一个是把正当性当作是纯粹主观的信念问题亦即正当性是当事人的信念。另一派认为正当性是客观的规范(norm),在实际权力运作中,正当性有一套规范,若违反该接受的命令时,会受到规范的制裁。其实在韦伯提出正当性理论时,认为正当性不可能纯粹建立在主观基础上,而是主客观之间是否有一妥当性这样的妥当性才是真正正当性意义之所在,主观信念与外在规范是否让我认为命令加在身上是妥当的,再以一种同意行为方式进行服从。这里韦伯要透露的信息是,服从在政治行为中,有时不只是惧怕他人有暴力加在身上,而是个义务,所以这中间还有志愿的成分[72]。而苏国勋认为,韦伯在这里实际上是从法学观点着眼,按照统治的合法性根据即统治者依据什么有权统治众人以及被统治者为什么要服从这种统治,对人类社会的历史发展做一纯粹结构性的模式概括[73]。韦伯自己认为,这里的每一种统治类型都是他本人的主观思维构造,都属于"理想类型"。这三种统治类型并不一定有前后发展顺序上的固定联系,他无意以这三种类型虚拟一种线性发展的世界历史发展规律。下面对这三种统治类型做一简单的介绍。

1. 传统型统治。在这种统治形式里,统治的维持是靠从古到今沿袭下来的风俗习惯和伦理道德。韦伯勾画了传统统治形式的一般特征。他指出,这是一种宗法制统治形式。统治者或主人是由传统的世袭制度决定的,统治者具有终身的权力,并将这种权力不断地传给自己的后裔。这种统治具有很强的个人性质,作为统治者的统治者对他的下属而言,并不是"上司",而是严格意义上的"主人"。构成统治机构中管理班子的人员不是被视为"官员",而是被看作人格上带有人身依附关系的"差役"。被统治者不是作为同一社会组织中的"成员",而是被视为统治者的"臣民",也就是说,统治者与被统治者的关系是一种主子与奴仆的关系。

所以,从整个传统型统治的组织情况来看,它具有以下特征:(1)缺乏固定的组织权限,管理者没有明确的职权范围;(2)没有合理的职务等级制度,往往由统治者或由他所委派的人员以个人的身份直接对事情做出决定;(3)没有明确的规章制度,以便在此基础上根据自愿的原则实行聘任和决定晋升;(4)选拔和提升的主要依据是统治者的主观好恶,而不是按照人员的实际水平和工作能力;(5)官吏没有固定的、以货币形式支付的薪金。总起来说,传统型统治代表的是一种保守力量,它主张永远维持先王或上帝的神圣秩序,在任何情况下都不容有任何的改变[74]。

2. 个人魅力型统治。charisma一词本意是指某人由于神的赋予而具有的某种非凡的能力和感人的光彩。韦伯借用这一词,主要是指某种"特殊的人格品质,就这方面而言,被看作天资上具有超自然的、超人的或至少是极不寻常的、不是任何人都能获得的力量和特质"[75]。个人魅力型的统治正是建立在这种对具有出色感召力的领袖人物的拥戴和信仰的基础上的。韦伯认为,这必须包含两方面的因素：一方面，作为社会精英的领袖人物本身在人格力量上或个人才能上具有非凡的、超人的特征，使他不同凡响，具有特殊的吸引力和感召力，从而能成为个人魅力型人物；另一方面，领袖人物的追随者们也有拥戴和服从这种领袖人物的需要，这种心理需要使他们表现出对领袖人物的狂热崇拜和盲目服从。根据韦伯的考察，卡里斯玛型（即个人魅力型）统治最初是前理性时代的一种社会现象。

韦伯并不主张从某种政治立场或道德价值观出发，去评价个人魅力型人物所具有的那种特殊品质的善恶好坏，在他看来，关键在于这种特殊品质是否具有感召力，能不能赢得崇拜者和追随者。在韦伯眼里，任何在历史上起过重大作用，并在某种程度上影响历史发展进程的领袖，都是这种个人魅力型人物，如狩猎头领、战争英雄、杰出的政治家、宗教创始人等。韦伯在这里所关心的是这种人物实际形成的感召力，至于说他们给历史带来的到底是正面的还是负面的影响，从韦伯自己的研究立场出发去看则是无关紧要的。在这一点上正反映出韦伯社会学方法论中的价值中立的立场。

韦伯还指出，和传统型统治相比，个人魅力型统治是一种巨大的革命力量（纯粹的卡里斯玛型统治还是典型的反经济的力量，它通常以"召唤"、"使命"或"精神职责"为其存在形式，谴责以天赐禀赋取得优于他人的经济收入的做法）。因此，个人魅力型统治或权威往往伴随着社会革命运动的出现。这种权威的性质一般是打破传统、破坏现存的秩序。正是这种反对传统的、非同寻常的革命导致一种新的观念系统、行动取向直至社会结构的产生。作为个人魅力型权威的领袖人物往往具有强烈的使命感，而受到感召的群众则常常怀有对领袖狂热效忠的精神。这二者的结合，便促成了个人魅力型统治的出现。而领袖与下属行政人员的关系则是直接的，无须经过任何固定的机构和程序。其下属的行政职务不是一种职业，也没有按照正常途径的升迁，全凭领袖的直接指定。一般事务或个别事情均由领袖直接干预，行政人员既无固定职权范围，也无固定薪酬，所以卡里斯玛型或个人魅力型统治与法理型统治形成尖锐对立，是一种独断的人治。

韦伯又进一步分析了个人魅力型统治从出现、形成到转化、消亡的全过程。他指出这种统治类型具有暂时性的特点。当个人魅力型领袖人物在世时，一般尚能保持这种统治形式，但随着某一具体的领袖人物去世，这一统治形式中所潜在的内部矛盾便暴露出来，并日益激化。于是，为保证统治的相对稳定性，制定必要的规章制度、建立完善的组织形式便提到议事日程上来。个人魅力型统治也随之或转化为传统型统治，或转化为法理型统治，或转化为二者的某种混合物[76]。

3. 法理型统治。韦伯认为,法理型统治是建立在下列基础上的,即任何一项法律都是以目的合理性或价值合理性(或两者兼有之)为目标制定出来的,并努力加以贯彻,包括强迫使之得以实施。因此,法理型的统治类型所具有的主要特征是:(1)具有活力和自身规律性的管理系统,其中有着明确的责任权限;(2)实行职务等级制原则并对各级机关建立牢固的监督制度;(3)办事程序法规化、条例化,任何法律条文一经订出所有成员都应遵守;(4)实行不顾情面,照章办事的原则;(5)统治形式只是由于法律的认可才是有效的,统治者只是根据法律规定暂时拥有权力,服从者服从的是法律,而不是某个具体的个人[77]。

韦伯接着指出,这种法理型统治可以采取各种极不相同的形式,而科层制(或者说官僚制)则是其中最纯粹的形式。

三、科层制(官僚制)

科层制是法理型统治的一种特殊的表现形式,确切地说,是其中一种最典型、最纯粹的表现形式。对科层制的分析是韦伯整个关于统治类型研究的精华,对后来的影响也最大。所以有必要做一介绍。

韦伯首先对科层制管理机构的构成做了以下说明。他指出,管理班子在最纯粹的类型中是由这样一些官员组成的:(1)他们在人格上是自由的,并且仅仅服从、履行实际公务职责;(2)组成牢固的职务等级;(3)具有严格的职务权限;(4)根据合同,从而原则上是以自由选择为基础,并按照专业熟练程度进行职务聘任,严格说来,应当是通过考试来确定,并以文凭来鉴定其专业熟练程度;(5)具有以货币形式付给的固定薪金,多数人有退休保障金,薪金的多少按等级职位、责任大小以及"身份尊卑"的原则分档划开;(6)把自己的工作视为唯一的或主要的职业;(7)根据工龄长短、成绩大小或同时依据这两方面的条件,而不是根据上司的印象来决定一个人的晋升;(8)管理者并不因其所履行的职务而具有任何特权,他们也不应占有生产资料;(9)服从严格而统一的工作纪律和监督。

韦伯指出,纯粹科层制的、文牍式的管理,在精确性、稳固性、纪律性、严谨性和可信性上,以及在对一切对象的可计算性上,都可以达到技术上完善的程度。也就是说,科层制的管理按照客观标准来看,在功能方面是严格合理的,它作为客观的服务机构和管理机构,排除了一切人格化的因素,不带有任何个性化的色彩,而仅仅奉行法律程序和公务原则。在它的内部,既没有传统的人情世故，也没有个人良心问题的纷扰，既排除贪赃枉法的弊端，也不介入党派之争。总之，在韦伯看来，科层制是一种只追求技术效益，不受任何个性因素干扰的组织管理形式，简直就像一架由人组成但无人情味的、运转良好的机器，人只是这架机器上一个个性能良好的齿轮。技术统治和专家治理是科层制走向完善的表现。很显然，现代西方所实行的一整套行政机构和文官系统，最接近韦伯眼里的科层制的理想类型，科层制在这里所指的也正是 19 世纪以来英、美资本主义国家的组织和管理形式。

此后，韦伯还指出，在科层制内部，奉行的完全是形式合理的原则，即技术与效益的原则，严格排除任何技术以外的目的和价值。但这不是说，这种纯粹技术统治不为其他的某种利益和目的服务，实际上，高效率的行政管理总是服务于一定的利益和目的的。比如，议会及政党领袖对政府管理的影响就是这方面的例证。韦伯还认为某种社会精英人物（领袖人物）往往能够利用自己的个人魅力，获得民众心理上的感召效应。被民众推荐为首脑人物，从而影响国家政治。在这里，韦伯把现实有效的政体形式视为某种代议制。现实的统治似乎包含着科层制和个人魅力型统治（卡里斯玛型统治）两个方面的因素。

因此，按韦伯的看法，现代科学技术的发展，使人类社会正经历着一个理性化和官僚制化（科层制化）的过程。表现在社会中，人们普遍关注效益、效率、功能，在驱使人们做出行动的动机中，理想、信仰等意识形态因素的作用在逐渐淡化。这就是本节开始所介绍的韦伯的判断：现代西方世界的一个最基本和最明显的现实就是"形式的合理性和实质的非理性"，实际上就是"理性化导致了非理性的生活方式"。显然，科层制（官僚制）化把效益、效率、功能当作主要追求目标的结果意味着把"目的—工具理性"这一手段当作终极目的来追逐从而导致了价值理性的淡出（亦即实质非理性）。为了追求功能效率，经济、政治、宗教、文化、社会的各种组织都竞相仿效最有效的行政管理组织形式—科层制组织起来，这就是官僚制化（科层制化）[78]。"官僚制行政管理的优越性主要是基于技术知识的作用。由于现代技术和企业经营方法在物质财富生产中的发展壮大，技术知识已成为完全不可或缺。在这个方面，经济体制到底是在资本主义的抑或是在社会主义的基地上组织起来已无区别。实际上，如果社会主义的经济体制在技术效率上要达到与资本主义经济体制相类似的水平，专业官僚所起的作用更会重要"[79]。应该说，韦伯的这些见解至今还有现实意义。

这样，韦伯就在他的政治社会学研究中贯彻了关于"价值理性"和"目的—工具理性"的内在联系和演化逻辑的思想，将之作为政治社会学研究的分析视角和主要线索，并延伸至对现代社会的考察和分析，使他的政治社会学研究具有丰富的思想内涵。虽然韦伯在这一研究中也忽视了人的主观能动作用对理性化可能会有的影响,但这仍然无损韦伯作为政治社会学(包括组织社会学)领域开创者的地位。

第五节 宗教社会学

韦伯的全部宗教社会学主旨在于研究世界的几大宗教的教义的理性化程度和过程,他尤其关注的是基督教新教是怎样在漫长的发展过程中逐步减除巫术和迷信的成分而引发出一种普遍性的社会伦理,以及这种伦理又怎样影响了人们的经济行为,最终导致了现代资本主义在西欧的产生[80]。他比较了犹太教、基督教、儒教、道教、印度教和佛教教规教义的差别与东西方民族不同文化背景的关系,分析了体现在不同宗教背后的精神对人们生活态度的影响,认为正是这样的因素致使东西方民族走上不同的社会发展道路[81]。

在《经济与社会》的宗教社会学一章中,韦伯首先表明:"我们并不关心宗教的本质,我们把研究特定类型的社会行动的条件和后果当作我们的任务。"[82]这说明,韦伯一般不从神学和哲学立场上谈论宗教的本质、宗教信仰的真伪以及不同宗教之间的优劣问题,他仅从宗教社会学的角度把特定的宗教当作一种客观的社会现象,并从教徒的价值观念出发研究特定宗教的教会组织、教规、教义和宗教伦理,考察它与教徒日常生活行为之间的相互关系,从宗教这一特殊角度认识和研究社会。在他看来,一切宗教的核心问题是通过信仰使人的灵魂得到拯救的问题,从这个意义上,他把宗教视为一种救赎论(soteriology)[83]。

因此,与他的政治社会学研究一样,韦伯的宗教社会学研究也以理性化为主要线索,探讨的是价值理性和工具理性之间的张力和演化逻辑。

一、韦伯对神秘主义和禁欲主义两类宗教[84]的讨论

在宗教社会学[85]领域。韦伯的研究兴趣在于阶级社会的高级宗教。韦伯指出,在高级宗教中,起主要作用的不是早期宗教中的巫术因素和巫师,而是先知及其预言。所谓先知,韦伯是指那些能发布预言和戒律、从而为人们的社会行为提供规范(教义)的思想家。他们本身具有超凡的品格和魅力,因而能把自身的特殊地位合法化并吸引门徒追随其后;他们提出的预言和戒律能从不同的方面解释人与自然、人与人、人与超自然的神圣之间的关系,使信仰者从中找到自己行为和人生的意义。而像旧约中的摩西、亚伯拉罕、中国的孔子和老子,佛教的释迦牟尼都是不同宗教中的先知(在韦伯看来,这样的先知都是卡里斯玛

式的人物)。韦伯认为,先知的预言和戒律的实质是指出一种生活方式并将此作为神圣价值去追求。其作用"在于把生活方式系统化和理论化"[86]。当一个人接受先知的预言或戒律时,就意味着他接受了这一宗教的价值观和理想,以虔诚的态度按照宗教的伦理和教义安排自己的日常生活,使他自觉地认为在当下和未来他将会获得神的恩宠,从而导致了在内心确信自己在世界的每个行为都有意义[87]。

韦伯认为现代世界几支主要宗教的先知基本可分为两种类型,其一是伦理先知,另一种是楷模先知。"先知可以在最终意义上主要是发布上帝及其意志(无论是具体命令抑或是抽象规范)的工具。如果布道者是接受上帝的命令而要求人们当作伦理责任来服从的人,我们将把这种类型称为'伦理先知'。反之,先知,也可以是模范人物,他凭借他的个人榜样向他人显示出宗教救赎之路,例如佛陀。这种类型的先知不讲人们必须服从的神圣使命或伦理责任,而宣讲人们渴望得到救赎的自身利益,劝诫人们按照他本人的方式去寻找救赎。我们把这第二种类型称为'楷模先知'"[88]。

韦伯从比较研究的方法分析了两者的相同之处。无论伦理先知的预言(有时韦伯也称之为理性预言或使徒预言)抑或楷模先知的预言,都有打破原始宗教、民间宗教的神圣巫术传统的性质,因为根据先知预言而系统化了的教规、教义、宗教伦理已超越了日常性的个人经验,遂使宗教由初级的、囿于不同部族和狭窄地域的占卜、巫术、图腾崇拜等向着理智化、理性化的方向发展。所以先知都是来源于"卡里斯玛"的理性化角色。在这些方面,两种先知有其共性。这两种先知的行为方式"一旦发展为有条理的生活方式,成为禁欲主义或神秘主义的核心,它们就开始超出了巫术的前提,这时的巫术实践或是为了昭示卡里斯玛品质,或是为了遏止邪恶的魔力"[89]。

韦伯认为一切宗教都有拒斥尘世的倾向。他正是从这个角度将宗教看成是"救赎论"。它是指以死后的善福恶祸报应为生前行为标准的信仰。这里,韦伯实际上是从西方基督教观念出发,认为所有生命都不可避免会要死亡而进入死后的另一个世界,接受神对其一生的审判。在宗教观念里,尘世和神的世界是两个截然对立的世界。"'尘世'在宗教的意义里是各种社会关系的领域,因而是一个充满着各种诱惑的领域"[90]。为了在这充满诱惑的尘世中使人的灵魂得到拯救,就必须约束自己的行为达到救赎。换言之,为了达到救赎,就必须禁欲或自制。"基于宗教公设之上的经验实在与尘世是具有意义的总体性概念之间的冲突,在人的内心生活及其与世界的外部关系上造成了极大的紧张"[91]。在韦伯的思想中,这就是一切宗教的本质,也是宗教最终无法消除的根本原因。

韦伯经过考察认为,宗教徒为了达到救赎不外用两种方式,一种是入世方式(禁欲主义)另一种是出世方式(神秘主义)。前者以介入世界的态度,借助日常生活的实际行动做到禁欲而达到救赎;后者是以逃避世界的态度通过冥想默祷进入"拥有"状态(a state of possession,指着魔入迷的附体状态)达到救赎。禁欲是一种依照神的意志所指引的方向而实行的现世行动,它以人神对立为特征,人首先要把自己视为神的工具,通过禁欲而救赎;拥有则是通过学习、修行后才能进入的一种神秘状态,它是以人神合一为基础的,在拥有状态中,人是神的载体,通过这种神秘的合一而达到救赎[92]。

若以韦伯的两种先知类型和两种救赎方式组合成一个矩阵,就得出了韦伯所说的四种宗教类型:

宗教类型[93]

	伦理先知	楷模先知
入世方式	入世禁欲主义	入世神秘主义
出世方式	出世禁欲主义	出世神秘主义

韦伯认为,从宗教理论体系这一根本点上看,西方宗教本质上是与伦理先知预言相联系的,因而总体上属于禁欲主义宗教;东方宗教本质上是与楷模先知预言相结合,总体上属于神秘主义宗教。具体来说,韦伯根据几大宗教的特点,将新教归为入世禁欲主义(它的特点是把在尘世的劳动看作是人的天职,努力而勤勉的工作被视为赎罪和获救的手段,甚至被看作是荣耀上帝的行为),天主教归为出世禁欲主义(它的特点是完全拒绝外部尘世,抗拒任何世俗的诱惑,把一切世俗生活都看作是不具有道德意义上善的性质),儒教归为入世神秘主义(它的特点是遵从某种圣统,即信奉千年不变的传统权威,要求顺应世俗,但带有悲观论和宿命论的色彩)[94],佛教归为出世神秘主义(它的特点是弃世厌俗,沉于冥想)。这样的"理想类型"的分类显然为韦伯对这几大宗教的比较研究创造了条件。而韦伯的比较研究又服从于他的宗教社会学研究的目的:整个西方世界合理化进程是怎样产生的?它为什么仅仅出现于西方世界[95]?

二、《新教伦理与资本主义精神》

《新教伦理与资本主义精神》是韦伯著述中影响最为广泛的一部。在这本书中,韦伯主要论述了两个问题:资本主义的起源及其本质;宗教伦理与经济行为的关系[96]。该书的开始部分,讨论的是宗教派别和社会阶级。韦伯运用在19世纪末20世纪初搜集到的一些资料,发现近代企业的资本所有者,经营领导者以及高级的熟练劳工,尤其是受了高深技术与商业训练的专门人员,多半是基督新教的教徒。在当时许多欧洲国家的职业统计数据中,韦伯发现了上述事实。于是韦伯以这个事实为出发点开始探讨。他认为:宗教派别似乎和经济的,尤其是和资本主义发展的趋势有某种关联。在此基础上,韦伯将焦点放在不同的宗教派别是否会在心理上、精神上产生不同的作用,探讨的是这些作用与宗教的教义的关系。此处,韦伯又将自己的关注点集中于对资本主义精神的讨论。而所谓的资本主义精神在这里是理想类型,目的是便于人们了解和认识资本主义精神这样的现象。

  韦伯强调,实现确定一个概念这样的目标应在研究的终结之时(比如说,对资本主义精神究竟是什么这样的问题)。他提出一些例子让我们思考。在这里,韦伯引用富兰克林所说的一些警句来作为例证,比如像"时间就是金钱"。假如一个人一天的劳动能挣 10 个先令,那么他出游或者呆坐半天时即使这样的游荡或闲散只花掉 5 先令,但仍不能说这即是他花费的全部,因为实际上他还抛弃了可以用这出游或闲散时间挣到的 5 先令,这就是一种机会成本的概念。再如"信用即金钱",假如有人将钱存在我这里,到期不加收回,则等于将这笔钱在过期后所可能滋生的利息或可能被利用来赚取的利益放弃。由此可知,若能善加利用信用这一概念,可以累积一笔相当的财富。富兰克林又说:"金钱具有滋生的性质"。金钱能产生金钱,其孳息能产生更多孳息……富兰克林提出的这些警句,听起来似乎十分功利,在实际生活中也能找到很多例证。但韦伯认为像富兰克林的这些警句之类的说教,其实含有很浓的伦理的味道,而并不只是如同其表面所显示的,像生财之道之类的、实用的、简单的道理,这后面所真正触及的是一套具有伦理的金钱观。它所标榜的是"诚实—信用—不浪费—有成就"这一种过程,而这种成就是上帝所赐的恩典。这些警句给人的训示不仅是生意往来上的谨慎机敏,而更是具有伦理气味的一种作风。韦伯之所以对这样的警句感兴趣,其道理就在这里[97]。

  韦伯认为所谓资本主义精神最重要的是在强调透过一种诚实、有信用的方式去赚得财富,不但不是罪恶,而且是一种美德。这种美德是怎么得来的呢?又为何具有宗教上的意义呢?他认为这与富兰克林当时的整个生活背景和清教徒的生活观念有密切的关系。顺着韦伯的脉络探讨下去,就可以发现所谓这一套赚钱的伦理并不是不择手段,也不是无止境的贪婪,亦不是一种名利欲,而是教导人们如何透过仔细的、合理的计算去获取经济上的利益以达到成功。这种获得经济上成功的步骤，韦伯认为与宗教有非常大的关系。在德国，马丁·路德的宗教改革之后，西方世界渐渐发展出一套"赚钱是美德"的观念。而且这套观念似乎对西方所谓资本主义的发展有着一种相辅相成的作用。直到现在，我们还可以看到西方透过合理性为基础所发展出来的管理方式和与此方式相配的观念对有效率的投资（能赚取利润并将利润继续用于投资）的作用。

韦伯自己的看法是，所谓的新教伦理与加尔文教派有着特殊的关系。原因是加尔文教派在宗教改革中曾提出了"预定论"。这种预定论认为，任何人的得救与否，是上帝在他们的出生之前就选择并决定了的，上帝的选民是由上帝派到这个世界上来的，他们在这个世界上所做的劳绩都是上帝用来荣耀其自身的。因而预定论的内涵是，任何人都无法去影响上帝的决定，而上帝早就以其意志决定了谁是他的选民。由于上帝的意志无法探知，故无法确定谁是上帝的选民。而这个世界上只有选民才能得救（在当时的西方社会，能否得救是最基本的、大家最关心的问题）。在预定论的理论中，人们无法确定其自身是否能够得救，也无法影响上帝，别人甚至机构（如教会）也不能帮助你，因为他们也不能影响上帝。这样，加尔文教派就破除了任何个人可能去影响上帝的手段。所以在他们的教堂里，我们很难看到所谓的圣徒像，或是一些类似领圣餐的仪式，其原因就是，按他们的教义，这样的仪式对最终的救赎是没有用的。既然人们无法透过贿赂收买去改变自己的命运，那么就只剩下一条出路，就是世俗的成功为上帝所喜欢。在世俗的世界中越成功，金钱的积累越多，虽然这并不能表示一定是上帝的选民，但是可以心存感谢，认为正是因为有这么多的属于上帝荣耀的美德，所以上帝才给你这些恩赐，然后你必须再把这些原本属于上帝的完全奉献给上帝，而自己过的是禁欲苦行的生活。如果你越是这么做，信得越诚，就表示你越是上帝的选民。当时曾经流传这样一句话：凡是被拣选的都信了。而人们无法确定谁是被拣选的，但假如信得诚的话，就可以宣称自己是被拣选的，因为若不是选民的话就不可能信得那么诚。而且若是生活完全依照宗教的要求，把世俗的成功完全归之于上帝，这些世俗的成就就可以让人在心理上用来肯定自己是上帝选民，这是将来可以得救的唯一可知的，可以得到证明的一些证据。

韦伯利用很多历史的文献不断地说明，这样的预定论虽然看起来很不合理，但是它的极端性表现在很多人就是这样的相信它，就是这样的生活，就是这样的禁欲苦行，然后使得整个俗世的成功不再成为与宗教对立的东西。在这种宗教上的预定论的心理机制的影响之下，只要每一代都能继续这样的信仰，那么上一代世俗的成功并不意味着下一代一定会挥霍掉,下一代还会禁欲苦行,还会像上一代一样的积累财富,因为还是得证明自己的信仰,还是得兢兢业业地追求俗世的成功以免丧失上帝的恩宠。因为根据预定论的解释,恩宠一旦丧失是不可能再弥补的。而财富就是这么积累起来的。西方之所以能有今天,在韦伯看来,是因为在宗教改革之后加尔文派教徒一直在俗世中刻苦地工作,而他们累积的金钱又没有被随意挥霍,而是被用来不断拓展他们的事业的结果,而这又被用来证明他们是上帝的选民。按照韦伯的观点,这样的心理机制经过几代人的传承,真的是与这种创造财富以及促进各行各业发展的资本主义精神相亲和,或者说是导致了这样的资本主义精神的形成的[98]。

  在说明这种资本主义精神时,韦伯还将它与那种传统主义的生活态度进行比较[99]。韦伯指出,资本主义精神与传统主义的生活态度恰恰相对立。资本主义不断发展的过程其实就是传统主义不断被克服的过程。而克服传统主义的关键即是使劳动本身成为目的,成为人的一种愿望,成为一种伦理责任,甚至把劳动视为一种"天职"。韦伯指出,在德语 beruf(职业,天职)或者在英语 calling(职业,神召)中,至少含有一个宗教的概念:上帝安排的任务[100]。Beruf 这个词在《圣经》中有两层意思,第一层是蒙召的意思,指一种来自神圣的救赎(德语中的 ruf 本来就有召唤的意思,所以英文本《圣经》取其意译成 calling),第二层意思是指一种世俗的职业或某种身份,特别是某个人"命定"的或由上帝指定的身份。个人应该安于自己的身份,做好属于自己本分的工作,以显上帝的荣耀。在路德的译法中,这两层意思结合起来,变成上帝召唤某个人去从事世俗的工作,获取一种安定的职业,并且坚守岗位,才会为上帝所喜(这就是天职)[101]。韦伯认为,"天职"体现的不是原来《圣经》中的意思,而是宗教改革领袖马丁·路德的思想。这一思想成了整个新教的核心内容[102]。这样,就把个人在尘世的劳作和劳绩赋予了一种宗教的意义,从而在宗教和世俗生活之间架起了一座桥,使世俗生活神圣化了。显然,也只有在这时候,新教伦理才会对社会生活产生广泛的影响。而这也正是韦伯想强调的。

  施路赫特(Schluchter)在《理性化与官僚化》一书中曾认为,可以从五个方面来深入探讨加尔文教派和资本主义之间的关系。第一,加尔文教派把俗世中的劳动看作是一种义务,一改过去传统天主教神学对世俗的鄙视。在加尔文教派的诠释中,神圣与世俗之间的界限似乎是被泯灭了,每一俗人都被要求去服从宗教的戒律及其生活的规约。因此,虽然宗教改革后僧侣原本具有的很多特权都被剥夺了,但是正如马克思所说,宗教改革是很大的力量,它把僧侣变成俗人,而把俗人变成僧侣[103]。这使得每一个人的生活都直接受到宗教的控制。

第二,加尔文教派的教义强调以现世中的成就来荣耀上帝,这就使赚取财富不再是一种罪恶,而在良心上反而有一种荣誉感。而这种良心上的荣誉感就可以使西方人在赚取金钱的过程中仍旧恪守宗教上的规定。这不是一种世俗的荣誉,而是在宗教上还可以理直气壮地说那是选民的表征。但是选民的条件并不是具有金钱财富就足够了,重要的还必须是一个虔诚的教徒,所以生活还是必须完全地符合作为一个教徒的标准。第三,加尔文教派的教义反对一切奢侈逸乐,因此金钱就不断转化为投资,因为赚钱或是花钱并不是目的,宗教上的得救才是唯一的目标。第四,加尔文教派的教义摒除了一切神秘或冥想的宗教仪式,主张人类完全不能影响上帝的意志,由此驱除了一切非合理的巫术和迷信,也打破了现世中凭借任何侥幸来祈福的幻想。它把任何仪式当成是试图去操弄上帝意志的一种行为因而主张取消一切仪式,按韦伯的话来说,这就叫除魅(disenchantment)。韦伯认为所谓的理性化有两个标准,一个是破除巫术的程度,另一个则是系统化的程度(也就是对自己生活的世界是否有一套完整的世界观的意思)。从韦伯的观点看,在加尔文教派的教义和实践中,宗教的理性化至少在逻辑上形成了一个高潮,因为它不但是一套相当完整地解释世界的宗教教义系统,而且它破除了对任何对巫术的依靠以及任何心存侥幸去祈福的方式。这使西方在解除魔咒(除魅)方面跨出了一大步。第五,加尔文教派所主张的选民观念割断了人际关系中传统的联系。由每个单独的个人根据基督所言邻人爱的教义所组织起来的团体,因此有了为事不为人的性格。选民的观念破坏了人际关系中血缘的成分或传统的联系。并且,因为这种团体这样的特性,也间接地促成了社会组织或是企业组织中的合理性格。这几点配合起来,西方现代社会的"理性"特征也就被塑造出来了[104]。

　　至此,韦伯阐明了新教中加尔文教派的理性化程度和理性化过程,因而也就回答了为何加尔文教派的伦理和资本主义精神之间存在很强的亲和力这个问题。也可以这样说:在作为新教重要教派的加尔文教的教义内容和宗教实践中,包含了促进资本主义精神发展的因素,客观上推动了资本主义及整个西方文明的发展过程,并初步建立起宗教观念与一定的经济伦理、社会结构之间的相关性[105]。当然这也是韦伯以理性化为分析视角考察西方社会中的宗教及其演进过程的一个结果。此后,韦伯在考察世界各大宗教与经济伦理之间相互关系的时候也是运用了同样的视角来做比较研究[106]。总之,韦伯在宗教社会学领域所做出的贡献是巨大和意义深远的,他的理性化的分析视角和分析脉络使他的研究可以有足够的穿透力,尤其是在对西方宗教的研究方面。但是他对东方宗教的研究也受到了他的理性化视角的局限,这是因为东方文化(比如说中国传统文化)毕竟与基于基督教的文化有着质的差别。而使用理性化这样的一以贯之的分析视角就容易导致对这种差别的忽略和漠视,从而导致结论的偏颇,这是我们在阅读韦伯的宗教社会学著述时必须注意的[107]。

第六节 结 语

韦伯以自己广博的学识和深邃的思想,通过自己在社会学领域视野开阔、富有洞察力和预见性的研究,为后人留下了一笔宝贵的财富。由于他在社会学理论、社会学方法和社会学研究对象的规定方面所做出的开创性的贡献,把他称为社会学学科的奠基人是理所当然的。

苏国勋指出:马克斯·韦伯的主要思想观点和世界观是在19世纪后期形成的,他所致力研究的文化社会学的一般哲学前提和基础也正是在这样一种思想背景和气氛中奠定的。作为一名新康德主义的社会学家和经济学家,他以极深刻的形式汲取了19世纪理性主义的传统,同时也体验到了19世纪末理性主义危机的新精神思潮。韦伯关于资本主义社会现实是形式的合理性和实质的非合理性的结论在哲学上就意味着实际上人们在任何时候都观察不到世界是合理性的,人们认识世界时只是借助一种特殊的思维手段——理想类型,把合理性的模式加到现实上,才把世界解释成合理性的。但是现实本身是一个自在之物,是理性不能达到的彼岸世界。自在之物永远是理性无法组织的纷乱而零散的实在,人们借助于理性的理想类型把杂乱无章的零碎现实加以整理,现实才被说成是合理性的。因此,在认识和解释现实的过程中,随着理性成分的不断增长,非理性的因素也愈来愈明显地表露出来。韦伯的全部思想贯穿着这样一种合理性和非合理的相互关系,人可以成功地把由理想类型整理过的、经过系统化的各种事物或关系理性化,他可以控制这些事物和关系并确定它起作用的范围,但是在这些狭窄的和人为的领域之外,生活和世界仍然是非理性的。在韦伯的内心深处永不安宁的正是这两种对立思想的冲突:一方面作为一个理性主义者,他坚信不能消除最高的和最根本性的理性(真理性)原则;另一方面作为自由主义者,他目睹了两个世纪之交由于资本主义的残酷压榨和疯狂掠夺所酿成的人类相互残杀的战争,清醒地意识到,由于追逐理性化,人类历史正在产生着严重威胁自由主义根基的过程。作为一名富有人文文化修养的自由派知识分子,他痛苦地感受到他已不能为自己的任何一种理想找到真正的科学根据,同时由于阶级地位的局限,他又排除了用某种更先进的方式论证自己理想的可能性。简言之,韦伯以其精神面貌把西欧理性主义基础本身的危机人格化了。只有在这种危机的背景下,才能认识韦伯其人,特别是当涉及韦伯社会学理论的哲学基础时,离开了这一特定的思想背景,就不可能真正地把握其内在深刻的思想矛盾[108]。

因此,韦伯留下的这笔文化遗产又是复杂的和难以一览无余的。按顾忠华的说法,若非帕森斯和本迪克斯在美国继承并发扬了韦伯的学术思想,韦伯的生平和著作也有可能像很多19世纪的学者一样,随着时间推移而逐渐被人淡忘[109]。当然,这种情况的发生也不应排除韦伯个性方面的因素。他的渊博的学识、宽阔的视野、敏锐的洞察以及对学术的"真"的坚持和追求,固然达致了他在生前和死后的学术成就(的显现),但是,也因他的个性中的严刻、不通融而变成了曲高和寡的局面。这使他既在生前没有创立自己学派的可能,也使他去世后有很长的时间无学术的影响可言[110]。这与第二次世界大战之后在欧美学界出现的韦伯热恰成对比。

还应该指出的是,如前所述,韦伯建构他理论的特点是在任何情况下都保持完全独立的学术立场,拒绝屈从任何思想路线。当然,这并不意味着他在建构自己理论时拒绝吸取前人和同时代学者思想中有益的养分。只不过这样的吸取是有保留的吸取,是在批判和审视他人思想的前提下的吸取。正是因为他有这种以自己的渊博学识为基础的理论上的深邃洞察,所以他才会在构建自己的理论时尽量避免他所认为的前人理论那种片面和粗率,而去追求一种无偏和完美的理论风格,这样的风格在他的社会学方法论中体现最为明显。然而,完美和无偏也是一把双刃剑,它的另一面则势必损害理论的锋利(即对社会现象准确的和一语中的式的解释),这也是我们在韦伯的理论中已经看到了的。其次,在韦伯对中国的研究中,他的西方中心主义的立场也使他的研究结论有臆测和武断之嫌。

但是,正如科瑟所言,韦伯以永不停息的斗争为代价获得了清澈透明的认识。很少有人达到他这样的深度。他介入许多事务,从斗争中脱身时常常身上带伤,有时甚至被打垮,但是他带来的是对人和社会的深刻了解,这对下几代的学者和政治家来说是一份宝贵的财富。他对社会行动中的磨难、悲剧以及偶尔的成功的超脱式的关注,使他成为社会分析的科学的、艺术的大师,而且至今无人能及[111]。

注　释

[1]　刘易斯·科瑟:《社会学思想名家》,石人译,中国社会科学出版社1990年版,第267页。

〔2〕 参见顾忠华:《韦伯学说新探》,台北唐山出版社1992年版,第52页。
〔3〕 参见刘易斯·科瑟:《社会学思想名家》,石人译,第256页。
〔4〕 参见莱因哈特·本迪克斯:《马克斯·韦伯思想肖像》,刘北成等译,上海人民出版社2002年版,第1页。
〔5〕 参见刘易斯·科瑟:《社会学思想名家》,石人译,第269页。
〔6〕 根据刘易斯·科瑟在《社会学思想名家》一书中的叙述和分析,韦伯这次精神衰退的直接起因是他与父亲的一次激烈争吵,这次争吵之后一个月,他父亲死了。但科瑟认为,韦伯在认同方面的困难,他内心中存在的与父亲、母亲、姨妈、姨父等人价值观的冲突,可以部分地解释这次精神衰退,其他的紧张和内疚源于他与一个精神不健全的表妹订婚与解除婚约,又与另一个表妹结婚以及他长期的过度工作,他与新婚妻子在性生活方面的失调。
〔7〕 参见刘易斯·科瑟:《社会学思想名家》,石人译,第262页。
〔8〕 参见莱因哈特·本迪克斯:《马克斯·韦伯思想肖像》,刘北成等译,第3页。
〔9〕 参见帕森斯:《社会行动的结构》,译林出版社2003年版,第529页。
〔10〕 转引自刘易斯·科瑟:《社会学思想名家》,石人译,第273页。
〔11〕 同上书,第274页。
〔12〕 科瑟原注:该定义是我从雷蒙德·阿伦的《论马克斯·韦伯》一文中摘引出来的,该文收在他的《社会学主要思潮》第2卷(纽约,Basic Books,1967年版,第181页)。这部分不仅大大得益于这一卷,而且得益于阿伦早期那本著作即《德国社会学》(纽约,自由出版社1964年版)。对我来说,塔尔科特·帕森斯对马克斯·韦伯的阐析同样是必不可少的。尤其要参看他的《社会行动的结构》(纽约,自由出版社1949年版)和他在《社会和经济组织的理论》(纽约,自由出版社1947年版)对马克斯·韦伯所作的介绍那部分。朱利恩·弗洛伊德的《马克斯·韦伯的社会学》(纽约,Pantheon,1968年版),莱赫德·本尼迪克特的《马克斯·韦伯,一个知识分子肖像》(加登城,N. Y., Doubreday,1960年,该书名又译为《马克斯·韦伯思想肖像》——笔者)以及汉斯·歌德和C.赖特·米尔斯给他们编的《马克斯·韦伯:社会学论文集》(纽约,牛津大学出版社1946年版)写的《序》都对我有帮助。参见刘易斯·科瑟:《社会学思想名家》,石人译,第240页。
〔13〕 参见苏国勋:《理性化及其限制——韦伯思想引论》,上海人民出版社1988年版,第257页。
〔14〕 马克斯·韦伯:《社会学的基本概念》,纽约,The Citadel Press,1964年版,第29页。
〔15〕 参见刘易斯·科瑟:《社会学思想名家》,石人译,第242页。
〔16〕 同上。
〔17〕 参见贾春增主编:《外国社会学史》,中国人民大学出版社2000年版,第104页。"概率性"在这里的意思是指某种原因有多大的可能性导致某种结果的发生——笔者注。

第四章 马克斯·韦伯

〔18〕 参见刘易斯·科瑟:《社会学思想名家》,石人译,第 245 页;参见贾春增主编:《外国社会学史》,中国人民大学出版社 2000 年版,第 104 页。

〔19〕 西南学派是新康德学派中两个支派(马堡学派和西南学派)之一,主要以海德堡、弗赖堡等德国地理上的西南部为活动范围,其代表者之一就是海因里希·李凯尔特。参见顾忠华:《韦伯学说新探》,第 191 页。

〔20〕 在后文中我们会提到,这样的结合来自韦伯对"理解"和"解释"所做的解释。

〔21〕 马克斯·韦伯:《经济和社会》,林荣远译,商务印书馆 1997 年版,第 40 页;参见贾春增主编:《外国社会学史》,第 106 页。

〔22〕 参见马克斯·韦伯:《经济和社会》,林荣远译,商务印书馆 1997 年版,第 40 页。

〔23〕 贾春增主编:《外国社会学史》,第 106 页。

〔24〕 同上。

〔25〕 参见马克斯·韦伯:《经济和社会》,林荣远译,商务印书馆 1997 年版,第 54 页。

〔26〕 同上。

〔27〕 参见马克斯·韦伯:《经济和社会》,林荣远译,第 56、57 页。

〔28〕 同上书,第 57 页。

〔29〕 参见马克斯·韦伯:《经济和社会》,林荣远译,第 50 页与第 51 页;贾春增主编:《外国社会学史》,第 107 页。

〔30〕 参见苏国勋主编:《当代西方著名哲学家评传(第 10 卷)》,山东人民出版社 1996 年版,第 9 页。

〔31〕 关于方法论上的个人主义,可以参考卡尔·波普的观点。波普和哈耶克类似,主张社会科学归根结底是以个人为研究对象的:"社会理论的任务是要仔细地用描述性的或唯名论的词语建立和分析社会学模式(model),这就是说,依据每个人以及他们的态度、期望、关系等情况来建立和分析社会学模式——这个设定可以称之为方法论的个体主义。"(参见卡尔·波普:《历史决定论的贫困》,杜汝楫、邱仁宗译,华夏出版社 1987 年版,第 108 页)。卡尔·波普也将这样的方法论的个体主义称之为"方法论的唯名论"。按波普的想法,这样的"方法论的唯名论"并不想发现事物的真正本质是什么,也不想定义什么是真正的本质,而只是描述在不同环境下事物是如何运作的以及这一运作是否有什么规律。换言之,"方法论的唯名论"是从我们对经验事物或事件的描述中,从我们对这些事件的说明(亦即借助普遍法则来描述这些事件)中,寻找科学的目标。并且,在我们的语言中,特别是那些使语言具有正确的语句结构与推论的规则中,寻找科学描述的重要工具,文字只被当作是达到这一目标的工具,而不是本质的名称。参见卡尔·波普:《开放社会及其敌人》上册,庄文瑞、李英明译,桂冠图书公司 1984 年版,第 58—59 页。

〔32〕 参见马克斯·韦伯:《经济与社会》,林荣远译,第 52 页。

〔33〕 席尔斯、弗希:《马克斯·韦伯论社会科学研究方法》,第 90 页。

〔34〕 参见刘易斯·科瑟:《社会学思想名家》,石人译,第 246 页。

〔35〕 参见马克斯·韦伯:《经济与社会》,林荣远译,第 53 页。

〔36〕 参见刘易斯·科瑟:《社会学思想名家》,石人译,第 246 页。

〔37〕 转引自刘易斯·科瑟:《社会学思想名家》,石人译,第 247 页。

〔38〕 参见席尔斯和弗希:《马克斯·韦伯论社会科学研究方法》,第 24 页。

〔39〕 参见雷蒙·阿隆:《社会学主要思潮》,第 249 页。

〔40〕 转引自苏国勋:《理性化及其限制——韦伯思想引论》,第 264 页。

〔41〕 马克斯·韦伯:《社会科学方法论》,第 173—174 页。

〔42〕 参见苏国勋:《理性化及其限制——韦伯思想引论》,第 267 页。

〔43〕 如果读者想进一步了解韦伯这方面的观点,可参阅苏国勋:《理性化及其限制——韦伯思想引论》,第 265 页与第 266 页。

〔44〕 参见顾忠华:《韦伯学说新探》,第 65 页与第 88 页。

〔45〕 参见马克斯·韦伯:《儒教与道教》,王容芬译,商务印书馆 1995 年版,第 32 页。

〔46〕 参见苏国勋主编:《当代西方著名哲学家评传(第 10 卷)》,第 69 页。这里使用"目的合理性"和"价值合理性"与本章的标题中的"目的理性"和"价值理性"的不同是一个翻译的问题,英文是同样的(purposive rationality, value rationality)。

〔47〕 参见苏国勋主编:《当代西方著名哲学家评传(第 10 卷)》,第 74—75 页。而顾忠华在《韦伯学说新探》中则指出,"目的理性"可以与"工具理性"等同使用是因为这表示行动者的考虑纯粹以效果最大化为唯一原则。"目的理性"或"工具理性"式的行动建立在对于目的—手段关系的合理评估之上,尤其在经济的劳动生产方面,这种理性表现的力量特别显而易见。在这个意义上,它与第二节社会行动的分类对目标合理的行动所下的定义相一致。

〔48〕 参见苏国勋主编:《当代西方著名哲学家评传(第 10 卷)》,第 75 页。

〔49〕 参见苏国勋:《理性化及其限制——韦伯思想引论》,第 89—90 页。

〔50〕 这一段和上一段的内容均来自苏国勋主编:《当代西方著名哲学家评传(第 10 卷)》,第 76—77 页。但是这里要说明的是,像苏国勋先生在这里所言的这样的发生学意义方面的讨论,仍是一个有争议的问题。对于新教伦理与资本主义精神两者之间是否存在因果关系的问题,由于韦伯自己始终没有给出一个非常明确与肯定的回答而始终回旋于弗兰克·帕金所言的强论点和弱论点之间,因而也引起了后人的争议,尽管大多数人倾向于认为韦伯其实还是肯定了两者之间的因果联系。关于此点可参阅《马克斯·韦伯》,弗兰克·帕金著,刘东、谢维和译,四川人民出版社 1987 年版,第 49—52 页。

〔51〕 参见苏国勋主编:《当代西方著名哲学家评传(第 10 卷)》,第 77—78 页。

〔52〕 同上书,第 78 页。应该说,苏国勋先生关于韦伯对目的合理性和价值合理性之间的关系的介绍和阐述是精当的,这里限于篇幅无法一一展开,读者有兴趣可以自己阅读苏先生在《当代西方著名哲学家评传(第 10 卷)》对这一部分的介绍。

〔53〕 转引自苏国勋:《理性化及其限制——韦伯思想引论》,第 74 页。

〔54〕 参见苏国勋:《理性化及其限制——韦伯思想引论》,第74—76页。

〔55〕 同上书,第79—80页。

〔56〕 参见顾忠华:《韦伯学说新探》,第94—95页。

〔57〕 同上书,第95页。

〔58〕 同上书,第96页。

〔59〕 顾忠华原注:韦伯原文用的是"坚硬的硬壳",来比喻财富对清教徒本应像轻薄的外衣般,随时可以脱下丢弃,后来却硬化如蜗牛之外壳,终身必须背负。此句话由T. Parsons译为iron cage后广为流传,无视于韦伯的比喻因此受到扭曲。参见顾忠华:《韦伯学说新探》,第97页。

〔60〕 参见苏国勋:《理性化及其限制——韦伯思想引论》,第240—241页。

〔61〕 参见顾忠华:《韦伯学说新探》,第104页。

〔62〕 引自贾春增主编:《外国社会学史》,中国人民大学出版社2000年版,第113页。应该指出的是对于这些概念的定义的译法有着差异,这里选用的是编者认为最接近韦伯本意的译法。

〔63〕 参见贾春增主编:《外国社会学史》,第113页。

〔64〕 转引自苏国勋:《理性化及其限制——韦伯思想引论》,第189页。

〔65〕 同上书,第189—190页。

〔66〕 同上书,第189页。

〔67〕 同上书,第190页。

〔68〕 同上。

〔69〕 同上书,第191页。

〔70〕 同上。

〔71〕 同上。

〔72〕 参见顾忠华:《韦伯学说新探》,第217—218页。

〔73〕 参见苏国勋:《理性化及其限制——韦伯思想引论》,第191页。

〔74〕 参见贾春增主编:《外国社会学史》,第114页。

〔75〕 同上书,第115页。

〔76〕 以上两段引自贾春增主编:《外国社会学史》,第115—116页。

〔77〕 同上书,第116页。

〔78〕 参见苏国勋:《理性化及其限制——韦伯思想引论》,第241页。

〔79〕 同上。

〔80〕 按朱晓权的说法,韦伯关于宗教社会学的研究试图回答的是这样的问题:整个西方合理化进程是怎样产生的?它为什么仅仅出现于西方世界?它最初受着何种力量的推动?参见贾春增主编:《外国社会学史》,第119页。

〔81〕 参见苏国勋:《理性化及其限制——韦伯思想引论》,第59页。

〔82〕 同上。

〔83〕 同上书,第 63 页。

〔84〕 关于宗教,恩格斯的看法是,宗教是现实世界的反映,"……一切宗教都不过是支配着人们日常生活的外部力量在人们头脑中幻想的反映,在这种反映中,人间的力量采取了超人间的力量的形式。"(《马克思恩格斯选集》第 3 卷,第 354 页)台湾学者顾忠华根据他的理解,认为宗教是人类社会创造出来的一套意义系统,在这套意义系统中,人们或许是根据流传下来的神话,或许是社会中大家共同遵守的一些仪式,或是(根据)宗教的行为规约,(形成共同的价值观念和行为规范。)实际上,这套意义系统是人们用来解释他们在其所生存的世界中所处的地位,以及用来定义其与超自然领域的关系。参见顾忠华:《韦伯学说新探》,第 243 页。

〔85〕 苏国勋认为,宗教社会学是从宗教社团、教规、教义、宗教伦理等方面研究宗教的社会地位和功能,它与其他社会因素的相互作用和相互关系,以及作为一个特定社会系统本身发挥功能和发展的规律性这样的社会学分支学科。参见苏国勋:《理性化及其限制——韦伯思想引论》,第 56 页。

〔86〕 参见韦伯《社会学文选》,第 327 页。而顾忠华的看法则在于,当将宗教当作一种行为规约的系统时,宗教社会学要研究的是这些要求促成了何种动机?造成了什么样的社会后果?参见顾忠华:《韦伯学说新探》,第 245 页。

〔87〕 参见苏国勋:《理性化及其限制——韦伯思想引论》,第 61 页。

〔88〕 同上书,第 63 页。

〔89〕 同上。关于两种先知之间的差异请参阅《理性化及其限制——韦伯思想引论》第 64 页,这里限于篇幅不再展开。

〔90〕 转引自苏国勋:《理性化及其限制——韦伯思想引论》,第 65 页。

〔91〕 同上。

〔92〕 同上。

〔93〕 同上书,第 66 页。

〔94〕 关于韦伯的中国宗教研究之缺陷,可参见苏国勋:《理性化及其限制——韦伯思想引论》,第 70—71 页。我个人认为,韦伯的中国宗教研究出现这样的问题在很大程度上要归于他的西方中心主义的研究立场和"平均人"(即将一个社会中的人看作是基本均质的)的预设——笔者。

〔95〕 这里对四类宗教的特点的介绍请参阅贾春增主编:《外国社会学史》,第 120 页。

〔96〕 参见苏国勋:《理性化及其限制——韦伯思想引论》,第 106 页。

〔97〕 参见顾忠华:《韦伯学说新探》,第 249—250 页。

〔98〕 以上三段参见顾忠华:《韦伯学说新探》,第 250—252 页。

〔99〕 参见韦伯:《新教伦理与资本主义精神》第二章,于晓、陈维纲等译,三联书店 1987 年版。

〔100〕 参见韦伯:《新教伦理与资本主义精神》,于晓、陈维纲等译,第 58 页。

〔101〕 参见顾忠华:《韦伯的〈新教伦理与资本主义精神〉导读》,台湾书店 1997 年版,第 64 页。

〔102〕 参见贾春增主编:《外国社会学史》,中国人民大学出版社 2000 年版,第 122 页。

〔103〕 转引自顾忠华:《韦伯学说新探》,第 255 页。

〔104〕 同上书,第 254—257 页。

〔105〕 参见贾春增主编:《外国社会学史》,第 123 页。

〔106〕 韦伯对宗教社会学的研究还应包括其对世界其他宗教的研究(比如像佛教以及中国的儒教和道教),这里囿于篇幅,无法展开介绍,读者有兴趣可以阅读韦伯关于这方面研究的其他论著如《儒教与道教》《印度宗教》《宗教社会学》等。

〔107〕 请参阅注〔94〕。

〔108〕 参见苏国勋:《理性化及其限制——韦伯思想引论》,第 326—327 页。

〔109〕 参见顾忠华:《韦伯学说新探》,第 81 页。

〔110〕 同上。

〔111〕 参见刘易斯·科瑟:《社会学思想名家》,石人译,第 284 页。

主要参考文献

韦伯著作

韦伯:《新教伦理与资本主义精神》,于晓、陈维纲等译,三联书店 1987 年版。

韦伯:《社会科学方法论》,朱红文等译,中国人民大学出版社 1992 年版。

韦伯:《宗教社会学》,康乐·简惠美译,台北远流出版事业股份有限公司 1993 年版。

韦伯:《经济与社会》,林荣远译,商务印书馆 1997 年版。

韦伯:《儒教与道教》,王容芬译,商务印书馆 1997 年版。

韦伯:《经济、诸社会领域及权力》,李强译,三联书店 1998 年版。

韦伯:《学术与政治》,冯克利译,三联书店 1998 年版。

韦伯:《社会学的基本概念》,胡景北译,上海人民出版社 2000 年版。

Max Weber: *From Max Weber: Essays in Sociology*, New York: Oxford University Press, 1946.

Max Weber: *Max Weber on the Methodology of the Social Sciences*, New York: Free Press, 1949.

Max Weber: *The Religion of China, Confucianism and Taoism*, New York: Free Press, 1951.

Max Weber: *Ancient Judaism*, New York: Free Press, 1952.

Max Weber: *The Religion of India: The Sociology of Hinduism and Buddhism*, New York: Free Press, 1958.

Max Weber: *The Protestant Ethic and the Spirit of Capitalism*, New York: Scribner's, 1958.

Max Weber: *Economy and Society*, 2 vols, Berkeley: University of California Press, 1968.

Max Weber: *Roscher and Knies: The Logical Problems of Historical Economics*, New York: Free Press, 1975.

其他文献

弗兰克·帕金:《马克斯·韦伯》,刘东、谢维和译,四川人民出版社 1987 年版。

顾忠华:《韦伯学说新探》,台北唐山出版社 1992 年版。

顾忠华:《韦伯的〈新教伦理与资本主义精神〉导读》,台湾书店 1997 年版。

贾春增(编):《外国社会学史》,中国人民大学出版社 2000 年版。

卡尔·雅斯培:《论韦伯》,鲁燕萍译,桂冠图书公司 1992 年版。

莱因哈特·本迪克斯:《马克斯·韦伯思想肖像》,刘北成、刘援、吴必康、刘新成译,上海人民出版社 2002 年版。

刘易斯·科瑟:《社会学思想名家》,石人译,中国社会科学出版社 1990 年版。

苏国勋:《理性化及其限制——韦伯思想引论》,上海人民出版社 1987 年版。

苏国勋主编:《当代西方著名哲学家评传》第 10 卷,山东人民出版社 1996 年版。

张维安:《文化与经济——韦伯社会学研究》,台北巨流出版公司 1995 年版。

Coser, Lewis A.: *Masters of Sociological Thought*, Harcourt Brace Jovanovich, Inc., 1977.

Lash, S. and S. Whimster (eds.): *Max Weber, Rationality and Modernity*, London, 1987.

Beetham, David: *Max Weber and the theory of Modern politics*, London: Allen & Unwin, 1974.

Huff, Toby: *Max Weber and the Methodology of Social Sciences*, New Brunswick, N. J.: Transaction, 1984.

第五章

格奥尔格·齐美尔

秦明瑞

第一节 齐美尔的生平及主要著作

格奥尔格·齐美尔(Georg Simmel)虽然是公认的社会学经典作家、重要的哲学家和早期现代社会理论的奠基人[1],但是,有关他的生平的文献却并不多。齐美尔研究中引用较多的相关材料虽然给我们展示了他的大致生平轨迹,但是也留下了他一生中的不少经历空缺[2]。所幸的是,齐美尔作为早期现代社会产生的见证人在他一生的科学研究中进行的是对自身经历和时代环境的理论思考和升华。这样,我们基本上可以通过研读他的著作而填补相关文献留下的他的"经历空缺"。

齐美尔于1858年3月1日出生在原普鲁士(今波兰)境内的布雷斯劳市,是他父母养育的七个子女中最年幼的一个。齐美尔的家庭背景比较复杂。其父伊德瓦德·齐美尔是个商人,于1810年出生于布雷斯劳市的一个犹太家庭,但是在30年代早期即已退出犹太教教会而改信天主教。其母弗萝拉·波德施坦也来自布雷斯劳市的一个犹太家庭,但是在少年时代即已做了新教洗礼,成为新教教徒。齐美尔的父母于1838年组建家庭,不久便移居普鲁士首都柏林市。在柏林,齐美尔的父亲开了一家巧克力厂,并且生意兴隆、光景看好。可是,在齐美尔刚刚16岁时,其父不幸病故。按照当时普鲁士市民阶层的习惯,其母将一位名为尤利尤斯·弗雷德兰德的老友选定为齐美尔的监护人。此后,齐美尔得到了弗雷德兰德慈父般的关爱[3],并且在他的影响下爱上了音乐。

齐美尔在少年时期接受了新教洗礼,但是在第一次世界大战期间退出了教会,并且没有改信其他教。他做这一决定主要是为了使自己在世界观上不受宗教的限制,能够自由地思考和探讨问题[4]。

齐美尔于1890年和一位铁路工程师的女儿格尔特鲁德·金内尔结婚,生有一子。此子后来成为德国耶拿大学医学教授,并且写过一部关于齐美尔的回忆录。齐美尔夫人接受的是天主教洗礼,但是由于她母亲的原因,她受的却是新教式的教育。在和齐美尔成婚后,她一度以玛丽·路易斯·恩肯多夫的笔名撰写过四部哲学著作。齐美尔除了有一个婚生子外,还和他的一个学生生有一个私生女。但由于一生爱着他的妻子,齐美尔一直回避这个女儿,从未见过她。

齐美尔的学术生涯坎坷不平。高中毕业后,齐美尔首先在柏林大学注册学习历史。虽然他深为著名史学家特尤多尔·摩门森(Theodor Mommsen)的课程所吸引,但是,由尼采的第二篇《违时的考察》引起的德国哲学界的新思潮却使齐美尔对哲学产生了浓厚的兴趣,并注册学习哲学。同时,德国史学大师雅可布·布卡尔特的一些重要著作影响日渐扩大。齐美尔接触这些著作后对德国第三次人文主义,尤其是对艺术史产生了兴趣。在学习哲学和历史的同时他选修了不少艺术史课程。而为了学习艺术史,他又注册将意大利语选为第三专业。除此以外,齐美尔还修过一些民族学和民族心理学方面的课程[5]。这么宽广的涉猎领域为他以后广泛的研究工作打下了良好的基础。当然,对他后来的巨大学术建树更具意义的是他在柏林大学期间接触的一些学术前辈。这些学术名师除了摩门森以外还包括哲学家狄尔泰(Dilthey)、泽勒尔(Zeller)和哈尔姆斯(Harms),史学家拉扎鲁斯(Lazarus)和施坦恩达尔(Steinthal),民族学家巴斯蒂安(Bastian)等等。

1880年,齐美尔尝试用一篇题为《音乐起源研究》的论文获得博士学位。由于泽勒尔等评审委员会成员认为这篇论文文字错误过多、引文不准确、论证不扎实,论文未获通过。同一年,齐美尔以一篇题为《论康德物理学的单元子论中的物质的本质》(Das Wesen der Materie Nach Kant's Physischer Monadologie)的论文参加过一次论文竞赛并获奖。根据导师的建议,齐美尔于1881年用这篇论文再次申请博士学位,从而获得了这一学位。

按照德国大学的传统,齐美尔要想做教授还必须通过教授资格论文并且完成一次试讲。1884年,在狄尔泰的支持下,柏林大学哲学系接受了他提交的教授资格论文《论康德的空间和时间学说》。可是,在试讲中,齐美尔否定了他的老师泽勒尔的一个论点,试讲因此未获通过。几个月后,齐美尔换了一个题进

第五章　格奥尔格·齐美尔

行试讲,以此获得了教授资格。

但是,有了教授资格的齐美尔虽然在以后的年月里科研成果丰硕、教学出色,却在申请教授职位的过程中不断碰壁。1896年和1908年,狄尔泰和韦伯曾经分别试图将他聘为柏林大学和海德堡大学教授,但均遭具有权势的教授的反对而告失败。1900年,在狄尔泰和著名经济学家施莫勒(Gustav Schmoller)的支持下,柏林大学将齐美尔提升为副教授,但是没有给予他博士生导师资格。直到1914年,齐美尔才被斯特拉斯堡大学聘为正教授。

许多研究文献表明,齐美尔被排挤和拒绝的原因主要有两个。其一是他具有犹太家庭背景,这使许多具有排犹意识的同时代学者对他怀有偏见。这一点在柏林大学历史系教授舍费尔应海德堡大学的请求写的一份评语中得到了再明白不过的反映:"我根本无法相信,如果给齐美尔代表的生活和世界观提供更大的(传播)空间(指聘任他为正教授。——笔者注),人们会提升海德堡的地位。这些观念与我们德意志的基督教——古典的规训已经够不同的了。而且,它们在学术界已经占有了够大的空间。"[6]李凯尔特、狄尔泰和韦伯等学者虽然与齐美尔私人关系较好,并且在学术上联系紧密,但是也认为齐美尔的思想观点与主流德意志思想和科学传统相去较远,并且在一些观点上与他保持距离。其二是齐美尔出色的科研和教学成果引起了很多同事的嫉妒。齐美尔的著作和课程涵盖之宽广、思想之新颖、风格之独特在当时的柏林大学乃至整个德国都极为少见。他在柏林大学任教的近三十年中,讲授的课程包括社会和民族心理学,关于现代文化和社会的社会学,伦理学、美学、逻辑学和历史哲学,新哲学思潮,哲学与自然科学的关系,社会科学的基本问题,心理学基本理论等等。并且,他讲课的教室往往被挤得水泄不通,听课学生除了德国人外,还包括犹太人和许多外籍学生——其中又以亚洲学生居多。此外,齐美尔的演讲对女生尤其具有吸引力。这些现象使许多同事心生妒意。

除了通过著作和授课发挥影响外,齐美尔一生还通过独特的社交方式影响了很多文化人士,当然也接受了他们的很多影响。在柏林的二十多年期间,齐美尔在家里设立了每周一次的"碰头日"。前往碰头的除了作家保尔·昂斯特(Paul Ernst)以外,主要有大诗人李尔克(Reiner M. Rilke),艺术家施德方·格尤克(Stefan George),弗雷德利希·龚多尔夫(Friedrich Gundolf)和齐美尔的一些学生。在这些碰头会上,与会者既不谈论时事政治、社会状况问题,也不表露个人的忧愁烦恼,而是单纯地进行无忧无虑、轻松愉快的社交,进行精神和审美文化的交流。

当然,齐美尔的这种社交和活动方式随着他到斯特拉斯堡赴任而结束。在斯特拉斯堡大学任教的短短四年期间,齐美尔仅仅埋头于完成他的关于生活哲学的最后一部著作。1918年,齐美尔因患肝癌死于黑森林。在去世前给一位朋友的信中,齐美尔认为他的一生是圆满而成功的。"我会带着这么一种意识走的:即如果用中等水平的标准衡量,我的一生是圆满的、较好地走完的。我会没有对命运的埋怨和没有离别的痛楚,而只带着这么一种意识——即此时正是(离开人世的)好时刻——而离开"[7]。

　　齐美尔一生著作等身。他留给我们的专著和文献集近二十部,还有很多未收入专集的发表在报纸杂志上的文章。由于他的文章和著作涉猎广泛,其中话语重叠现象十分突出——他在同一时期往往谈论许多主题,而在不同时期又经常谈论相同的主题,学术界至今在他的著作分类方面很难达成一致。但是,无可争议的是,一方面,齐美尔的著作中显现了某种思想发展的线索,他研究过他那个时代的一些重要理论,并且在哲学和社会科学的发展中占据过巅峰位置;另一方面,在他的著作中可以找到他感兴趣的几个主要问题。这两个事实为我们对他的著作进行分类提供了依据。

　　就他感兴趣的问题而言,齐美尔的著作可以分为三个时期[8],即:(1)哲学研究时期,大约包括19世纪80年代至90年代的十多年时间;(2)社会学研究时期,主要包括19世纪90年代末到20世纪初的近十年时间;(3)生活哲学和新形而上学研究时期,包括他生活的最后十年时间。

　　关于(1):齐美尔的哲学研究时期以他的康德研究的博士论文为起点(1880),而以他的三大专著《论社会分化》(1890)、《历史哲学的问题》(1892)和《道德科学引论》(1892/1893,共两卷)为主要标志。在这一时期,齐美尔主要受英美实用主义,达尔文的进化论以及德国民族和社会心理学思潮的影响,并且通过对这些理论的研究探讨一些基本哲学问题。在《道德科学引论》一书中,齐美尔批驳了康德的"神话的—柏拉图式的"风俗观。这种观点认为,风俗是个体独立建构的,是一种自在的实体,它不必通过人际互动而产生和变化。而在齐美尔看来,人的意志(风俗即是人的意志的一种表现)依赖于社会关系、受社会情景的支配。在这部书的第一卷中,齐美尔通过一种自然现象——风力与树干的长向与社会现象的类比,生动地描写了人的意志与社会的关系。他写道:"树干在风力的作用下会被吹歪,但一旦风吹停止,它会恢复原状。而如果它长期处于相同方向的风力作用下,它最终会随风向变弯并且继续这么生长。(社会)关系也像风力那样往自己的方向改变着人的意志,直至它适应自己并且先是将(社会)关系的强制感知为(某种)应该,然后(将它感知为)与自己不可分割的(一种)意愿。"[9]

第五章 格奥尔格·齐美尔

在这里,齐美尔显然将实用主义的真理概念糅进了伦理学中。实用主义者(如威廉·詹姆斯)认为,只有当我们相信某种设想对我们有用时,这种设想才是真实的、才是真理。而齐美尔认为,只有与社会关系(实践)相符合的愿望和意志才是现实的意志、才是现实的伦理观。

在这一时期写的另一篇文章《关于选择论与认识论的关系》(1895)中,齐美尔也通过对达尔文和斯宾塞思想的肯定论证了社会关系对真理概念的决定作用。这一时期,齐美尔感兴趣的还有德国著名生理学家和物理学家赫尔姆霍尔兹(Helmholz)的著作、费希纳(Fechner)和泽尔纳(Zoellner)的原子理论和哲学家兰克(Rancke)的唯物史研究。

关于(2):在社会学研究时期,齐美尔撰写的主要著作包括《货币哲学》(1900),修改后的《历史哲学问题》(1905和1907)以及《社会学》(1908)。在这些著作中,齐美尔主要研究了社会性的相互作用问题、形式与内容的关系问题、相对论、哲学与社会学的关系、社会科学中的研究对象的确定以及论证方法问题,等等。在研究这些问题时,齐美尔大量接受了新康德主义者文德尔班(Windelband)、李凯尔特(Rickert)以及狄尔泰(Dilthey)的影响。齐美尔的社会学思想我们在后文中还会详细介绍和分析。

关于(3):齐美尔的第三个创作时期是在他接触贝格森的著作以后开始的。在这一时期,齐美尔感兴趣的是生活问题、生活的形式问题。他探问的是:生活有哪些可能的形式?生活通过哪些形式得以表现?因此,在这一时期,齐美尔将上一时期的"形式—内容"二元论扩展成了"生活—形式—内容"之三元论。齐美尔之所以对生活问题感兴趣,是因为他发现现代文化陷入了一种悲剧性的纠纷,主体和客体之间、主观文化和客观文化之间产生了某种不可克服的矛盾。而他正是想通过生活哲学的思考和一种新的形而上学的提出解释这些问题。

齐美尔在这一时期的代表作有散文集《哲学文化》(1911),专著《歌德》(1913)和《伦布朗德》(1916)及其一生的主要著作之一《生活观》(1918),等等。

以上时期的划分虽然仍然有可以争议之处,但是,它是齐美尔研究中争议最少的一种划分。实际上,在《货币哲学》一书中,齐美尔对这种分类也作出了某种支持性的表白。他写道:"我是从认识论和康德学的研究出发,从而过渡到历史和社会科学(研究)的。(这些研究的)开始的结论是(在《历史哲学的问题》中论证的)基本认识:'历史'意味着根据科学精神的先验性对直接的、只能经历的事件的形塑,正如自然意味着通过理性的范畴对感性存在的质料的形塑一样。对历史图像的这种形式和内容的划分是我在进行认识论的(研究时)做出的。(它在)我(这里)发展为某一单个学科中的一种方法原则:当我将社会化的形式与内容,即欲望、目的、事实要素这些被个体间的相互作用才变成(内容)(的东西)进行区分时,我获得了关于社会学的一种新概念;因此,我在我的书中将这类相互作用当作一种纯粹社会学的对象进行加工。从相互作用概念的社会学意义出发,它(指这一概念)发展成了一种简直无所不包的形而上学的原则。"[10]

在这段话中,齐美尔明确地交代了他的思想路径中的三个时期:"认识论时期—社会学时期—形而上学时期",从而为以上划分提供了依据。当然,齐美尔也有过反对将他的思想进行分期的说法[11]。但是,这并不影响后人研究他的思想时对他的著作进行整理和划分。

第二节 从哲学思辨到经验事实的观察:早期思想演变

正如德国著名社会学家弗雷德里希·海恩里希·腾布鲁克所总结的那样,"齐美尔的生活是在德国唯心主义崩溃、大哲学体系终结的背景下开始的。在他出生的那一年,《共产党宣言》已经(发表)十年,唯物论之争已经进入第四年。实证主义和自然主义潜入了哲学的真空并且对在自身领域不断前进的史学—哲学专业提出了挑战。以某种深化的和净化的人文科学的挺进而结束的(学术)论战占据了齐美尔思想发展的重要时期,而它(这一发展)又是在文化和政治张力(构成的)大视野中展开的"[12]。因此,齐美尔的思想发展留下了明显的时代印记。在他的早期思想中,他和他的那个时代一样扬弃了某种哲学传统、选择了一种从经验事实出发观察世界的视角。

在 19 世纪 80 年代的一系列作品中,齐美尔强调了经验的意义以及对社会事实和社会事实关系(Sachverhalte)进行清醒的观察的重要性。在这些著作中,他一方面对唯心主义和哲学思辨进行了批判,另一方面提出了一种新的研究方案,即以精确性为特征的社会科学的研究方案。齐美尔这一时期主要在两大领域从事研究:即伦理学领域和社会学领域。他在这两大领域发表的一些论文可以看作他后来的一些重要著作如《论社会分化》和《道德科学引论》的前奏。

早在 1880 年发表的那篇被拒绝的博士论文《关于音乐的心理学和民族学研究》中,齐美尔即表示赞同作为经验科学的达尔文的进化论,并且试图用这一理论解释文化发展。齐美尔认为,客观存在的文化是一种进化的产物,是在主体的生动的情感中形塑成的。而生动的情感只有在人际互动中才能出现;因此,文化是人际互动(交往)和相互作用的产物,而不是先验的东西。

在 1886 年为他的老师施坦恩塔尔的一部哲学著作写的长篇书评中,齐美尔对先验论进行了更加系统的批判。在这篇书评中,齐美尔指出了从康德到施坦恩塔尔的唯心主义的伦理学所包含的核心问题。这种伦理学认为,风俗和审美现象的社会有效性是先验的、主观设定的。而齐美尔认为,这种基于主体感觉的有效性是无法证实的。他写道:"问题正好在于,怎样进行(论证),在逻辑学和心理学(层面)怎样才能(论证):一种感觉、一种无法取得逻辑证据的现象可以提出有效性要求,而这种有效性——正如在风俗和审美(现象)中那样——又超出了纯粹主观的有效性。"[13]唯心主义的伦理学之所以遇到这一难解的问题,是因为这类伦理学家放弃了经验。而在齐美尔看来,只有经验才能解释历史地变化的风俗和道德概念。因此,他主张用具体的历史研究取代先验性的思辨,主张注重对现实的经验的事实关系进行研究。

齐美尔对唯心主义的伦理学提出质疑的另一点是它坚持的先验的规范性观点——即认为风俗所具有的对人的行为的约束力量是先验存在的、而不是社会实践的产物。齐美尔从两方面驳斥了这一观点。一方面,齐美尔从科学论的思考出发对这一观点提出了根本性的质疑。他认为,科学是研究事实的学问,伦理学作为科学也不例外。科学家给出的是实然表述(seinsaussagen),而不是应然表述(sollenaussagen),他在逻辑层面无法从描述句中得出规范句(normative saetze)或者命令句(praeskriptive saetze)。就伦理学来说,"设定和论证规范并不是它的任务。根据他(齐美尔)的观点,伦理规范和价值虽然可以得以科学的分析,也就是说本身作为事实加以研究,但是无法得以科学论证"[14]。伦理学只能描写和解释风俗,而不能设定和判断风俗;规范是在社会实践领域产生的,科学只能弄清和描写事实,这是齐美尔一生不变的观念[15]。这一观点在 1886 年的那篇书评中即已初步形成,而在 1892—1893 年出版的《道德科学引论》中则得到了系统的发挥。在该书的第一卷中,他写道:"人们所指的规范的科学实际上是研究规范的科学。它本身不设定任何规范,而只是解释规范及其关联。因为科学只是因果性地、而非目的性地提问,而规范和目的可以和任何其他(事物)一样构成它的研究对象,但不能构成它的本质。因此,如果人们认为可以从作为科学的伦理学中获得某种新的应然(sollen)的话,那是一种完整的误解。"[16]齐美尔的这一观点对韦伯后来系统地阐发的"价值中立论"产生了决定性的影响。因此,一些学者认为,齐美尔实际上是价值中立论的创始人[17]。

另一方面,齐美尔从时代批判的观点出发对先验的规范性观点提出了质疑。齐美尔同时代的一些学者如施坦恩达尔,新康德主义者寇恩(Cohen)和纳托尔普(Natorp)以及奥地利派马克思主义者阿德勒(Max Adler)认为,伦理学中预示着社会主义,预示着历史是有计划、有规律地朝着社会主义方向发展的。而齐美尔却指出,伦理学只是一门事实科学;伦理学家的任务并不是确定社会朝什么方向发展。社会的发展方向问题是社会实践自身的问题,是经验关系的问题,而不是科学家要回答的问题[18]。

当然,齐美尔并不完全反对社会主义思想;他对社会主义的态度是矛盾的。在政治实践层面,齐美尔同情社会主义,这主要反映在他曾经同情以社会主义思想为要旨的德国社会民主党,在1891年至1895年期间曾经用笔名为《前进》和《新时代》等左派知识分子编辑的刊物撰写文章,应柏林大学左派学生联盟之邀作报告等方面。而在理论层面,齐美尔对社会主义,尤其是对讲坛社会主义和新康德主义者理解中的社会主义持怀疑态度。在上文提到的那篇书评中,齐美尔对他的老师施坦恩达尔的相关观点的驳斥就说明了这一点。后者认为,如果完全遵循风俗观念,那么私有财产将会消失。而齐美尔则持相反的观点:恰恰是处于社会最底层的工人将反对这一观点,因为如果不是为了收入和私有财产,世界上将没有人会为了理想而当掏粪工人或者当屠夫。对社会主义人人平等的思想,齐美尔也持怀疑态度。他认为,在社会主义国家,如果国家分配给每一个社会成员相同的财富,同时要求每一个人为此付出相同的劳动,这将有碍于文化和社会发展。在每一个社会中,文化的产生总是依赖于少数人能够无后顾之忧地生产文化产品——在他们的劳动过程中,他们的劳动与收获的关系有时可能是很不成比例的;比如,一个在尖端领域攀登的科学家有可能奋斗一生也做不出突破性的成果,得不到与他的待遇相适应的收获。如果国家要求每一个社会成员为他所分得的财富做出相同的有用的贡献,那么,社会上将没有人进行文化生产。而文化(包括科学)的发展又决定着社会的进步与发展。

在关注伦理学提问的同时,齐美尔对社会学的提问产生了越来越大的兴趣。1888年,他发表了一篇题为《关于社会伦理学问题的评论》的文章[19]。在这篇文章中,齐美尔已经为他后来的一些重要的社会学思想打下了基础。他认为,个性是社会不断发展和分化的产物。在个性形成的同时,作为群体成员的个人又越来越接近所属群体外的人,接近"陌生人"。也就是说,"由文明化导致的不断增加的驯化一方面使(人们)在自己的区域中的个性越来越清晰地突出,另一方面也使(人们)接近陌生人,(使)超出原来的同质的群体的、与更大的普遍性的平等得以突显"[20]。

通过对人类学(巴霍芬)、民族学(李普尔特)和民族心理学(达尔文)的研究,齐美尔论证了个性的形成与社会群体中的亲和力的弱化之间的关系。在他看来,一个社会越粗鲁、越不文明、越不分化,它的内部联合就越紧密,它在外部交往中就以越封闭的形式出现。相反的,一个社会越发达,它的内部关系越分化,那么,它的成员的个性也就越鲜明。

当然,分化在齐美尔那里只是衡量社会发展的一个标准。与这一标准紧密相关的一个标准是社会中的各要素相互作用和交织的程度。在齐美尔看来,一个社会中相互作用的程度与分化的程度是同步发展的。而影响分化和相互作用的程度的决定性因素又是生产(力)的发展、劳动分工的发展以及文化的发展。按照这种推论,齐美尔导出了他的未来社会的幻想模式:未来社会将是一种世界社会。在这一社会中,从社会强制中解放出来的个人可以在他们生活的社会中自由地交往。

在接下来的两年间撰写的,同样被收入《论社会分化》一书的一些重要文章中,齐美尔对个性与社会的关系以及对他所创建的形式社会学的框架作了系统的分析[21]。

齐美尔发现,19世纪社会理论中流行的两种方法论——即原子论和集体论——都具有极大的局限性,都亟待一种新的方法论来取代。社会科学中的原子论实际上是物理学中原子论的借用。它主张将所有被视为独立的单位的经验现象不断分解成小单位,并且通过对这些小单位的基本运动形式的研究来解释"大单位"。但是,就像物理学中始终找不到一种最基本的物质一样——原子一度被视为最小的物质,但是后来人们又发现,原子是在许多其他更小的物质作用下存在的,社会科学家运用原子论的方法也分解不出构成社会现象的最基本要素。在19世纪后期,社会心理学曾经认为,人的心灵(seele)是产生社会现象的最基本单位。但是,后来的研究证明,心灵只是诸多心理过程的综合反映;心灵之所以呈现为一个独立的单位,是因为这些过程之间复杂的相互作用中往往只有一部分能够进入外在的知觉和个人的意识。原子论的社会科学家只是基于这些被感知的心理过程将心灵现象描写为一个单位[22]。与原子论相反,集体论主张通过寻找普遍有效的规律来解释单个的社会现象。而普遍化也是有限的,人们可以不断找到更一般的规律。因此,集体论在齐美尔看来也是幼稚的。

齐美尔主张用过程分析的方法取代原子论和集体论的方法。要分析和理解社会现象,必须而且只需分析每一种社会现象中包含的诸多小单位之间相互作用的过程。科学研究既不应寻找社会现象的最基本的构成要素,也不应寻找最普遍的规律,而只应分析和描写过程。因为,正是这些过程产生的结果包含着每一种社会现象中各要素间相互作用的内在联系,描写了过程、找到了这种(内在)联系,也就理解了社会现象。齐美尔认为,他的过程描写方法包含着或建基于某种"当作规则的世界原则",这一原则又建立在这么一种信仰之上,"即每一现象都和其他现象具有某种相互作用(关系),在世界上的每一区点和另一区点之间都存在着力量(作用)和往来关系;因此,在逻辑上没有什么阻止我们随便找出一些(现象)单位并且将它们综合成某种事物的概念,然后根据历史的和规律的观点弄清它(这一事物)的本质和运动"[23]。

在齐美尔将这一原则与现代社会学的基本问题结合起来考察时,他认为,社会学没有自己专门的研究对象,而只是研究其他科学已经整理出的材料,并且从这些材料中获得新的综合和观点:"它将历史研究的、人类学的、统计学的和心理学的研究结果当作半成品进行操作;它不求助于其他学科加工的原始材料,而是说作为二类学科——从对它们(其他学科)来说已经是综合的东西中创造综合。在它(社会学)现在的(发展)状况中,它只是给已经熟悉的事实的考察提供一个新的视点"[24]。

在这种意义上,齐美尔将社会学的任务定义为"人们共同生活的形式"的描写和规则的发现——这里的规则指的是个人在其所属群体中的行为规则以及群体间的互动规则。而人们共同生活的形式也就是他们通过行动相互作用的形式。这些形式包括劳动分工、统治、冲突和斗争,社交和友谊等等。在将社会学进行"形式的"定义的同时,齐美尔对社会(gesellschaft)也作了相应的定义。他认为,社会是所有社会性的相互作用(soziale wechselwirkungen)的总和。社会概念是一个程度性的概念:它的涵盖面随着社会分化的程度而变化[25]。齐美尔这种将"社会的灵魂"分解为其成员间的相互作用的总和的尝试实际上代表了现代西方精神生活中某种普遍的趋势。这种趋势在他看来是将"固定的、与自身一致的、物质的(东西)分解在功能、力量、运动之中并且在所有存在当中辨认出其形成的历史过程"[26]。

齐美尔对社会学的这种形式的定义对社会学研究的界定具有一系列作用。首先,齐美尔根据他对形式和内容的基本区分对个人与社会的关系进行了区分。他认为,个人中的个人成分不构成社会的部分;个人的行动动机、旨趣以及个人所追求的价值和目的并不是社会的组成部分,因而不是现代社会学的合法研究对象。齐美尔甚至认为,个人在追求实现纯粹个人的动机和目的时必须给社会"纳税"——他必须将个人的动机和目的与现存的社会性的形式相结合、相适应,以便实现自己的最终目的。其次,在形式社会学的视角下,社会发展的规律(gesetze)是不存在的,因为社会发展中所包含的分过程和相互作用过于复杂,以致对它作规律性的解释仅仅是一种理想、一种徒劳的尝试。社会学家只能找到社会发展的一些规则,并且对它们进行形式的描写和概念上的分类和区别[27]。

齐美尔这种关于社会学的任务和研究方法的确立在他对社会分化概念进行定义时得到了具体的体现。社会分化概念实际上是齐美尔从斯宾塞的著作以及从现代生物学中进化论的基本假设中接受过来的。但是,他对这一概念以及对社会分化现象作了很多自己独到的思考,并且将这一概念发展成了他的思想的一块重要基石。在1890年出版的《论社会分化》这部论文集中,他就对社会分化现象作了一些基本的思考,这些思考为他在以后对个人化和社会化的各个过程之间的对应关系做发展史的考察打下了基础。这部书的面世不仅使齐美尔在社会学中获得了经典作家的位置,也使他的研究根据的方法特征得以突显:他的研究始终试图关注现代社会特有的诸多矛盾和悖论中的两个(对立)面,以求全面地把握各种社会现象。就个人与社会的关系而言,齐美尔并没有试图在社会的冲击面前保护和拯救独特的个人的东西,而是借助社会分化这一公理对个人的独特性给出一种社会学的理解。他的这种理解为现代社会学中的角色理论以及个人同一性的研究打下了基础。

在齐美尔看来,在现代社会中,个人化和社会化是两个互相对应的概念;两种现象指向某种无所不包的社会的全过程。要理解现代社会中的个人自由和个人独特性,就必须将个人化的历史过程与整个社会的发展过程结合起来考察。这一观点在现代社会学的创建阶段实际上已经以不同的面目在一些大社会学家的思想中出现过[28]。但是,在齐美尔那里,这一"二元对立"的现代社会学的基本公理却得到了独特的思考。这种思考的独特性在于,齐美尔一方面继承了斯宾塞的分化理论,另一方面又尝试将康德的二律背反说运用到社会学的研究中来。

在斯宾塞的思想中,这么一种发展理论的公理清晰可辨:即在自然发展史、社会发展史和人的心灵发展过程中都有一种从无分化的整体经分化的多样性到分化的整体的转变可寻;这种转变的结果是,某种原初的不确定的同质性被某种确定的和凝固的异质性所取代。齐美尔将斯宾塞的这一"进化规律"用来分析社会分化的过程。他认为,人类社会的发展是由无分化的古代氏族社会到一些复杂的社会构建物和相互作用的形式的过渡过程。与斯宾塞不同的是,齐美尔并不认为这种发展体现了某种规律,而只是表明了某种规则的存在。这些规则的有效性既不是由人的行为动机,也不是由人的独特历史情景所决定的,而是建立在由群体内部的社会关系的形式构成的几何学之上的[29]。通过这些规则,也就是通过群体中纯粹形式的相互作用的过程的考察,各个社会的典型的发展过程可以得到准确的描写;而被描写的社会经过这些过程的时间可以是不同的,构成这些社会的群体也可以具有不同的互动内容。

这种分析方法在齐美尔对氏族社会的考察中运用得比较完整。齐美尔认为,无论各个氏族社会之间存在什么样的差异,它们的发展过程中都包含许多相同的结构建构。各个氏族内部都有一定形式的劳动分工和统治关系,也有一定形式的建立在世系和性别基础上的分化;氏族与氏族之间也有一些相同的货物交换形式。氏族的另一个共性是,虽然每个氏族都是一个独特的群体,但是这个群体的成员仅仅是构成它的一些相同的部分(件);他们没有任何个性,因而不可能被视为个人或个体。而随着氏族与氏族之间的交换活动不断增加和由此产生的社会化进展不断深入,氏族内部的个人化和社会化(sozialisierung)之间的交互关系也发生了根本性的变化。氏族外部的关系与内部的关系发生着反向的变化:氏族外部的交换活动越多,它们共同创建的结构原则就越多;这些共同的原则的实现使各个氏族越来越接近、变得越来越相似。这是一个发展方向。另一个发展方向是,在每一个氏族当中,通过劳动分工和社会角色的加强,单个的成员有机会形成独特的、不可替换的社会位置和个人特征[30],它们的个性和独特性不断突显。也就是说,随着氏族数量的增加、族际交换的增加,氏族的独特性不断减弱,而氏族成员享有的自由却越来越多,形成个人独特性的机会也越来越多。

但是,在齐美尔的观察中,社会化的进展虽然使个人有了突破氏族这个小群体的束缚、自由发展个性的可能,同时弱化了氏族的存在意义,个人化的趋势却并非畅行无阻。相反的,个人化的发展伴随着一种反向运动:从狭小群体中解放出来的个人进入的是更大的群体;个人化与更大层面上的,乃至世界主义的社会化是同时进行的;而且,这种宏大的社会化正是建立在个人的独特性的基础之上——正是因为单个的人的独特性得到承认,才有可能产生包含许多个性的世界主义,产生同样异质的社会,齐美尔认为,这种世界主义最初在古代希腊出现。在那里,单个的人的独特性被承认,同时,人们又认为人类具有一些普遍有效的价值和权利。这种个人主义和普遍主义的对立统一在近代欧洲被重新发现,并且演绎成一种两极结合的新形式:即同时对原则上的人类平等和极端个人主义的张扬[31]。齐美尔本人并不认为在极端个人主义和极端普遍主义(集体主义)之间存在某种基本矛盾,而是认为两种极端形式是同一个分化过程的结果,这个分化过程所具有的内在统一建立在这两极之间的相关性之上。

如果说,个人主义和集体主义这两个主题在现代哲学和社会科学的争论中被视为建立在不同的世界观基础上的现象,那么,齐美尔对它们的考察却是脱离世界观色彩的科学探索。他试图从这种世界观的对抗中获得某种关于现代个性的深层次的理解。他得出的相关结论是:在诸多的社会化的过程中,个人不可能不受限制地发展自身;个人在社会中的不可替换的位置是由某种超个人的东西,即由个人同一性的社会性建构所决定的。用齐美尔的话说即是:"它(个人)的社会化存在的方式是由它的非社会化存的方式所决定或部分地由它所决定的。"[32]在这一细微的区分的基础上,齐美尔将个人主义分为量性的个人主义和质性的个人主义。质性的个人主义被齐美尔排斥在他所建构的形式社会学的考察范围之外;作为脱离社会关系的个性形式,它只能构成哲学、美学和宗教学的研究对象。而社会学在齐美尔看来只能关注个人之间的相互作用的形式,即量性的个人主义[33]。

那么,社会学应该怎样研究量性的个人主义呢?齐美尔认为,社会学可以通过个人所属的社会性的圈子确定他在社会中的独特位置,即确定他的个性和独特性。社会性的圈子的特征必然会反映在它们的成员的个性之中,以至于每个人的个性和独特性可以理解为他所属的所有社会性的圈子的特征的合成物,这些圈子的数量同时构成了测量个人所处的文化发展的尺度。不仅如此,齐美尔甚至进一步认为,正是因为现代社会通过自身的细分给每一个社会成员提供了无数圈子(比如,现代人可以同时是一个党派的成员,一个或多个体育俱乐部的成员,一个或多个工作单位的成员,一个或多个社会团体或联盟的成员,一个或多个消费组织的成员,等等),使他可以个人化地选择和组合圈子,个人可以摆脱氏族和血亲关系的束缚,自由地追求个人目的。这种对个性和独特性问题的二重性——从传统强制中的解放和进入新的圈子后接受的新的责任——的社会学考察方式,在齐美尔看来已经暗示了现代的一种"真正的文化原则",即现代社会在被想象成一个整体的同时,已经细分出了非常多样的生活形式和内容,而且,这些形式和内容还在不断地分化[34]。

第三节 货币、交换及其后果

在齐美尔将个人独特性的量化研究确定为他的形式社会学的任务时,他实际上已经意识到他的社会学的不足:它过于具有片断特征[35]。实际上,齐美尔不仅仅是看到了他创建的社会学的局限性,也不仅仅是看见了社会学的局限性,而是认为所有单个学科都具有自身的"上限"和"下限"。每一门学科都建立在一些概念和方法论的基础之上;这些概念和方法论的条件虽然使每一门学科可以得出具体的研究和思考结果,但是,它们并不构成这一门学科的研究对象,而只是一种与这门学科相关的认识论的反思[36]。这种对外在于自身研究对象的研究基础的依赖是每一门学科的"下限"。另一方面,每一门学科都试图在自己的一些具体的研究结果的基础上对所研究的事物和现象进行评价,甚至试图揭示一些关于精神生活的最一般的关联;在这种情况下,单个的学科依据某种形而上学,如社会学依赖相应的社会哲学,历史学依赖历史哲学,等等,因为只有这种形而上学才可能提供每一门学科进行评价和揭示具有普遍意义的关联时,所需要的相应的"世界观建构"和某种总是具有个人色彩的现实临摹。这种对形而上学的依赖是每一门学科的"上限"。

在这种自知之明的支持下,齐美尔在进行社会学思考的同时一直试图通过对现代文化的某种广博的哲学解释弥补他的社会学的不足[37]。这一尝试是通过对货币和货币经济的哲学思考来实现的。在他的早期研究中,齐美尔即已考虑在他的现状分析的框架内赋予货币某种重要的位置,即研究货币和货币经济对现代生活和文化产生的广泛影响。在1889年发表的一篇题为《货币的心理学》的散文中,他就初步研究了这一问题。他得出的结论是,货币是一种绝对客观的东西,它不具备任何个人色彩。货币没有历史,对我们的感觉来说,它不可能像其他占有物(如首饰、餐具等等)那样具有某种特殊的积极或消极意义(如一个人可能会特别珍爱他的祖辈使用过的一张桌子,但他却不可能对他的祖辈曾经使用过的一枚硬币特别有感情)。尤其是当货币流通不断增加时,这种意义联想会变得更加不可能。在19世纪90年代的一些作品中,他又反复谈到货币问题。而1900年出版的《货币哲学》一书却通过对建立在货币经济基础上的社会化过程的一种具有重要意义的文化哲学的解释,真正在多方面弥补了他的形式社会学的不足。

齐美尔对货币和货币经济的诠释建立在他对现代国民经济学的相关研究的广泛认识之上。他认为,现代国民经济学也需要前面提到的"二重弥补"。一方面,它需要认识论方面的反思。这意味着,它必须思考那些赋予货币以存在的意义和实际地位的前提,而这些前提外在于经济领域,寓于人的心灵状况和社会之中,寓于真实以及价值的逻辑结构之中。另一方面,它需要玄思,也就是必须分析"货币对内在世界的影响:对个体的生活感觉,对他们的命运的联结,对普遍的文化(的影响)"[38]。正是这些问题构成了齐美尔对货币思考的主题。

当然,作为熟悉马克思和恩格斯的著作的思想家,齐美尔也清楚,他的这一观点与马克思和恩格斯对货币经济的广博的哲学解释具有竞争关系。但是,他在承认他们发展出的历史唯物论的解释能量的同时,也认为建立在历史唯物论基础上的政治经济学批判"往下"和"往上"都需要扩充。往下的扩充指的是将货币经济的既存形式作为人的某种更深层次的价值思考和心境的结果来考察，甚至作为一些心理学的和形而上学的因素作用的结果来考察。往上的扩充指的是将经济生活纳入精神文化的动因之中加以考察，即关注经济生活的文化影响。这里我们可以看出，齐美尔实际上已经介入了古老的唯心主义的争论。齐美尔拒绝将任何一种主义、任何一种认识论原则绝对化，从而选择了一种认识论的综合立场。他认为，唯物论和唯心论的解释都具有某种相对性，都只能部分地解释货币经济。两种认识论具有互补需求，它们所包含的认识论原则之间具有某种"相互作用"的关系，这种相互作用构成了某种"事物的统一"，而这种统一正是理论反思所应该揭示的东西。

在《货币哲学》一书中，齐美尔即尝试了建构一种绝对论的世界观和相对论的世界观之间的统一。当然，他的这种尝试遇到了不少逻辑上的困难。齐美尔的一个基本观点是，货币所体现的、经济生活中所浮现的价值只是一种表面的价值，在这个表面之下，可以找到人类最终的、绝对的价值和意义。绝对的价值寓于一些关系之中，而这些关系又"产生于最外在的、最现实的、最偶然的表象与此在的最具精神特性的潜能、个人生活的最深层的流动和历史之间"[39]。从这一观点出发，齐美尔一方面必须描写人的一切评价、人所设定的一切价值的相对性，另一方面又必须解释某种"绝对价值"的历史形成——这种绝对价值只是在货币中找到了自己外在的象征。这种相对性和绝对性的统一使齐美尔感到很棘手。但是，他还是找到了解决这一逻辑问题的方案：他将经济价值归因于经济交换中的主体间性结构，因为在他看来，这种结构已经包含着某种对价值的一般要求，即包含着参与互动、参与交换的主体所作的价值估量的可比较性。最能说明主体价值估量的可比较性作为"绝对价值"这一思想的事实分析是齐美尔对卖淫（嫖娼）的批判。齐美尔认为，卖淫这一现象中最不公平，因而最值得批判的一点是，它是一个绝对价值与相对价值之间的交换：卖淫女被迫将自己最具价值的东西——即她们自身与金钱这一相对价值的载体作交换[40]。

那么，主体是怎样估价的呢？齐美尔接受了与他同时代的哲学家海因里希·李凯尔特（Heinrich Rickert，1863—1936）的一个基本观点：即认为存在一种真实与价值的二元论。并且通过扩展这一观点，他解释了估价现象。李凯尔特认为，从纯粹的事实确定中得不出价值判断；价值具有自己的逻辑特性，这种特性必须与自然科学的概念和范畴严格区分开来。自然科学关注的是不因人的意志而改变的事物本身所包含的必然性，并且将事物纳入某种普遍规律的有效性中加以考察,即寻找事物包含的普遍规律。而价值概念本身却设定事物之间存在某种"等级秩序",即这种秩序建立在事物的内在情形或图像之上。齐美尔接受了李凯尔特的这一观点,并且对价值与事物之间的关系作了进一步的思考。他认为,和自然科学所考察的存在范畴一样,从某种特殊的视角看,价值概念也包含了整个世界,它也构成某种独立的,即文化科学的世界观建构的可能基础。价值和自然现象一样,也是某种原始现象,它和自然界之间的关系是绝对偶然的关系[41]。

这就是说,在齐美尔看来,估价是一种纯粹主观的行动,而客体/事物(dinge)本身之中又含有某种"被估价"的指令和要求。估价和被估价的要求相结合就产生了价值。那么,这种主观的领域和客观的领域是怎样统一的呢?齐美尔认为,客体中被估价的要求曾经是人们传统的价值感的基础;这说明估价不是随意的行为,而是基于某种秩序的。这就是说,一定有某种价值形式可以体现价值的这种"二重位置"。齐美尔是通过对经济价值的分析来揭示这一形式的。他首先对经济过程中的主体和客体之间的分化过程进行了考察,并且得出了这样的结论:是这种分化过程构建了特定的经济价值,并且使这种价值变成了某种追求的对象,而这种追求又总是与对另一种对象的追求相联系的,因而它具有纯粹的社会性的特征[42]。主体与客体分化的过程指的实际上是主体与可以满足它的某种需求的客体拉开距离的过程、暂时放弃欲望的过程。通过这种距离化和放弃,人类的追求被建构成愿望和愿望的满足之间的一种时间差,而正是这种时间差使人能够感知客体的本身意义,对客体进行估价。这种意义与满足欲望的直接行动是不一致的。如果人们直接消费某种客体,而不是通过劳动和交换过程来获得这种客体,那么人们就不可能认识这种客体的自身意义,经济也不可能产生价值;欲望满足的直接性只能给人提供眼前的享受,而无法给人带来持久的价值。价值在齐美尔看来只能建立在"被追求"的基础上,而追求本身又必须脱离绝对的欲望[43]。

当然,仅仅放弃被追求的对象还不能使这一对象的价值变成经济价值;在齐美尔的研究中,经济价值的产生还要求追求与被追求的对象之间的关系满足两个条件。首先,被追求者的意义或价值必须表达稀有和非稀有之间的某种中间者,这样它才能被追求。如果它是一种绝对的稀有物,那么,人们和它之间的距离会大得无法克服,因而也不会追求它、不会估价它,它也就不具有经济价值(比如,地球以外的其他星球上可能存在许多对人类生活极具价值的资源。但是,由于这些星球对人类来说几乎还"可望而不可即",所以,这些资源对人类来说还不具有任何经济价值)。而如果它体现了一种绝对的非稀有,即已经被人

第五章　格奥尔格·齐美尔

们占有,人们和它之间也就失去了距离、不会赋予它经济价值。稀有和非稀有标示了价值的上下界限;只有在此之间出现的距离化才能使人们付出努力和牺牲来克服这种距离,而价值正是与这种付出相联系的。其次,人们必须原则上愿意放弃被追求的对象,这样,这种对象才能进入与其他被追求的对象的交换,从而获得经济价值[44]——一个占有苹果的人要想获得他没有但想有的梨,那么他必须情愿放弃苹果,用苹果来直接或间接换取梨。

在交换中,一种价值被投入以换取另一种价值,这使得人们产生这么一种感觉,即:交换中的客体在相互决定对方的价值。但是,齐美尔却强调,客体的价值在它进入交换之前就已经确定,是独立于交换的。它在交换中获得的是另一种价值,即经济价值。经济价值是一种客观化的产物,是主体的"追求强度"互相测量并且在质的意义上被等同的结果。因此,经济价值具有主体间性的特征。基于这种特征,齐美尔将经济交换视为社会化的一种基本形式,也赋予了他的《货币哲学》一书一种关于"社会性"的元理论的地位;在这部书中,他给出的是个体之间相互作用的多种形式的根本的历史意义;这些相互作用的形式在他的形式社会学中描写过,但是未作深层的探索。

一种价值的投入导致另一种价值的获得,这个事实使齐美尔认为,交换就像其他生产过程一样是一种创造过程。创造性也使交换可以被视为个体间相互作用的最纯粹的形式,而几乎所有的相互作用的过程中都包含着交换逻辑:异性间意味深长的目光接触、游戏、爱情等等,都是这类过程。在这些过程中,为了获得某种东西而有意识地投入一种东西的行动使原本并行存在、无相互联系的事物变成了共同存在的事物。这种共同存在构成了一种"独立意义的中间王国",也就是社会世界。在这种意义上看,一切关系即社会世界是某种"精神化"的产物[45]。值得强调的是,在齐美尔的思想中,虽然一切相互作用的形式中都包含了交换逻辑,但是,相互作用却是一个更加普遍的概念,而交换是一个比较专门的概念。经济领域作为"交换的普遍的生活形式"中的一种特殊情况应从属于这一概念。

除了赋予交换以普遍的社会理论的意义以外,齐美尔还揭示了交换的另一种特征:建立在交换基础上的竞争使现代经济作为一种完全货币化的经济能够发挥"和平主义的"影响。在他看来,主体间为共同追求的客体而发生的竞争不是一种分裂各主体的机制,而是一种联结各主体的机制。与共同的"第三者"即被追求物的关联是一种新的社会化的综合形式。在这种形式中,霍布斯所描述的自然状态"所有人对所有人的战争"变成了"所有人为所有人的战争"。齐美尔并不否认,竞争中的各方为了达到同一目的必须做出比没有竞争时更多的努力,而这些努力会相互阻碍。但是,在他看来,这种额外的付出却意味着一种心理学的利润:竞争者为了获得共同的第三者必须窥视其竞争对手的内心世界;这样,原本恐怕无任何联系和往来的人至少可以在心理学层面相互接近。在这层意义上,齐美尔认为,经济竞争在现代社会生产着与爱情相同的后果:即窥视他者也许自己也没有意识到的最内在的愿望[46]。甚至,如果说现代社会中缺少传统社会中存在的那种共同体内部的紧密的和幼稚的团结,那么,竞争所带来的分散则弥补了这一缺失。

在现代社会中,建立在交换基础上的竞争和斗争比比皆是,但是,人们却没有因此失去自己存在的位置。在齐美尔看来,这是因为在类似于经济交换的许多现象——比如交际中,超个体的客观化不断被制度化,不断被相应的规范与规则所范围,以至于产生了一个"中间性的世界"。这个世界总是游移在互相斗争的主体之间,并且最终给他们确定在他们所共处的世界中的位置。在这种意义上,经济交换的逻辑通过导引人们以市场规则为取向进行和平竞争,实际上在减少竞争和斗争,从而使某种高水平的社会化成为可能。关于价值的客观化的意义,齐美尔写道:"价值越是进入这类客观的形式,它们就像上帝的殿堂一样给每一个灵魂提供的位置就越多。……具有深刻意义的是……正是这一(现象,指价值的客观化)促使历史的进程取得了最高贵和最完美的结果,即一个不用斗争和相互排挤就可以拥有的世界的建设,以及一些价值(的形成);它们(这些价值)被一个人的获得和享受不会排斥其他人,而是会无数次地给其他人开辟通向同一(目标)的道路。"[47]

在这种关联中,货币的产生具有重要的功能意义:它的存在意味着现实生活中无数对抗关系的化解。在所有交换活动中,货币扮演着共同的"第三者"的作用。由于货币的存在,原来直接进行互相比较和度量的两种交换物不再被直接相比,而是分别被货币所衡量。它们各自与货币的关系决定它们的价值是否相等。这样,货币实际上意味着"一个新世界从古旧物质中的发现"[48]。货币中所体现的经济价值具有严格的相关性特征;通过对两种关系的同一性或非同一性的度量,货币不断地被证实为商品经济的"共同等值体",即交换功能的载体。但是,这并不意味着货币本身具有价值。货币的价值始终依赖于被它所衡量的单个的价值关系。它的价值在于它"指向社会"的功能,是一种纯粹功能的价值。由于货币导致了指向交换的社会特征的转变,它实际上体现着某种"质料化"的社会功能;而这种社会功能的象征性意义又指向货币所作的比较的心智的和关系的特征。在此过程中,货币引起的是一种发达的商品经济范围内的社会生活的不断分化和心智化。从这层意义上看,货币构成了破坏旧世界、产生一种由社会性相互作用的纯粹形式组成的新世界的许多潜能中的一个组成部分。而在现代,人们已经无法窥视这些形式的历史来源,无法看到产生这些形式的一些基本的社会化的过程。

除了功能特征以外,齐美尔还提炼出了货币的超时间性和无限性特征。而这两种特征也基于超验特征,即货币的实际意义已经脱离了它的功能的历史起源的条件这一表象。在这种意义上,货币是一种典型的现代性的假象,也体现了社会的相互作用的最纯粹的形式。齐美尔甚至认为,在货币当中,社会的相互作用达到了其发展史上的高峰。基于这一原因,齐美尔赋予了货币以原初的哲学意义,也将货币视为现代性的世界观建构的出发点。他虽然赞同马克思的观点,即通过货币,商品的使用价值被其交换价值所取代,从而出现了现代世界的异化,出现了社会世界与自然世界的关系的颠倒。但是,他认为,除此之外,货币还是对现代世界的基本特征,即相对特征的一种哲学的确证。齐美尔在他的社会学中关注的即是这种相对性及其形式,因为这种相对性的普遍性赋予了现代世界的存在意义。正是通过对货币所蕴含的对现代世界的这种基本特征的哲学确证的揭示,齐美尔为他的社会学铺垫了哲学基础。关于相对特征对于现代世界的普遍性意义,他写道:"在实践世界中,根据最确实的可见性和普遍存在的公式的最明显的真实,事物互相找到它们的意义,它们所寓于的关系的相互性也确定了其存在和如此存在。"[49]

在《货币哲学》以及许多文章中,齐美尔都将相对性和相互作用的纯粹形式描写为现代世界的主要特征。在他看来,在现代世界中,唯一绝对的就是这种相对性。现代文化发展的一个普遍趋势是,凝固的、质料的东西被分解在"自由游移"的过程中,以至于人们产生了这么一种感觉,即现代性中已经失去了任何"扎根"的可能、一切都陷入了流动和运动之中[50]。而在齐美尔看来,构成这种运动的世界的基础则是货币的持续流通。尽管世界的运动不能简单地还原为这种经济现象,但是,齐美尔却认为,通过交换媒介这种纯粹的社会功能在货币中的"肉体化",对现代社会来说,人们对货币(金钱)的猎获已经是一种典型的行为。这一点尤其清楚地证明了一个古老的观点:即金钱才是地球上真正的上帝[51]。而在齐美尔的眼中,货币作为普遍的价值等值体的"万能"却只有在以上提到的广泛的文化趋势中才能成为现实,即在自由游移的过程中已经找不到使人哪怕只是短暂地逃离持续的变化的固定地点。

可是,人总是具有追求安宁的需求。现代社会并不完全否定人的这一需求,而是强迫人们为寻找绝对的东西和安宁的生活而不断地奔忙,接受一种"游牧式的"存在形式。这一点在齐美尔看来正是现代性的最大的悖论之一。而作为"现代生活的美学"的哲学和社会学要想不仅仅停留于对这些表面形式的肤浅描写的状况,就必须转向对"脱离时间的运动"的研究。齐美尔对货币的研究正是这么一种尝试。

第四节 现代生活的美学

齐美尔一直就对特殊的和悖论的东西感兴趣[52]。在这种兴趣的导引下,他在他的学术生涯的早期即开始关注过渡时期的特殊地位以及这些时期的世界观所呈现的二元结构——新旧世界观的并存与对抗。在过渡时期,新的东西和旧的东西还在进行较量,它们还在以未分胜负的形式而出现,它们之间的对抗影响着社会的各个领域、渗透到所有的文化领域——哪怕是最边缘的文化领域。这种状况导致了过渡时期的思想非常活跃、思潮异彩纷呈,从而对思想家具有强烈的吸引力。齐美尔很早就将他自己所处的时代诊断为过渡时期,将流逝和过渡视为这个时代的主要特征,但是,他的诊断并不具有历史和预见(前瞻)的要求。在他看来,在现代性中,本真意义上的历史时间已经停滞。因此,他的文化分析是以诸多文化结晶(如货币)以及社会的相互作用的许多形式(如群体)的无时间的运动形式为取向的。他的这种尝试的目的无非在于,从此类现代性的密码中提炼出某种恒定的东西。这种恒定的意义不再以现代性的文化表征的历史来源为取向,而是指向这些表征的逻辑结构和事实内容。

齐美尔的这种对现实状况的分析虽然不具有历史性,但是却具有明显的美学价值。他的很多著作和文章都以其特有的美学魅力吸引着众多的追随者,但是也使一些批判者指责他用"文化散文学"取代了艰难的社会分析,因而只是肤浅地证实了他的一些已有的关于现代社会的观点。齐美尔却持一种和尼采相同的观点,认为类似于他的著作的这种"表面文化",不仅表达了它们所研究的对象——现代文化的本质特征,而且,与那种所谓深刻的指向整体社会的分析相比,这种文化分析的形式可以得出更多的关于它的研究对象的结论。

齐美尔的这种以表面的、碎片似的艺术形式描写表面的、碎片似的生活真实的主张恢复了日常生活领域以及微小差异领域作为人类存在的一个领域在哲学思考中的地位。在这一背景下,齐美尔的著作不能归类于某一种在他那个时代占统治地位的艺术流派或文化潮流方向。他早年对自然主义比较感兴趣,后来在他的著作中又深入研究过他所熟悉的同时代的几乎所有艺术流派,试图将印象主义、表现主义、青年艺术方向和象征主义等流派中所包含的美学思想糅进他的社会理论。他对某种美学多元论和与此相关的风格的多样性的承认实际上是为了恰当地描写生活的变换形式和对抗形式这种现代性的普遍特征。在美学领域，齐美尔发现了一种美学个人主义和美学泛神论之间的对抗。在这一对抗中，一方面，一切现象在美学方面都被视为具有同样的价值；另一方面，又存在一种贵族式的强调每一个艺术作品相对于世界的封闭性和距离的感知方式。这种二元论并没有导致两种观念中的某一种的过早消失。这种"调和"引起了齐美尔对一个基本问题的兴趣：这两个极端是怎样在一类人（即现代人）、怎样在每一个灵魂中不停地相遇和互相斗争的[53]？

前文已经提到，齐美尔在他的《货币哲学》一书中在货币的流动中发现了一种"脱离时间的运动"，认为这种运动形式是现代生活的典型形式，因为它是作为现代性特征之一的"流逝"与现代人作为人所不停追寻的"永恒"之间的对抗的一种妥协。这种运动主题的中心地位联结着他在《货币哲学》中所作的时代诊断以及他的许多有关现代生活的美学的单项研究。同时，在《货币哲学》以前的相关作品中，我们又可以找到某种齐美尔的"美学基本信仰"。这种信仰使他得以将他的关于现代的理论以《货币哲学》的宏大著作的形式提出。他的这一信仰实际上可以称为一种"方法论的符号论"，并且在他的许多关于现代生活的风格的研究中清晰可辨：他认为，无论是情感领域还是心智领域都可以通过与其相对应的领域得以符号化，即情感的东西可以通过心智的东西得以表现，心智的东西可以通过情感的东西得以表现。[54]齐美尔的这一符号论赋予了他的著作以某种美学特征，但是，这一特征不能被视为个人风格的随意性，因为他所运用的美学表现形式和描写范畴是由他的研究对象的特征（即美学属性）所决定的。这一美学属性同时反映了这种研究对象的某种特有的多义性和非历史性特征。在齐美尔看来，这些特征不仅可以在每一件伟大的艺术作品中找到，而且应被视为一个时代的本质特征。

现代具有某种特有的美学特征，这一观点在齐美尔1890年撰写的一篇文章中已经出现过[55]。在这篇文章中，他批判了伦布兰德研究专家尤里尤斯·兰格本的审美观，指责他仅仅在宣扬一种与宏大的经典的德国和荷兰艺术相关的艺术家的世界观。齐美尔本人则主张一种新的来自自然主义流派的艺术形式。这一形式被他称为"真实之诗"，它应该是真实中存在的具有诗意的构成要素的结晶。在现代，单个的人已经不再是圆满的整体，而社会取代了人的这种位置，成为与过去时代中的"人"相似的整体：社会中的各个环节在以某种特殊的——用今天的社会学术语表达：功能的——方式共同运行，构成了社会这个整体。齐美尔虽然承认，社会所包含的要素的复杂性以及各要素间相互作用关系的复杂性使社会不可能用某种单一的模式来解释，但是，他却认为，人们可以在社会中找到某种美学描写形式；这一形式可以用来恰当地描写人的新型的真实经验。

这种新的描写形式可以归结为"个体—群体对抗"，这一对抗既是现代的生活特征，也是现代的美学特征。在1890年发表的另一篇研究现代美术展览的文章中，齐美尔即试图揭示这一特征[56]。他指出，现代的美术展览在内容上呈现很大的随意性，形式上呈现很大的变换特征。美术展览的这种高速更换反映了现代艺术中的持续变化，也表达了现代社会中个人与群体的对抗关系。在现实生活中，尤其是在现代大城市中，单个的人几乎在忙碌中消失和融化。与此相对应，单个的艺术作品在宏大的、快速变换的美术展览中也越来越显得微不足道，甚至失去了其独特的光芒。展览的宏大性导致了单个艺术作品的原创性被作品群体的原创性所取代。齐美尔还发现，由于现代艺术中的劳动分工越来越细，现代的美术展览将各种不同的艺术作品集合起来的功能就显得不可或缺。然而，他又认为，恰恰是这种将艺术作品市场化的新形式导致了某种认为艺术作品轻狂和浅薄的感觉，这种感觉构成了现代艺术感中的最大弊病。

尽管如此，现代艺术展在齐美尔看来可以被看作现代思潮的一个缩影。艺术展览所表现的持续的刺激变换实际上与现代人的神经被过度刺激的状况是相对应的。由于被过度刺激，现代人对新鲜事物变得有些冷淡，甚至麻木不仁。这就使得艺术展览要引起人们的兴趣，就必须不断提高刺激强度。在文学、时尚、消费等其他领域，也可以发现类似的现象。齐美尔以下一段话清楚地描写了现代艺术与传统艺术的区别："如果说，一般情况下艺术的意义在于通过易逝的材料来体现形式永恒；如果说，恰恰是在建筑艺术中，对延续的理想一般情况下会追求实现和表现，那么，在这里（现代艺术中），暂时性的刺激和芳香则形成了一种自身的风格，并且，更明显的是，（它）借助了一种看来并无使用寿命限制的材料。"[57]

齐美尔之所以将美学范畴纳入文化科学的应用，用来分析现代生活风格的转变，是因为他发现，艺术本身面对着社会的某种要求；美学不能仅仅限于考察独立的艺术品在社会中的位置，而必须关注日常生活中表现的美学形塑原则对艺术的影响。只有这样，美学才能符合现代化特有的真实经验。因为在齐美尔看来，自在、自足的艺术品虽然包含了一个自己的世界，并且，这个世界禁止艺术超越自己的范围，但是，艺术界的产品除了具有美学品质以外，还有一种被使用的目的，这一目的使它们能够为某种实际事物服务。就是说，艺术既是某种自在的东西，又是为受众服务的东西。与此相适应，作为描写艺术的基本概念的风格概念也具有两种含义。对于一件艺术品来说，风格指的是它所表现的作

第五章　格奥尔格·齐美尔

为其创作者的某个大艺术家的个人特征,而在艺术领域,风格指的却是某种普遍的美学形塑原则,这一原则使艺术品的随意的再生产成为可能[58]。在现代艺术中,这种普遍的原则取代了大艺术家的个人风格,取代了伟大的艺术品独一无二和艺术家的自我陶醉的封闭性;现代艺术的某种普遍的形式规则使对客体的艺术风格化(艺术加工)与客体在日常生活中的用途能够结合起来。艺术的这种转变实际上是为了满足现代人赋予其生活方式以某种风格的普遍需求:"它(艺术品)不是要有个性特征,而是应该具有风格特征、宽泛的普遍性(特征)……在美学领域,它由此代表的是一种与本来的艺术不同的、但是并非劣等的生活原则"[59]。

现代人对风格的追求可以说是齐美尔社会学的美学分析以及时代分析的一个中心话题。这种追求在他看来与欧洲社会19世纪后期以来不断突出的自我中心论有密切联系[60]。19世纪到20世纪之交,历史传统逐渐丧失了以前的地位和意义,传统的宏大的世界观(神学和哲学)失去了解释能力,同时,文化领域又出现了许多自我实现的可能性。在此基础上出现的风格的多样性导致风格成为决定生活方式的一股重要力量。正是单个的不同风格之间的分化使风格本身变成了某种客观的东西并且获得了普遍的有效性。这就使得单个的人不能随意运用某种风格,而必须遵循每一风格的基本构成原则,也使得现代生活的诸多内容被置于某种统一的形式原则的约束之下。这种严格的形式的统治地位以及对随意性的限制实际上从一个侧面反映了现代人的处境:现代文化提供的诸多可能使现代人感受到一种无法满足的要求,即无法适当地选择一些可能性,并在此基础上设计自己的生活。这种状况使现代人必须寻找某种依靠,而生活方式的严格的形式上的规定则恰好提供了这种依靠。也就是说,生活方式的外部美学形塑在齐美尔看来实际上是一些具有普遍约束力的伦理和道德信仰以及价值观丧失意义的结果。这些信仰和观念在传统社会中曾经给人们在其所属的完整的共同体中指定过固定的位置。由此产生的自由需要一种时代特有的对随意性的限制形式来维持。这一形式恰恰是美学的风格化原则所提供的。关于这一点,齐美尔写道:"促使现代人强烈地(爱好)风格的(原因)是风格的本质,即解脱和遮盖个性。个人中心主义和个人独特性激化到了(几乎)断裂(的程度),而在从行为一直到住房装饰的风格化的成形中,尖锐的个性被舒缓和减色为普遍的东西及其规则。(这种)情况有点像自我不能承受自己一样。……风格化的表现,生活形式,审美观——这一切是使(这一)时代的夸大的个人中心主义得以抗衡和遮盖的限制和距离化。"[61]

齐美尔对风格化的日常美学形式的研究既包括对艺术行业的一些产品(如

首饰)的分析,也包括对现代生活特有的一些表现形式(如大城市生活、时尚、冒险、社交乃至女性的卖弄风情)的考察。在这些话题中,时尚最受齐美尔的关注,因为在他看来时尚最能反映现代性的本质特征;时尚既反映现代生活的多变特征,也反映它的对抗特征。一方面,人具有将自己与他人相区分、相隔开以突显自己的个性的基本需求,而现代人的这种需求似乎比以往更强烈;时尚恰好可以满足人的这种需求。另一方面,人又有一种趋同的趋向,有一种模仿和属于某个特殊群体的需求,这种需求也可以通过时尚得以满足。因此,在时尚将分离需求和模仿需求组合在一起、将它们综合在一种统一的行动中时,它最能反映个人化与社会化的尖锐对立和统一这一现代社会的基本对立形式。除此以外,时尚还被齐美尔视为过去与未来之间的缓冲带:时尚通过某种极易消逝的表现形式不停地满足人对新事物的刺激的需求,而当某种时尚被模仿、在大众中传播、满足许多人的这种需求时,它又在取消自己、变成过去,从而被新的时尚所取代。时尚的这种自相矛盾被齐美尔视为它之所以能够给人提供一种"身处当下"的感觉的本来原因[62]。对时尚来说,重要的并不是"连续性",而是不停变换。这种变换除了依赖现代人的心理需求之外,更多的是依赖商品经济的逻辑而成为可能。与这些社会心理的和经济的因素相关,现代人显得急躁和不安,现代社会中的刺激越来越泛滥。而刺激越多,人对刺激的反应又越迟钝。在这种情况下,刺激的加强和时尚变换频率加快变得不可避免。

刺激的泛滥在现代的大城市生活中最为严重,它导致现代城市人的神经被过度刺激。为了在这种状况中生存,现代人往往只能从一定的距离之外与其他社会成员以及与他的日常生活环境中的客体建立某种关系。在此意义上,齐美尔将独特性与普遍性之间的对抗产生的生活形式,即生活的风格化看作是现代人"为自己而在"与"为他人而在"之间的斗争的场地。现代人之所以喜爱残片、暗示、箴言以及简单的艺术风格的刺激,是因为他们已经害怕接触外界,只能在这种"害怕"的情境中与外界建构某种关系。现代人已经丧失了判断他们喜欢哪些东西、认为哪些事物具有积极意义的能力,他们仅仅能够判断自己不喜欢什么、想把自己和哪些人和事区分开。也就是说,现代人越来越多地失去了亲密和私密关系。而导致这种情况出现的原因在齐美尔看来是货币经济。如前文所述,货币既能使现代人在他自己与他所追求的客体之间建构起内在的界限和距离,而这种界限和距离可以使他摆脱过密和过强的人际交往。而当现代人失去亲密和私密的时候,他找到了一种替代物:即建立在(远)距离之上的交往形式。齐美尔的这种分析告诉人们,为什么(尤其是)现代西方人对遥远的、过去的和陌生的东西具有极大的兴趣。这种兴趣实际上仅仅是现代人无法忍受自己的现实的结果,它是他逃避现实的诸多表现中的一种。

从现代人的"失根"状态出发,齐美尔还解释了许多其他现代性现象,现代人特有的对自然的浪漫态度,他们众多的将外来文化内容融入自己文化的尝试,他们将自己的文化传统中丰富的形式用来装饰自己生活的做法等[63]。在齐美尔看来,现代人之所以对自然越来越具有浪漫的想象,是因为现代大城市生活在不断切断他们的自然根基——比如亲情。在这种情况下,自然不断获得某种对现代人来说失去的天堂的意义。这一天堂在艺术领域激起了很多风景画的想象,在生活中又激起了人们对自然的热爱。现代人对历史和外来文化的强烈兴趣也来自自身境况。现代人之所以对自己的历史和文化传统中的神话题材和造型进行艺术加工,并且大量地在博物馆中展览外来文化产品,是因为他们想通过这些手段跳出仅仅囿于自己当下的意识状况,并且借助心灵特有的可变性和可塑性呈现外来文化、使用外来文化内容。在19世纪末20世纪初的(西方)社会,国家大力赞助博物馆事业,国家和私人大量收藏艺术品,考古学和哲学的一些学科取得了大量成果,这些变化在齐美尔看来都证明了这么一个事实,即现代人的囿于当下的意识状况需要新的替代物、需要其他世界来支持;现代人只有不停地获得新的刺激和外来文化内容,逃向"当下以外的境地",才可能承受其内在的不满足和不平衡。齐美尔所确认的一些典型的现代现象——张力感觉、期待、未满足的渴望、对事物中主要的和最终的东西的企盼以及对生活的本来意义和主要活动的寻求等等,仅仅是主体本身的分散化、失去了自身"中心"的表现。它们也表明,现代主体还在不停寻找客观世界对它的要求以及它自己的主观需求和愿望之间的协调和平衡。

关于现代人的心灵的这种持续的不安、躁动特征,齐美尔写道:"就当下——在其中,技术的主要地位明显地意味着清晰的、心智的意识作为(技术的)原因以及后果占优势而言,我强调,在心灵的思想性和镇静被自然科学的——技术的时代的华丽所麻醉时,它会作为某种迟钝的张力和无取向的渴望的感觉施以报复;(即)作为这么一种感觉,我们存在的意义似乎(离我们)如此遥远,以至于我们无法将它定位并且总是面临离它越来越远、而不是接近它的危险;但一下(又觉得),它就在我们眼前,假如我们不老是缺少一点点勇气、力量和内在的把握的话,我们(甚至)一伸手就可以抓住它。我相信,这种隐秘的不安,这种潜意识的渴望将今天的人从社会主义赶到尼采,从碧克林[64]赶到印象主义,从黑格尔赶到叔本华,然后(又从后者)赶回(前者)——并不仅仅来自现代生活的表面的匆忙和紧张,而是相反:它(这种紧张)更多的是那种最深层的状态的表达、表象和释放。心灵的中心确定的东西的缺少使得(人们)总是在新的刺激、轰动、外在的活动中寻找短暂的满足,这样,它(这种缺少)才使我们卷入杂乱无序的摇摆和繁忙之中——它们(这种摇摆和繁忙)有时表现为大城市的喧哗,有时(表现为)旅游狂热,有时(表现为)无度竞争,有时表现为品味、风格、伦理、(社会)关系方面的不忠诚。"[65]

现代社会的客观状况本身在齐美尔看来已经陷入危机,而现代人对现代性进行加工的主观形式与这一状况是相适应的。如果说,现代社会的状况是货币经济发展的结果的话,那么,现代人的内在危机也是与货币经济带来的选择的多样性和生活形式的异质性相联系的。在这层意义上,齐美尔通过他的现代生活的美学的分析实际上已经对现代性提出了一种机灵的批判。

第五节 文 化 理 论

齐美尔的文化理论著作主要包含两方面的内容:一方面是现代文化的时代独特性,另一方面是单个的人在社会化的程度越来越高、因而越来越匿名的世界中自我实现的机会。因此,在齐美尔那里,文化概念与社会概念具有一个明显的区别:即文化概念总是涉及到人的内在的发展可能性,总是与人的人格发展相联系。在此意义上,齐美尔的文化理论具有明显的个人人格论的特征。在他看来,个人的人格发展反映了人在某种具有重要意义的秩序中的地位,而这种秩序又是人自己创造的一种环境,因而值得文化理论关注。而在齐美尔的社会学中,人格则仅仅是一个边缘概念,人格概念只涉及社会性的相互作用的形式,而不包含个人行动的内容和目的以及他们的需求和兴趣。

齐美尔的文化概念来自西方语义学传统。它首先包含的是农业中培植或文化概念(kultivierung)的含义:在农业中,文化指的是对园地的耕种和保养过程;在这个过程中,植物的自然特性被有意识地培养;这一特性在植物的萌芽状态即已蕴含,并且等待着发挥出来。这一概念移到人的身上就意味着对某种教育理想的强调:文化指的是对人的培养过程;在这一过程中,人所包含的自然基础被有意识地引向有利于整体利益的方向而发展。而在齐美尔的思想中,整体利益的实现是与人类的目的活动紧密相连的。在他看来,人类历史就是一个从受因果规律支配的"强制帝国"跳出、从而进入目的活动的过程,即从自然状态进入文明状态的过程。文明状态虽然还不等于"自由帝国",但是它是高于自然状态的一种状态,因为在这一状态中,人的行动以及人的目的设定即人的意志已经在支配世界事件。

齐美尔将他的强调"培养过程"的文化概念与"文化工作"意义上的文化概

念作了明确的区分。在文化工作中,人们将某种外在于客体,即不属于客体的本质属性的形式强加给客体(如将木材加工成桌椅)。而在培养过程中,某种客观实体所具有的基本特性和能力被和谐地培养。这种过程的结果就是这一实体的本性外在化或者它的文化。当然,并不是所有"本性确定"或发展的过程都是齐美尔意义上的文化过程,如人在爱情中获得的满足,某件艺术作品的创造,与超验领域的个人的宗教关系等等就不属于这种过程。人要成为文化人,必须通过一个教育过程穿过一个本来外在于他的世界。通过这种客观化,人才能发展成一个与他的本性一致的文化人[66]。

虽然人要获得更高的发展必须被培养、受教育,必须经历许多客观化,但齐美尔又认为,并不是人类所经历的所有客观化都是"文化序列"的一部分。世界的内容也可以被视为某种其他的意义领域的构成部分,它们也可能仅仅具有自己内在的客观意义,而与人的个性发展无关。比如,某种伟大的艺术作品呈现的就是这种内容。一件艺术品仅仅是某个艺术要求的成功实现的结果,而不是满足来自文化的一些客观要求的产物;它实现的是某种艺术理想,而不是文化理想。而只有在文化理想中人的客观化才可能导向人类更高水平的发展。在这层意义上,齐美尔认为,哲学、艺术和宗教只是在它们自身的实际意义和它们内在的价值尺度上看实现了自己的目标。而在人的本性发挥以及与此相关的人类的培养上看,它们并未做出贡献[67]。

人的培养或驯化过程是人实现行动目的的过程;在这些过程中,人根据自己的观念形塑对他来说本来陌生的世界。而齐美尔却发现,近代以来,一种本来仅仅是通向目标的手段、是人与其目标之间媒介的东西逐渐变成了人所追求的最终目标,这就是货币。在历史发展的过程中,货币逐渐变成了某种"中间性"世界的中心,在这个世界中,人的本来的终极目标似乎已经消失。而在齐美尔看来,人往往与自己的行动目的具有某种感情关系,而与实现这些目的的手段更趋向于具有理性关系。因此,货币从手段和工具到主体的终极目的的地位转变导致了现代建立在理性基础上的功能越来越扩张,而建立在感性基础上的功能越来越被排挤和压缩。在这一发展中,近代以来的社会越来越具有理性和心智特征,它越来越依赖与货币具有共同的逻辑结构,即可计算性和预测性的文化形式如法律、科学和技术而存在。如前文所述,自然科学的世界观不关心世界现象的质性状态,而是试图将它们置于自然规律的一致支配下加以考察;通过人的评价而出现的实践世界却呈现某种等级秩序——这种等级的确定以单个的现象满足人的需求的作用为基础。当货币作为价值的普遍尺度将实践世界中单个的现象之间的差别夷平,而仅仅使它们之间的量的区别的测量成为可能时,货币本身就意味着某种特殊的"无特性"。这种无特性也是人的心智的理性功能的"特性"。这样,货币在实践世界中带来的变化与自然科学在客观世界中带来的变化共同促成了纯粹客观的"事实规律性"的全面统治,包括对实践世界的统治。齐美尔甚至认为,近代所特有的一切"宏大的历史潜能"(法律、民主、工业等等)都呈现货币和心智的基本特征,即理性和逻辑特征。这种特征明显地区别于其他文明时代的"质性状态"[68]。

齐美尔认为,货币经济、法律理性主义和近代科学所共同的"测量的、衡量的、计算性的精确的本质"使现代文化陷入了一种深重的矛盾[69]:纯粹由理性功能所支配的世界无法满足人的自我实现的人文要求。自然世界和实践世界的精神的这种"自足的联合",这种理性和逻辑性的统一使得人的精神通过客观化能够更加有效地征服和利用外在自然。但是,由于这种客观化的精神中缺少心灵,所以,它不是一种"人格的整体形式"。这种整体形式在齐美尔看来恰恰是人的心灵的独特性。它的形成过程遵循的要求与计算和测量理性的培养是完全不同的。这就使得现代处于客观文化和个体(主观)文化之间的持续冲突之中。

精神的客观化(或对象化)的形式与人的心灵的表现形式之间的区别可以通过齐美尔所分析的美学领域的一个例子得以说明。齐美尔认为,(文化)工业所批量生产的产品是精神对象化的形式,而伟大的艺术作品则是心灵的表现形式。在一件伟大的艺术作品中,艺术家的人格被清晰地表现出来。而在一件工业产品中,由于劳动分工的存在,单个的工人的劳动只能得到部分的表现,以至于他无法将这一产品仅仅视为他的劳动成果,也无法在其中发现作为一个完整的劳动主体的自己。齐美尔认为,劳动者与其劳动产品之间的这种异化可以被视为现代社会中所有其他文化客观(对象)化的模式。这种异化的结果是,这些客观化仍然可以被视为人的精神外在化的形式,但却不能被必然地视为人的心灵的培养形式。如果说,人类在早期征服自然的过程中在将自身客观化,但是都能够在自己生产的产品中重新发现自己,以至于劳动的主体与其产品之间的互动构成了一个整体,那么,在以货币经济为基础的现代社会,这种互动却为主观文化和客观文化之间的分化铺平了道路。在这里,两种文化开始互相独立地发展,以至于这种文化发展不再像前现代那样是"心灵回归自己的过程"。齐美尔甚至认为,这种文化发展已经失去了文化意义,只能被视为文化衰落的形式[70]。在前现代,人的生活寓于"精神性",即精神和心灵的整体中;而在现代,人类社会在征服和利用自然方面虽然取得了长足进步,但却必须以这种精神性的失却,以人格整体的丧失为进步的代价,这在齐美尔看来是现代文化特有的悲剧。

现代所经历的这种客观化被齐美尔称为"事实的起义"。这种变化使一切价值都得到了重新评价和定位。而这种变化又是货币地位变化的结果：货币从一种本来的社会交流手段变成了最终目的，这使得在现代对深层次的生活意义的寻找变得徒劳无益；当手段变得比目的越来越重要时，当货币这种共同的价值尺度平整了一切质的区别而只强调量的区别时，当近代科学使世界失去了神秘和魔术色彩时，人的地位也发生了根本性的变化。人从作为一切价值和一切文化意义的本来来源的中心地位逐渐被某种客观的整体关联所取代。这种关联虽然是人创造的，但是慢慢却成了一个独立于人的、由纯粹的客观规律构成的世界。人们在改造和利用客观世界的过程中逐渐变成了奴隶，被它排挤到了边缘位置。关于这一状况，齐美尔写道："（认为）我们在为自然服务的时候我们在支配它，这一定律具有一个可怕的反面，即我们在支配自然的时候，我们在为它服务。认为现代生活的意义和精神潜能从个人形式过渡到了大众（形式），这是很大的误解。它（这一潜能）更多的是过渡到了事实形式，在当今文化的机器、产品、超个人的组织的并非一目了然的充斥、奇妙的目的性和复杂的精密度中得以发挥……这样，手段的统治不仅侵蚀了单个的目的，而且（侵蚀了）目的的据地，（即）所有目的汇聚的地点，因为当它们（目的）是真正的终极目的时，它们只能发源于此。这样，人同时和自己拉开了距离；在他与他的本质和本性之间嵌入了一种（由）间接性和技术成就、能力、舒适（构成）的庞然大物。"[71]

当人不再居于作为客观化的世界的中心，当作为古代文化和教育理想的"心灵的统一"在劳动分工的大环境中已不复存在时，齐美尔认为，哲学和社会科学要回答的一个紧迫问题是，现代文化中还能形成什么形式的个人同一性？在这个问题上，齐美尔也持比较乐观的态度。他认为，现代生活风格的极端的客观化虽然使主观文化与客观文化分离，但是，它却为一种新的、现代特有的内在性即同一性形式的形成创造了条件。这一形式或多或少地可以取代传统社会中的同一性形式，这种新的形式是一种"开放的统一"，而传统社会的同一性则是"封闭的统一"。

齐美尔通过他的分化公理解释了这种新的同一性形式的形成过程。正如前文已经介绍的那样，齐美尔对现代货币经济的发展的描写是以某种独特的发展逻辑的建构为特征的。这种建构的含意在于，经济价值是从一种自然生成的由"无区分"构成的阶段分化出来的。在这一阶段，人指向某种客体的需求与这一客体本身构成一个无区分的统一体。而逐渐地，经济价值却分化为一种与经济对象（如粮食、衣物、工具等等）相分离的追求，并且在人们头脑中变成了一种独立的价值设想。与经济层面的这种主体与客体的分化和越来越大的距离化相适应,理论和思想层面也出现了一种主体范畴和客体范畴的分化。并且,这个层面的分化也必然地破坏了某种心灵生活的原始状态,即"自我及其对象尚未分离地存在"的状态[72]。在后来的建立在交换基础上的经济发展中,主体和客体的分化导致了货币的细分。而这种细分才使货币概念本身越来越清晰和明朗、使货币最终成为表现经济客观性的纯粹形式[73]。这样,齐美尔强调了货币经济发展与主客体分化之间的两层关系。其一,货币的起源建立在经济追求的主体与经济追求的对象之间的分化过程之上;而这一过程又表明,经济价值之间本来就存在某种等级秩序。其二,就其纯粹的概念而言,货币又包含了无区分原则;因为这一原则构成了某种建立在货币经济基础上的全方位的历史性的去分化和平整过程的逻辑出发点,这就是对事物的质的属性和个体的人格特征的无区分化和平整。

与货币的发展相适应,人的心灵也经历了一个分化和去分化的过程。心灵必须将自己与精神的客观化区分开来,以便获得一个纯粹和清晰的概念:只有心灵才具有人格统一体的形式,这是它的不可还原的本来价值,是客观精神所不具有的一种构形原则。心灵在其后来的历史发展过程中,也是以某种全方位的分化过程为基础的;分化的结果是使人的心灵的特征能够在某种独立的表现形式中得以突显。当心灵完成了自身的分化过程、将自己与客观化的精神区分开来以后,心灵原来作为人格统一体的地位已经丧失,它不能再作为整体而渗透各种客观化。在这时,心灵分为两部分。一部分与货币分化形式相适应,以纯粹区分的理想作为存在基础,即建立在纯粹的事实或客观化基础之上。另一部分是无法物化的内在性部分;正是因为它无法被客观化,它显得更为个性化,更能表现自我的无可争议的独特[74]。也就是说,为了适应分化的外部世界,心灵将自己的一部分划分出来,并且赋予它以客观化的功能,而剩余部分则保留为纯粹个人的部分,它仍然是一个整体,可以保持主体的内在统一性和个人同一性。

在此意义上,齐美尔在货币经济带来的分化中看到了人的个性发展的希望。在一切外在性中,主体的心性被驱逐了。但是,在剩余的、没有被外在化的内在性中,人类却可能将自身精致化和提高。这种发展在齐美尔看来主要是在人类心灵生活的一些原始领域中出现的:艺术、爱情、宗教和本质的哲学世界观即为这种领域。齐美尔相信,在货币和心智使人与物的接触越来越少,并且在物越来越遵循某种无心灵的机制而运作和发展的同时,那些以人格统一体为基础的人类经历形式将会独立存在下去,会不必绕道客体(即不以中间性为基础)

而发展。事实上,欧洲资产阶级文化在19世纪到20世纪之交出现的对"内在"的强调[75],就证实了齐美尔观点的正确性。人们对内在性的高度评价表明,人不一定会被客观性的机制所平整、所驱逐出"家"(即自己的内在),而是可以隐退到那些允许自己人性地存在的领域。当然,现代人是否利用这种可能性,是否还有对这种自我维护的个人形式的需求,这是另外一个问题。它不是齐美尔关心的问题。齐美尔只是想通过他的文化理论的构建完成一个很小的任务,即告诉人们一种做出符合"个体规律"的生活安排的可能性;告诉人们,当人们选择内在性之路而放弃现代大众社会已经走出的平坦大路时,人们会得到什么。

第六节 性别关系分析

齐美尔对性别关系问题进行了长达30年的思考。有学者认为,在19世纪到20世纪之交西方社会经历的许多社会和文化潮流中,齐美尔最关心的是由现代性别关系引起的文化问题以及改革尝试[76]。这些思考的结果发表在多篇文章和一些著作中。在他的一些关于性别问题以及关于资产阶级妇女运动所追寻的妇女解放目标的论断中,我们可以清楚地找到他的思想发展线路,并且再次看清他的文化理论的独特性。如前文所述,齐美尔晚年重新进入了生活哲学的思考。在这种思考中,他继承了狄尔泰和贝格森的传统,将生活概念和文化概念置入一种直接的关联中加以分析。文化在齐美尔的著作中指的是人类构建真实和加工真实的活动和成就的总和,它是一个内容比较确定的概念。而生活概念在齐美尔的著作中则是一个无定形的概念,他试图把握的是人类主体性所呈现的具体的鲜活性;主体性在人类的文化活动中总是与真实交织在一起,而且,作为一种真实,主体性将整个真实确定为鲜活的真实[77]。

齐美尔强调生活的过程性,并且认为这种过程性与创造文化的精神性处于互动关系中。这个主题在他的性别问题的研究中也得到了发挥。在1911年发表的《性别问题中的相对和绝对》一文中,这个思维模式就很明显。在这篇文章以及其他相关作品中,齐美尔试图从每种性别在生活动力方面以及文化生产方面的特有地位出发来理解性别。早在1902年发表的《女性文化》一文中,齐美尔就尝试过走出对女性的纯粹经验分析,得出一种对女性的哲学和形而上学的定义。而在1911年的《性别问题中的相对和绝对》一文中,这一定义更加成熟,并且,通过糅进"男性—女性—关系"这一整体,这一定义变得更加宽泛。当然,这篇文章所遵循的方法不太明确,其中的分析更多地具有"日常现象学"特征,而这一现象学最终又汇入了一种关于性别本质的形而上学。

在这篇文章中,齐美尔没有设计出某种系统的性别方案,对社会中的性别现实也只是做了简单的批判性的分析。但是,在一些观点上,齐美尔显得比较激进;他更多地认为自己的性别所占有的地位不公平,而女性没有获得其性别应有的地位。他首先肯定,历史上所实现的文化一直是男性的文化。齐美尔发现了一种普遍规律,即势力总是趋向于转变为权利。与这一规律相适应,男人依赖其历史性的优势地位将他们特有的男性的绩效和成果确定为人类普遍性的和性别中立的形式,将他们的男性特定的价值和规范确定为超性别的、客观的和普遍有效的东西。也就是说,将男性的变成了人类的,人类的变成了男性的。在这一前提下,齐美尔发现了一个问题:即是否有一种"女性文化",在何种意义上存在一种女性文化?在这一视角下,齐美尔描写了一个对今天的西方女权主义争论仍然具有重要影响的两难:即在现实中,妇女做出的成就被按照绝对男性的标准加以评价,这些成就中只有那些符合占支配地位的规范的部分才被承认;在这种情况下,女性特有的文化成就要么被忽视,要么被习惯的标准定位为次等的;另一种情况是,妇女的可能性和能力被另一种评判标准所限定,而这类标准又在于强调妇女对男性的一种补充作用、辅助作用。在两种情况下,男性确定的标尺都是绝对的、具有引领地位的。而这类条件下,女人几乎作不出为社会承认的独立的、具有自身规律的文化贡献。

在这一状况描写的基础上,齐美尔试图在事实发展,即外在的、文化历史的发展基础之外寻找两种性别的本质,即它们建立在超历史的基础之上的本来特征。在这个寻找过程中,相对和绝对是齐美尔思考的形式层面的主线。齐美尔发现,在传统观念和人们的日常意识中,妇女往往被不加反思地看作某种相对物,看作是男人的附着物。男人被看作绝对的一极、不依赖其他对象而存在的本体;女人被认为本身什么也不是、只是在与男人相对应时才获得了存在地位。齐美尔却发现,这种说法应该颠倒过来才正确。如果考察男人和女人的性别性,即每种性别的本质特征,那么,人们必须承认,女人才真正是以某种绝对的方式存在的性别本体,而男人只是有时是性别本体、在与女人相对时是性别本体。齐美尔区分了人类的性别性,即性别本质特征的几种形式:性爱(eros)、性生活(sexualitaet)、繁殖能力(generativitaet)和当父母(elternschaft)。他将这几种形式分别用于描写男性性别和女性性别。就男性来说,男人的性爱活力使他具有一种二重本性:即感性和精神性。男人的感性的一面使他面向女人,而他的精神性,即他的细分的升华可能又使他占有精神和文化生产领域。男人在感性和精神性方面都具有外向性。与此相反,女人的特征是她拒绝一切外在于自身的东西,深沉地陷入自己的性别存在之中。对女性来说,最大的满足既不能在异性恋中获得,也不能在认识和创造活动中得到,而是只能在母性即生育过程中得到。

从这种性别性定位出发,齐美尔继续分离了每种性别类型的特性。并且,这种类型的样式越来越受"精神与生活""文化与自然"这种形而上学的两极性所支配。在这一视景中,男人的领域是由精神维度构成的。而精神的特征又是分裂(变)、分化和个人化。因此,男人的生活在很大程度上意味着认识和创造;他更多地生活在主体和客体的对立当中。男人与世界的关系以及与他人的关系主要是一种目的—手段关系。因为男人有许多创造性的发挥可能性,所以,在每个男人身上,作为类的男性的东西往往消隐,而他的个人化的存在的独特性却十分明显。与此相对应,女性之在表现为一种无区分的形式,表现为一个封闭的整体。这个整体与人的心灵和艺术品一起构成了世界的三大整体。这一整体是世界的一部分,但同时又完整地包含了世界,作为一个未分裂的统一体,它折射出世界。在类的女人和个体女人所经历的命运之间,齐美尔也承认有某种距离,但是,这一距离小得几乎可以忽略不计。

齐美尔在这篇文章中还提出了另外一个观点,即客观世界的建立必须遵循男性的原则。为了论证这个观点,他从母性现象出发建构了一种性别形而上学。齐美尔一方面认为,母性之在等于母亲之在。另一方面,他更进一步认为,母性(生育)应被视为生命的过程性,即生命之流的更新。这种更新在作为母亲的女人身上不断重复。而在每一次具体的生育中,生命的最基本的事实都得以实现,即都会从晦暗的、未分裂的基础之上裂变,产生出一种个体构建物(人)的单面性和动荡。由于只有女人与存在的原始维度有这种不可解脱的关系,所以,只有女人才可能超出具体的"男人—女人—关系"而作为人类意义建立的过程的"母岩"而存在,而精神和文化只是这一过程的巅峰。在此意义上,女人是绝对的,不以男性之在而在的。女人寓于普遍性之中,寓于作为整体的生命之流的根源之中;男人在无限的理念和有限的实现引起的悲剧性的分裂之中创造普遍性的东西,当然是抽象和客观化层面上的普遍性的东西。

前文已经提到,齐美尔在现代生活的很多表现形式中都看到了一种无法消解的对立。在现代性别关系中,他也认为这种对立十分明显。并且,这种对立会导致文化冲突。因此,这一对立不仅表明了现代性别关系的特征,而且表现了现代社会的特征。性别关系是现代性的一个象征,也是现代性的一个缩影。在他的性别关系的思考中,齐美尔关心的另一个重要问题不是德国乃至欧洲的无产阶级妇女运动,而是世纪之交的资产阶级妇女运动。这一运动追求的目标是妇女在政治、社会和法律方面与男性平等的地位,以及妇女在未来的性别关系设计中独立的话语权利。性别关系的设计权直接关系到文化、科学和教育领域。而齐美尔的文化理论正是对这些领域思考的结果。因此,他认为,他的一些基本假设可以用来澄清妇女的这一要求所包含的逻辑和实践问题。

齐美尔的性别关系研究是从他的分化理论出发展开的。他认为,在现代社会中,妇女的地位是由社会的劳动分工所决定的。近代以来,劳动分工使依赖于市场的生产变成了一个独立的领域。随着货币经济的发展,这一领域与传统的家庭经济越来越对立。与这一分化相适应,文化的分化也越来越突出,以至于齐美尔发现了现代社会的一个普遍逻辑,即公共领域变得越来越公开,私人领域越来越私密。在这种变化中,男性和女性的活动空间越来越明显地被区分开来,男人包揽了家庭外部的生产活动,主要忙于挣钱养家糊口。女人则继续留守在家庭领域,在这片广阔的场地上从事社会活动:教育子女,照顾所有家庭成员,照料家里的老人和病人等等。但是,工业革命以来,这种情况有了很大的改变。作为工业化的后果,家庭中的一切重要经济功能都被分化出去,改由一些细分的社会机构来履行。这种变化使得很多妇女被迫离开家庭、进入外部的生产领域,沦为无产阶级女性。而一些资产阶级女性也获得了享受教育和职业教育的权利和机会。女性内部的这种分化产生于两种要求:一种是对与男性平等的社会地位的要求,另一种是对女性性别特有的差别的社会承认的要求以及创造适合女性的社会和文化劳动领域的要求[78]。对资产阶级女性来说,家庭经济功能的丧失以及由此引起的男人外出使她们感到家庭中出现了一个空缺位置,感到在婚姻中得不到满足;这也使她们积极寻找这一空缺的社会替补、寻找消耗她们的能量的可能性,即在职业生涯中自我实现的可能性。而对无产阶级女性来说,要解决的文化问题却完全不一样:她们已经被迫整合进了工业生产过程、被迫从事与她们的性别不相适应的工时长、体力消耗大的劳动,她们的理想是重新回到家里从事家务劳动,充当贤妻良母角色。齐美尔认为,妇女的这种不同的、阶级特定的对家庭这个传统场域的态度构成了欧洲(尤其是德国)妇女运动的分裂:无产阶级的妇女运动追求的是男女有别的劳动分工,她们想回到家庭;资产阶级的妇女运动追求的是男女在职业上的平等,她们想走出家庭[79]。

除了揭示女性内部对地位平等的要求所表现的悖论这一事实之外,齐美尔并不对性别的社会平等问题太感兴趣。他感兴趣的是一个更深层的问题,即如果人们破坏传统的性别关系、建立一种激进的男女平等关系,那么人们得到的会是什么,失去的又会是什么?齐美尔的担忧是,妇女几百年以来被局限在家庭范围之内,这恐怕已经使她们形成了一种女性特有的气质特性和心灵品质;

而由于男人要完成家庭以外的任务,他们必然会缺少这种特性和品质。因此,女性的气质和品质具有某种独特的价值和潜能,它们不仅对家庭和家庭经济,而且对人类文化的发展都有重要意义;如果这些气质和品质在性别平等化的过程中被磨灭,这将意味着人类文化会变得单面化。在齐美尔看来,几百年以来的社会劳动分工不仅导致了不同的性别品质发展,而且使客观文化领域深深地打上了男性的烙印。如果女性解放运动使她们能够进入男性的职业世界,那么,这种变化的后果并不必然会是"社会进步",而可能会是因为女性文化的消失而带来的文化单面化[80]。

齐美尔的这种担忧表面上看来具有保守色彩,它很容易让人感到他在为传统的劳动分工的合理性作辩护。但是,他实际上对性别问题具有一种建构性的兴趣。他认为,性别问题并不是一个社会问题,而是一个具有根本意义的文化问题。家庭内部和家庭外部劳动的分工过程不仅仅是一个社会经济的分化过程,它同时引起了心灵深处的性别差异,这种差异反过来又明显地反映了两种性别的劳动活动的分化状况。在齐美尔看来,至今实际上只有男人参与了社会的劳动分工,这就使男性的性别打上了分化的烙印,使他们具有客观化、专门化和个人化的能力。与此相反,由于女人留守在家庭内部从事活动,而这些活动与她们的生物学的基础又比较接近,这就使得女人的本性尚未被分化、还呈现原始状态的整体性。作为"分化前的整体",女性的性别气质比作为劳动分工的产物的男性要鲜明得多。在每个女人身上,女性这种"类"的特征和这个女人的个人特征是一致的、未区分的;而在每一个男人身上,男性这个"类"的特征却不太明显,他更多的是以建立在劳动分工的专门化的基础上的社会地位为特征的。男人的气质更多的是他们的个体性气质[81]。

正是因为女人没有卷入社会的分化过程,所以女人还蕴含着一种未被消耗的张力;与此相应,现代女性在齐美尔的想象中还有希望承担一种特定的文化传播任务。女性象征着一种纯粹的尚未进入现实的潜力;这种潜力的发挥具有重要的文化建构意义:人们可以希望,它将实现一种与至今建立在男性的活动基础上的社会发展完全不同的发展。甚至,齐美尔似乎把女性的简单存在即已看作可以制约男性所实践的社会建构的力量。在男人的眼中,女性具有某种独特的美。根据齐美尔的解释,这种美来自女性的本性中比男性更大的统一性和不可分性,来自于女性与其本性的一致。男人所生产出的多样的和分化的客观性已经使男人自己"碎片化",使他与自己的自然出生和自然状态异化。而女性的统一性可以提示男人拯救自己、脱离自己的异化状态。

当然,齐美尔在这里必须回答一个问题,这就是:女性怎样才能将她们的至今尚未发挥的潜力以一种客观的文化绩效的形式表现出来,并且使这种绩效既区别于传统的家庭劳动的形式,又区别于男性所得出的文化客观化?齐美尔的答案在以下一段话中已经可以窥见:"一切文化构建物——它们的生产在此被追问——都具有延续特征,就其意义来说,它们存在于个人的生活及其时间性的流逝之外。对女性的整个类以及节奏来说,这种创造类型也许原则上是陌生的。她(女性)也许比男性更多地具有流动的、在日常要求中消磨(自己)的、仅仅关注个人生活的特质。认为她们不占有客观性,倾心的永远不是一个物或者一种理念,而最终总是某个个人,即一个与纯粹为了事情服务的权衡和超偶然性相对立的时间上的并且又是点状的(存在),这属于一种对女性的乏味的批判。"[82]

至今,女人躲过了劳动分工的专门化和客观化以及与此相应的心智功能和情感功能的分裂,她们更偏向于一种整体性的生活形式,偏向于以经历的流动特征为取向,而对客观文化的事实内容不感兴趣,这就使得齐美尔对以上问题的回答是:家务劳动才是女人唯一可以做出的客观文化绩效,因为只有它与女性的特征相一致,而女性从事的其他一切活动都不具有原创特征,而只具有再生产特征。女性的文化贡献不应是客观的文化绩效——这是男人的原创性贡献。女性的文化贡献应该是文化传播,是保留和传播生活过程的节奏性,运用这种节奏性为未来人类的发展服务。这意味着,齐美尔有意识地放弃了某种社会建构的理念:即男性创造的客观文化补以女性创造性的细腻。取代这一理念的是一种具体的调和理想,齐美尔的乌托邦是,在某种更高层次的经历形式中,人类发展史上的自然和文化的对立、法制与自由的对立会被消解。这种调和至今只是在以封闭性和自在性为特征的伟大的艺术作品中出现过。因此,齐美尔将艺术作品看作真实的、内部和谐的生活的象征。而女性保有的整体性、封闭性和自在性使其与艺术作品呈现相同的特征。当女性将其潜力在家庭中发挥,从而创建一种与男性的客观文化完全不同的客观文化时,调和的生活也就能够实现[83]。

在齐美尔看来,性别的劳动分工乃至整个存在方式上的分化这一事实,还包含了一种历史范式。这一历史范式他在现代生活风格、在美学等领域都已经找到过:即在性别关系中,个人与社会的对立、个体性与主体间性的对立这一现代社会所包含的典型的张力关系清晰地显现。他甚至认为,在性爱领域,个人的本来价值与主体间性结构的对立会无法避免地激化成一种无法解决的矛盾。在现代社会,爱情的浪漫形式,即建立在纯粹的个人倾慕基础上的两性关系已经普遍实现。这种爱情的主要表现是排他性。而排他性又意味着避免走普遍

第五章 格奥尔格·齐美尔

性的机构构筑的弯路,如通过他人或专门机构结成两性关系。由此产生的现代爱情呈现明显的个人主义特征。而这种个人主义又是以相爱的双方之间的相互作用为基础的:一方的性爱追求必须要有另一方的回应,并且,只有在这种交互性中,爱情的个人规律才得以实现。换句话说,只有两个人互相回应对方爱的诉求时,他们之间的爱才是个人的。在这种意义上,爱情的奇迹在于,它原则上并不磨灭相爱双方的"自在",而是承认他们各自的不可混淆的独特性,并且恰恰在这种差别的承认中得到肯定。当然,正在爱的人对这种差别和距离往往感到痛苦,以至于齐美尔将爱情视为本真意义上的悲剧:"恰恰当人们成对而在时,人们是孤独的:因为此时人们是分开的,是'对方',是他者。而当人们融化成一个整体时,人们又是孤独的:因为此时能够结束仅仅单一之在的孤独的东西都已经不存在了。……因此,爱情是最纯粹的悲剧;它只能被独特性点燃,并且被独特性的不可克服所打碎。"[84]尽管如此,相爱的人总是不停地试图克服双方之间距离、试图达到与对方完整的统一、完全融化在对方中,这也就是日常生活中正在爱的人为什么感到疲劳和受折磨的原因。

当然,爱情虽然是一种最纯粹的悲剧,但是,它却不一定以悲剧为结局。在齐美尔的分析中。这种状况的原因在于现代人的爱情观包含了一种悖论结构。对现代人来说,爱情是一种介于占有和不占有之间的状态,或者说,在爱情中,人们占有一点什么,但是同时又没有占有它[85]。也就是说,在两性之间的性爱关系中,总是有一种游戏性的交往是可能的。这种交往可以避免爱情的悲剧结局的发生,因为它可以避免人们做出某种真正的决定、避免什么东西被明确确定下来,相反,它在不停地与这种决定做游戏或卖弄风情。齐美尔认为,男女之间的卖弄风情说明,在现代性爱以及现代生活的许多其他领域,已经蒸发出了某种普遍有效的结构。这种结构虽然不能完全化解自我对环境的要求(期待)与环境对自我的要求之间的矛盾,但是,它可以通过某种统一的行为使它们寓于某种可以忍受的形式当中,使互动双方的要求基本上能被对方容忍。爱情中的这种行为方式实际上对现代人"游戏式地"承受和处理生活中的基本矛盾和紧张关系具有代表性。齐美尔甚至认为,卖弄风情之类的使矛盾和张力得以缓和的行为本来是人际关系中一种不起眼的、边缘的行为;但是,它们在现代却发展成了一种具有时代特征的行为。当然,这种行为盛行的时代在齐美尔看来是第一次世界大战以前。第一次世界大战的爆发完全结束了这一时代。此后作为这一时代的主要特征的"未决定性",即以"也许"、"既是这样,又是那样"等形式出现的模棱两可,被某种旗帜鲜明的决断行为所取代。第一次世界大战以前,卖弄风情所代表的那种普遍的生活方式的独特的地方在于,它能将同属于一个整体的两极在概念上区分开来,但并不决定选择哪一极[86]。

也就是说,在齐美尔看来,诸如卖弄风情的游戏性的交往形式是一战以前的主要的社会化形式。那么,这种游戏形式到底包含哪些内容呢?齐美尔认为,卖弄风情有一种逻辑结构,这就是,它包含着"是"和"不是"构成的同时性。在卖弄风情中,是和不是不可分离,它们缠合在一起,使某种最终决定显得很近。而这种最终决定又恰恰是卖弄风情所要游戏性地绕过的。这样,是和不是的混合在每一时刻都会呈现一种开放性或不定性:卖弄风情者既像会做出某种坚定的行动,又像无能力做出这种行动[87]。

在第一次世界大战以前的西方社会,女人一般具有决定和谁做这种游戏,什么时候结束这种游戏的权力。对这种现象,齐美尔也做了解释。他认为,无论在家庭事务还是在社会生活中,女人所具有的权力都不如男人。这使得女人在自己的一生中所能做出的重大决定比男人少得多,而这些数量较少的决定一旦做出,就会对她们的生活产生几乎无法抗拒的约束力。为了尽情地享受能够做决定这一机会,女人在做决定前往往试图通过卖弄风情的行动来延长做决定的自由和权力。这种行为实际上是对最终决定所包含的"沉重"的一种逃避,而这种逃避又开辟了一片游戏性地对待真实的新天地。这片新天地在他看来与艺术领域很相似。在艺术作品中,生活所包含的一些对立被糅进了某种调和的形式。艺术作品所包含的、表现的极端总是处于某种拉锯式的平衡之中,它们中的任何一极都不会获得最终的优势地位。在这种意义上,艺术呈现一种"自由浮动"的特征。齐美尔认为,艺术和卖弄风情的这种共同特征在"交际"这种社会艺术中也可以找到。在这种意义上,齐美尔将卖弄风情称为爱情的游戏形式,而将社交称为"社会的游戏形式"[88]。

作为一种爱情游戏,齐美尔将卖弄风情称为"无目的的目的性"。它的社会意义在于,它是女性将自身的无区分或未分化特征在社会上加以展示的一种理想形式——因为既然女性的活动空间在家庭,那么,"爱情游戏"几乎是她们在家庭外活动的唯一机会。同时,对男人来说,卖弄风情又意味着某种"还没有",某种尚未实践的诺言和无尽的可能性。由于卖弄风情展示了一种处在"决定的沉重"以外的社会交往方式,而这种方式在很多其他生活情景中和生活内容上都可以运用,所以,齐美尔认为,它不仅是一种适合于两性关系的交往形式,而且也是适合于现代生活中无数其他的具有对立关系的情景的方式。在这种意义上,这种交往方式在齐美尔的眼中获得了某种超验的特征。关于这一点,他写道:"同时的赞成和反对、也许、推迟的决定保留——它(这种保留)使它(卖弄风情)的在实现的过程中互相排斥的两个面首先得以享受——(所具有)的一切吸引力不仅是女人对男人的卖弄风情所特有的,它们在无数种其他内容上也出现。它是一种形式,在其中,生活的未决定性结晶成一种完全积极的行为,并且,它(这一形式)在紧急状态中虽没有生产出道德,但是(生产出)兴趣。通过那种游戏性的、但是并非总是被'游戏'的气氛所伴随的靠近和远离,为了重新放开而捉住(什么)、为了重新捉住(什么)而放开它,这种试探性的好感——在其中,已经出现了对它自身的辟谣——心灵找到了适合于它与无数种事物的关系的形式。"[89]

也就是说,卖弄风情包含了一种世界观上的中立性,而这一至少是暂时的中立性给现代这一时代打上了鲜明的烙印。与此相关,现代在艺术和生活领域具有风格的多样性特征,在思想和社会领域又包含了很多潮流。这些风格和潮流都是一些互相独立的势力,它们当中没有哪一种占据绝对的优势地位,以至于它能够找到一种对所有其他思想立场具有约束力的普遍有效的形式。在这种情况下,一切有关生活、艺术、社会的绝对化的理论都失去了绝对的地位,理论解释的多样性变成了一种正常现象。而在齐美尔看来,这种现象只是现代社会这枚硬币的背面。在现代社会的另一面,即它的经济的一面,全盘的货币化和商业化已经导致了这么一种局面的出现:每一个对象,每一个物都被按照它的抽象的交换价值来衡量,而每一个人可以随便选择用来满足自己的需求的客体,因为这些客体作为经济价值的载体互相之间是可以交换和替代的。这样,现代人的心灵呈现明显的无约束特征。这一特征既表现在现代人的消费行为上,又表现在他们对所有至今流传下来的传统和价值观的"不忠诚"上。卖弄风情作为这种无约束性的超验的表现形式注定会成为"生活的未确定性"中的一种理想的交际形式。

总之,卖弄风情中所包含的未决定性是一个时代的特征。在齐美尔的分析中,这个时代已经找不到自己的中心或者绝对的标尺,以便以此来判断至今所发生的社会文化分化是否有价值。卖弄风情所表达的那种交际形式实际上并不是解决现代所包含的诸多结构性的矛盾的最终方案;它只是将正要做出的决定推迟了一下。

第七节 评价和影响

德国作家、齐美尔的同时代人保尔·昂斯特的以下一段话对齐美尔作为个人和思想家的一生做了比较全面的评价:"这个哲学家是作为犹太人出生的,并且在犹太人的感受和思维中以奇特的方式一方面通过女性的影响——这种(女性)来自基督教,生产了完全德意志式的内容,另一方面表达了哲学理想中的目标,这样,他将自己变成了一个奇迹般多样的人——其个性在为一种异常坚韧和牢固的,并且像一把薄薄的钢卷尺那样具有弹性的统一性而奋斗。通过剔除其中他不喜爱的偶然的部分,但强迫自己接受(其中)主要的部分,他具有一种驾驭生活的坚强意志和巨大的能力。因此,他拥有一种幸福的生活观,尽情地享受着它(生活)并且善于适应、在自己喜欢的时候持续地占有最陌生的东西。通过它(陌生的东西),他随着时间的流逝改变着他个人的重要部分,以至于他——如果人们考察他的思想内容的话,大致在十年间变成了完全另外一个人。但是,(他的提问)方式总是一样的,(即)他的(对)形式(的探索);并且,在这(形式)之中存在着统一性,它(统一性)将这种先后次序(齐美尔的不同时期)做成了一个单一的人。这一方式的本质却是,在他尚未触摸时即放弃具体的东西,并且迅速地达至抽象的东西的活生生的追求;他从来不把自己的经验和所接受的认识作为最终目的;就是艺术作品他也不会长时间地当作真实的东西来欣赏,而是当他对欣赏加以思考时就已不是如此了。并且,人们几乎可以这么说:他在这种思考中最美好地欣赏着。这种性情在他的哲学中找到了它最合适的表达:它(这一哲学)尝试着将世界观溶解在关系之中,并且将整个存在理解为一个由(多种)力量(构成)的飘动的球体——它们(这些力量)互相轻松地并且稳定地支撑着。一个哥特式的顶拱中的石块总是必须具有两个哪怕很微小的支点,通过它们,石块才得以固定在地上,即使在建筑师将它们的地面重量通过他的意志转变成天上的压力后,它们能够通过自身的作用力互相支撑在高空中;但是,艺术本身还是寓于地球上,只是它的追求在高处;仅仅只有思想能够完全离开地面:这个哲学家的思想就是如此。由此,他在谈话时能够以一种优雅的方式进行游戏,他的思想在互相唱和。作为一个爽快的人,他经常具有最美好的喜悦,即对他自身以及他的性情(的喜悦);同时能够通过他的并非软弱而是强硬和温暖的心更多地为他人而喜悦以及为他人而忧愁——这是另一个心灵所能给我们的最高贵的礼物。"[90]

昂斯特对齐美尔的这种评价虽然中肯,但是在学术界,齐美尔却未获得过一致的赞誉。直到20世纪60年代中期,齐美尔的著作在德国还处于被排斥和遗忘的状况。德国学者布什在1959年指出,齐美尔从德国人的现实意识中被排挤出去实际上是一种"模式事件",因为他的思想与近代德国的思想和文化史很不相容,而这一历史又被两次世界大战、一场失败的社会主义革命、纳粹党的掌权以及大屠杀事件打上了深深的烙印。为了将这些黑暗的历史从集体记忆中排挤出去,德国思想界和学术界对那些揭示现代性的内在本质矛盾、从而与

第五章 格奥尔格·齐美尔

支持这些事件的思想传统完全不同的思想也排挤了[91]。齐美尔、本雅明、维特根斯坦、博尔夏特(Rudolf Borchardt)的思想就属于这类"异教思想"。齐美尔曾经被简单地贬低为一个"印象主义者",他的哲学被戏称为哲学的"过渡现象",这一现象被认为最晚在1918年以后即已完结,因为此后又出现了齐美尔认为现代性中所缺失的世界观的绝对性和完整性。但是,1968年爆发的西方学生和青年运动使宏大的哲学叙事和形而上学的世界解释在很大程度上失去了可信性,而使齐美尔的碎片、残片式的作品的现实性和现代性被重新发现。在这一世界观的气氛变化中所出现的评价尺度的改变使德国乃至全世界的学术界形成了一种使齐美尔的著作和思想能够得到中性的、无意识形态偏见的评价的学术气候。近二十年来,齐美尔的著作在德国和其他一些国家,尤其是美国和英国引起了广泛的兴趣。齐美尔的思想从其基调上看就在试图摆脱为某种历史哲学的派性立场而进行思想动员的形式。因此,它为思想的自由打开了空间。在这片空间中,人们今天仍然感到可以进行"知识冒险",可以发现很多全新的、未预料到的东西。这正是齐美尔的思想的吸引力之所在。

也正是因为齐美尔的思想摆脱了派性立场和世界观的强制,他的著作在几十年间一直很少被研究。魏玛时代(1919—1933)初期,学术界就有人指责齐美尔的著作无法作为当时已经开始的文化斗争和"世界观的内战"的武器来使用。认为它们在和一些虚拟的可能性做卖弄风情的游戏,顶多只能算作一种逃避最终决定的资产阶级的教养文化,而根本忽视了时代局势的严峻性。这样,齐美尔的著作被过早地扔进了旧货箱。

具有讽刺意义的是,积极参与掩埋齐美尔的著作的知识分子中竟然有他的一位高足——格奥尔格·卢卡奇。卢卡奇设计了一把贬低齐美尔著作的道德标尺。他虽然在1918年给齐美尔写的悼词中还承认了齐美尔的创造力和他的著作在思想史中的意义,指称在齐美尔以后如果有人在历史哲学中要做出重要贡献,那么他必须先研究齐美尔的观察方式[92]。但是,就在这篇悼词中,卢卡奇已经表露,随着历史情景的变化,他在学术上已经超过了他的老师;他只承认齐美尔在自己的学术发展中扮演了"非凡的倡议者"的角色,但否认他是一个使自己走向知识和思想彼岸的完成者或者教育者。他认为齐美尔是现代哲学中最重要和最有趣的一个"过渡现象",但是,他的思想没有活过第一次世界大战。齐美尔具有无限的敏感性,并且在方法论层面代表了一种多元论,这就使得他将一切可能的整体分解在相互作用的迷宫中。这种做法虽然使齐美尔为某种文化社会学开辟了道路,但是,却未能表明某种封闭的世界观的立场选择的必要性。而在卢卡奇看来,历史呼叫着这种选择。所以,齐美尔的敏感能力未能掩盖他做出最终决定的无能。

到了冷战时期,尤其是在他1954年出版的《理性的破灭》一书中,卢卡奇则几乎全盘批判了齐美尔的思想[93]。他认为,在席勒的自然哲学到希特勒篡权这一过程中,可以发现一种非理性的生活哲学。齐美尔的思想即属于这种哲学。他甚至将齐美尔称为"帝国主义的退休工寄生主义"的代表,认为他过于接近了他那个时代的、以哲学印象主义为特征的美学;对这种美学的偏好使齐美尔排斥人类一切认识的唯物主义的描摹特征,而倾向于一种激进的主体论和相对论。齐美尔的文化哲学也受到了类似的指责。卢卡奇认为,齐美尔将人类的一切存在形式都提升到了一种形而上学式的悲剧之中,而他作为文化哲学家又在享受性地适应这种悲剧。他指责齐美尔将人类的存在阐释得脱离了时代,他的哲学似乎仅仅附着在资本主义社会的表面,因而具有明显的神话和浪漫特征。在卢卡奇的眼里,齐美尔的思想只是表达了资产阶级的生活形式的内在性。这种内在性建立在以经济安全为基础的势力之上,因此,他的思想仅仅是包含了一些激烈的思想游戏和玩世不恭的妥协。结果是,齐美尔不可能对人类自身的处境进行一种历史唯物主义的解释,也不可能看清对既存的社会关系进行革命性的改造的必要性。

卢卡奇对齐美尔的批判明显地具有党性和心智的局限性。与此相比,齐美尔的另一个高足阿多诺对他的批判要隐晦一些。但是,由于阿多诺在当代德国乃至世界思想界影响巨大,他的批判对齐美尔著作的被埋没也起了很大的作用。阿多诺将齐美尔的哲学戏称为"森林和草原形而上学",认为它没有具体的思考对象和范围,而是运用某种预定的范式在对所有事物进行玄思。它将每一个思考对象,比如卖淫、卖弄风情、谎言、首饰等等,都只是作为一个用来解释他的某种已经定形的思想的例子在使用,而没有把它当作启示的来源和发现某种全新的、独特的东西的来源来对待。阿多诺认为,齐美尔的哲学反思中的美学维度原则上具有积极的意义。但他指责齐美尔将美学维度夸大了、纯粹美学化了,以至于这一维度蜕化成了一个演艺者的思想丰富的姿态。齐美尔的文化概念在他看来也显得逊色和过时,因为它与传统的教育和品味形式关系太密切,这就使得他的文化哲学作为一种表象哲学无法被视为某种解决当下人们所面临的取向问题的理论贡献。而在阿多诺看来,在建基于纯粹的交换价值之上的现代文化工业中,解决这一取向问题是每一种文化哲学的任务。

阿多诺与其他一些同时代的哲学家,如昂斯特·布洛赫类似,承认齐美尔对现代哲学做出了一个重要贡献:即他使哲学转向了具体的对象[94]。这一回转打破了19世纪到20世纪之交的"学校哲学"所遵守的传统禁忌。由于传统

第五章 格奥尔格·齐美尔

哲学仅仅包含了教条主义和形式主义的认识论,阿多诺认为这种转向令人欣慰,并且具有创新意义。但是,他的这一肯定中又同时包含了某种否定:即认为齐美尔忽略了文化特征的唯物主义限定或决定性。在强调经济过程,尤其是货币经济对文化发展的作用时,齐美尔采用一种具体论和行为论的方法将经济过程还原为一些实例和借喻,因而并没有系统地揭示经济的决定性作用。在这种意义上,阿多诺认为齐美尔省略了一种真正的理论,而发挥了某种"不真实性"、某种人工的东西;他撰写19世纪的"原始历史"的宏大规划也仅仅停留在魔术和实证主义的交叉路口,并未实现[95]。

卢卡奇、阿多诺等学者给齐美尔的著作划定的禁区对批判理论来说存在了很长的时间。这一禁区最终被哈贝马斯突破。在齐美尔的文章集《哲学文化》1983年重版时,哈贝马斯对齐美尔做出了中肯的评价[96]。哈贝马斯肯定了齐美尔的著作在思想史上的意义,尤其是他对法兰克福学派的创始人的影响。他赞赏齐美尔对其所处的时代具有典型意义的刺激高度敏感,认为他能够推动美学创新和思想趋向的转变。哈贝马斯原则上承认齐美尔对现代所做的时代诊断,但是却指出他的文化概念过于忠于传统,过于局限于从洪堡到黑格尔的表现主义的教育理想之中。哈贝马斯认为,这种文化概念应该被修正。当然,在他看来,在齐美尔那里还可以找到个体的主观文化与社会机构的客观文化之间的某种独特的紧张关系。也就是说,齐美尔还没有单面地思考某一种文化。而在后来的哲学和社会学理论思考中,这种现象变得很正常:比如,在汉斯·弗莱耶尔(Hans Freyer)和尤阿赫姆·里特尔(Joachim Ritter)等右派黑格尔主义者的思想中,社会发展过程被解释为主观主义获得极大的空间的过程。而在阿诺尔德·格伦(Arnold Gehlen)和尼克拉斯·卢曼等思想家那里,主观文化几乎完全被忽略。作为文化结晶的客观文化则获得了某种自在的优势地位。

在近年来的一些研究中,学者们将以前对齐美尔的主要诟病,即他的思想过于接近一些美学的基本假设和思维模式,恰恰解释为他的思想的优势。齐美尔的著作所呈现的美学特征被认为是它们在今天具有重要的现实意义的根本原因。基于这一特征,齐美尔的著作对国际学术界关于文化的现代性的本质和独特性的讨论显得意义重大[97]。尤其是在正在进行的关于后现代性的讨论中,齐美尔的著作变得非常时髦,经常被不加反思地采用。他的很多观点被很多学者在不断重复,以至于今天的后现代讨论很少真正超过甚至真正达到齐美尔的水平。当然,韦伯、本雅明、阿多诺等经典思想家的著作也获得了类似的意义。

值得指出的是,英籍波兰裔社会理论家齐格蒙特·鲍曼对齐美尔的现代理论似乎有所发展。在其1991年出版的《现代性与二意性》一书中,鲍曼强调了齐美尔思想中激进的现代性,认为正因为这一特征,他的著作可以衔接上今天的现代性与后现代性的讨论。鲍曼重构了现代性的经验,认为它主要是一种恐惧和未决断性的感觉的经验。这种感觉来自现代所特有的二意性。现代人虽然对"单义性"、多样性的清晰归类具有强烈的渴求,但是这种渴求不仅未能消除他们的恐惧感,反而加强了这种感觉。这种张力的结果是世界的碎片化,是区分体之间的不可决断性,而正是这种不可决断性导致了后现代文化的产生。在这层意义上,鲍曼将齐美尔、卡夫卡、弗洛伊德和德里达等犹太思想家的著作看作是后现代文化的根源。在他看来,在现代性当中,这些思想家的著作表明了某种被现代性所排斥在外的第三者,而正是这一第三者使现代性的特殊经验,即它的恐惧和未决断性感觉成为可能。另一方面,这一经验又被视为对社会具有危害的,因此,它反复引起了对犹太人思想家所建立的"对立文化"形式加以清除的尝试。鲍曼认为,在19世纪到20世纪之间,齐美尔所属的中欧和东欧的犹太人群体表现出了非凡的文化创造力。这与他们的处境紧密相关。鲍曼称这一处境为"普世的陌生性"。它使犹太人在被同化的同时却未被清楚地归类,以至于他们生活在一个未决断的世界中;而正是这样的一个世界包含了无数可能性,激发了其成员的创造力。而在这个犹太人群体中,齐美尔的影响极不平凡。他的奇特的犹太式的思维使欧洲传统的秩序想象中出现了断裂。这一断裂至今表现得无法修复。它引出了一条通向破碎的、残片式的、短期的真理之路。正是这种真理使某种出自统一的模式的宏大理论失去了市场,从而失去了普遍的势力。

今天,齐美尔的思想正在全世界的哲学和社会学界复活——中国、日本、俄罗斯、丹麦、瑞典、意大利等国,都有学者翻译、评价和研究他的思想。在英美,大卫·弗雷斯比(David Frisby)的一些文章和著作使齐美尔的影响越来越大。其实,齐美尔对美国社会学的影响,从某种意义上说要比对德国社会学的影响为大。还在他在世的时候,美国社会学对他的思想已经非常重视。在他去世以后,美国社会学中不同的流派对他所做的批判性的和建设性的研究一直没有间断过,芝加哥学派的主要代表如斯莫尔(Albion Small)、派克(Robert E. Park)和沃德(Lester Ward)亲自或组织翻译了齐美尔的一些作品,并使它们得以在《美国社会学报》等刊物上发表。科塞对齐美尔冲突理论的发展,布劳、阿贝尔(Theodore Abel)和卡普洛(Theodore Caplow)对齐美尔的交换理论的研究和发展分别以不同的方式为美国"齐美尔学"的传统的建立和延续做出了贡献。美国学者魏恩斯坦夫妇(Deena Weinstein,Michael Weinstein)则独辟了一条齐美尔解释的后现代之路,他们的著作《后现代(化)的齐美尔》不仅在美国,而且在欧洲影响也不小。

注　释

〔1〕 参见 Frisby, David, "Georg Simmels Theorie der Moderne", in: Dahme, H.-J./Rammstedt, O., (Hrsg.), *Georg Simmel und die Moderne*, Ffm. 1984, 16。

〔2〕 本文所参考的关于齐美尔生平的重要文献有:Frischeisen-Koehler, Max, *Georg Simmel*, Berlin 1919; Gassen, Kurt/Landmann, Michael, (Hrsg.), *Buch des Dankes an Georg Simmel*, Berlin 1958; Susman, Margarete, *Die geistige Gestalt Simmels*, Tuebingen 1959; Weber, Marianne, *Lebenserinnerungen*, Tuebingen 1948; 等等。

〔3〕 在其博士论文首页,齐美尔称"带着谢意和爱"将论文献给这位父亲式的朋友。

〔4〕 Gassen/Landmann 1958, 12.

〔5〕 关于齐美尔的大学经历请比较 Tenbruck, Friedrich Heinrich, "Georg Simmel", in: "Koelner Zeitschrift fuer Soziologie und Sozialpsychologie" 1959, 588;以及 Jung, Werner, Georg Simmel zur Einfuehrung, Hamburg 1990, 13.

〔6〕 引自 Gassen/Landmann 1958,26. 引文中括号内的文字系笔者添加(下同)。

〔7〕 齐美尔 1918 年 9 月 6 日给凯瑟林(Keyserlin)公爵的一封信。引自 Jung 1990, 21.

〔8〕 参见 Tenbruck 1959, 592; Bachmaier, Helmut/Rentsch, Thomas, Georg Simmel, in: *Metzler Philosophen Lexikon*, hrsg. von Lutz, Bernd 1989, Stuttgart, 729;以及 Jung 1990, 23, 26。

〔9〕 Simmel, Georg, *Einleitung in die Moralwissenschaft. Eine Kritik der Ethischen Grundbegriffe*, Bd. 1, Berlin 1892, 64.

〔10〕 Gassen/Landmann 1958, 9.

〔11〕 可参见齐美尔于 1915 年 12 月 26 日给李凯尔特的一封信,载 Gassen/Landmann 1958, 114。

〔12〕 请对照 Tenbruck 1959,589。

〔13〕 Simmel, Georg, "Rezeption von Steinthal. Allgemeine Ethik", in: "Vierteljahresschrift fuer wissenschaftliche Philosophie", 1886, 492.

〔14〕 见 Dahme, H.-J., "Das 'Abgrenzungsproblem' von Philosophie und Wissenschaft bei Georg Simmel", in: Dahme, H.-J./Rammstedt, O. (Hrsg.), *Georg Simmel und die Moderne*, Ffm. 1984, 123。

〔15〕 比较 Simmel 1893, Bd. 2, V。

〔16〕 Simmel 1892, Bd. 1, 321.

〔17〕 Dahme 1984, 220.

〔18〕 在将科学与社会作为自在的领域严格界分这一点上,齐美尔对卢曼显然产生了重要的影响。卢曼将科学、政治、经济、宗教、法律、艺术等领域定义为各具特征的社会性系统,认为它们之间存在结构性的联结,但是每一个系统都有自己清晰的边界,并且,这种边界是由系统的基本构成要素——交往——划定的。一个社会要趋于稳定,必须保持系统的独立性,保证一个系统不干预另一个系统的内部运作。见 Luhmann, Niklas, *Die Gesellschaft der Gesellschaft*, Ffm. 1997, Bd. 1, 92—120; ders., *Soziale Systeme*, Ffm. 1984, 242。

〔19〕 该文后收入《论社会分化》一书,见 Simmel, Georg, *Aufsaetze 1887 bis 1890. Ueber soziale Differenzierung. Die Probleme der Geschichtsphilosophie*, Gesamtausgabe Bd. 2, hrsg. von Dahme, H.-J., Ffm. 1989。

〔20〕 Simmel 1989, Gesamtausgabe Bd. 2, 22 f.

〔21〕 虽然学术界一般认为,1908 年出版的《社会学》一书是齐美尔的主要社会学著作,但是,熟悉他的早期社会学著作的人不会否认,他的社会学主要思想实际上在此之前早已形成和表达。关于这一点,德国学者滕布鲁克写道:"谁要想现实地评估齐美尔对社会学的贡献,(谁)就必须考虑,在他的社会学研究早已完成以及他最终转向(研究)哲学和美学问题以后,他的主要著作——1908 年(出版)的《社会学》(一书),一部关于(社会学研究)对象的范围的论文集——才出版。(他的)社会学(研究)时期——通过(19 世纪)80 年代一些文章的主题而宣告——从 1890 年的《论社会分化》一书开始,在 1900 年(出版的)《货币哲学》中达到高潮和终点。在此之间有一些文章,它们以被修改和扩充(的形式),或者用(齐美尔的)原始语言或者用译文被改善、互相穿插、加工,并且最终在《社会学》这个集子中发表。"参见 Tenbruck 1958, 592。

〔22〕 Simmel, Georg 1989, Gesamtausgabe Bd. 2, 126 f..

〔23〕 Ibid., 130.

〔24〕 Ibid., 116.

〔25〕 可比较 Simmel, Georg, *Soziologie. Untersuchungen ueber die Formen der Vergesellschaftung*, Gesamtausgabe, Bd. 11, Ffm. 1992, 17 f..

〔26〕 Simmel 1989, Gesamtausgabe Bd. 2, 130.

〔27〕 Ibid., 125、165 ff.

〔28〕 滕尼斯对共同体与社会的分裂、迪尔凯姆对有机的团结和机械的团结之间的裂变、韦伯对传统与现代之间的脱轨的研究都是突出的例证。

〔29〕 Simmel, Georg 1992, Gesamtausgabe, Bd. 11, Ffm., 18 f.; 24 ff.

〔30〕 比较 Simmel, Georg 1989, Gesamtausgabe Bd. 2, 174 f.

〔31〕 在齐美尔的眼中,卢梭和尼采的文化批判即是这两种思想的代表。参见 Simmel, Georg 1989, 182 f。

〔32〕 Simmel, Georg 1992, Gesamtausgabe, Bd. 11, Ffm., 51.

〔33〕 Simmel, Georg 1970, Grundfragen der Soziologie, Berlin, 68.

〔34〕 Simmel, Georg 1989, Gesamtausgabe Bd. 2, 168.

〔35〕 参见 Lichtblau, Klaus 1997, Georg Simmel, Ffm. 39。

〔36〕 比如，韦伯关于社会科学客观性的反思就既不是社会学，也不是历史学，也不是政治学等单个学科的研究对象，而它却在很大范围内构成了这些学科的研究基础。

〔37〕 这一点可以从他19世纪90年代在柏林开设的课程和发表的各类文章的题域中得到证实。在这一时期，齐美尔在开设社会学和伦理学课程的同时，也讲授过社会心理学和现代文化问题、哲学史、康德哲学、叔本华哲学等课。而他在报纸杂志上发表的文章则包括美学、文学史和艺术史方面的思考，如1893年发表的《论格尔哈特·豪伯特曼的〈纺织工〉》一文，1895年发表的《碧克林的风景（画）》一文，1896年发表的《社会学的美学》一文等；社会学基本问题和社会科学方法论的研究，如1894年发表的《社会学的问题》一文，1895年发表的《关于家庭的社会学》一文，1896年发表的《关于社会科学的方法》一文等；关于妇女的社会角色和性别问题的讨论，如1890年发表的《关于女性的心理学》一文，1894年发表的《黩武主义和妇女的地位》一文等。

〔38〕 Simmel, Georg 1989, Philosophie des Geldes, Gesamtausgabe, Bd. 6, Ffm. 10.

〔39〕 Ibid., 12.

〔40〕 Ibid., 504, 514 ff., 533.

〔41〕 Ibid., Ffm. 23.

〔42〕 Ibid., 32. 在这种意义上，齐美尔同时代的学者卡尔·尤伊认为，《货币哲学》一书"闪亮地提炼出了经济的东西，同时又将（它）分解在普遍（之中）、哲学（之中）；它不是将货币描写为因果性的基本力量，而是（描写为）非常多样的复杂关系的表达；它展示了货币的角色，但这仅仅是它（货币）扮演的角色，而不是它创造的角色。"（Karl Joel, "Eine Zeitphilosophie", in: Neue Deutsche Rundschau 12, 1901, 814, 转引自 Jung, Werner, *Georg Simmel zur Einfuehrung*, Hamburg 2000, 58）。

〔43〕 Simmel, Georg 1989, Philosophie des Geldes, Gesamtausgabe, Bd. 6, Ffm. 43.

〔44〕 Ibid., 44, 52.

〔45〕 Ibid., 60.

〔46〕 Simmel, Georg 1992, Gesamtausgabe, Bd. 11, Ffm. 328.

〔47〕 Simmel, Georg 1989, Gesamtausgabe, Bd. 6, Ffm. 386.

〔48〕 Ibid., 162.

〔49〕 Ibid., 136.

〔50〕 Ibid., 199.

〔51〕 Ibid., 307.

〔52〕 参见 Simmel, Georg, "Dantes Psychologie", in: Zeitschrift nfuer Voelkerpsychologie und Sprachwissenschaft, No. 15, 20 ff.；转引自 Lichtblau 1997, 53。

〔53〕 Simmel, Georg, Aufsaetze und Abhandlungen 1894—1900. Gesamtausgabe, Bd. 5, Ffm. 1992, 201.

〔54〕 Simmel, Georg 1989, Gesamtausgabe, Bd. 6, Ffm. 655 ff. .

〔55〕 Simmel, Georg 1890, "Rembrand als Erzieher", in: Vossische Zeitung, 1. Juni 1890, Sonntagsbeilage 22；转引自 Lichtblau 1997, 58。

〔56〕 请比较 Lichtblau 1997, 59。

〔57〕 Simmel, Georg, "Berliner Gewerbe-Ausstellung", in: Die Zeit, Nr. 8, 25. Juni 1896, 60；转引自 Lichtblau 1997, 59。

〔58〕 比较 Simmel, Georg 1992, Gesamtausgabe, Bd. 11, Ffm. 418.

〔59〕 Simmel, Georg, *Aufsaetze und Abhandlungen* 1901—1908（Bd. Ⅱ）. Gesamtausgabe, Bd. 8, Ffm. 1993, 380.

〔60〕 参见 Tenbruck 1959, 587ff。

〔61〕 Simmel, Georg 1993, Gesamtausgabe, Bd. 8, Ffm. （Bd. Ⅱ）, 382.

〔62〕 Simmel, Georg 1983, Philosophische Kulter, Berlin, 28 ff., 49.

〔63〕 比较 Simmel, Georg 1989, Gesamtausgabe, Bd. 6, Ffm. 641 ff., 666 ff., 669 ff.

〔64〕 Arnold Boecklin, 瑞士画家, 1827 年生于巴塞尔, 1901 年卒于佛罗伦萨。作品有包含神话人物的风景画如《死者之岛》以及将理念、概念、气氛通过强烈的色彩进行表现的绘画如《波浪游戏》。

〔65〕 Simmel, Georg 1989, Gesamtausgabe, Bd. 6, Ffm. 674—675.

〔66〕 Simmel, Georg 1993, Gesamtausgabe, Bd. 8, Ffm. （Bd. Ⅱ）, 363；Simmel, Georg 1989, Gesamtausgabe Bd. 2, 165.

〔67〕 Simmel, Georg 1989, Gesamtausgabe, Bd. 6, Ffm. 618.

〔68〕 Ibid. , 591.

〔69〕 Ibid. , 613、647.

〔70〕 Simmel, Georg 1983, 183 ff.

〔71〕 Simmel, Georg 1989, Gesamtausgabe, Bd. 6, Ffm. 673.

〔72〕 Ibid. , 30.

〔73〕 Ibid. , 133.

〔74〕 Ibid. , 652.

〔75〕 比较 Adorno, Theodor W. 1974, "Kierkegard. Konstruktion des Aesthetischen", Ffm. 61 ff。

〔76〕 Lichtblau 1997, 99 f.

〔77〕 参见 Kintzele, J./Schneider, P. （Hrsg.）, Georg Simmels Philosophie des Geldes, Ffm. 1993, 95.

〔78〕 Simmel, Georg 1989, Gesamtausgabe, Bd. 6, Ffm. 528；Simmel, Georg 1985, Schriften zur Psychologie und Soziologie der Geschlechter, Ffm. 133.

〔79〕 Simmel, Georg 1989, Gesamtausgabe, Bd. 6, Ffm., 644；Simmel, Georg 1992, Gesamtausgabe, Bd. 11, Ffm. 502.
〔80〕 Simmel, Georg 1983, 207.
〔81〕 Simmel, Georg 1985, 28 f., 74 f.
〔82〕 Ibid., 173.
〔83〕 Ibid., 173 f., 219 f.
〔84〕 Ibid., 273.
〔85〕 Ibid., 196.
〔86〕 Simmel, Georg, Rembrandt. Ein kunstphilosophischer Versuch, Leipzig 1916, 205.
〔87〕 Simmel, Georg 1983, 83.
〔88〕 Ibid.; Simmel, Georg, *Grundfragen der Soziologie*, Berlin 1970, 219.
〔89〕 Simmel, Georg 1983, 97.
〔90〕 转引自 Jung 1990, 163—164。
〔91〕 齐美尔的书籍和手稿在纳粹时期曾经被焚烧，以至于他的一些作品在今天已经失传。比较 Nedelmann, Birgitta 2000, "Georg Simmel", in: Kaessler, Dirk (Hg.), Klassiker der Soziologie I, Muenchen 2000, 144.
〔92〕 Lukacs, Georg, "Erinnerungen an Simmel", in: Gassen/Landmann 1958, 171—176.
〔93〕 Lukacs, Georg, *Die Zerstoerung der Vernunft*, Berlin 1954, 340.
〔94〕 Adorno, Theodor W. 1965, "Henkel, Krug und fruehe Erfahrung", in: Unseld, Siegfried (Hg.), *Ernst Bloch zu ehren. Beitraege zu seinem Werk*. Ffm. 1965, 9.
〔95〕 这些观点主要表达在阿多诺给本雅明的一封信中。见 Benjamin, Walter, Briefe, Bd. 2, 282。
〔96〕 见哈贝马斯为《文化哲学》的新版本所作的后记。载于 Simmel, Georg 1983, 243.
〔97〕 在中国学术界, 齐美尔在相关讨论中也越来越受关注，如刘小枫《现代性社会理论绪论》，上海三联书店1998年版，第8、20、335页等。

主要参考文献

齐美尔著作

Simmel, Georg, *Einleitung in die Moralwissenschaft. Eine Kritik der ethischen Grundbegriffe*, Bd. 1, Berlin 1892.

Simmel, Georg, *Rembrandt. Ein kunstphilosophischer Versuch*, Leipzig 1916.

Simmel, Georg, *Grundfragen der Soziologie*, Berlin 1970.

Simmel, Georg, *Philosophische Kultur*, Berlin 1983.

Simmel, Georg, *Schriften zur Psychologie und Soziologie der Geschlechter*, Ffm. 1985.

Simmel, Georg, *Philosophie des Geldes*, Gesamtausgabe, Bd. 6, Ffm. 1989.

Simmel, Georg, *Aufsaetze 1887 bis 1890. Ueber soziale Differenzierung. Die Probleme der Geschichtsphilosophie, Gesamtausgabe Bd. 2, hrsg. von Dahme, H. -J., Ffm. 1989.

Simmel, Georg, *Soziologie. Untersuchungen ueber die Formen der Vergesellschaftung*, Gesamtausgabe, Bd. 11, Ffm. 1992.

Simmel, Georg, *Aufsaetze und Abhandlungen 1894—1900. Gesamtausgabe*, Bd. 5, Ffm. 1992.

Simmel, Georg, *Aufsaetze und Abhandlungen 1901—1908 (Bd. II). Gesamtausgabe*, Bd. 8, Ffm. 1993.

其他文献

Adorno, Theodor W., *Kierkegaard. Konstruktion des Aesthetischen*, Ffm. 1974.

Bachmaier, Helmut/Rentsch, Thomas, "Georg Simmel", in: *Metzler Philosophen Lexikon*, hrsg. von Lutz, Bernd, Stuttgart 1989.

Dahme, H. -J./Rammstedt, O. (Hrsg.), *Georg Simmel und die Moderne*, Ffm. 1984.

Frisby, David, "Georg Simmels Theorie der Moderne", in: Dahme, H. -J./ Rammstedt, O., (Hrsg.), *Georg Simmel und die Moderne*, Ffm. 1984.

Frischeisen-Koehler, Max, *Georg Simmel*, Berlin 1919.

Gassen, Kurt/Landmann, Michael, (Hrsg.), *Buch des Dankes an Georg Simmel*, Berlin 1958.

Jung, Werner, *Georg Simmel zur Einfuehrung*, Hamburg 2000(1990).

Kintzele, J./Schneider, P. (Hrsg.), *Georg Simmels Philosophie des Geldes*, Ffm. 1993.

Lukacs, Georg, "Erinnerungen an Simmel", in: Gassen/Landmann 1958.

Lukacs, Georg, *Die Zerstoerung der Vernunft*, Berlin 1954.

Nedelmann, Birgitta, "Georg Simmel", in: Kaessler, Dirk (Hg.), *Klassiker der Soziologie I*, Muenchen 2000.

Susman, Margarete, *Die geistige Gestalt Simmels*, Tuebingen 1959.

Tenbruck, Friedrich Heinrich, "Georg Simmel", in: "Koelner Zeitschrift fuer Soziologie und Sozialpsychologie" 1959.